外交学院中央高校基本科研业务费专项资金资助项目"战时中外民间外交英文档案整理、翻译、研究和利用"（项目编号：3162020ZYE02）成果

外交学院一流学科建设文库系列丛书

The Rise and Fall of China
Campaign Comittee
1937——1950

英国援华会的兴衰

1937—1950

范秀云/著

中国社会科学出版社

图书在版编目（CIP）数据

英国援华会的兴衰：1937—1950 / 范秀云著 . —北京：中国社会科学
出版社，2023.8

（外交学院一流学科建设文库系列丛书）

ISBN 978-7-5227-2083-8

Ⅰ. ①英…　Ⅱ. ①范…　Ⅲ. ①抗日战争—中英关系—史料—1937—1950
Ⅳ. ①K265. 06②D829. 561

中国国家版本馆 CIP 数据核字（2023）第 120761 号

出 版 人	赵剑英
责任编辑	张　林
特约编辑	张冬梅
责任校对	郝阳洋
责任印制	戴　宽

出　　　版	中国社会科学出版社
社　　　址	北京鼓楼西大街甲 158 号
邮　　　编	100720
网　　　址	http://www.csspw.cn
发 行 部	010 - 84083685
门 市 部	010 - 84029450
经　　　销	新华书店及其他书店

印刷装订	三河市华骏印务包装有限公司
版　　　次	2023 年 8 月第 1 版
印　　　次	2023 年 8 月第 1 次印刷

开　　　本	710×1000　1/16
印　　　张	21.5
插　　　页	2
字　　　数	335 千字
定　　　价	109.00 元

凡购买中国社会科学出版社图书，如有质量问题请与本社营销中心联系调换
电话 :010 - 84083683

序　言　一

接受给《英国援华会的兴衰（1937—1950）》一书写序的任务，对我是一次意外的收获。

首先是这一选题以及其所涉及的内容，不仅国内的其他学者未必有所关注，即便是英国史同行也很少注意到这一领域，而我自己，以前对此几乎是一无所知，只能临时上马，仔细阅读。当然，也有一些同仁对此进行过研究，有些是专题论文，有些是专著中的部分章节，但这些研究也未能引起英国史同行的热情。所以，作者选择这一题目进行研究的确很有意思，让国内英国研究同行能够重新认识这一个领域。阅读此书，我们了解到，中国全面抗战爆发之后，得到来自国际社会的众多民间援华组织的支持和声援的队伍中，"英国援华运动总会"（China Campaign Committee，英文简称 CCC，以下简称援华会）表现最为突出。援华会成立于 1937 年 9 月初，于 1950 年 9 月彻底淡出历史舞台，对中国不遗余力的援助使其成为抗战时期中国人民"在西半球最忠实的朋友"，在中英两国人民之间交往的历史上留下了浓墨重彩的一页。这个结论，对于中国抗战中的敌友界定，显然不是一件可有可无的小事。而我们此前对此的忽视，的确是太不应该了。

不过十分遗憾的是，迄今为止，按作者的说法，国内外研究主要集中在其发展过程中一些具体问题的讨论和当事人的回忆录，学术界对援华会的产生、发展及其影响进行系统研究的成果还不多见，其全国总干事阿瑟·克莱格将其称为"被遗忘的运动"。作者撰写此书，就是要重新梳理援华会的整个历史，使其至少不至于被中国人民遗忘。她主要依据英国外交部远东档案资料，英国共产党、工党的历史档案以及伦敦马克思纪念图书馆保存的援华会档案资料，辅以国内外报刊1937—1950年对援华会的报道和这一运动的国内外亲历者的回忆录、日记等文献，通过文献法、阶段划分法和比较法，首次较为系统地梳理了援华会演变的历史，追溯了其在不同阶段的活动和变化，分析了其内部矛盾产生的起因和造成的后果，讨论了全英助华联合总会与援华会的关系。对其产生的动因、历史分期、走向衰落的原因，特别是援华会与共产国际、英国政府及政党、中国国民政府和中国共产党的关系，其开展民间外交的优势、局限性以及可持续性等问题进行了深入探讨。援华会具有广泛的社会基础。其成立得到了共产国际领导的反帝同盟英国分部和英国中国人民之友社的支持，并充分利用了民权保障同盟（Union of Democratic Control）、左翼书社（Left Book Club）、国际和平运动（International Peace Campaign）等反战团体的既有组织与网络在英国开展援华活动。英国共产党对援华会的成立和活动组织功不可没，援华会也搭建了团结保守党、工党和自由党等不同阶层、不同党派和信仰的团体与个人共同为中国的和平与独立而奋斗的平台。了解这一过程，显然使我们对历史复杂性和各种势力的互动有了更为深刻的感悟。

作者认为，整个抗战期间，不同于以救济为主的援华团体，英国援华会坚持从政治、道义和物质上援助中国抗战。这是一个新的视角。的确，在政治上，援华会批评英国政府对日本的绥靖政策，对英国政府施加影响，通过民众集会、游行和请愿等活动敦促政府行动，并且联合英国国内或国际团体召集国际会议，号召抵制日货、停止对日贸易，采取一切手段援助中国。援华会的政治诉求不仅限于促使政府援华制日，还包括取消治外法权，废除不平等条约，将香港归还中国及确保中国的平等盟友地位，能有这样的认识确属不易。在宣传方面，援华会提供"一切关于日本侵略问题之讲演者及文献"，将中国政府的宣传材料分发给适当的报章刊物，使英国民众知晓中国抗战的进程。援华会存在的13年间，部分援华活动如大规模集会、抵制日货等随着国内国际局势的变化经历了从有到无的演变，但援华会一直坚持出版、发行有关中国的新闻通讯和读物。抗战结束后，宣传方面主要关注点转至发行有关中国的准确信息，使英国民众知晓中共的立场，对抗国民党伦敦新闻处的反共宣传。在物质上，援华会多次为中国募捐，提供物质援助，发起建立了国际和平医院并成为主要资助者，同时还为工合运动和中国红十字会的培训学校提供援助。援华会支持中国抗日统一战线，坚持援助八路军和西北解放区，高度认可中共在抗战和世界反法西斯战争中的作用。这一点在当时复杂的形式下的确难能可贵。

抗战结束后，援华会反对蒋介石的独裁统治和内战政策，继续敦促全英助华联合总会为国际和平医院提供援助。内战接近尾声时，援华会要求工党政府与中共开展经济和文化往来。但此后，由于二战后两个集团的形成和美苏对立格局的出现，援华会逐渐转变为沟通英国工党政府和中国政府的中间人的角色。面对中国革命形势的迅猛发展，其作用和政治方向都发生了变化，对中国共产党领导的新民主主义革命持怀疑态度，甚至转而支持英国的殖民主义政策。支持新中国的英国友人清楚地意识到英国需要一个新的团体，来承担两国民间交往桥梁和纽带的角色。1949 年末，在部分原援华会成员的组织下英中友好协会宣告成立，取代了援华会。1950 年 9 月援华会组织了最后一次公众活动后正式退出历史舞台。援华会历史角色的演变与国际局势以及英国和中国内部的变化紧密相关。20 世纪 30 年代和平运动的发展、共产国际统一阵线政策的形成和日本侵华催生了援华会，使其从成立之初就投身到支持中国人民民族解放运动之中。

援华会的工作不仅从属于共产国际领导的左翼反法西斯统一战线，也是世界反法西斯大联合阵线的重要组成部分，在中国抗日战争中取得的成就和历史功绩毋庸置疑。但援华会也由于其自身的复杂性和两面性以及外部环境的变化面临一系列挑战。《慕尼黑协定》的签订是处于高潮期间的援华运动遭受的首次打击。欧战爆发后《苏德互不侵犯条约》的签订，造成了援华会内部英共成员和非英共成员之间矛盾的激化。事实上，二者之间的矛盾一直持续到援华会的终结。太平洋战争爆发后，援华会和全英助华联合总会之间的协作和斗争也是该矛盾的体现，到国共内战期间已发展到不可调和的地步。1949 年中国新民主主义革命取得胜利，而世界反法西斯战争胜利后，援华会演变成英国政府的"代言人"，已无法跟上中国人民从新民主主义革命走向社会主义革命的历史步伐，其退出历史舞台也就变成一种历史的必然。

作者用客观公正的史学立场将这一复杂的事物重新展示在中国人民

面前，实属不易。本书资料丰富，尤其是使用了很多一手资料，还有大量的图像资料，报纸传单等宣传品，当然，中文的资料和各种已有研究成果也十分丰富。但我认为在今天看来最重要的一点，那就是重新评估了共产国际在反法西斯战争中的积极作用，以及在各种不同的战线中十分出色的表现。而这一点，在西方主导的话语体系中已经几乎消失不见了。作为中国学者，能把这一点考虑进去并加以重点论述的确值得赞赏。所以，知道中国社会科学出版社即将出版此厚重的专著，我衷心地表示祝贺，并希望这一位青年学者能随着本书的出版在学术上取得更大的成就。

陈晓律

2023 年 3 月 18 日于金陵古都

序言二

　　范秀云让我就她的新作《英国援华会的兴衰（1937—1950）》写几句话。这本著作是她基于博士论文，又经过毕业后近四年时间的补充、修正、完善而成。作为她博士学习期间的导师，很高兴看到这部著作即将付梓，也愿意一起回顾这一段有价值的学术经历的几个雪泥鸿爪。

　　学术研究中好的选题往往是成功的一半。选择"英国援华会的兴衰"作为博士论文选题是范秀云结合自身学术背景长期思考的结果。她在 20世纪末就在北京外国语大学英国研究中心攻读硕士学位，对英国历史、文化、政治、经济、社会的知识有了一定的了解。之后，她任教于外交学院英语系，除从事英语语言课程教学外，一直讲授英国社会文化领域的课程。2013 年重回北外英国研究中心进行博士阶段的学习后，逐步确定了从中英关系、中英人文交流史领域开展研究目标。

　　在博士学习过程中，她注意到中英两国在 20 世纪的民间交往，特别是共同反对日本法西斯主义的斗争中，许多值得纪念的人物与事件都与援华会这一民间团体有关。英国援华会有抗日战争时期中国在"西半球最忠实朋友"之称，而国内外有关援华会的研究是一个关于"被遗忘的盟友"（Rana Mitter）的"被遗忘的运动"（Clegg）。有少量参与者的论述或回忆录（如 Clegg、王礼锡）。国内学者主要关注抗战期间英国民间的对华援助，提及宋庆龄领导下的保卫中国同盟与援华会的联系，但援华会只是作为合作者一笔带过。国外只有布坎南在研究英国左翼和中国之间的关系及英国对西班牙内战时期的援助时关注了援华会。有关英共历史、英共与苏共关系等著述在提到援华会时也语焉不详。

　　这也为范秀云的学术探索留出了空间。她确定了在国际共运、反法西斯战争的宏大背景下开展有关援华会活动的研究方向，探讨了全面抗战爆发后英国援华会在战争发展的不同阶段在英国和世界舞台上为支持中国人民反抗日本法西斯侵略斗争过程中发挥的作用。这一研究力求纵览历史脉络，把握援华会发展与历史大环境变迁的关系，从宏观上诠释援华会的活动，跳出了仅从援华抗日、乃至援华会成员个人的角度研究援华会的传统，也有助于挖掘英国援华会与国际共产主义运动、英国共产党的关系的历史，为认识20世纪波澜壮阔的国际共运的历史提供了新的视角和材料。

在研究方法上，作者紧紧抓住历史档案的挖掘这一核心工作，以一手档案为基础，从中国学者的视角较为系统、深入地梳理了英国援华会在中国抗战时期、解放战争时期到中华人民共和国成立初期的完整历史。作者多次赴英国查阅资料，搜集了大量中、英文报刊文献和史料，除援华会本身的档案之外，还包括英国外交部档案对华部分、英国下院辩论材料，以及共产国际、英国共产党、工党、英国中国人民之友社、保卫中国同盟的历史档案，另有《新华日报》《曼彻斯特卫报》《观察家》及英国共产党的机关报《工人日报》等报纸的报道，进行了广泛的资料搜集工作，不少资料尚属首次使用。

在论文写作过程中，这一研究的理论、实践价值不断凸显。研究发现，英国援华会的援华运动与共产国际的外围组织及其领导的左翼反法西斯统一战线有着深厚的渊源，这些为重新评估共产国际在反法西斯战争中的积极作用提供了经验案例。抗战是中国人民民族解放战争和世界反法西斯战争的有机统一体，国际援华运动不是单向的对华援助，是海内外中华儿女始于一战之后的救国运动与国际和平运动、反法西斯主义的结合。

这些档案的搜集与梳理丰富了关于共产国际的研究。以往学术界的研究集中于共产国际和各国共产党之间的关系、与社会民主党的斗争以及共产国际在世界反法西斯战争和西班牙内战中的作用，共产国际和左翼、和平团体之间的关系研究仍不充分。本书聚焦援华会的案例，为探究共产国际的有关问题提供了新视角。

这一研究也有助于我们重读中英两国人民在世界反法西斯运动中同仇敌忾的历史，认识中国战场在世界反法西斯运动中的地位，提醒世界

"正视那段历史"，面对当今的历史之变、世界之变、时代之变，中英关系面临诸多新的复杂挑战的情况下，从历史中汲取经验，探究中国和世界其他国家人民之间人文交流的新思路。

最后，2019 年范秀云毕业后，继续沿着这一路径开展研究，不断挖掘新材料，拓展研究领域。她继续搜集有关档案、外刊和民国报纸期刊，期望从有关援华总会的零散材料，如一些与援华会密切相关的团体、中国人民之友社的档案资料，更好地钩沉、还原历史的本来面目，也希望客观分析在冷战初期中英关系错综复杂的背景下认识援华会的角色和局限。她也继续关注英国华人和华侨在援华会的成立与发展中的作用，挖掘王礼锡、熊式一、林咸让等历史人物的史料；此外，努力开展英国援华会与美国援华会之间的关系等国际比较研究项目。

我期待范秀云老师这一成果的付梓能够推动国内外关于援华会历史的研究，使我们可以更好地以历史为鉴、以历史为师，获得关于中英两国人民、中国与世界各国人民之间相互理解、相互合作的新思考、新智慧。

王展鹏

2023 年 4 月 30 日

目　　录

绪　言

援华会，即"英国援华运动总会"（China Campaign Committee，英文缩写为 C. C. C.，以下简称援华会或援华总会）是中国全面抗战爆发后成立于英国的民间援华团体，有着广泛的社会基础，分会遍及全英，有中国在"西半球最忠实朋友"之称①。

在援华会成立之前，英国的和平组织和团体已经开始利用各种途径揭露日本的侵华野心。援华会与其他团体和派别的区别在于出发点和关注点。多数和平团体主张援华和谴责日本侵略是基于慈善和道义，而且中国的抗战只是其众多关注点之一。援华会则是为中国而生，自始至终坚持政治和救济两条腿走路，执着地坚持全面援华、兼顾国共两党。从1939 年成立到 1950 年被英中友好协会取代，援华会在英国和世界援华团体当中起到了纽带作用，与荷兰、比利时、法国、美国、印尼、澳大利亚和南非等都建立了联系，成为当时援华运动的世界信息发布中心。

援华会的活动具有以下特点。首先，援华会是通过议会运动实现其诉求并对英国政府施加影响。中英、日英之间涉及中国的事件发生时，援华会便积极推动组织议会质询。其次，在宣传抗战方面，援华会不遗余力，提供"一切关于日本侵略问题之讲演者及文献"，将中国政府的宣传材料分发给报章刊物②；广泛报道有关国共联合抗日的新闻以及取得的胜利，使英国民众看到了中国抗战的意义和反法西斯运动胜利、世界和平的希望，也坚定了英国民众反对绥靖政策的决心。最后，援华会尊重

---

① 本书编委会编：《抗战档案》中，中央文献出版社 2005 年版，第 576 页。
② 王礼锡：《在国际援华战线上》，生活书店 1939 年版，第 65 页。

中国文化，无论是维护传统文化还是新兴文化，都是援华会的重要目标之一。援华会通过举办各种文化活动支援中国，多次举办各类展览、戏剧演出和电影播放。

救助工作一直是援华会的主要活动之一。除了抗战初期的医疗和物资援助，援华会筹集启动资金在解放区建立了国际和平医院，并持续援助医院的运作。援华会组织援华医疗队赴中国协助红十字会进行军事医疗服务。援华会还募集善款，帮助中国工合运动和路易·艾黎的培黎学校。

太平洋战争爆发之后英国也卷入亚洲战场，与中国成为盟友。1942年6月，"全英助华联合总会"（British United Aid to China Fund，直译英国联合援华基金，简称助华联会或联合助华会，英文简称 BUACF）成立。援华会隶属助华联会，和后者就分工达成了一致：医疗救济通过助华联会，所有的政治问题归援华会。

抗战结束后，援华会在解放战争期间没有明确表明支持中国共产党的态度，但坚持英国人民应该了解中共的立场，反对蒋介石的独裁统治和挑起内战的行为。内战接近尾声时，白朗琳（又译白朗宁，即司徒永觉夫人 Hilda Selwyn-Clarke）作为名誉秘书期间，援华会逐渐演变成为英国工党政府和中国接触的中间人，在第二次世界大战期间作为积极推动中国人民民族解放事业的自发民间团体的角色已开始发生变化。1949年12月的英中会议上，原援华会部分成员成立了进步团体英中友好协会，取代援华会成为促进中英民间交流的主要组织。1950年9月5日，援华会组织了最后一次公众活动，从此正式退出历史舞台。

援华会从成立起，在大多数时间里与中国人民同呼吸、共命运，坚持统一战线原则，坚持在平等的基础上维护同中国人民的友谊，援助中国的反侵略战争，搭建了一个"高度团结、创新、有效的宣传平台"，"呼吁建立新的世界秩序，国家之间不再有侵略和干涉"[1]，增强了世界和英国民众对困境中的中国的认知和援助。但同时，援华会由于其自身背景的复杂性，随着反法西斯战争的胜利和中国革命形势的变化，其局限

---

[1] Arthur Clegg, *Aid China 1937 – 1945：a Memoir of a Forgotten Campaign*（Beijing：Foreign Lauguages Press，1989），p. 178.

性也日益暴露出来，逐渐退出历史舞台。

为什么要研究援华会

中国全面抗日战争爆发后，支持和声援中国的众多国际民间援华组织中，援华会表现得最为突出，"最有势力"①，是当之无愧的抗战时期中国人民在西半球最忠实的朋友。援华会的轨迹也反映了英国三四十年代左翼团体在世界反法西斯战争的大背景下的演变过程。这样一场轰轰烈烈的运动，至今仍是克莱格笔下的"被遗忘的运动"，西方学者中除了这位援华会昔日总干事的回忆录，至今只有布坎南等少数学者探讨了英国援华会对中国抗战的贡献②。布坎南还对比了英国民众对援助西班牙内战和中国抗战的回应③。其他数位学者在提及20世纪30年代的英国左翼运动和反法西斯史时，对援华会要么一笔带过，如波特在《英国与共产主义中国的崛起》一书的附录中简单提到了援华会④，要么置之不理。更有甚者，不惜诋毁援华会对中国人民的支持。克莱格称弗莱的传记作者琼斯（Enid Huws Jones）的《玛杰里·弗莱：不可或缺的外行》（*Margery Fry, the Essential Amateur*）一书对援华会和助华联会之间关系的理解便有失偏颇⑤。里科比对艺术家国际的研究⑥及刘易斯⑦对左翼书社的评价都贬低了这两个团体和援华会的作用。

国内学者提及援华会的大多从国际援助的角度加以讨论，如沈庆林的专著《中国抗战时期的国际援助》⑧。为数不多的论文成果包括：《论

---

① 《中宣部国际宣传处驻外办事处工作现状及两年来工作成绩报告书》，中国第二历史档案馆，全宗号七一八，案卷号917。

② Tom Buchanan, *East Wind*: *China and the British Left* 1925 – 1976（Oxford University Press，2012）.

③ Tom Buchanan, "'Shanghai-Madrid Axis'? Comparing British Responses to the Conflicts in Spain and China, 1936 – 39", *Contemporary European History*, Volume 21, Issue 4（2012）: 533 – 552.

④ Brian Porter, *Britain and the Rise of Communist China*（London: Oxford University Press，1967）, p. 154.

⑤ Arthur Clegg, *Aid China* 1937 – 1945: *a Memoir of a Forgotten Campaign*（Beijing: Foreign Lauguages Press, 1989）, p. 180.

⑥ Tony Rickaby, "Artists' International", *History Workshop*, No. 6（1978）: pp. 154 – 168.

⑦ Lewis H. Mates, *The Spanish Civil War and the British left*: *Political Activism and the Popular Front*（London: Tauris Academic Studies, 2007）.

⑧ 沈庆林：《中国抗战时期的国际援助》，上海人民出版社2000年版，第90—102页。

抗战初期英美民众援华制日运动》①《论抗战初期英国民众援华的几个问题》②《被遗忘的运动——李约瑟与英国援华会及其成员的交往与活动》③。关于抗战期间民间外交的研究成果颇丰，如韩国庆的《抗战时期中共的民间外交》④、朱蓉蓉的《试析中共在抗战时期的民间外交》、《宋庆龄在抗战时期的国民外交述评》⑤等，然而援华会与中国之间的民间外交活动并没有被提及。

援华会的活动在国际援华组织中表现最为突出，坚持时间最久，是研究中英民间外交的典范，也是对中国在世界反法西斯战争中的地位与敌后抗日根据地在抗战中作用的认可，值得我们去进一步研究。然而在全面抗战爆发八十六周年同时也是援华会成立八十六周年的今天，英国援华会仍然没有摆脱被遗忘的命运。本书旨在对援华会兴起及发展的历史进行梳理，在充分占有史料的基础上对其历史地位做出更全面、客观的评价，并抛砖引玉，希望能够推动关于英国援华会的学术探讨和学理分析，破除"欧洲中心"的传统史观，丰富抗日战争史和中英关系史的研究。

研究援华会也有一定的现实意义。作为同盟国中首个与轴心国交战的大国，中国抗战在第二次世界大战中的地位和作用在很大程度上被西方社会集体遗忘，至今没有得到足够的认可。中国拒绝被遗忘，首先应该落实在对自己历史的尊重上，英国援华会自成立之日起就与中国人民展开了全方位的交流。作为民间组织，援华会在经济上援助中国，政治上为中国呼吁，道义上宣传，文化上通过演出、展览等形式开展交流。援华会是国际社会最早清醒认识和强调中国在反法西斯战争中地位的组织，对其历史的研究是提醒世界"正视那段历史"，认可中国一直是"负责任的大国"的有效途径之一。

---

① 韩永利、方长明：《论抗战初期英美民众援华制日运动》，《民国档案》2009 年第 1 期。

② 张新军：《论抗战初期英国民众援华的几个问题》，《宁夏大学学报》（社会科学版）1995 年第 4 期。

③ 尹晓冬：《被遗忘的运动——李约瑟与英国援华会及其成员的交往与活动》，《中国科技史杂志》2011 年第 3 期。

④ 韩国庆：《抗战时期中共的民间外交》，《北京党史研究》1997 年第 2 期。

⑤ 朱蓉蓉：《宋庆龄在抗战时期的国民外交活动述评》，《贵阳市委党校学报》2002 年第 1 期；《试析中共在抗战时期的民间外交》，《江苏社会科学》2002 年第 6 期。

对援华会历史的追溯和梳理可以使我们以史为鉴，为今天构建人类命运共同体的实践提供启示和借鉴。抗日战争中，中华民族"第一次没有阶级之分、没有地域之隔、没有统治与被统治之嫌，'地无分南北，年不分老幼，无论何人，皆有守土抗战之责任，皆因抱定牺牲一切之决心'，结成利益共同体、命运共同体、荣辱共同体，筑起国家与民族新的血肉长城"①，经过十四年的浴血奋战最终赢得了胜利。在世界舞台上，中国人民以己为本抗击侵略，为世界反法西斯战争做出重大牺牲和贡献的同时，也吸引、团结了各国崇尚和平的人民一起投身战争，构建了国际范围内的命运共同体，援华会正是这样一个范例。在尚处于半殖民地半封建社会的中国面临外敌入侵、国际社会面临法西斯威胁时，援华会能够以一己之力，长期面对本国政府的疑虑和限制，联合各种进步组织和力量，通过英国国内或国际团体，极具前瞻性地为中国的和平与独立呼吁，与我们今天倡导的"人类命运共同体"意识不谋而合。八十多年前援华会先是支持中国的反法西斯战争，继而反对国民党战后在中国推行的独裁统治，其宗旨是对世界和平和民主的追求，其活动是对人类共同利益和共同进步事业的贡献。当今世界虽然面临的是层出不穷的非传统安全问题对国际秩序和人类生存构成的严峻挑战，但同样需要的是以国际共识为基础、应对人类共同挑战为目的的全球价值观的形成。历史永远是教科书，研究援华会运动的历史经验可以为我们提供重要的告诫和启示。

对援华会的研究可以在当前百年未有之大变局、中英关系面临新挑战的背景下，探究促进中英关系的发展、加强两国间的民间交流的新思路。援华会存在的十三年，是中英国民外交高度发达的阶段。援华会的骨干人员如克莱格、伍德曼，中方人士如王礼锡、熊式一等为促进中英之间的政治、文化交流不遗余力。援华会通过宋庆龄创办的保卫中国同盟和中方保持密切联系。援华会和艺术家国际协会等进步团体合作，在英国举办中国艺术展等活动宣传中国抗战，为救济中国筹款。援华会及其传承者英中友协、中英了解协会一样为中英两国的友好关系和人民之

---

① 金一南：《全民抗战——百年沉沦中的民族觉醒》，载张铁柱、曹智、陶德言主编《伟大的胜利》，长江文艺出版社 2015 年版，第 36 页。

间的相互了解做出了重大贡献。

援华会还推动了中国和其他国家人民之间的人文交流，印度独立运动的领袖尼赫鲁和梅农多次参加援华会的活动。伍碧虹（Irene Ng）在新加坡前副总理信那谈比·拉惹勒南的传记中，也谈到了他与援华会伍德曼的接触以及和萧乾的友谊[①]。新西兰女诗人罗宾·海德在中国战火纷飞时抵达，离华后辗转抵达英国，彼时其身体状况极为糟糕，几次入院治疗，还是积极参与援华会的工作[②]。援华会为中国和世界人民的人文交流搭建了平台，对其历史的研究也将促进当下中国和其他国家之间的友好往来。

对这段历史的发掘和系统研究，关注援华会的活动及主要历史人物的轨迹，可以深化中国抗日战争史、中英两国之间的人文交流史、国际共运史等有关研究，从历史中汲取经验，更好地发展中英两国和两国人民之间的友好关系。

研究对象及研究问题

（一）研究对象

1. 英国援华会

援华会于全面抗战爆发两个月之后成立于伦敦，第一次集会是1937年9月23日，不久即决定在英国各地设立分会，发展成为一个全国性组织，于是中文译名改成"全英援华运动委员会"。《新华日报》在其报道中提及该组织时曾用到"英国援华委员会""中国活动委员会""英国援华总会""英援华协会""英援华运动协会"等不同名称。本书在其初期活动时称之为（英国）援华会，发展为全国性组织后改称"援华总会"。

2. 全英助华联合总会

"全英助华联合总会"（United Aid to China Fund，以下或简称助华联会、联合助华会），国内经常译为"联合援华基金"。援华会成立之初即得到其他和平组织和左翼团体的大力支持，最初两年发展迅速。然而，

---

① Irene Ng, *The Singapore Lion: A Biography of S. Rajaratnam* (Institute of Southeast Asian Studies, 1967).

② Anne-Marie Brady & Douglas Brown, *Foreigners and Foreign Institutions in Republican China* (Routledge, 2012).

1939 年英法对德宣战和《苏德互不侵犯条约》签订之后，支持援华会的国联同志会（League of Nations Union）、国际妇女联盟（The Women's International League）、国际和平理事会（The International Peace Council）等组织或者自身名存实亡或者不再关注中国形势。左翼书社最初是支持援华会的中坚力量，但是因为《慕尼黑协定》以及 1939 年欧战爆发后英共追随苏联的政策而导致的"左翼的背叛"，戈兰兹一度消沉，援华总会内部也因为英共的深度参与矛盾重重。尽管如此，援华会仍然克服困难，为援助中国奔走呼吁。太平洋战争爆发前的两年中，援华总会成了英国国内唯一支持中国抗战的团体。1941 年 12 月"珍珠港事件"之后，中、美、英正式成为盟友，英国国内支持中国的力量又逐渐加强。1942 年 6—7 月，以克里普斯夫人（Lady Cripps）为主席的"全英助华联合总会"成立，联合了众多团体，援华总会也是其附属机构之一。二者之间分工明确，援华总会负责政治事务，联合助华会负责物质援助和救济事务。《新华日报》在联合助华会成立后关于英国民间援华的报道中，提到的"援华会"指的基本上都是联合助华会。国内部分学者在研究中提及时往往不加区分，事实上两个组织有着本质的区别。援华总会的主体是以英共为首的左翼力量和团体，大部分时间对英国对华政策持批评立场，而联合助华会是以教会和右翼势力为主，得到了英国官方支持。

3. 英国共产党

英国共产党（The Communist Party of Great Britain，CPGB）是本书的另一研究对象。英共在援华会中的角色极为特殊。抵制日货、码头工人拒绝装卸日货等活动都是英共领导的。可以认为，英共在援华会最初的发展中起到了根本性作用，也因此在援华会内部引发了矛盾，英共政策深受苏联对外政策影响时尤其如此。英共与援华会的成立、发展和淡出都息息相关。

4. 左翼团体

援华会的建立和活动，离不开共产国际影响下的反帝大同盟英国分会（the British Section of League Against Imperialism）、中国人民之友社（Friends of Chinese People）、国际和平运动（International Peace Campaign，简称 IPC）、民权保障会（Union of Democratic Control）、左翼书社（Left Book Club，简称 LBC）、艺术家国际（Atrists' International）等左翼团体及

和平组织的支持，本书的研究因此也包括20世纪30年代进步团体的活动。英共、左翼团体、援华会之间的关系相应地也成为本书研究的重点之一。

（二）研究问题

本书主要围绕援华会的缘起、援华总会如何援助中国抗战等问题展开研究，探讨援华总会的演变过程、援华总会与英国共产党、英国工党和左翼团体的关系以及援华总会与国民政府、中国共产党之间为抗击日本侵华和取得世界反法西斯战争胜利展开的合作，重点在于研究援华会兴起和没落的原因。

学术史回顾及研究现状

（一）对抗战期间中英关系的研究

对抗战期间中英关系的研究是理解援华会活动必要的背景。英国和西方其他国家对战时英国对华外交研究的代表性著作，早期有弗里德曼的《英中关系：1931—1939年》[1]；李的《英国与中日战争：1937—1939年》[2]；克利福德的《从中国撤退：英国在远东的政策，1937—1941年》[3]；谢阿罗的《英国和中国，1941—1947》[4] 等。另外由伦敦大学东方与非洲研究所主办的综合性国际学术刊物《中国季刊》，亦发表过不少抗战史论文及资料。

国内学者对中英关系的研究包括胡德坤、韩永利著《中国抗战与世界反法西斯战争》[5]；陶文钊、杨奎松、王建朗《抗日战争时期中国对外关系》[6]；萨本仁、潘兴明合著《20世纪的中英关系》[7]；萨本仁、萨支辉《丘吉尔与英国对外政策，1933—1945》[8]；李世安《英国对华政策与共产

---

① Irving S. Friedman, *British Relations with China*：1931 – 1939, New York：International Secretariat, Institute of Pacific Relations Publications Office, 1940.

② Brandford A. Lee, *Britain and Sino-Japanese War*, 1937 – 1939：*A Study in the Dilemmas of British Decline* (Oxford University Press, 1973).

③ Nicholas. R. Clifford, *Retreat from China*, *British Policy in the Far East* 1937 – 1941 (Washington：University of Washington Press, 1967).

④ A. Shai, *Britain and China*, 1941 –1947 (London：Macmillan, 1984).

⑤ 胡德坤、韩永利：《中国抗战与世界反法西斯战争》，社会科学文献出版社2005年版。

⑥ 陶文钊、杨奎松、王建朗：《抗日战争时期中国对外关系》，中国社会科学出版社2009年版。

⑦ 萨本仁、潘兴明：《20世纪的中英关系》，上海人民出版社1996年版。

⑧ 萨本仁、萨支辉：《丘吉尔与英国对外政策1933—1945》，世界知识出版社2003年版。

党人的作用 1942—1946：霍勒斯·薛穆大使的作用》①、《太平洋战争时期的中英关系》②、《战时英国对华政策》③等。以上著作从不同角度、不同领域涉及战时英国对华政策，对于研究抗日战争时期英国对华关系提供了必要的二手资料和分析视角。

（二）对英共和共产国际的研究

援华会的成立、发展演变都与英国共产党息息相关，有关英国共产党党史的著述如布兰森《英国共产党的历史 1927—1941》④ 及《英国共产党的历史 1941—1951》⑤；卡拉汉和哈克编著《英国共产主义：文献史》⑥，沃利《阶级对抗：两次世界大战期间的英国共产党》⑦ 及徐源的论文《统一战线是英国共产党早期发展的主要因素吗?》⑧，为解读英共历史提供了重要的参考资料。

探讨共产国际、苏共和英共及英国知识分子关系的专著和论文为解读援华会的活动提供了很好的背景资料。如约翰斯通利用共产国际保存于莫斯科的档案对第二次世界大战第一阶段共产国际和英国共产党之间的关系进行了研究，围绕 1939 年 9 月以后英共是否改变策略反对战争、如何处理党内的重要领导人物以及 1940 年夏天到 1941 年初再次改变政策的过程进行了探讨⑨。索普的研究否认了共产国际和英国共产党之间的

---

① Shian Li, "Britain's China Policy and the Communists, 1942 to 1946: The Role of Ambassador Sir Horace Seymour", *Modern Asian Studies*, Vol. 26, No. 1 (Feb. , 1992), pp. 49 – 63.

② 李世安：《太平洋战争时期的中英关系》，中国社会科学出版社 1994 年版。

③ 李世安：《反法西斯战争时期的中国与世界研究》第 7 卷，《战时英国对华政策》，武汉大学出版社 2010 年版。

④ Noreen Branson, *History of the Communist Party in Britain* 1927 – 1941 (London: Lawrence & Wishart, 1985).

⑤ Noreen Branson & James Klugmann, *History of the Communist Party in Britain* 1941 – 1951 (London: Lawrence & Wishart, 1997).

⑥ J. Callaghan, and B. Harker, (eds.), *British Communism: A Documentary History* (Manchester: Manchester Univesity Press, 2011).

⑦ Matthew Worley, *Class Against Class: The Communist Party in Britain between the Wars* (London: I. B. Tauris, 2002).

⑧ 徐源：《统一战线是英国共产党早期发展的主要因素吗? ——评析英共黄金时期的统一战线政策》，《中共南京市委党校学报》2009 年第 2 期。

⑨ Monty Johnstone, "The CPGB, the Comintern and the War, 1939 – 1941: Filling in the Blank", *Science & Society* Vol. 61, No. 1.

"控制和被控制"的关系①，认为英共政策的制定受到来自内部个人和组织纷争、政府立场、工党和工会、工人阶层的声音等种种制约。索普《国际共产主义与共产国际1919—43》《党派纷争：第二次世界大战期间英国的政治组织》《英国共产党党员1920—1945》《共产党议员：威利·加拉赫和英国共产主义》② 及摩根《共产党员与英国社会1920—1991》③，雷德芬《阶级还是国家：共产党人、帝国主义及两次世界大战》④ 等是理解英共在援华会中角色的基础。

（三）对与援华总会相关的左翼及和平运动团体的研究

援华会的成立与发展与20世纪30年代左翼阵营的发展及演变密切相关。

1. 国际和平联合/运动

土田哲夫探讨和分析了有"世界上最重要的国际和平舆论团体"⑤ 之称的欧洲民间团体"国际和平联合"⑥ 抗战时期开展的援华活动，认为其活动是世界舆论对中国抗战的有力支援，同时也增强了中国的抗战意志。⑦

---

① Andrew Thorpe, "Comintern 'Control' of the Communist Party of Great Britain, 1920 – 43", *The English Historical Review* Vol. 113, No. 452 (1998): 637 – 662; *The British Communist Party and Moscow 1920 – 1943* (Manchester: Manchester University Press, 2000).

② Andrew Thorpe and Tim Rees, *International Communism and the Communist International 1919 – 43* (Manchester: Manchester University Press, 1998); Andrew Thorpe, *Parties at War: Political Organization in Second World War Britain* (New York: Oxford University Press, 2009); "The Membership of the Communist Party of Great Britain, 1920 – 1945", *The Historical Journal* Vol. 43, 2000, No. 3: 777 – 800; "Communist MP: Willie Gallacher and British Communism", accessed 2014, https://ore.exeter.ac.uk/repository/bitstream/handle/10036/21079/Gallacher% 20Article% 20for% 20Book.pdf? sequence =1.

③ Kevin Morgan, Gidon Cohen and Andrew Flinn, *Communists and British society*, 1920 – 1991 (Rivers Oram, 2007).

④ Neil Redfern, *Class or Nation: Communists, Imperialism and Two World Wars* (Tauris Academic Studies, 2012).

⑤ "League Apathetic to Peace Appeal", *The New York Times* (以下略称 NYT) 1936 年10月2日。

⑥ 即 International Peace Campaign, 土田哲夫论文中译成 "国际和平联合", 本书则译成 "国际和平运动"。

⑦ 土田哲夫：《国际和平运动与中国抗战——"国际和平联合"（RUP/IPC）简析》, 载《"近代中国、东亚与世界"国际学术讨论会论文集》（上册）, 社会科学文献出版社2006年版, 第364—377页。

此外，玛佐①研究了国际和平运动的法国组织。国内只有沈庆林探讨中国抗战时期的国际援助问题时对此有些许简单的记述。② 对国际和平运动的中国分会"国际和平会中国分会"及1938年改组、更名为"国际反侵略运动大会中国分会"后的相关研究，有刘宗灵、夏炎《抗战与宣传——以国际反侵略运动大会中国分会的战时宣传为例》③、朱蓉蓉《半官方社团与战时民间外交》④ 等。

2. 左翼书社/读书俱乐部

有关左翼书社的研究比其他几个与援华会密切相关的团体丰富。

国内有赵国新《英国左派读书俱乐部的兴衰》⑤ 和程映虹《30年代英国左翼读书俱乐部运动述评》⑥，两位学者探讨了左翼书社的建立、发展、主要活动、书社与共产党和工党的关系等，并对书社的历史地位进行了评价。国外研究颇具借鉴意义的专著是刘易斯所著《左翼书社：历史记录》⑦ 和爱德华兹《维克多·戈兰兹传》⑧。书中详细记述了戈兰兹和左翼书社为中国抗战所做的贡献，包括参与成立援华会，利用左翼书社的全国网络宣传有关中国的信息，使中国的抗战在英国左翼团体中成为仅次于西班牙内战的关注点，发动英国民众支持统一阵线，为医疗救助和难民筹集款项等。戈兰兹还参加巡回演讲、为举办中国集会提供指导、在书社杂志《左翼新闻》上刊登报道、筹集和呼吁捐款。得益于戈兰兹的助力，在短短四个月里，援华会就得到了快速发展。

除专著之外，还有部分论文探讨了左翼书社。萨谬尔斯指出左翼

① Rachel Mazuy, "Le Rassemblement Uiversel pour La Paix (1931–1939)：une organization de Masse?" *Matériaux pour l'histoire de notre temps* (1993)：40–44.

② 沈庆林：《中国抗战时期的国际援助》，上海人民出版社2000年版，第90—102页。

③ 刘宗灵、夏炎：《抗战与宣传——以国际反侵略运动大会中国分会的战时宣传为例》，《广州大学学报》（社会科学版）2013年第12卷第6期。

④ 朱蓉蓉：《半官方社团与战时民间外交》，《江苏社会科学》2011年第5期。

⑤ 赵国新：《英国左派读书俱乐部的兴衰》，《读书》2007年第10期。

⑥ 程映虹：《30年代英国左翼读书俱乐部运动述评》，《史学理论研究》1998年第1期。

⑦ John Lewis, *The Left Book Club：An Historical Record* (London：Gollancz, 1970).

⑧ Ruth Dudley Edwards, *Victor Gollancz：A Biography* (London：Gollancz, 1987).

书社是英国首个支持人民阵线的反法西斯群众组织，分析了书社成立、发展、成功的因素，认为书社是政治教育的典范。① 书社中有一批左翼、反法西斯、反战、支持苏联和人民阵线的知识分子致力于援助西班牙人民内战。巴杰也讨论了左翼书社和英国知识分子的关系，认为英国青年知识分子加入左翼读书俱乐部的主要原因是出于对法西斯主义盛行的恐惧。② 刘易斯、纳维尔、③ 塞缪尔斯都强调了左翼书社对普通民众的教育功能，麦卡洛克则认为教育带来的政治影响及书社与英国共产党和工党的关系还是使其教育功能打了折扣。戈兰兹的教育理念体现在左翼书社活动中，在特定历史背景下"教育"和"政治"不可避免地产生了冲突。④ 加普认为左翼书社的立场与英共大同小异，其组织和资金独立，是各种群众组织中自愿与英共合作的典型代表。⑤ 有关左翼书社的研究还包括拉奎尔和莫斯的《两次大战之间的左翼知识分子 1919 – 1939》⑥；克拉尼克和舍尔曼的《哈罗德·拉斯基：左翼生活》⑦ 等。

3. 反帝大同盟

彼德松在博士论文中对反帝大同盟做了深入研究，认为同盟植根于国际共产主义运动，其历史并非模棱两可。对同盟的历史叙述不应仅以悲剧、失败、自欺和沮丧为特征，也包含着献身、渴望、期待和自我牺牲。⑧ 皮亚

---

① Stuart Samuels, "The Left Book Club", *Journal of Contemporary History*, Vol. 1, No. 2 (1966): 65 – 86.

② C. R. Badger, "The Left Book Club and the Intellectuals", *The Australian Quarterly* Vol. 11, No. 1 (1939): 79 – 87, www. jstor. org/stable/20630722.

③ G. B. Neavill, "Victor Gollancz and the left book club", *Library Quarterly* 41 (3) (1971): 197 – 215.

④ Gary McCulloch, "Teachers and missionaries: The Left Book Club as an educational agency", *History of Education*, Vol. 14, Iss. 2, 1985.

⑤ James Jupp, *The Radical Left in Britain*: 1931 – 1941 (Frank Cass, 1982).

⑥ Walter Laqueur and George L. Mosse, *The Left Wing Intellectuals Between the Wars*, 1919 – 1939 (Harper & Row, 1966).

⑦ I. Kramnick and B. Sheerman, *Harold Laski*: *A Life on the Left* (Viking Adult, 1993).

⑧ Fredrik Petersson, *We are Neither Visionaries*, *Nor Utopian Dreamers*: *Willi Münzenberg*, *the League against Imperialism and the Comintern*, 1925 – 1933 (Ph. D. diss. Abo Akademi University Turku, 2013).

扎在研究中分析了反帝大同盟和中国革命的关系。① 福勒通过对中国和日本移民在国际共产主义运动中作用的分析，从移民、多语种和跨国语境展示了反帝运动在全球的开展。②

4. 中国人民之友社

中国人民之友社是援华会的前身，成立于 1935 年，成员包括王礼锡和克莱格等，迄今为止尚未有关于该团体的系统研究。奈姆泽对苏联之友社的研究对理解中国人民之友社的成立和宗旨有重要的启发。③

5. 国联同志会

国联同志会是两次大战期间关注英国外交和防御政策的最重要的群众组织，相关的研究也比较多，颇具代表性的是伯恩《国联同志会1918—1945》④。麦卡锡通过对国联同志会等四个志愿者组织的研究探索了两次大战之间英国的政治文化，分析了传统政党与志愿组织之间的关系，认为后者的多元价值观和政治中间路线是第一次世界大战后的政治、文化、宗教界精英对阶级斗争、经济的不稳定及政治极端主义等挑战作出的回应。⑤ 麦卡锡还围绕不同的主题，从政治文化入手，重新定义了国联同志会的作用。⑥

6. 艺术家国际协会

在左翼书社和援华会的努力下，中国抗战成为 20 世纪 30 年代晚期英国左翼的主要关注点。艺术家国际是最先帮助中国的组织之一。艺术家国际（Artists' International，AI），后改称艺术家国际协会（Artists' Inter-

---

① Hans Piazza, "The Anti-Imperialist League and the Chinese Revolution", in Leutner et al. (eds.), *The Chinese Revolution in the 1920s: Between Triumph and Disaster* (London: Routledge, 2002), pp. 166 – 176.

② J. Fowler, *Japanese and Chinese Immigrant Activists: Organizing in American and International Communist Movements, 1919 – 1933* (Rutgers University Press, 2007).

③ Louis Nemzer, "The Soviet Friendship Societies", *The Public Opinion Quarterly*, Vol. 13, No. 2 (1949): 265 – 284.

④ Donald S. Birn, "The League of Nations Union and Collective Security", *Journal of Contemporary History*, Vol. 9, No. 3 (1974): 131 – 159.

⑤ Helen McCarthy, "Parties, Voluntary Associations, and Democratic Politics in Interwar Britain", *The Historical Journal*, Vol. 50, No. 4 (2007): 891 – 912.

⑥ Helen McCarthy, *The British People and the League of Nations: Democracy, Citizenship and Internationalism, c.* 1918 – 1945 (New York: Manchester University Press, 2011).

national Association，AIA），成立于 1933 年，结束于 1939 年，是英国艺术领域唯一明确的政治运动，成员多为共产党员，创立者的初衷是成立一个为工人阶级服务、反对法西斯战争的组织，团结全英的画家，反对帝国主义战争、反对对苏联发动战争、反对殖民主义。[①] 艺术家国际的成立是当时众多共产党或亲共产党团体的文化举措之一。

1935—1936 年伦敦举办的中国艺术国际展览会上中国的视觉文化得到了传播。1937 年"七七"事变后不久，艺术家国际协会即举办现代中国艺术展为中国筹款。随即，又与援华会联手举办为期四天的现代中国绘画和木刻展[②]。十一月初，又联合推出陈依范[③]（Jack Chen）编辑的《五千年古国的青年》（*Five Thousand Years Young*）。1938 年 1 月，伦敦再次举办中国艺术展，全部收入用于中国的救济工作。戈兰兹在《左翼新闻》上呼吁左翼书社会员观看展览援助中国。[④]

陈依范是艺术家国际的成员，他和援华会自始至终保持密切联系，克莱格也详细记录了陈依范的贡献。陈元珍的家族传奇《民国外交强人陈友仁》讲述了陈依范在抗日战争期间访问延安，随后在苏联、欧洲和美国举办抗日巡回画展，争取国际上对中国抗日战争支持的经历。[⑤] 关于陈依范世界巡展的研究，有金斯伯格的《影响的艺术：亚洲的宣传》[⑥] 以及贝文的《现代杂录：上海漫画艺术家、邵洵美的圈子及陈依范的游记1926—1938》[⑦]。贝文的研究止于陈依范 1938 年 10 月离开香港开始第二

---

① Tony Rickaby，"Artists' International"，*History Workshop*，No. 6（1978）：154 – 168.

② Clegg，*Aid China 1937 – 1945：a Memoir of a Forgotten Campaign*，p. 21.

③ 陈依范，陈友仁之子，祖籍广东顺德，生于南美特列尼达，实为英国国籍。陈依范不会中文，故中文名假他人之手曾写成陈伊范，根据其中文名转成的英文名字在世界各大图书馆的资料库中有多个版本：Chen I – fan，Chen I – van，Chen I – wan，Chen Yifan，Chen Yiwan 等［转引自黄元《陈依范与中国现代艺术国际巡展（1937—39）（上）》，《文艺理论与批评》2020 年第 1期］。

④ Amy Jane Barnes，*From Revolution to Commie Kitsch*：（*Re*）-*presenting China in Contemporary British Museums through the Visual Culture of the Cultural Revolution*（Ph. D. diss.，School of Museum Studies，2010）.

⑤ Yuan-tsung Chen，*Return to the Middle Kingdom：One Family，Three Revolutionaries，and the Birth of Modern China*（Union Square Press，2008）.

⑥ Mary Ginsberg，*The Art of Influence：Asian Propaganda*（The British Museum Press，2013）.

⑦ Paul Bevan，*A Modern Miscellany：Shanghai Cartoon Artists，Shao Xunmei's Circle，and the Travels of Jack Chen*，1926 – 1938（Leiden：Brill，2016）.

次海外巡展之际。黄元的研究则完整梳理了陈依范 1937—1939 年中国现代艺术国际巡展的不平凡历程，是迄今为止最为详细的叙述。① 1947—1948 年，陈依范在伦敦创办了中共当时第一个也是仅有的一个在西方世界的新华通讯社分社。

巴尔内斯探讨博物馆中国艺术藏品的收藏、解读展览与政治文化及宣传的关系时，也提及有关第二次世界大战期间援华会援助中国的文化宣传和交流，对中国形象在英国民众和左翼眼中的演变也有作简单梳理。②

（四）与援华会相关的研究

1. 国内研究

国内与援华会直接相关的研究较少，已有研究主要分为三类：其一是抗战时期的国际援助研究，其二是国际友人研究，其三是对国民外交的研究。第一类主要有中国人民抗日战争纪念馆编著的《抗战时期苏联援华史论》③，沈庆林的专著《中国抗战时期的国际援助》以及前面提到的韩永利、方长明、张新军、尹晓冬等的数篇论文。第二类包括张注洪《国际友人与抗日战争》；张文琳《国际友人援助中国革命史记》《国际友人西北行记》《国际友人与"红色中国"》；黎军《抗日战争中的国际友人》；任文《国际友人在延安》；孙大勋《毛泽东与国际友人》；解超《中国共产党人的国际友人研究》；马祥林《蓝眼睛，黑眼睛——国际友人援华抗日纪实》等。以上研究梳理了各个历史时期对中国革命、建设、改革、发展做出杰出贡献的国际友人，其中包括援华会的部分成员。第三类主要有对宋庆龄领导下保卫中国同盟以及援华会成员王礼锡和张彭春等的研究，包括朱蓉蓉《宋庆龄在抗战时期的国民外交述评》、王谦《杰出的国民外交家王礼锡》、顾一群《王礼锡传》、祁怀高《张彭春——国民外交家和人权活动家》等，上述研究中都只是提及援华会，

---

① 黄元：《陈依范与中国现代艺术国际巡展（1937—39）（上）》，《文艺理论与批评》2020年第 1 期；黄元：《陈依范与中国现代艺术国际巡展（1937—39）（下）》，《文艺理论与批评》2020 年第 2 期。

② Amy Jane Barnes, *Museum Representations of Maoist China: From Cultural Revolution to Commie Kitsch* (Routledge, 2014).

③ 沈强、王新华：《抗战时期苏联援华史论》，社会科学文献出版社 2013 年版。

并没有详细论述或分析。

2. 国外研究

关于援华会，布坎南曾指出克莱格的回忆录是关于该运动的唯一出版物。事实上，布坎南是除了参与者克莱格之外唯一对援华会做过专门研究的学者，其他学者多是提及援华会而鲜有深入讨论。

布坎南《东风西渐：英国左翼与中国的关系》是中英关系史研究的重要突破，作者首次基于丰富的档案资料详述了英国左翼团体、个人和中国之间的关系，对左翼团体尤其是援华会在援助中国抗战时的作用进行了分析，对由于英共、共产国际、中国政府不同程度的参与而导致援华会领导的活动与主流工人运动之间的矛盾有所提及。① 在《跨国视域下的 20 世纪中国与英国左翼》一文中，布坎南从跨国主义的角度研究了 20 世纪英国左翼和中国的关系。论文以 20 年代的"不干涉中国"运动、抗战时期援华会的活动以及英国左翼对新中国成立的支持和"文化大革命"的关注为焦点，同时强调了重要个体的作用，包括薛西尔·马龙（Cecil L'Estrange Malone）、萧乾、陈依范、李约瑟四人，其中后三人都与援华会有着千丝万缕的联系。布坎南指出伦敦、米德尔斯堡、南安普顿等地码头工人拒绝装卸日货事件的背后是英共的支持，而以贝文为首的英国运输工人总工会对此坚决反对。援华会是人民阵线的产物，借助了英共和其他进步团体的力量。② 布坎南还比较了英国民众对西班牙内战和中国抗战的不同回应，探讨了二者之间的联系③。尽管西班牙内战对英国人的影响远远大于日本侵华战争，但是 1937 年秋的数月，两项运动不相上下，相互促进。援华活动的蓬勃发展使其风头和社会基础一度超过对西班牙的援助。布坎南在史料中挖掘援华会活动的同时也探讨了为什么援助西班牙内战在英国的集体记忆中成了唯一的"伟大事业"，而援华抗日则成

---

① Tom Buchanan, *East Wind: China and the British Left 1925 – 1976* (New York: Oxford University Press, 2012); "'The Dark Millions in the Colonies Are Unavenged': Anti – Fascism and Anti – Imperialism in the 1930s", *Contemporary European History*, Volume 25, Issue 4 (2016): 645 – 665.

② Tom Buchanan, "China and the British left in the twentieth century: transnational perspectives", *Labor History*, 54: 5 (2013): 540 – 553.

③ Tom Buchanan, "'Shanghai-Madrid Axis'? Comparing British Responses to the Conflicts in Spain and China, 1936 – 39", *Contemporary European History*, Volume 21, Issue 4 (2012): 533 – 552.

了"被遗忘的运动"。

赖特在从英国人的角度探讨 50 年代的英国访华团时，对英国左翼和中国的渊源也做了梳理，认为虽然援华会成立于全面抗战爆发后，事实上是英国左翼对日本从 1931 年"九一八"事变后逐渐加剧对华侵略的回应①。赖特提及了援华会的组成、主要活动、内部矛盾，是除布坎南之外对援华会稍加分析的学者。

雷德芬在研究共产国际、英帝国和殖民主义时数次用寥寥数语肯定了英共在援华会中的领导作用，这与阿瑟·克莱格的声明恰好相反。雷德芬认为英共并不热衷反帝反殖民主义，英国底层工人最初对中国革命也无多大兴趣②。1935 年以后，共产国际放弃了阶级对抗策略。受此影响，出于反法西斯战争的需要，英共逐渐调整了对英国殖民政策的态度。1937 年全面抗战爆发，英共开始领导抵日援华的运动，由伦敦区委（District Party Committee of CPGB）召开"拯救中国　拯救和平"的会议③。这是英共 30 年代发起援助西班牙运动后进行的又一场轰轰烈烈的运动。英共 1937 年 8 月领导了劳工运动，要求国联和英国政府制裁日本。雷德芬认为英共在援华会的不遗余力也是出于对苏联安全的考虑。

另一位数次提及援华会的学者是从事英国华人研究的班国瑞。④ 班国瑞从跨国研究的角度探讨英国华人社区的早期历史时，提到了援华会总干事克莱格在华人陈天声的帮助下发动利物浦中国海员参与拒卸日货、成立海员工会等事件。陈天声及其他工人代表把援助中国的活动推广到数个港口，甚至影响了法国和澳大利亚的工人运动。班国瑞的研究还涉

---

① Patrick Wright, *Passport to Peking: A Very British Mission to Mao's China* (Oxford: Oxford University Press, 2010), pp. 64 – 80.

② Neil Redfern, "British Communists, the British Empire and the Second World War International Labor and Working-Class History", *Agriculture and Working-Class*, 65 (2004): 117 – 135; "The Comintern and Imperialism: A Balance Sheet", *Journal of Labor and Society* (2017); *Class or Nation: Communists, Imperialism and Two World Wars.*

③ Neil Redfern, *Class or Nation: Communists, Imperialism and Two World Wars*, p. 94.

④ Gregor Benton, Frank N. Pieke, eds, *The Chinese in Europe* (London: Macmillan, 1998); Gregor Benton, "Chinese Transnationalism in Britain: A Longer History", *Identities: Global Studies in Culture and Power*, Volume 10, Issue 3 (2003): 347 – 375; *Chinese Migrants and Internationalism: Forgotten Histories, 1917 – 1945* (New York: Routledge, 2007); G. Benton and E. Gomez, *The Chinese in Britain, 1800 – Present* (Basingstoke: Palgrave Macmillan, 2008).

及学界极少关注的民国时期共产党人对英国华人的影响。① 与班国瑞的华人研究相反,毕可思在探讨中国的英国侨民时也提到了援华会,指出中日战争的全面爆发结束了英国人躲在租界置身事外的局面,英国国内支持中国抗战的组织纷纷涌现,援华会建立地方分支,利用公众集会、示威游行、展览、发行出版物和巡回演讲等方式在英国民众中宣传抗战的讯息,呼吁支持中国,尤其是引起民众对中共抗战的关注。②

其他涉及旅英国人和华人参与援华会活动的研究有关于舞蹈家戴爱莲的研究:格莱斯登《戴爱莲的故事:中国民间舞蹈的代表和芭蕾舞的先驱》③ 和周姗《中国民间舞蹈:舞蹈先驱戴爱莲 1916—2006》④。也有学者探讨了熊式一 1940—1942 年为 BBC 对亚洲广播做的贡献。⑤从 1940 年起,熊式一受邀在 BBC 为亚洲听众准备英、汉双语新闻评论播报。报道于次年正式开始,受到香港、中国大陆和东南亚国家听众的欢迎。熊式一利用自己的语言优势、文化知识和社会影响为中国抗战争取国际支持,鼓舞了国人抗击日军的士气。叶在研究熊式一夫妇的旅英生涯时提到了熊式一和王礼锡一起为援华会所做的宣传和演讲,彼时前者因《王宝钏》在英国西区和美国百老汇舞台上的成功在英国已经小有名气⑥。熊式一还允许戈兰兹的左翼书社的培训学校上演《王宝钏》为救济中国难民筹款。魏舒歌首次系统研究了抗战时期中国的外宣体系,在探讨1937—1938 年间董显光在国民党政府统一外宣体系建成过程中的作用时提到了援华会。1938—1940 年夏晋麟任中央宣传部驻英代表,他与《新政治家》主编马丁及援华会秘书伍德曼的私交甚笃,三人往来密切,援

---

① G. Benton and E. Gomez, *The Chinese in Britain*, 1800 – *Present*, p. 366.

② Robert A. Bickers, *Britain in China*: *Community*, *Culture and Colonialism*, *1900 – 49* (Manchester University Press, 1999).

③ Richard Glasstone, *The Story of Dai Ailian*: *Icon of Chinese Folk Dance*, *Pioneer of Chinese Ballet* (Alton Hampshire, U. K. : Dance Books, 2007).

④ Eva Shan Chou, "Folk Dance in China: The Dance Pioneer Dai Ailian, 1916 – 2006", *Congress on Research in Dance Conference Proceedings*, https: //doi. org/10. 1017/cor. 2016. 11, (2016), pp. 62 – 71.

⑤ Da Zheng, "Shih-I Hsiung on the Air: a Chinese Pioneer at the BBC during World War II", *Historical Journal of Film*, *Radio and Television*, 38: 1 (2018): 163 – 178.

⑥ Diana Yeh, *The Happy Hsiungs*: *Performing China and the Struggle for* Modernity (Hong Kong University Press, 2014).

华会因此成为国民党国际宣传处伦敦办事处重要的宣传平台。夏尽量避免自己和援华会的关系出现在公众视野，从而避开宣传之嫌①。

对援华会成员和合作团体的相关研究中，较丰富的是前文提到过的对戈兰兹及其左翼书社的研究，其他多数成员的命运和援华会一样湮没在历史的长河中，被史学家和学者忽略。先后担任援华会副主席、主席的弗莱（Margery Fry）是个例外，可能主要是源于弗莱对英国监狱改革的推动和首位女治安法官的身份。劳伦斯解释了弗莱加入援华会为中国筹款的原因及其对中国"终生不变的情谊"。②洛根也谈及弗莱在援华会中的作用，认为学者和史学家对英国民众援助中国抗战的努力一直没有像对援助西班牙共和国那样给予应有的关注。然而，援华会的成立是英国左翼团体和成员通过人民阵线形成的联合，标志着左翼大多数成员开始抛弃和平主义的思想。援华会是典型的志愿者组织，为中国提供人道主义援助的同时，也从政治上为中国的民族解放事业提供了支持。③

研究思路、方法及基本框架

（一）研究思路

本书依据现有档案史料，参考国内外有关学者的研究成果，在马克思主义唯物史观的指导下，以全面抗战爆发后成立于伦敦的英国援华总会为切入点，辩证地诠释民间外交团体与本国和援助对象国政府、政党以及国际、国内形势之间的关系，将援华运动中诸要素之间基本的历史联系作为一个过程去研究。研究的主线是国际反法西斯战争背景下作为国际共运组成部分的援华会自身的发展、演变以及内部围绕意识形态展开的斗争。换言之，对援华总会的成立、发展、衰落和退出历史舞台进行历史性考察，划分出援华运动发展和演变的不同阶段，探究共产国际、英共、中国抗战和世界反法西斯战争对援华总会的影响，探讨援华会的援华活动在中国抗战及世界反法西斯运动中的地位和作用，分析援华运

----

① Shuge Wei, *News under Fire: China's Propaganda against Japan in the English-Language Press, 1928 – 41* (Hong Kong University Press, 2017).

② Patricia Ondek Laurence, *Lily Briscoe's Chinese Eyes: Bloomsbury, Modernism, and China* (University of South Carolina Press, 2003).

③ Anne Logan, "Political Life in the Shadows: The Post Suffrage Political Career of S. Margery Fry (1874 – 1958)", *Women's History Review*, 23: 3 (2014): 365 – 380.

动面临的有利条件和不利因素，探究特定历史条件下民间外交的优势和局限性。

对于每个时期的研究，首先关注的是大的历史背景，包括中国抗日战争的不同阶段、国际反法西斯战争的发展、英国对华政策等。其次是援华会的日常活动和议程，尤其是对援华活动中的标志性事件的分析。再者着重考察国际共运、苏联对外政策和英共对援华会的影响，同时关注和平运动、左翼团体、国际反法西斯统一阵线的发展等外在因素对援华会发展的影响。

总之，将援华总会的活动置于世界反法西斯战争变迁、20世纪中期国际国内意识形态斗争的宏观背景中分时段进行研究。纵向上，按照时间顺序探讨英国援华会发展和演变的历史脉络，以便形成关于援华总会领导下的援华运动的完整认识；横向上，依据特定的历史时期，阐述援华会的主要活动，分析标志性事件，不追求面面俱到，希望抓住关键因素进行深入分析。

（二）研究方法

1. 历史文献法

在特定的背景下进行评价和分析档案材料中包含的各种线索。所用文献以一手资料为主，许多资料尚属首次使用，同时辅以少部分二手文献。一是因为"史料为史之组织细胞"，丰富翔实的史料是历史研究的基础，二是由于国内外对援华会研究的相对匮乏。

本书使用的部分相关文献资料大致有如下分类。

档案

曼彻斯特的工党历史档案和研究中心、工人阶级运动图书馆、伦敦的马克思纪念图书馆藏有英国共产党、工党、援华会、英国中国人民之友社、独立工党的大量原始档案，包括信件、会议记录等史料。英国下院辩论材料和英国国家档案馆的英国外交部档案远东部分、英国情报机构对援华会成员伍德曼、哈代监听的档案，也有大量的关于援华总会和助华联会的资料。

已经公开出版的相关档案资料包括中共中央书记处编《六大以来——党内秘密文件》，中央档案馆编辑的《中共中央文件选集》，中国红十字会总会编辑的《中国红十字会历史资料选编》，中央文献出版社

《共产国际、联共（布）与中国革命文献资料选》，中国人民大学编译室《共产国际文件汇编 1919—1932》第一册，中国社会科学出版社《共产国际有关中国革命的文献资料 1929—1936》第二辑，人民出版社《共产国际中国革命资料选集 1928—1943》，中国第二历史博物馆编《中华民国史档案资料汇编》第四辑（上、下），中国福利会编《保卫中国同盟年报》等。

报纸杂志

民国时期为数众多的报刊与本书相关的主要有《新华日报》《申报》《大公报》《救国时报》《解放日报》等；杂志包括《外交研究》《新动向》《时代批评》《经济导报周刊》等。英国的左翼报刊也有大量的相关报道，主要有《曼彻斯特卫报》（*Manchester Guardian*）、《观察家》（*Observer*）、《每日先驱报》（*Daily Herald*）、英国共产党的机关报《工人日报》（*Daily Worker*），左翼书社的《左翼新闻》（*Left News*）等报刊的报道；另外还有援华会的《中国通讯》（*China Bulletin*）、《中国新闻》（*China News*）以及出版的大量小册子。编辑出版的有《苏联〈真理报〉有关中国革命的文献资料选编》等。

时人的论著

民国时期学人及援华会的参与者的著述也是本书重要的参考资料和文献参考来源，如杜呈祥《国际援华运动》、援华会成员王礼锡《在国际援华战线上》、尹衍钧《人类公敌之日本帝国主义》、蒋君章编著的《中日战争与国际反侵略运动》、国际反侵略运动大会中国分会编译的《国际反侵略运动伦敦大会各国代表讲演实录》《二年来之国际反侵略运动中国分会》、中国国际联盟同志会的《国际反侵略运动援华反日特别大会全部决议案》、中外编译社《国际反侵略运动与中国抗战前途》等。

回忆录、人物传记

中国社会科学院近代史研究所翻译、中华书局出版的《顾维钧回忆录》、路易·艾黎《艾黎自传》、顾一群等《王礼锡传》、卢广绵《回忆中国工合运动》、熊式一《八十回忆》等。英国有汤姆·曼恩的传记，戈兰兹的自传《深情的回忆》及传记《维克多·戈兰兹传》、琼斯著述的弗莱传记等。援华会总干事克莱格的回忆录《援华 1937—1949：一场遗忘的运动回忆录》，刘易斯有关左翼书社的回忆录及霍奇金有关反帝大同盟的回忆录等，都为本书提供了丰富的资料①。

国内外学者研究的成果

专著方面，如前所述，比较重要的有牛津史学家布坎南和沈庆林在各自书中对援华会做的介绍。除此之外，布兰森、卡拉汉、沃利对英国共产党党史有详细的著述。索普探讨英共和工党关系的论文《把共产党员置之门外：工党与共产党1939—46》②，为本书提供了重要的参考资料来源。研究苏共和英共及英国知识分子关系的部分书籍，如索普的《英国共产党与莫斯科1920—1943》③《党派纷争：第二次世界大战期间英国的政治组织》《国际共产主义与共产国际1919—43》，雷德芬在《阶级还是国家：共产党人、帝国主义及两次世界大战》中也提到了英共对援华会的领导。

2. 阶段划分法

根据中国抗战的进程和国际、英国国内的历史背景，将援华会的演变过程分成四个阶段：其一是从1937年9月成立到1939年9月欧战爆发，这一阶段援华会成立后立即投入活动，发展迅速，短时间内进入活动高峰期。其二是援华会1939年9月到1941年12月之间的孤军奋战时期。因受苏联政策的影响，英共在英德宣战后站在英国政府政策的对立面，反对英国对德战争，援华会的活动也受到负面影响。其三是中、英、美、苏四国作为盟友时期的援华会，时间跨度是1941年12月直至抗战胜利，援华总会作为发起机构之一加入联合助华会，二者既彼此合作又相互斗争。其四是从1945年8月直至1950年，是抗战胜利后在冷战的背景下援华会逐渐退出历史舞台的时期。

3. 比较研究法

第一，将援华总会的援华活动和英国政府的对日绥靖政策相比较，分析援华总会的作用。第二，对援华总会和助华联合会意识形态、活动

---

① Thomas Hodgkin, *The League Against Imperialism*: *A Memoir* (Worcestershire: Greenwood Press, 1970) .

② Andrew Thorpe, "Locking out the Communists: The Labour Party and the Communist Party, 1939 – 46", *Twentieth Century British History*, Volume 25, Issue 2 (2014): 221 – 250.

③ Andrew Thorpe, *The British Communist Party and Moscow* 1920 – 1943 (Manchester: Manchester University Press, 2000) .

内容进行比较。第三,对比援华总会和其他和平团体的活动。

（三）本书结构

本书由绪言、正文、结语组成。

绪言部分介绍了选题背景及其学术价值和现实价值,对涉及的研究对象进行简单介绍后提出研究问题;回顾了学术史和研究现状,阐明了研究思路及基本框架,最后指出了研究的创新与不足之处。

正文分七章。第一章阐述了援华会成立前的中国抗战形势和国际背景。内容包括从"九一八"事变到"七七"事变日本步步深入的侵华行径、中国国共两党之间的斗争与合作、以英国为首的西方列强对日本采取的绥靖政策、共产国际在中国全面抗战开始前呼吁各国共产党和世界人民援华的举措、相关决议以及共产国际附属机构先期的援华实践。

第二章阐述了"七七"事变前英国的援华团体以及援华会的成立、组织及至南京陷落之前的初期活动,如举行集会、发行传单和宣传册、召集会议、募捐、举办中国艺术展、召集群众大会、进行游行示威、敦促政府、制作影片、派遣演讲员等。

第三章着重探讨援华会发展的第一个阶段,时间跨度是1938年初到欧战爆发,亦即援华会发展的高峰期。本章内容聚焦援华会活动高潮期开展的一系列活动。在此期间,援华会和国民政府有着良好的互动,与各左翼团体如左翼书社、国际和平运动合作,召集民众集会、发起示威游行、举办了伦敦国际和平大会和巴黎反轰炸不设防城市大会、发起援建国际和平医院等各种活动。援华总会成绩卓然,定期召开工作会议,先是每周召开例会后改成两周例会,随时根据形势的发展举办各种活动,呼吁工人拒绝装卸日货、筹建国际和平医院、到日本使馆前示威、宣传敌后抗日斗争。

第四章追溯了援华会的第二个发展阶段。时间跨度是从欧战爆发、《苏德互不侵犯条约》签订到太平洋战争爆发。受苏联政策转变的影响,英共反对英国的反法西斯战争,站到了国家政策的对立面。援华会的英共党员与非英共党员之间的矛盾对援华会开展活动和自身发展都造成了不利影响,会长和主席一度辞职。这一时期援华会领导了最后一次大规模的民众援华运动,即要求英国政府重新开放滇缅公路。援华会也与保卫中国同盟保持着联系,继续支持国际和平医院。

第五章讲述的是珍珠港事件之后到抗战结束时期的援华会。太平洋战争爆发后,中、美、苏、英成为盟友。英国成立克里普斯夫人担任主席的全英助华联合总会,援华会是其发起机构之一。前者负责救济和募捐,援华会更关注政治问题。援华会的募捐工作继续进行,但都交予全英助华联合总会转给重庆宋美龄和驻华大使薛穆负责的分配委员会统一分配,导致了援华会与联合总会之间的矛盾。援华会在此期间主要的工作之一是为边区的国际和平医院和西北工合运动争取援助。除此之外,援华会还组织了教学培训活动,利用周末学习班传播中国文化和信息。

第六章聚焦内战期间的援华会。援华会正式退出历史舞台是在1950年,但在此之前活动已近停滞。此期间援华会经历了人员更换、政策变化,为中国的和平与独立奋力援华的组织角色大幅弱化,日益成为工党和中共之间的纽带。

第七章主要探讨了援华会的兴起与没落的原因。其次分析了作为民间组织的援华会开展民间外交活动的优势和局限性,随着中国革命形势和国际局势的变化,其局限性日益明显,最终退出历史舞台。

本书在写作过程中,突出了以下几点。

首先,从论述的具体内容来看,本书首次较为系统、深入地梳理了英国援华会在中国抗战时期、解放战争时期到建国初期的完整历史。除英国档案外,也注重国内档案资料的发掘,首次从中国学者的视角系统探讨了援华会和20世纪三四十年代英国甚至国际社会左翼团体之间的关系。

其次,在资料使用方面,笔者查阅了大量中、英文报刊文献和史料,包括英国外交部档案对华部分、英国下院辩论材料,以及共产国际、英国共产党、工党、援华会、英国中国人民之友社、保卫中国同盟的历史档案和《新华日报》《曼彻斯特卫报》《观察家》以及英国共产党的机关报《工人日报》等报纸的报道,进行了广泛深入的资料搜集工作。多数资料尚属首次使用,有助于援华会研究的资料建设。

再次,本书力求纵观历史脉络,把握援华会从成立到消亡期间国际舞台上历史大环境的变迁,从宏观上诠释援华会的活动,跳出了仅从援华抗日的角度研究援华会的视角框架,首次挖掘了英国援华会和国际共产主义运动、英国共产党的关系。以往有关援华会的论述除了参与者的论述或回忆录（Arthur Clegg、王礼锡）之外，是"被遗忘的运动"（Clegg）。国内学者主要着眼于英国民间在抗战期间的对华援助（沈庆林、张新军、张注洪）。提及援华会最多的是学界对宋庆龄领导下的保卫中国同盟的相关研究，无一例外地涉及保盟和援华会为帮助解放区进行的合作，但是援华会只是作为合作者被寥寥数语一笔带过，保盟而非援华会对抗战的贡献是研究的焦点。国外只有布坎南在研究英国左翼和中国之间的关系，以及比较英国民众对中国抗战和西班牙共和国的援助时关注了援华会。布坎南对克莱格在回忆录中否认英国共产党在援华会中的主导作用提出质疑，但并没有进一步探讨二者之间的密切关系。有关英共历史、英共和左翼及苏共关系的著述在提到援华会时基本都是一笔带过，没有充分讨论。

　　最后，本书丰富了关于共产国际的研究。以往学界的研究集中于共产国际和各国共产党之间的关系、与社会民主党的斗争以及共产国际在世界反法西斯战争和西班牙内战中的作用，共产国际和左翼、和平团体之间的关系研究仍不充分。本书聚焦援华会的案例，为探究共产国际的有关问题提供了新视角。

　　本书的不足之处有如下四个方面：

　　其一，档案资料缺乏系统性。由于英共早期的部分档案资料因躲避当局的搜索检查而遭销毁，而一些与援华会密切相关的团体，如中国人民之友社，留下的档案资料极少，不够系统，笔者只能利用现有的资料进行分析、梳理和推测。另外，史料比较分散，档案、外刊和民国报纸期刊对援华总会均有涉及，但不够集中，利用零散的信息还原援华会的历史脉络和活动有一定困难。

　　其二，作者自身理论储备不足。本书梳理了援华会的演变历史，但偏重叙述，疏于对事件的解读，充分驾驭史料的能力还有所欠缺，概括和论证时略感乏力，分析和提炼深度有待加强，因此得出有关援华总会的分析精准的评述和论断还有提升空间。

　　其三，援华会的活动内容广泛深入。与20世纪三四十年代的文化、社会名流、和平团体、左翼组织、工会运动、反法西斯战争关系密切，和冷战初期的中英关系错综复杂，作者在对援华总会历史梳理的过程中难免挂一漏万。

其四，对援华总会的分析和理解还留下部分空白。援华会的成立与在英国人和华侨的奉献分不开，王礼锡、熊式一、林咸让等援华会成员的作用还应该进一步挖掘、探讨。另外，英国援华会与美国援华会之间的关系如何？英、美援华会成立时间和活动内容有许多相似之处。后期各自成立的联合援华会也大同小异；新中国成立后，又都面临着内部的左、右意识形态之争。对英国援华总会的讨论应该放在更宏观的背景之下。

第 一 章

援华会成立背景

　　援华会成立于全面抗战爆发之后，其根源可以追溯到1931年的"九一八"事变，其萌芽甚至可以上溯到20年代苏联发起的"不干涉中国运动"。本章从三个层面讨论了援华会的成立背景。

　　其一是日本侵华与中国的国内形势。明治维新后走上军国主义侵略扩张道路的日本受1929年资本主义经济危机的影响加紧侵华，从1931年的"九一八"事变开始先后侵占中国东北、华北，分裂蒙古。蒋介石政府对日采取不抵抗政策，集中兵力"剿共"。面对民族危机，中国共产党在与国民党斗争的过程中逐渐改变策略，倡导建立抗日民族统一战线。

　　其二是共产国际统一阵线政策与和平运动的兴起。随着德、意法西斯的崛起，共产国际于七大后转变政策，强调统一阵线的必要性，要求共产党人争取群众参加并维护和平运动，号召世界各国共产党和人民援助中国的抗日斗争。反法西斯和反战成为20世纪30年代和平运动的主题，掀起世界范围内和平运动的高潮。

　　其三是英国对日本侵华的反应。英国政府对日本侵华采取的政策是从妥协到绥靖。"七七"事变之后，英国国内舆论有利于中国，各和平组织、左翼党派和团体纷纷回应，反对日本侵华。

第一节　日本侵华与中国国内形势

一　日本侵华与蒋介石的"攘外必先安内"政策

　　日本的侵华史由来已久。明治维新之后，随着资本主义和国力快速发展，日本迅速踏上对外侵略扩张的军国主义道路，从1874年出兵台湾起，不断对中国发动武装侵略。① 1894 年发动"甲午战争"，次年四月，一败涂地的清政府被迫签订《马关条约》，中国半殖民地化和民族危机大大加深。1900 年日本伙同列强，组成八国联军出兵华北。次年九月和列强一起强迫清政府签订《辛丑条约》，除了从中国再次获得大量赔款，还获得在北京和从北京到山海关铁路沿线的驻兵特权，为日后侵华奠定了基础。1904 年 2 月日本为了争夺中国的东北和朝鲜，又对俄国开战，战后取代俄国获得了在中国东北的支配地位。包括旅顺和大连的租借权、长春至旅大铁路及其一切支线和所属一切特权。随后日本又违约在南满铁路线建立关东军，1906 年又建立"南满洲铁路株式会社"（即"满铁"），管理矿山、港口、行政区域、文化科研机构及情报组织。关东军和满铁成为日本控制南满的工具。②

日本并不满足于对东北的控制，处心积虑与列强争夺对中国的控制权。1914 年第一次世界大战爆发后，趁德国和西方列强无暇东顾，日本出兵占领德国在华租借地青岛，进而控制山东。1915 年 1 月，日本向急于称帝的袁世凯提出"二十一条"，独霸中国的野心昭然若揭。1927 年田中义一出任首相，提出向大陆发展是日本的生存之本，制订了侵华的总策略，即以武力侵占东北三省，使其变成向北进攻苏联的跳板、向南进攻中国大陆及东南亚的基地，把整个东亚变成日本的东亚。③

1928 年 6 月，日本关东军在东北军阀张作霖由华北退回沈阳之际制造了"皇姑屯事件"，炸死张作霖，其子张学良继续统治东北并归顺南京政府。之后日本帝国主义加紧策划，迅速完成了侵略东北的各种准备。1929 年资本主义世界爆发空前严重的经济危机。在危机的冲击下，日本社会动荡、国内矛盾加剧，军国主义统治日益强化，右翼政客不断煽动向满蒙扩张，关东军也加紧制订具体作战方案。

1931 年 9 月 18 日夜，日本关东军自行炸毁沈阳北大营附近柳条湖东侧南满铁路的一段铁轨，随即伪造现场，嫁祸于中国军队，称其破坏铁路袭击日本守备队。关东军以此为借口向北大营中国驻军发动进攻，制

---

① 刘金田主编：《中国的抗日战争》，上海人民出版社 2016 年版，第 3 页。
② 刘金田主编：《中国的抗日战争》，上海人民出版社 2016 年版，第 4 页。
③ 刘金田主编：《中国的抗日战争》，上海人民出版社 2016 年版，第 6 页。

造了震惊中外的"九一八"事变。日军按照预定计划，次日攻陷沈阳，长达十四年的侵华和抗日战争就此拉开序幕。

在蒋介石的不抵抗政策之下，东北迅速沦陷。为了逼迫国民党承认日军占领东北的既成事实，减轻来自各国的压力，日本开始谋划在上海制造事端，转移国际注意力。1932年1月28日，日军进攻闸北，发动"一·二八"事变。上海守军在蒋光鼐、蔡廷锴的领导下不顾蒋介石的不抵抗政策，决心御侮争存。上海民众也在中国共产党的领导和推动下，组织救护队和义勇军，支援十九路军抗战，重创日军。然而蒋介石拒绝增派援兵，淞沪守军苦战一个月后上海沦陷。5月，南京政府与日本政府签订《淞沪停战协定》，允许日军留驻上海，中国军队撤离并不得在上海周围驻防，取缔所有抗日活动，十九路军调往福建"剿共"。①

1933年初，为扩大并巩固伪满洲国的疆界，进而侵略华北，日军对热河、古北口以东的长城一带发动进攻。张学良、何应钦先后指挥20万大军进行抗击，阻止日军进关。1月，日军进攻榆关时，中国守军首次在华北地区违背蒋介石的不抵抗命令，奋力反击，揭开华北抗战的序幕。5月底，何应钦派军使向日军求和，双方停止军事行动，中日双方代表在塘沽签订停战协议，国民党政府事实上承认日本占领东北三省和热河，接受伪满现状。国民党政府的妥协退让直接导致长城抗战失败，华北陷入危急。

热河、华北局势恶化时，察哈尔省也面临日本侵略者的威胁。国民党将领冯玉祥于1933年5月主持召开了有中共代表参加的各方军事首领会议，决定组织察哈尔民众抗日同盟军，应战日本，得到各地抗日团体和爱国人士的声援。何应钦数次要求冯玉祥停止军事行动，被冯拒绝。察哈尔抗战历时半年，收复多处失地。然而在蒋介石政府的分化、胁迫、夹攻下，最后以瓦解而告终。

在华北，继"塘沽协定"后，日本侵略者又觊觎华北五省，谋划通过扶植傀儡政权不战而攫取华北。1934年4月，日本外务省情报部长天羽英二，发表"天羽声明"，公然置国际社会对日本制造"九一八"事变

---

① 刘金田主编：《中国的抗日战争》，上海人民出版社2016年版，第21页。

的谴责于不顾，宣布中国为势力范围，不允许其他国家染指。1935 年 1月，关东军在大连召开会议，决定在华北扶植伪政权。自此，日军不断制造借口挑起事端，先是通过汉奸被杀的"河北事件"向国民政府提出无理要求。6 月，日本华北驻屯军司令官梅津美治郎递交备忘录，7 月，何应钦按照南京政府的训令，书面复函照单全收，是为"何梅协定"。至此，"国民党的党、政、军、宪、特一切势力，全部被逐出河北省与平、津两市"，日本不费一兵一卒便实际取得对华北的控制权①。继"河北事件"，日方又利用"张北事件"签订"秦土协定"，取得对冀、察两省的控制。

国民党的丧权辱国政策助长了日军的侵略气焰。自 1935 年下半年开始，日本开始策划华北自治，通过煽动"饥民"暴动、汉奸"请愿"，策动阎锡山和韩复榘搞华北五省自治，企图使华北沦为第二个东北。国民政府再次对日妥协，于 12 月在北平成立冀察政务委员会，宋哲元任委员长，王克敏等十几人为委员。委员会名义上隶属南京政府，有相当大的独立性，实际上由日本帝国主义和汉奸势力影响和控制，华北变相完成"自治"，日本侵入中国内地，民族危机空前严重。

1936 年 5 月，日本关东军又成立伪"蒙古军政府"，企图将蒙古从中国分裂出去。8 月，伪蒙古军开始进犯绥远。在傅作义的带领下，绥远抗战以胜利告终，掀起抗日运动新高潮。

二 危机中的中共与抗日统一战线的逐渐形成

对日军步步退让的同时，国民党加紧了对中国共产党领导下的红军的围追堵截。1929 年经济危机之后日军加紧侵华准备，中国则陷入全面内战。1928 年北伐之后，蒋、冯、阎、李新军阀随即展开混战，南京政府和各派军阀还不断发动对中国共产党领导下的红军和革命根据地的"围剿"。而面对日本帝国主义的步步紧逼，南京政府采取的是不抵抗政策，把主要兵力用于围剿红军。从 1930 年 10 月到 1934 年蒋介石对红军发动了五次围剿。前三次红军三战三捷，革命根据地不断扩大。1931 年 7月，蒋介石首次提出"攘外必先安内"的方针，一面再三命令张学良避

---

① 刘金田主编：《中国的抗日战争》，上海人民出版社 2016 年版，第 51 页。

免与日军发生冲突,一面准备发动第四次围剿。1932 年 7 月,蒋介石亲率 30 万大军进攻鄂豫皖革命根据地。在张国焘的错误路线指导下,红军反围剿以失败而告终。在湘鄂西根据地,红军也没有击退蒋介石的十万军队,第四次反围剿失利。自 1933 年 2 月起,国民政府调兵遣将对革命根据地分三路出击。9 月,蒋介石调集 100 万大军亲任总司令,发动第五次围剿。由于王明的"左倾"错误路线的影响,红军一开始就遭到惨败,一年多的战斗处处被动挨打,于 1934 年 10 月被迫战略转移开始长征。在与蒋介石殊死斗争的同时,中共中央并没有忽视日本步步为营的侵华行径,面对民族危机一直致力于力挽狂澜。

在东北,中共积极参与和领导了抗日游击战争。"九一八"事变后,蒋介石不顾各界民众的呼声和谴责,要求东北军放弃抵抗,不战而退。中国共产党发表宣言,反对国民党政府的不抵抗政策,反对日本抢占东三省,随后东北民众抗日救国会成立。此后的一年多时间里,救国会组织的义勇军发展迅猛。中共积极组织和引导了东北人民的抗日斗争,建立起十余支抗日游击队,有力地打击了日本侵略者。1934 年 10 月中共中央率中央红军长征之后,东北的抗日部队与中央失去联系,由中共驻共产国际代表团指导。1935 年 8 月 1 日,中共驻共产国际代表以中华苏维埃政府、中共中央的名义发表《为抗日救国告全体同胞书》,即《八一宣言》,号召全国人民团结起来停止内战,"组织全国统一的国防政府;与红军和东北人民革命军及各种反日义勇军一块组织全中国统一的抗日联军"。[①] 东北党组织和人民革命军立即响应。1936 年 2 月,中共驻共产国际代表团决定,将党在东北领导的所有抗日部队一律改成东北抗日联军,并吸收其他抗日武装参加联合军队,以扩大抗日统一战线。1936 年初到 1937 年秋东北抗日联军陆续编成十一个军。到1937 年上半年,东北抗日联军已达二万余人,成为重要的抗日武装力量。

针对华北危机,1933 年 5 月 25 日,中共临时中央发出《关于中日秘密谈判与国民党出卖平津及华北问题的紧急通知》,号召各级党部组

———————

① 中央档案馆编:《中共中央文件选集 第十册》,中共中央党校出版社 1991 年版,第522 页。

织民众进行民族革命战争，开展反帝反国民党的斗争。① 1934 年 4 月 10
日，中共中央发出《为日本帝国主义对华北新进攻告民众书》，要求国
民党立即停止进攻苏区，建立全国民众反帝统一战线。② 紧接着于 12
日又发出《关于在目前华北紧急形势下各级党的任务的紧急通知》，指
出中华民族已经到了生死存亡的阶段，共产党要担任起领导民众斗争的
任务。③

　　同年夏，国民党以重兵向中央苏区进行第五次大规模"围剿"，日军
也加紧行动，准备扩大对中国的侵略。中共中央为宣传和推动抗日民族
革命战争，7 月，派出寻淮洲、粟裕、乐少华领导的红军第七军团组成
"中国工农红军北上抗日先遣队"，从瑞金出发，北上向闽浙赣皖的国民
党后方挺进，积极向群众宣传抗日主张，之后与方志敏领导的红十军会
合，组成红十军团，扩大了共产党和红军的政治影响。同年 10 月，红军
主力开始北上远征。

　　次年《八一宣言》提出的抗日救国十大纲领进一步推动了全国抗日
救亡运动的发展，强调抗日救国是生死存亡关头全体中国人面临的首要
任务。彼时正在长征途中的中共中央并未获悉宣言的具体内容，但已经
开始考虑建立更广泛的抗日民族统一战线问题。10 月中央红军完成战略
转移到达陕甘革命根据地，开始了以工农红军为主力的民族革命战争的
新阶段，为日后全民族抗战爆发后八路军主力奔赴抗日前线奠定基础。
南京政府则继续推行"攘外必先安内"的方针，调动军队对陕北苏区大
举进攻。

　　针对日本策划的"华北五省自治"，中共中央委员会于 11 月 13 日发
布《为日本帝国主义并吞华北及蒋介石出卖华北出卖中国宣言》，提出苏
维埃政府和工农红军愿意与"一切抗日反蒋的中国人民与武装队伍"联
合起来，采取一切方式，为反对日本帝国主义和"卖国贼头子蒋介石"

---

　　①　中央档案馆编：《中共中央文件选集 第九册》，中共中央党校出版社 1991 年版，第
197—200 页。

　　②　中央档案馆编：《中共中央文件选集 第十册》，中共中央党校出版社 1991 年版，第
193—201 页。

　　③　中央档案馆编：《中共中央文件选集 第十册》，中共中央党校出版社 1991 年版，第
217—222 页。

而血战和斗争。① 在中共北平临时工作委员会的领导下，北平学生组织成立了北平学联，响应中共的主张。12 月 6 日，北平 15 所大中学校的学生自治会发表《北平各校通电》，认为"今日而欲求生路，唯有动员全国抵抗之一途"。②与此同时，国民党政府欲于北平成立冀察政务委员会以应日本要求实现所谓华北特殊化的消息传来。北平学联党团果断决定发动学生于 12 月 9 日走上街头游行请愿，反对华北自治，要求停止内战，打倒汉奸，保卫华北，是为著名的"一二·九"运动。受其影响，全国各地民众纷纷响应。学生举行抗日集会和示威游行，工人罢工支援学生斗争，共同抗议国民党政府对日妥协及镇压抗日运动的可耻行径。迅速反应的还有上海的文化界，12 日即发表《上海文化界救国运动宣言》，指出抗日是中国的唯一出路。27 日文化界的爱国人士三百多人召开大会，成立了上海文化界救国会，大会推举马相伯、沈钧儒、邹韬奋、陶行知等知名人士组成 35 人的执行委员。大会再次发表宣言，提出建立民族统一战线、停止内战武装民众、共赴国难等八项抗日主张。上海文化界救国会随后加入 1936 年 1 月 28 日成立的上海各界救国联合会。③ 5 月底，宋庆龄、邹韬奋等在上海发起成立"全国各界救国联合会"，支持中共的抗日民族统一战线主张，全国各地的许多救亡团体加入了联合会。

民族危机的加深、共产国际七大的精神和全国范围内抗日救亡运动的进一步高涨，促使中共在跟国民政府军队斗争的同时开始转变政策。1935 年 11 月中旬，中共驻共产国际代表张浩从苏联回国到达陕北，向中共中央传达了共产国际关于建立广泛的反法西斯统一战线的精神以及《八一宣言》的内容。共产国际七大战略策略的转变和中共驻共产国际代表团的明确主张，积极地推动了中共随后抗日民族统一战线策略方针的制订。11 月 28 日，中共中央以毛泽东和朱德的名义发表《中华苏维埃共和国中央政府、中国工农红军革命军事委员会抗日救国宣言》，重申了

---

① 中央档案馆编：《中共中央文件选集 第十册》，中共中央党校出版社 1991 年版，第572—576 页。

② 中共中央党史研究室：《中国共产党历史 第 1 卷 上》，中共党史出版社 2010 年版，第377 页。

③ 唐培吉主编：《中国革命与建设史辞典》，经济日报出版社 1991 年版，第 39 页。

《八一宣言》的基本内容。① 12 月 17 日，中共中央在瓦窑堡召开了政治局会议，确立了将国内战争与民族战争结合起来的战略方针，执行"抗日联军"的策略，建立"最广泛的反日民族统一战线"。② 瓦窑堡会议后，中共中央即着手实现西北地区抗日力量的联合，首先争取在西北"剿共"的张学良、杨虎城及其麾下的东北军和第十七路军。到 1936 年夏，中共中央已成功说服张学良接受中共关于停止内战、联合抗日的政治主张，并商定红军与东北军互不侵犯、互派代表；与十七路军经过半年多的数次谈判，也同样建立了比较牢固的关系。在中共中央的努力下，张、杨两部之间也开始了日益密切的合作。

华北事变后日本政府的步步紧逼也使得国民党当局逐渐调整政策。一方面改善南京政府与苏联的关系，以期利用苏联牵制日本；另一方面，在以军事力量消灭共产党的方针下，打着抗日的旗帜以苛刻条件与共产党谈判，以达到"溶共"目的。③ 因此，从 1935 年冬天开始，国民党也陆续派人在不同地点与中共代表秘密接触。1936 年 3 月初，中共中央提出了与国民党谈判的五条意见，即（一）停止一切内战，全国武装不分红白，一致抗日；（二）组织国防政府与抗日联军；（三）容许全国主力红军迅速集中河北，首先抵御日寇迈进；（四）释放政治犯，容许人民政治自由；（五）内政与经济上实行初步与必要的改革。④ 随后，中共中央在晋西会议上专门讨论与国民党政府谈判问题。4 月 9 日，毛泽东、彭德怀致电张闻天，提出不发布讨蒋令。25 日中共中央发表《为创立全国各党各派的抗日人民阵线宣言》，提出各党派停止冲突与斗争，联合起来抗日救国，这是中共首次公开将国民党列为抗日民

---

① 中央档案馆编：《中共中央文件选集 第十册》，中共中央党校出版社 1991 年版，第 580—582 页。

② 中央档案馆编：《中共中央文件选集 第十册》，中共中央党校出版社 1991 年版，第 589—623 页。

③ 中共中央党史研究室：《中国共产党历史 第 1 卷 上》，中共党史出版社 2010 年版，第 395 页。

④ 杨瀚主编，中国人民政治协商会议全国委员会文史和学习委员会编：《西安事变历史资料汇编 1 电文上》，中央文献出版社 2017 年版，第 17 页。

族统一阵线的对象。① 5 月 5 日发表的《停战协议和一致抗日通电》中，用"蒋介石氏"取代了"卖国贼蒋介石"。至此，中共的抗日政策已开始转向逼蒋抗日。

共产国际的立场对中共政治策略的转变起到重要的作用。8 月 8 日，从苏联回国的潘汉年向毛泽东、张闻天和周恩来汇报了共产国际执委会不同意将反蒋和抗日口号并提的意见。一周之后，执委会书记处又致电中共中央书记处。电报中指出："把蒋介石和日本侵略者相提并论是不对的。这个观点在政治上是错误的。……要真正武装抗日，还必须有蒋介石或他的绝大部分军队参加。"② 8 月 25 日至 27 日间，中共驻共产国际代表团召开会议，认为中日民族矛盾日益突出，讨论了在中国建立反帝统一战线、扩大民族统一战线阵营范围的必要性。中共中央也致函国民党中央委员会，倡议国共两党实行第二次合作，共同抗日，救亡图存。为了使全党了解放弃反蒋口号的必要性，9 月中共中央向党内发出指示，用"逼蒋抗日"的口号取代"抗日反蒋"。③

中共中央致力推动南京国民政府实行抗日政策的时候，蒋介石却依然把"剿共"作为首要目标。1936 年上半年，蒋介石仍聚集重兵企图围剿陕甘根据地。10 月，中国工农红军一、二、四三个方面军，于甘肃会宁会师。蒋介石调集精锐部队三十余万大军，准备对中央红军进行第六次"围剿"，并亲飞西安，逼迫张学良、杨虎城率部剿共。在对多地完成剿共部署后于 12 月再度飞往西安督战。张学良对蒋介石劝说数次无效之后，和杨虎城于 12 日携手扣押蒋介石及其随行要员，并与其他十六位高级将领署名发表《对时局通电》，提出"改组南京政府，容纳各党派共同负责救国""停止一切内战"等八项抗日主张。这就是震惊中外的"西安事变"，在国内外立即引起强烈而复杂的反响。

---

① 中央档案馆编：《中共中央文件选集 第十一册》，中共中央党校出版社 1991 年版，第 580—582 页。

② 中国社会科学院近代史研究所翻译室编译：《共产国际有关中国革命的文献资料（1936—1943）（1921—1936 补编）》第三辑，中国社会科学出版社 1990 年版，第 7—10 页。

③ 中共中央党史研究室：《中国共产党历史 第 1 卷 上》，中共党史出版社 2010 年版，第 399 页。

　　面对国际国内一触即发的紧张形势，中共中央经过反复研究，最后从民族大义出发，确定了和平解决西安事变的基本方针。中共于 19 日发表《中央关于西安事变及我们的任务的指示》，指出西安事变的发动是为了抗日救国，是国民党中的实力派之一要求"停止一切内战，一致抗日，并接受了共产党抗日主张的结果"。就其影响而言，一方面，事变有可能引发"对于中国民族极端危险的新的大规模内战"，继而削弱抗日力量，不利于全国抗战的发动；另一方面，如果事变能够促使蒋介石停止"剿共"内战并把枪口转向日本侵略者，就能够实际建立起抗日救亡的全国统一战线。为了实现后者，中共"主张南京与西安间在团结抗日的基础上"，和平解决西安事变。① 22 日，宋子文、宋美龄抵达西安代表蒋介石与张学良、杨虎城开始谈判，最终达成六项条件。周恩来全权代表中共中央参加了为期两天的谈判，不仅做了大量卓有成效的工作，并且在谈判结束后与蒋介石面谈，说明了中国共产党的抗日救国政策。

　　在三方的努力下，西安事变得以和平解决，成为国共二次合作的转折点，全国范围的剿共和军阀的内部混战基本停止，国内形势出现巨大变化。1937 年 2 月国民党召开第五届三中全会，通过了《中国国民党第五届中央执行委员会第三次全体会议宣言》，首次提到"抗战"一词。宣言指出"整个民族之利害终将超出一切个人一切团体利害之上"，"同为国民，休戚相共……存则俱存，亡则俱亡"，对内放弃对中共的武力围剿，代之以"和平统一"原则以"共赴国难"；对外政策方面，"决不容忍任何侵害领土主权之事实，亦决不签订任何侵害领土主权之协定"，结束了"九一八"事变以来的对日妥协。② 随后的数月国共双方多次就合作进行谈判，蒋介石试图通过谈判"收编"红军，在此过程中设置重重障碍。中共本着"不失立场不放弃原则的情况下接

---

　　① 中央档案馆编：《中共中央文件选集 第十一册》，中共中央党校出版社 1991 年版，第126—128 页。

　　② 中共中央党史资料征集委员会编：《第二次国共合作的形成》，中共党史资料出版社1989 年版，第 316—320 页。

受对国民党一切可以让步的条件"的原则①，积极倡导抗日民族统一战线的形成。

国共两党的合作，使得日军再也不可能不战而胜。从 1937 年 5 月开始，驻华北日军开始频繁举行大规模的军事演习，随时准备发动进攻。驻守平津的二十九军也严阵以待。7 月 7 日夜，日军在卢沟桥附近演习时，以一名士兵"失踪"为借口，要求搜查宛平县城，中国守军严词拒绝。日军遂开枪射击并炮轰宛平城，中国驻军第二十九军一部奋起抵抗。"七七"事变标志着中华民族的全面抗战拉开序幕。蒋介石对日态度开始强硬，7 月 17 日在庐山发表谈话，表达了政府的抗战决心，声称要取得最终胜利"只有牺牲到底、抗战到底"。② 到 8 月上旬，在平、津已沦陷、上海形势也日趋严峻的背景下，国共继续谈判，并于下旬最终达成协议，红军主力改编为国民革命军第八路军，在国统区若干城市设立八路军办事处。9 月 22 日，国民党中央通讯社发表《中共中央为公布国共合作宣言》；蒋介石次日发表谈话，指出国共双方团结御侮的必要性，事实上承认了中共的合法地位，南方的红军游击队随后于 10 月整编为新四军。至此，国共两党第二次合作正式形成。

第二节　共产国际统一战线政策与
和平运动的兴起

一　共产国际统一战线政策的确立与援华呼吁

"九一八"事变后的国际局势经历了复杂变化，各主要资本主义国家对日本的侵略行为采取绥靖政策，纵容世界法西斯势力的发展和勾结，日本在侵略的道路上越走越远，共产国际持续关注日本侵华和国际法西斯力量的发展。1933 年希特勒上台，随后德国法西斯势力迅速发展，其他各国法西斯势力也不断壮大，部分国家共产党和民主力量受到法西斯

---

①　中共中央文献研究室编：《周恩来年谱 1889—1949 上》，中央文献出版社 2007 年版，第 360 页。

②　中共中央党史资料征集委员会编：《第二次国共合作的形成》，中共党史资料出版社 1989 年版，第 324—326 页。

势力的摧残和削弱。共产国际敏锐地意识到与各国资产阶级及其民主派合作对抗法西斯势力的必要性。从 1934 年下半年起共产国际开始改变"第三时期理论"① 指导下的"左倾"政策，不再宣称世界处在新的革命高潮时期，资本主义进入全面崩溃，无产阶级进行夺权的时期已经到来，代之以建立反法西斯联合战线的政策。②

日本发动"九一八"事变时，共产国际就号召各国支部和全世界无产阶级援助中国人民抗日救国。1931 年 11 月，共产国际执委会号召全世界无产阶级帮助"中国兄弟"反对日本侵略，为建立统一独立的中国而奋斗。③ 次年 5 月 1 日共产国际又号召全世界工人和被剥削者们拒绝向日本运输任何军械或军需品，以反对日本抢劫中国的战争。④ 1933 年共产国际执委会第十三次全会的决议更是郑重地号召共产国际一切支部和全世界的工人和劳动者，以极大牺牲精神，来保护中国革命，使之不受帝国主义的武装干涉。

随着日本对中国侵略的深入，共产国际也加大了号召各国共产党和无产阶级援助中国的力度。1935 年 7 月 25 日至 8 月 21 日，在莫斯科召开的共产国际第七次代表大会，总结了各国共产党建立统一战线的经验，正式提出新的指导策略。季米特洛夫的系列讲话引起了与会代表对法西斯主义与资产阶级民主主义的区别、法西斯制度与资产阶级民主制度的区别、法西斯主义的性质和危害的大讨论，使各国共产党认识到当时的

---

① 1928 年 7 月，共产国际在莫斯科召开的"六大"会议上，开始提出"第三时期"概念。1929 年 7 月，共产国际执行委员会第十次全会对"第三时期"下了十分明确的定义。1931—1933 年间的十一次、十二次全会，使"第三时期"理论臻于成熟和完善。这个理论的主要内容认为第一次世界大战后的历史可划分为三个时期。第一时期（1918—1923）是资本主义制度严重危机时期，是无产阶级采取直接革命行动时期。第二时期（1923—1928）是资本主义制度渐趋稳定、资本主义经济"复兴"时期，是无产阶级实行防御斗争的时期。第三时期（1928 年以后）是资本主义进入全面崩溃、无产阶级进行夺权的时期。

② 杜艳华等：《中国共产党对外党际交流史鉴》，上海人民出版社 2011 年版，第 69 页。

③ 《1931 年 11 月 6 日共产国际执行委员会为纪念十月革命十四周年发出的呼吁书》，载中国社会科学院近代史研究所翻译室编译《共产国际有关中国革命的文献资料》第 2 辑，中国社会科学出版社 1982 年版，第 166 页。

④ "保卫中国，反对帝国主义瓜分"，摘自 1932 年 5 月 1 日共产国际执行委员会的呼吁书，载中国社会科学院近代史研究所翻译室编译《共产国际有关中国革命的文献资料 第 2 辑》，中国社会科学出版社 1982 年版，第 168 页。

主要任务是反对法西斯主义。大会提出，首先"必须着手建立统一战线，在各个企业、各个区、各个省、各个国家以及全世界确立工人的统一行动"，工人阶级在世界范围统一战线建立的同时，要"在无产阶级统一战线的基础上建立广泛的反法西斯人民战线"，并且在建立反法西斯人民战线时，"正确地对待那些有很多劳动农民和城市小资产阶级基本群众参加的团体与政党，是具有重大意义"的，要改变在实践中忽视、蔑视这些团体和政党的态度。① 大会要求共产党员务必积极拥护殖民地和半殖民地人民的解放斗争，尤其是拥护中国反对日本的斗争；要求各国共产党秉承共产国际历来一贯的政策积极援助中国。共产国际政策的转变形成了援助中国人民的"最彻底、最可靠、最伟大"的力量。

共产国际统一战线政策的改变，也直接影响了作为共产国际支部的中共的统一战线策略。会议期间，斯大林、季米特洛夫等人审阅并通过了中共代表团制定的《为抗日救国告全体同胞书》，即《八一宣言》。季米特洛夫在《法西斯的进攻和共产国际为工人阶级的反法西斯主义的统一战线而斗争》的报告中赞同《八一宣言》，进一步明确提出建立广泛的反帝统一战线的问题。1935 年 12 月，中共中央政治局在陕北瓦窑堡召开会议，通过了《中共关于目前政治形势与党的任务决议》，制定了"发动、团结与组织全中国全民族一切革命力量反对当前主要敌人日本帝国主义与卖国贼头子蒋介石"的策略路线。瓦窑堡会议使中国共产党实现了政治策略的转变。

1936 年 3 月 23 日至 4 月 1 日的共产国际执委会主席团会议上，又通过了共产国际执行委员会主席团关于战争危险问题的决议。决议中指出，日本和德国作为两个战争策源地，互相支持，正把世界各国拖入残酷的、毁灭性的战争。"在远东，日本法西斯军阀竭力想成为亚洲至高无上的统治者，他一块接一块地侵占中国的领土，悄悄地把手伸向英国的殖民地印度，企图占领菲律宾和澳大利亚，准备进行一次决战，以夺取太平洋的霸权。日本军阀与德国法西斯沆瀣一气，直接威胁苏联边境，并且准备着一场反对美国和英国的战争。"由此，共产国际认为无产阶级的中心

---

① 《中共中央党史研究室第一研究部：共产国际、联共（布）与中国革命文献资料选辑：(1931—1937)》17，中共党史出版社 2007 年版，第 95—105 页。

任务就是制裁法西斯战争罪魁祸首，维护和平，而反法西斯斗争的成败，取决于人民群众开展的反对法西斯军事侵略的运动规模。

决议要求各国共产党遵循共产国际第七次代表大会的方针，发挥最大限度的主动性和刚毅精神，考虑本国工人运动的具体条件和情况，找出顺利完成国际无产阶级中心任务的必要途径和方法，要求"各国共产党在本国社会与政治生活的各个方面开展最积极、最顽强、最广泛的维护和平的运动"，这将是"国际无产阶级反对战争贩子的统一行动中的决定性步骤。"① 决议特别强调在当时的形势下，无产阶级、一切工人政党尤其是共产党人的首要任务"就是坚决保卫中国人民，因为中国人民的抗日民族卫国斗争，不仅是他们求得自身解放的神圣职责，而且是无产阶级和各国人民反对战争罪魁祸首、维护和平的世界统一战线的一个极其重要的部分"。

决议还强调了宣传工作的重要性，认为共产党人要争取广大群众参加维护和平的运动，同时要在他们当中不断进行宣传工作，要通过互换工人代表团和人民集会演讲员的办法，使反战运动具有尽可能广泛的国际性，"必须使一切国际组织齐心协力地为反对法西斯、反对战争、争取和平而斗争"。

中国共产党成立 15 周年纪念时，共产国际总书记季米特洛夫又提到了中国共产党要努力抗日救国，同时强调了全世界无产阶级及各国共产党援助中国抗日的任务和方针。除了对奋斗中的中国人民和中国共产党寄予同情和道义上的援助，还要在政治上采取积极的方法来影响英、法，美等各国政府和社会舆论，使他们拒绝一切直接或间接对于日本军阀侵略行为的帮助②。

二　"七七"事变后共产国际援华的决议

卢沟桥事变之后，苏联首先作出回应。《真理报》7 月 9 日以"日本在华北的挑衅"为题报道事变，11 日又发表米拉耶夫的《卢沟桥事件》

---

① 中国社会科学院近代史研究所翻译室编译：《共产国际有关中国革命的文献资料》第 2 辑，中国社会科学出版社 1982 年版，第 466—476 页。

② 《论各国共产党和无产阶级援助我国对日抗战》，《解放》1938 年 1 月 28 日第 29 期。

一文，赞扬中国人民抵抗日本侵略的顽强意志。

季米特洛夫为"八一"反战纪念日而写的文章中特别提到援助中国抗日的问题，严厉斥责各主要资本主义国家对日本侵略行径的纵容，要求英法美各国人民以及其他非法西斯国家的人民抵制政府对日本的纵容与鼓励，同时又告诫各国共产党工人及劳动群众，如果不能发动工人运动和广大人民群众之一切力量去尽快地把法西斯强盗驱逐出中国，就不能真正为和平而斗争，把法西斯强盗驱逐出中国，是共产国际给各国共产党的指令，给全世界工人阶级的建议。[①] 各国共产党和无产阶级以及一切进步人士去积极援助中国抗战，就是对于共产国际的建议的回答。各国共产党援助中国，不仅是出于道义，更是出于世界和平的保障，由各国共产党积极参加的援助抗战运动也必将促进中国抗战的开展。[②]

共产国际执行委员会书记处 10 月 3 日通过了"关于援助中国和西班牙人民的决议"[③]。决议首先指出中国抗战的重要性，指出"西班牙人民和中国人民正在进行反侵略的保卫战，以自己英勇的斗争打击和平的破坏者德意日，保卫和平事业……中国和西班牙共和国进行的是反对外来侵略者的民族解放战争"。决议点明了日本侵略者的战争目的是"把法西斯军国主义的统治强加给中国"，中国人民则为争取当家作主的权利、为在民主基础上改造本国的政治制度而战。如果"日本在中国获胜，德意法西斯在西班牙获胜，那么蛮横无耻的法西斯国家掠夺侵略的新时期就会来临"。这意味着如果日本占领中国，英国在法属印度支那、印度、澳大利亚、菲律宾的殖民地也将面临威胁，也意味着"对和平自由和社会主义的堡垒苏联开战"。共产国际因此号召各国人民反对日本侵略中国，保卫和平，"尽一切力量，使日本法西斯军国主义在中国遭到失败"。[④]

决议详细地指出了国际援华运动的性质。援华运动应声势浩大，绝

---

① 《论各国共产党和无产阶级援助我国对日抗战》，《解放》1938 年 1 月 28 日第 29 期。

② 《论各国共产党和无产阶级援助我国对日抗战》，《解放》1938 年 1 月 28 日第 29 期。

③ 《关于援助中国和西班牙人民的决议》，《共产国际有关中国革命的文献资料（1936—1943）（1921—1936 补编）》第三辑，中国社会科学出版社 1990 年版，第 21—25 页。

④ 《关于援助中国和西班牙人民的决议》，《共产国际有关中国革命的文献资料（1936—1943）（1921—1936 补编）》第三辑，中国社会科学出版社 1990 年版，第 21—25 页。

不能只具有狭隘的共产主义性质，也不能单靠共产党本身的力量进行。应当利用一切直接或间接的后备力量援华，利用欧美不同阶层人民对日本侵略者的反感。为了奠定最广泛的援华运动基础，必须把人民阵线的一些委员会、和平之友协会、国联之友协会、反法西斯委员会、工会、妇联和学联等组织发动起来，还要把那些与之合作的、可通过某种形式有益于援华运动的政党也发动起来。在反对日本侵略者的斗争中，对维持中国秩序、稳定和保持正常经济生活条件有利害关系的团体和个人也要加以利用。

运动采取的形式也要多种多样："群众大会，游行示威，向议会提要求，利用报刊做宣传，向各社会团体发呼吁书，派出专门的代表团（鼓动队）等等"。为了更好地开展运动和协调援华活动，要在欧美各国或是条件许可的地方设立专门的"援华委员会"，尽可能建立密集和庞大的援华委员会网络，争取政界、舆论界、科学界的知名人士，工会和其他组织代表的参与。

援华运动的最终目的是把日本侵略者赶出中国，全面援助中国人民抗击日本侵略者的斗争。为此决议要求"资本主义国家政府停止给予日本帝国主义任何外援"，包括贷款、原料、提供各种武器、贸易等等，同时必须力争给中国政府以实际援助，如提供武器，向中国自由运输武器，给中国政府财政援助如贷款、借款、贸易等等。

决议还包括了国际援华运动应采用的口号：日本侵略者滚出中国去；不给日本军国主义一分钱；对来犯的杀害手无寸铁的中国和平百姓的日本军国主义实行经济制裁；抵制日货，断绝日本原料来源；民主国家采取一切政治和经济手段，反对远东和平的破坏者日本法西斯军国主义。在宣传活动中围绕的中心是"揭露日本军国主义及其同谋者为日本帝国主义的强盗行径辩护而提出的无耻论据的卑劣性与虚伪性，还应广泛揭露日本侵略者对中国和平百姓所施暴行的一切事实"。

决议指出援华委员会的活动方针是通过该组织和其他社会团体，要求本国政府采取有效措施，反对日本军国主义破坏国际条约的行径，反对其封锁中国海岸、使用公共租界和外国在华租借地进行战争，反对中立政策。主张各国政府和国联对日实行制裁，同时还提出禁止向日本出售战争材料、拒绝提供贷款和原料。呼吁本国政府维持与中国的贸易关系，向中国提供援助，允许中国民众在外国租界自由开展爱国运动①。

此外，援华委员会可开展的活动，包括"募捐、救济难民和日本侵略受害者"；号召军事专家到中国去，全力帮助派遣志愿积极参加中国人民民族解放正义战争的飞行员和其他军事专家到中国去。援华委员会还要组织和派遣赴华救护队、难民膳食供应点等。为了更好地向国际舆论界提供中国事态的消息，援华委员会应该组织向中国派遣权威性的代表团以及向各战场派遣记者的工作。援华委员会还要通过工会去争取海员和码头工人拒绝装卸日本船只和其他国家向日本运送武器的船只。

决议还提出了利用中国社会名流组成的代表团出访欧美国家争取援华机会，加强与共产国际、第二国际、阿姆斯特丹国际和其他主张和平的国际组织的联系，共同进行援华活动。

共产国际上述 10 月 3 日的决议为各国援华会运动提供了指导方针和行动纲领，各国援华委员会从目的、形式、口号到活动都是根据该决议的内容展开。援华委员会中声势最为浩大的英国援华会就是在该决议的指导下在英国共产党的组织下成立，迅速发展成为英国援华运动总会，一度引领了世界各国的援华活动。

共产国际执行委员会书记处随后在 10 月 10 日关于中国问题的决议中，重申了中国共产党在新形势下的任务，强调中共要"坚定不移、始终不渝地执行抗日民族统一战线政策和尽一切努力全面巩固统一战线"。为了加强国际援华运动，"最好由中国共产党会同国民党、救国会、工会、学联、妇联、文化等国内各团体联名致书国际工人组织——共产国际、社会主义国际、阿姆斯特丹国际和一切国际反战反法西斯组织，呼吁他们支持和帮助中国人民的抗日斗争"②。

共产国际执行委员会，根据国际形势的发展作出的政策调整和数次决议，为国际援华运动的开展指明了方向也奠定了基础。

---

① 《关于援助中国和西班牙人民的决议》，《共产国际有关中国革命的文献资料（1936—1943）（1921—1936 补编）》第三辑，中国社会科学出版社 1990 年版，第 21—25 页。

② 《共产国际执行委员会书记处关于中国问题的决议》，《共产国际有关中国革命的文献资料（1936—1943）（1921—1936 补编）》第三辑，中国社会科学出版社 1990 年版，第 27 页。

三 20 世纪 30 年代和平运动的兴起和高潮

19 世纪初，民间和平组织在美欧各国相继出现，具有广泛影响的世界和平运动开始萌芽。总体看来第一次世界大战前的和平运动影响力有限。第一次世界大战带来的灾难性后果，促使欧美出现了"反战、厌战、恐战"的社会思潮①。知识分子的文化反省、转向和平主义、20 世纪 20 年代后期国际形势的缓和使得和平运动高涨。到 30 年代，面临德、意、日法西斯侵略战争的威胁，以反法西斯、反对战争为中心的和平运动进一步形成空前的盛况。

张一平将 20 世纪 30 年代和平运动的发展分成三个阶段②，本章内容涉及的是"七七"事变前的兴起和高潮两个阶段。

从 1930—1933 年，和平运动酝酿和兴起。1929 年资本主义世界爆发空前的世界性经济危机，使得各种社会矛盾急剧激化。帝国主义国家投入军备竞赛，国际矛盾加剧，1931 年日本侵华和 1933 年德国法西斯政权的建立，预示着战争迫在眉睫，世界和平力量迅速积聚。1931 年 4 月，美国 28 个和平组织共同成立了"联合裁军理事会"，强烈要求实现普遍裁军。德国、荷兰以及北欧各国重新掀起拒服兵役运动。③ 1931 年日本的侵华行径，引起各国和平运动者的强烈反响，和平运动围绕裁军和援华反日展开。反战委员会在一些国家的共产党的倡导下发起成立。1932 年 2 月，在各国人民的推动下，国际裁军会议在日内瓦开幕。同时，深受甘地"非暴力"思想影响的英国基督教和平主义者莫德·罗依登（Maude Royden）甚至在淞沪抗战期间发起组织一支没有武装的和平军，准备奔赴上海，在中日军队之间筑起一道人墙来制止战争。罗依登的和平军计划很快吸引了 800 名志愿者，后因国联拒绝将其运送上海而解散。

1932—1933 年世界各地反战大会纷纷召开。1932 年 8 月阿姆斯特丹召开由共产国际倡导的世界反战大会，来自 25 个国家的 2244 名代表参

---

① 徐蓝：《第一次世界大战与欧美和平运动的发展》，《世界历史》2014 年第 1 期。
② 张一平：《三十年代世界和平运动初探》，《世界历史》1990 年第 2 期。
③ Peter Brock, *Twentieth Century Pacifism* (New York, 1970). 转引自张一平《三十年代世界和平运动初探》，《世界历史》1990 年第 2 期。

加；1933 年 6 月来自欧洲各国的 3700 名代表出席巴黎召开的欧洲反法西斯大会。两次大会随即联合成立了世界反战和反法西斯委员会，领导世界各地普遍展开的反法西斯、反战运动。先后召开反战大会的国家、地区、团体有：英国（伦敦）、南美（蒙得维的亚）、斯堪的纳维亚（哥本哈根）、荷兰、保加利亚、美国（纽约）、远东（上海）、澳大利亚（堪培拉）、国际大学生反战反法西斯大会和世界青年反战大会（巴黎）等①。到 1933 年底，一场全球规模的和平运动已经形成。

从 1934—1937 年是 30 年代和平运动的高潮时期，以共产国际和苏联为代表的各国共产党及左派组织，发挥了积极的领导作用。1933 年、1934 年，苏联政府先后在国联会议上提出侵略定义草案和建立国际和平阵线的建议，并积极支持法国外长巴都缔结东方公约的努力②。1935 年 7 月共产国际七大确立统一战线政策，为各国和平运动的发展注入动力。西班牙和法国的人民阵线运动，也给了法西斯势力当头一击。

在共产国际和左派力量反法西斯、反战斗争的影响下，世界和平运动的规模不断扩大。1935—1936 年，反战和平会议分别在美国、英国、加拿大、南非、澳大利亚召开。1935 年意大利入侵阿比西尼亚，引发了中东地区国家援阿的反战和平运动。1934 年 10 月起，英国就出现大规模的"谢泼德和平运动"。1935 年 7 月谢泼德在伦敦举行的和平集会吸引了逾 7000 人与会。1936 年 5 月成立的谢泼德担任会长的和平誓约同盟有 300 多地方分会，会员接近 12 万人。③ 美国和平运动在 1935 年的鼎盛时期，参加者多达 4500 万—6000 万人④。1936 年西班牙内战爆发，共和国政府得到了苏联、英、美及拉丁美洲所有国家的支援。

同一时期，国际性的保卫和平会议也此起彼伏。1934 年世界妇女反法西斯反战大会在巴黎召开；在布鲁塞尔召开世界学生反法西斯大会；1935 年在巴黎召开世界保卫文化大会；1936 年在布拉格召开中欧和东南

---

① 张一平：《三十年代世界和平运动初探》，《世界历史》1990 年第 2 期。

② 张一平：《三十年代世界和平运动初探》，《世界历史》1990 年第 2 期。

③ 熊伟民：《30 年代英国的和平运动》，《湖北大学学报》（哲学社会科学版）2001 年第 5 期。

④ 张一平：《三十年代世界和平运动初探》，《世界历史》1990 年第 2 期。

欧反战大会；在布宜诺斯艾利斯召开泛美维护和平会议等等①。其中影响最大的是 1936 年 9 月 3—6 日在布鲁塞尔召开的国际和平运动大会。共产国际在建立广泛的反战统一战线精神的指引下，支持了大会。

布鲁塞尔大会是法国左翼和平运动家科特（Pierre Cot）、窦理卫（Louis Dolivet）与英国和平运动家薛西尔子爵（Viscount Cecil of Chelwood，Lord Robert Cecil）、诺埃尔·贝克（Philip Noel-Baker）等于 1936 年 3 月成立的和平组织国际和平运动（International Peace Campaign，又译国际反侵略大会，国际和平联合）②发起组织的。

国际和平大会（World Peace Congress）盛况空前，是 30 年代影响最大的和平活动，标志着第二次世界大战前和平运动的巅峰。参会代表逾 4000 人，来自 35 个国家和 40 个国际团体，（含法国 1000 人、英国 500 人、捷克斯洛伐克 370 人及美国 65 人，）③包括共产党人、左派社会党人、和平主义者和保守分子。大会成立了全世界争取和平联合会，选出了总理事会、执行委员会和书记处，提出了为不同派别所能接受的行动纲领。世界各国的报刊连续多日对大会进行报道。

共产国际对和平大会十分重视，会议结束后，共产国际执行委员会书记处听取了大会总结报告，对会议结果表示满意，并于 9 月 9 日通过总结决议④。决议肯定了大会的群众性和世界性，认为大会促成了真正具有广泛意义的和平运动的形成，从而能够有效"妨碍法西斯军事侵略计划的实现，进一步巩固国际和国内的和平运动，使得国际争取和平运动变成一种巩固国际联盟和集体安全的有效的社会斗争手段"。共产国际同时督促进一步扩大和平运动，普遍建立和平委员会，大力加强各国和平委员会的工作。尽快在尚未成立本国和平委员会的地方采取行动，吸收本

---

① 张一平：《三十年代世界和平运动初探》，《世界历史》1990 年第 2 期。

② 国际和平运动于 1936 年阿德莱德·利文斯通夫人在英国举办的 1935 年和平选举之后成立。该运动旨在协调现有和平组织的工作，以支持国际联盟的方式，尊重条约义务，减少武器和和平解决冲突。第二次世界大战爆发后，该运动难以维持其活动，并于 1941 年初结束。

③ 土田哲夫：《国际和平运动与中国抗战——"国际和平联合"（RUP/IPC）简析》，《"近代中国、东亚与世界"国际学术讨论会论文集》（上册），社会科学文献出版社 2006 年版，第 364—377 页。

④ 《共产国际有关中国革命的文献资料（1929—1936）》第二辑，中国社会科学出版社 1982 年版，第 477—481 页。

国一切重要的和平团体代表为本国和平委员会成员，加强各国和平委员会与国际争取和平运动总理事会的联系。通过各国和平委员会和国际和平运动机构，同一切资产阶级和平主义团体及其他团体建立广泛的联系，如国际联盟拥护和平者协会、退伍军人团体、各种宗教团体等等；要在报刊上广为宣传国际争取和平民主运动，安排国际知名和平人士到欧美各国进行巡回讲演宣传。[①]

中国国内的抗日浪潮和民族救亡运动与 30 年代欧美和平运动建立了紧密联系，相互支持，成为世界和平运动不可或缺的组成部分，对增进外部世界对中国救亡运动的了解和支持发挥了重要作用。早在 20 年代后期，宋庆龄等民主爱国人士就积极参与了国际性的反帝、反战运动。1927 年 12 月和 1929 年 8 月，在比利时、德国召开的两次国际反帝国主义同盟大会上，宋庆龄都当选为名誉主席。1930—1931 年宋庆龄旅德、法期间参与了一系列的国际反帝、反战活动。1932 年 5 月，宋庆龄还应邀担任国际非战及反对日本对中国之侵略大会的执行委员会委员[②]。1933 年 9 月 30 日，远东反战大会在上海秘密召开，中外代表 65 人参加会议，宋庆龄任执行主席，发表《中国的自由与反战斗争》的演说。罗曼·罗兰、高尔基、巴比塞、朱德、毛泽东等当选为名誉主席。会议通过了反对日本帝国主义侵略中国和反对帝国主义战争的宣言，成立了世界反对帝国主义战争委员会中国分会，宋庆龄当选为主席[③]。

布鲁塞尔召开的世界和平运动大会上，中方代表王礼锡代表伦敦华侨抗日救国会出席，担任大会秘书，与陈铭枢、陶行知、胡秋原三人位列大会主席团。另外代表中国出席大会的还有钱俊瑞、陆璀等。王礼锡代表中国代表团在会上发言，历数日本侵略中国的罪行，呼吁各国人民援助中国抗战，获得全场热烈响应。[④] 同月，钱俊瑞代表宋庆龄参加了于

---

① 《共产国际有关中国革命的文献资料（ 1929—1936）》第二辑，中国社会科学出版社 1982 年版，第 477—481 页。

② 田涛：《欧美和平运动与近代中国》，《天津师范大学学报》（社会科学版）2011 年第 4 期。

③ 夏征农、陈至立主编，熊月之等编著：《大辞海·中国近现代史卷》，上海辞书出版社 2015 年版，第 421 页。

④ 田涛：《欧美和平运动与近代中国》，《天津师范大学学报》（社会科学版）2011 年第 4 期。

巴黎召开的国际反法西斯委员会扩大会议。罗曼·罗兰在会上多次盛赞宋庆龄在国际反法西斯运动和保卫和平中的贡献。①

面对日本法西斯的侵略，中国的民主爱国人士在国内外与欧美和平主义者遥相呼应，在积极参与国际和平活动的同时，也获得欧美人士对中国抗战的广泛同情和支持。

第三节　英国对日本侵华的回应

一　从妥协到绥靖的英国政府对日政策

19世纪末20世纪初，帝国主义列强在远东竞相扩张，英国在远东的利益面临着德、法、俄的挑战，其中最强大的对手是俄国。明治维新后快速发展的日本也对亚洲大陆跃跃欲试。日本在对朝鲜和中国东北扩张的过程中，最大的障碍也是俄国。1902年，英、日订立了针对俄国的攻守同盟。英国以默认日本在中国和朝鲜特殊利益的代价换来日本对英远东利益的"照管"，而羽翼渐丰的日本又开始觊觎长江流域。1911年辛亥革命之后，日本企图趁机向南扩张，遭到英国政府的严重抗议。

英国长期的对日扶植为自己培植了强大对手，英国与日本的矛盾日益显性化。第一次世界大战之前英国是列强在中国拥有最大利益的国家，在中国对外贸易中占有最多份额，在对华投资方面也居列强之首。英国控制着中国的长江流域、威海卫，并且以印度为据点武装入侵西藏。第一次世界大战后随着英国经济持续衰落，中国和远东帝国在英国的经济战略中的重要性日益加强，而日本则对英国在远东的地位提出了公开挑战。到1918年日本对中国的出口已经超过英国居各国之首，在中国的投资额与英国不相上下。② 巴黎和会上，日本如愿以偿地得到了德国在山东的所有权益和太平洋赤道以北的岛屿，在远东的经济及战略地位优势进一步加强，和英、美两国在中国的矛盾愈加尖锐。

为了约束日本，在英国的提议下，美国政府出面邀请中国、英国、法国、意大利、比利时、荷兰、葡萄牙、日本，于1921年11月在华盛顿

---

① 尚明轩等：《宋庆龄年谱》，中国社会科学出版社1986年版，第95—96页。

② 徐蓝：《英国与中日战争1931—1941》，北京师范学院出版社1991年版，第10页。

召开会议。1922 年 2 月 6 日，依据美国的"门户开放"原则，缔结《九国公约》，恢复帝国主义列强共同掌控中国的局面，形成了对日本独霸中国的障碍。美日矛盾因此加剧，为日后太平洋战争埋下伏笔。

《九国公约》并没有制约日本的侵华野心。整个 20 年代，日本的对华政策是全面的经济侵略。① 到 1930 年，日本已经控制了中国东北的经济命脉，几乎排斥了英美在东北的全部投资。面对日本咄咄逼人的趋势，深陷经济危机的英国考虑到在远东防御的空虚状态和军费的大幅削减，为了保住既得利益，采取了妥协政策。

"九一八"事变后，国民政府采取不抵抗政策，把希望寄托于国际联盟。英国作为国联的领导国之一和西方列强在华拥有最大利益的国家，态度至关重要，但英国疲于应对经济危机带来的重创，仅仅指示驻国联代表薛西尔同意国联决议。9 月 22 日国联不加甄别，对侵略者和被侵略者一视同仁，仓促做出要求中日双方停止一切冲突的决议。国联的态度使日本有恃无恐，于 9 月 24 日在声明中把冲突的责任推给中国，薛西尔也采取日方立场表达了对中国的不满。9 月 30 日国联的决议仅仅呼吁中日双方避免形势恶化。国联的让步、英国的姑息使得日本行动进一步升级，12 月上台的日本新内阁大举增兵。于 1932 年 1 月 2 日占领锦州后将整个东三省置于控制之下。英国拒绝了美国提出的联合照会日本的要求，再次助长了日本的气焰。

1931 年 12 月 10 日，国联行政院决议派出由英、美、法、德、意五国代表组成的调查团，但只字未提日本撤兵问题。1932 年 2 月，调查团以李顿为团长，到华就日本侵略中国东北进行实地调查，于 4 月 21 日抵达沈阳开始调查，历时一个半月，报告书于 9 月 4 日才完成。在此期间，英国和国联除了等待，对"满洲"问题毫无行动。报告书认为日本的行为乃出于"近数年来苏俄政府在外蒙所得之优越势力，以及共产主义之滋长于中国"之恐惧②，不同意恢复"九一八"事变前东北原状，甚至

---

① 徐蓝：《英国与中日战争 1931—1941》，北京师范学院出版社 1991 年版，第 18—19 页。
② 刘金田主编：《中国的抗日战争》，上海人民出版社 2016 年版，第 28 页。

还提出"满洲自治"的计划。①

英国的姑息迁就使日本在侵略的道路上渐行渐远。1932 年 1 月 28 日,日本在列强利益最为集中的上海制造了"一·二八"事变,直接威胁英国的利益,英国最初采取了强硬态度。英、法、美三国都向上海增兵,但是在具体解决问题的过程中,英国再次对日妥协,不顾美国的反对,支持日本提出的将"满洲"与上海问题分开解决的要求。5 月 5 日《淞沪停战协定》签订时,日本通过在上海制造事端完全掌控东北的目标再次得逞。

英国在远东对日本的一再妥协、退让是出于对中国反帝斗争的恐惧、自身利益的维护、反共的需求和对远东防御空虚的担忧②。随着纳粹党在德国攫取政权和重整军备,英国的退让由明确的对日绥靖政策取代。

1934 年 4 月 17 日,日本发表《天羽声明》(Amau Statement)公然表露独占中国的野心后,英国再次采取消极忍让的态度,甚至否认日本垄断远东的企图。美国国内彼时孤立主义盛行,也没有对声明做明确表示,英国了解到美国的态度后要求贸易委员会主席"尽可能本着诚恳的、友好的和有帮助的精神与日本谈判英日贸易问题"。③ 为了保住英国在长江流域的巨大利益,10 月 16 日财政大臣张伯伦和外交大臣西蒙两人提出一份《关于英日关系前途》的联合备忘录,首次明确提出在远东"政治绥靖"日本的政策,即通过事实上承认"满洲国"换来日本的"友谊"。④英国随后的对日政策都是此政策的延续。

1936 年春天,英国向日本表示,只要英国在长江流域和上海的权益能够得到维系,可以接受放弃其他方面的权益。从 1936 年 7 月到 1937 年 7 月初,英日之间断断续续进行了近一年的谈判。英国企图通过谈判签订绥靖日本的政治协定,承认日本在"满洲"的势力范围和华北的特殊地

---

① 刘金田主编:《中国的抗日战争》,上海人民出版社 2016 年版,第 29 页;徐蓝:《英国与中日战争 1931—1941》,北京师范学院出版社 1991 年版,第 41 页。

② 徐蓝:《英国与中日战争 1931—1941》,北京师范学院出版社 1991 年版,第 44—45 页。

③ "Extract from Cabinet Conclusions No. 17 (34) of April 25, 1934", *Documents on British Foreign Policy* 1919 – 1939, Ser. 2, Vol. 20, Reference:23/79.

④ "Memorandum by the Chancellor of the Exchequer and the Secretary of State for Foreign Affairs on the Future of Anglo-Japanese Relations", *Documents on British Foreign Policy* 1919 – 1939, Ser. 2, Vol. 13, Reference:F 6241/591/23. (Oct 16, 1934).

位，但要求日本尊重英国在华中、华南的利益，期望借此阻止日本进一步南下。① 由于日本扩大侵略的野心和中国人民抵抗侵略的决心，英国此举没有得逞。"七七"事变后中国全面抗战爆发，英国对日的绥靖政策也进入一个新阶段。

二 英国政府对"七七"事变的反应

"七七"事变彻底暴露了日本的侵华野心，直接威胁英国的在华利益。尽管仍然不够强硬，英国的对日态度开始逐渐明确，即反对日本进一步对华侵略，希望恢复"七七"卢沟桥事变前的状态。为了解决事端，英国还主动担任调解人，以期遏制事态的进一步恶化。英国的对日、对华态度都有所变化。

相比"九一八"事变，英国政府对卢沟桥事变的反应要迅速得多，对日本发出警告并要求日军停止进一步行动。英国政府内部部分官员仍为日本开脱，外交大臣艾登认为日本政府并非蓄谋侵华，驻华大使许阁森认为日本也不想扩大事态。② 但英国政府也意识到"七七"事变是日本长期以来对中国侵略的结果，是日本蓄谋向中国东北和华北之外扩张的前奏。尽管如此，出于对自身利益的关心和对欧洲局势的担忧，英国并不希望在远东与日本直接对抗，暴露出英国对日政策软弱的一面。同以往的绥靖政策相比，英国开始公开谴责日本的侵略行为，要求日方立即结束冲突，并多次向日本驻英大使和日本政府提出警告。

7月16日，卢沟桥守军再次遭到日军炮击，国民政府首次发出寻求国际援助的提议，向《九国公约》的签字国发出呼吁，强烈谴责日本的侵略行动对《国联盟约》《九国公约》《凯洛格非战公约》的公然践踏。7月19日，蒋介石发表"庐山谈话"，号召举国上下团结御国。艾登在接到驻华大使许阁森关于卢沟桥事变及中国政府相关回应的报告后，立即约见日本驻英大使吉田茂要求日本"自我节制"，不要低估中国的抵抗决心和力量。

---

① 徐蓝：《英国与中日战争 1931—1941》，北京师范学院出版社 1991 年版，第 103 页。
② 李世安：《反法西斯战争时期的中国与世界研究》第 7 卷，《战时英国对华政策》，武汉大学出版社 2010 年版，第 44 页。

英国在警告日本的同时也开始同其他国家斡旋。英国最为关注的是美国的态度,艾登7月20日表示希望与美国发表支持中国联合声明的提议被美国否决,英国只好于次日公开宣称不介入"七七"事变。7月24日,英国又试探了德国的态度,不出意外地无果而终。苏联主动暗示愿与英国合作,却被英国拒绝。

随着日军的快速南下,美国的对日态度日趋强硬。10月5日,罗斯福在"隔离演说"中严厉谴责了日本对中国的侵略,表示美国不会隔岸观火。美国的态度使得英国明确了立场,其对日政策逐渐明朗。

10月13日,英国召开内阁会议,讨论远东问题。首相张伯伦明确表明此前英国对日政策具有软弱性,主张通过国际会议谋求日本停止军事行动的途径,但为了避免招致日本对印度和中国香港的报复危及英国的利益,张伯伦不主张对日进行军事和经济制裁,也没有采取官方行动对华援助。11月3日,中、英、美、法、苏等十多个国家在布鲁塞尔召开会议,解决中日冲突。

总之,"七七"事变后,英国关注的核心一是保全在华投资利益及其在太平洋地区的地位,二是尽快结束冲突。英日、英华关系进一步复杂,英国对日本既抵制又妥协,对中国感情上同情,行动上消极,与援华会对中国抗战的全力支持形成了鲜明的对比。

三 英国国内和平组织对"七七"事变的反应

"七七"事变后英国的舆论有利于中国。8月26日,时任英国驻华大使许阁森爵士(Sir Hughe Knatchbull Huggessen)及随从在从南京奔赴上海途中,遭到日本战机的突袭而身受重伤,英国国内舆论对此反应强烈,上海的英侨陷入慌乱,这一切促进了英国国内和平民主运动的蓬勃发展。

首个公开反对日本对华侵略的组织是妇女争取和平与自由国际联盟(Women's International League for Peace and Freedom – WILPF)英国分会。7月15日联盟分会的执行委员会表达了对中国形势的深切关注,要求英、美两国政府磋商,共同阻止日本继续侵略中国。[1] 7月27日至31日,妇女争取和平与自由国际联盟在捷克斯洛伐克的卢哈科维奇召开第九届联

---

① Clegg, *Aid China 1937 – 1945: a Memoir of a Forgotten Campaign*, p. 15.

盟大会，中日战争是大会的重点议题之一。大会决议致电英国外交大臣安东尼·艾登（Anthony Eden）、法国总理卡米耶·肖当（Camille Chautemps）、国联秘书长以及日内瓦国际联盟理事会主席约瑟·艾冯诺（Joseph Avenol），表达对中日战争的忧虑，联盟敦促立即实施国联公约第十七条："如值盟员与一非盟员之直接间，或非盟员与非盟员之国家间，有争议发生，执行部当斟酌正当条件采取相当之手段，为相当之提议，以期战事不致发生，争议终当解决。"① 联盟另致电日本政府，抗议日本侵略中国领土，并敦促日军立即撤出。②

其他和平团体也纷纷做出回应。7 月 24 日，米切姆和平理事会（Mitcham Peace Council）呼吁国联理事会召开会议，讨论维护中国的独立及和平。8 月 3 日，中国人民之友社采访了正在访英的国民政府财政部长孔祥熙，后者称日本不会止步华北，将继续南下。9 月底，日军轰炸扩大到南京和广州时，英国国内和平团体发出越来越多的采取行动的呼声。国联同志会（League of Nations Union）要求政府践行职责。英国青年和平会（the British Youth Peace Assembly）呼吁"不要给日本任何帮助"。全国和平理事会（the National Peace Council）虽然仍旧遵循和平主义的观念，认为国际联盟只是调解机构，而非集体安全组织，但也号召许多协作团体抗议日本的对华侵略。全国劳工理事会（The National Council of Labour）的立场更加强硬，要求政府"禁止英国民众出售战争物资和借款给日本"，同时也呼吁所有民众对日本进行个人抵制，理事会还将决议递交国际劳工联合会以及社会主义工人国际，要求进行合作。全国合作社组织也建议所有下属团体和成员拒购日货。

"七七"事变之际，国际和平运动英国分会正着手筹备定于 10 月召开的首次全国会议，中国问题于是成为会议主题。9 月 13—14 日，正值国际联盟理事会召开，国际和平运动在日内瓦举行了第六届理事会，有43 个各国分会、40 个国际团体派代表参会。中国分会欧洲支局也派出了伦敦代表林咸让、巴黎代表王海镜等 4 人参加该理事会。9 月 14 日，中国代表团总代表林咸让发表演说，批判日本侵略中国、破坏世界和平的

---

① 周鲠生：《万国联盟》，商务印书馆 1922 年版，第 204 页。

② https：//wilpf. org/wp－content/uploads/2012/08/WILPF_ triennial_ congress_ 1937. pdf.

罪恶行径，号召世界拥护和平的人们对日本实行强有力的制裁，切实援助为和平而斗争的中国人民。其他发言者有法国共产党代表加善、印度代表梅农。该理事会除决议维持一般性的和平、有关阿比西尼亚、西班牙问题等条款外，专门就中国问题宣告如下："应使中国政府之要求得到效果，应按照国联约章第十七条要求日本遵守国联约章之各项规定，应予中国以财政或其他援助以抵抗侵略，应求取一切必要的协作以动员必不可少的集体行动来消灭侵略"。①

10 月 22—24 日，英国分会如期举行关于援助中国的首次全国性会议，有 783 名代表出席了大会。② 会议组织者曾邀请宋庆龄与会，最终因蒋介石的反对宋无法成行。而后，英国分会与法国分会分别于 11 月 17 日、24 日做出了开展抵制日货游行活动的决定，同时号召其他各国分会效仿。在活动中被采用的拒购日货标语有："不买日货；不帮助日本侵略；母亲们，你们买日本货玩具的钱，不就给日本去制造炮弹来屠杀中国儿童么？"等。

就在国际和平运动第六届理事会召开的同一天，在中国国际联盟同志会的再三呼吁下，国际联盟同志会世界总会也于日内瓦召开了临时理事会，讨论远东局势问题，会议一致通过了如下决议：国际联盟对日本提出最后警告，日本若不遵从，就应提出各参加国共同对日本实施经济制裁的宣言等。③

同时，欧美各国工人团体、左翼团体的活动极为积极，不仅反日援华的集会、宣传活动不断地扩大，而且在英法及澳大利亚诸国，由工人团体发起了抵制日货、拒绝为日本船装卸货物等实际行动。这些工人团体与左翼团体，都加入了国际和平运动或与之保持着协作关系，英国援华会也是国际和平运动的附属机构之一，后者采取的援华制日政策因此并非偶然。

---

① 《世界和平大会第六次理事会议纪略》，《救国时报》1937 年 10 月 5 日。

② Clegg, *Aid China 1937 – 1945: a Memoir of a Forgotten Campaign*, p. 23；土田哲夫：《国际和平运动与中国抗战——"国际和平联合"（RUP/IPC）简析》，《"近代中国、东亚与世界"国际学术讨论会论文集》（上册），社会科学文献出版社 2006 年版，第 364—377 页。

③ 《世界国联同志会决议向日本警告准备对日作集体制裁》，《中央日报》1937 年 9 月 15 日。

四　英国国内舆论

"七七"事变后《泰晤士报》先是将事变归因于中国守军的失误,[1]但很快意识到日本的军事演习才是导致摩擦的原因,开始谴责日本的对华侵略,对日本的对华增兵表示不满[2],对蒋介石的"庐山谈话"中要求中国民众团结抗日的号召也给予了积极评价。政治上偏左的《曼彻斯特卫报》7月13日的社论认为日本是蓄意生事,为大规模侵华行动寻找借口。7月14日,英共机关报《工人日报》发表一篇社论称日本的行为是明目张胆的侵略,必须支持中国人民的抗争[3],该报一周之后的社论中又指出,战争已经在中国爆发。《工人日报》一直密切关注中国的战事。8月5日的《曼彻斯特卫报》刊登了李斯特维尔伯爵题为"对世界和平之威胁"的来信,指出日本军国主义者奉行的政策是无限制扩张,势必引起世界大战。《新闻纪事》也表达了支持中国抗战的立场,于10月4日在阿尔伯特厅举行了坎特伯雷大主教主持的民众集会,为民众提供表达愤慨的机会,谴责日军滥杀平民,强烈要求英国政府协调文明国家阻止战争,停止轰炸平民。[4]但集会时并没有明确提出采取切实行动制止侵略,因为这意味着要求英国和其他国家停止向日本出口石油、钢铁,停止信贷。

五　左翼党派和团体的反应

在左翼党派中,英国共产党首先表明反日立场,指出了日本的野心以及远东侵略战争与西方世界的联系。7月30日,英共出版了后来成为援华会全国总干事的党员阿瑟·克莱格起草的号召援助中国的小册子。英共执行委员会8月20日通过的决议指出:"全世界和平事业在很大程度上取决于英雄的中国人民的胜利。……除非和平力量能够团结一致,否则随着日本对华中的进攻,德国法西斯对中欧的战争将接踵而至……

---

[1]　"Fighting Near Peking", *The Times*, July 9, 1937.

[2]　"Peace Hopes in Tokyo", *The Times*, July 17, 1937.

[3]　*Daily Worker*, July 14, 1937.

[4]　Clegg, *Aid China 1937–1945: a Memoir of a Forgotten Campaign*, p. 14.

捍卫中国就是捍卫和平。"① 8月23日英共组织了海德公园民众集会，声援中国，《工人日报》编辑坎贝尔（J. R. Campbell）发表讲话要求日本撤军。

劳工运动也对远东局势作出回应。8月24日，工党、工会大会、合作社联盟联合组成的全国劳工理事会发表了较为谨慎的行动号召，强烈谴责日本的非法行径及对中国领土的侵犯，表达了对世界大战爆发的忧虑。声明敦促英国政府依据《国际联盟盟约》和其他条约的义务，协调美国和其他各国，确保履行国际条约。② 9月初工党议员乔治·希克斯（George Hicks）在职工大会上提议通过正式决议，表达对中国的同情，对日本滥杀平民的震惊，承诺支持工人有组织地采取政府许可的一切措施支援中国、履行国际条约，动议全票通过。

10月21日议会夏季休会期结束后复会，在反对党工党领袖艾德礼的要求下，下议院继续就中国问题展开辩论，要求给予中国道义上的支持，建议国联成员国不要采取任何可能削弱中国抵抗力的行动，并应考虑能在多大程度上分别向中国提供援助。艾德礼指出日本对中国进行的陆、海、空军事行动既非基于现有的法律文书，也非基于自卫权，公然违反了国联盟约、1922年的《九国公约》和1928年的《非战公约》③。艾德礼认为日本悍然侵华的唯一原因是认定英国和美国的不作为，而英国政府的政策"始终是通过牺牲弱国来安抚侵略者"，中国的现状是英国政府自始至终政策的必然结果。④ 艾德礼的观点重申了美国前国务卿史汀生（Henry Lewis Stimson）10月6日在致《纽约时报》信中的类似观点。⑤

六　伦敦市长基金会成立

伦敦市长基金（Lord Mayor of London's Fund）⑥ 是英国教会和工商企

---

① Clegg, *Aid China 1937 – 1945: a Memoir of a Forgotten Campaign*, p. 16.

② Clegg, *Aid China 1937 – 1945: a Memoir of a Forgotten Campaign*, p. 16.

③ 即《关于废弃战争作为国家政策工具的一般条约》，1928年8月27日签订于巴黎。该条约的发起人为法国外交部长白里安和美国国务卿凯洛格，又称《白里安—凯洛格条约》。至1933年，有63个签约国。

④ https://api. parliament. uk/historic – hansard/commons/1937/oct/21/foreign – affairs # S5CV0327P0_ 19371021_ HOC_ 415.

⑤ Clegg, *Aid China 1937 – 1945: a Memoir of a Forgotten Campaign*, p. 20.

⑥ 国内通常译为英国华灾救济会。

业对中国战事关注的结果，创始者包括英国红十字会、英商中华协会和英国传教士协会联合会。

全面抗战爆发后，英国最早出现的援华组织之一是英商中华协会（China Association）在华救助灾难基金会，成立于卢沟桥事变之后数周。英商中华协会成立于1889年，由与中国、中国香港、日本有贸易往来的英国商人组织发起，协会成员既有太古、怡和、壳牌石油的代表，也有议会议员和从远东退休或退役的领事和军事官员。协会的日常工作主要是为了成员的利益游说英国政府和中国当局，与伦敦商会和英国工业联合会协作等。9月9日，英国外交部罗纳尔德（N. B. Ronald）致信协会时任秘书长格尔（E. M Gull）谈及援华问题：

> 格尔先生，
>
> 我们收到英王陛下驻北京英国使馆考恩（Cowen）先生的电报，称北京的伤者及难民正遭受极大的苦难。随着天气转冷，玉米和蔬菜等食物供应短缺，当下的困难形势将愈加严峻。
>
> 考恩先生询问是否有可能从英国侨民、前在华居民或与华北有关系的人员那里获取资金帮助伤者及难民。他保证尽可能谨慎管理所获资金。
>
> 时下施以援手的是国际妇女委员会，与考恩夫人任主席的北京英国妇女联盟联系密切，但她们能支配的资金有限。到目前为止，当地的救济工作由久负盛名的救世军负责。
>
> 委员会考虑实施的计划之一是为已经出院但现有条件下无法返乡的士兵提供栖身之地，容纳500名士兵的住所每月花费是1300美元。
>
> 考恩先生提议在英国成立相关组织，为北京委员会提供可以提取的资金，钱可以存入伦敦的汇丰银行，要求汇丰银行通知其北京代理，根据北京委员会某些成员的签名提取资金。
>
> 如能告知英商中华协会对考恩先生筹款计划的任何提议，将不胜感激。

N. B. 罗纳尔德①

罗纳尔德的信很快有了回应。英外交部 9 月 23 日向驻上海总领事发出电报即提到英商中华协会已设立中国救助基金，将于 10 月 1 日在《泰晤士报》呼吁英国公众伸出援手。

10 月 1 日当天，以教会为主要发起团体的伦敦市长基金会（Lord Mayor of London's Fund）也开始启动，其目的是对中国进行人道主义援助。日本对中国的战争之暴行震惊了教会和传教团体，也引起他们对日本一旦控制中国后教会前途和命运的关注，对日本的基督教徒可能造成的影响也令其担忧。尽管对中国共产党仍抱有疑虑，除了天主教教会，英国其他教会并不反对中国的统一阵线，甚至公开表示支持，如香港圣公会主教何明华（R. O. Hall of Hong Kong）、上海英美传教士协会也呼吁抵制日本。②

在一周之内，英商中华协会设立的中国救助基金便获得伦敦市长乔治·布罗德布里奇爵士（Sir George Broadbridge）的支持，与伦敦市长救济中国基金合并。合并后中国救助基金由多诺莫尔伯爵（Earl of Donough-more）担任主席，H. 戈登·汤普森博士为秘书，代表英商中华协会、英国红十字会、英国传教士协会，由特设的委员会统一管理。响应坎特伯雷大主教呼吁的 38 位签名者中有西敏寺大主教、独立教会的领导人，商业巨头壳牌石油公司的贝尔斯特德子爵（Lord Bearsted）、帝国化学工业公司麦高恩男爵（Lord McGowan），曾任中国人民之友社主席的援华会会长李斯特维尔伯爵（The Earl of Listowel）也应邀参加基金会。

10 月 29 日，基金会的第一期款项就转到中国，由英国驻华大使许阁森爵士和香港总督罗富国（Geoffrey Northcote）爵士管辖，通过英国委员会在上海、天津、青岛、广州和汉口的机构分配。

总之，全面抗战爆发后英国政府对日政策有所强硬，但没有完全摆脱妥协让步；英国国内的左翼党派、和平团体、教会和在华有投资利益的企业对中国的态度都相对积极，舆论也倾向于支持中国，为援华会的

---

① Barbara Whittingham – Jones, *China Fights in Britain* (London：W. H. Allen and Co, 1944).

② *China Bulletin*, Dec. 15, 1937, p. 8.

成立奠定了良好的基础。

小　结

全面抗战爆发之后迅速成立的英国援华会，并非一蹴而就，而是有着深厚的历史背景。"九一八"事变到"七七"事变之间，日本帝国主义一直处心积虑地推进侵占中国的阴谋，从东北、华北到长江流域，侵华行径步步深入，独霸中国的野心昭然若揭。面对民族危机，南京国民党政府采取"攘外必先安内"政策，把剿共当成第一要务，一面对日妥协退让，一面集中兵力对中共领导下的革命根据地进行围剿。大敌当前的红军则奋起反围剿，同时号召全国民众团结抗日。中共的政策经历了从"抗日反蒋"到"逼蒋抗日"的转变。"西安事变"后，蒋介石政府也逐渐停止了对红军的武力围剿，抗日民族统一战线初步形成。

国际舞台上，以英国为首的西方列强对日本侵略者一直妥协纵容。日本对中国的侵略伴随着德、意法西斯在欧洲的崛起。面临战争的威胁，世界和平运动高涨和中国的抗日反战潮流自然汇合。

共产国际敏锐地意识到中国将成为世界反法西斯运动的东方主战场，七大后采取了建立反法西斯统一战线政策，要求共产党人争取群众参加维护和平运动，号召各国共产党援华抗日，为援华活动在各国的开展奠定了良好的基础。东方反法西斯战场的逐渐开辟也为英国和平运动人士实践自身的理想、理念提供了舞台。中国国内及旅欧的爱国民主人士，从20世纪20年代后期开始，在中国民族救亡运动过程中与欧美和平运动建立了密切联系，增进了外部世界对中国局势的了解和抗战的支持，并进一步团结了英国的左翼人士和社会名流。

随着日军侵华的步步深入和英国的有识之士对绥靖政策失败的认识，英国政府也开始逐渐改变对日绥靖政策。英国国内的进步力量如英共和工党等左翼党派则不断要求政府给予中国道义上的支持；教会和其他在华利益相关者在"七七"事变后也迅速采取行动，募集资金救济难民。在此背景下，全面抗战爆发后成立援华会乃水到渠成。

第 二 章

援华会的成立和初期活动

援华会成立于 1937 年 9 月,在最初的三个月内发展迅速。

援华会的成立首先得益于左翼团体的支持。全面抗战前,共产国际支持的"反帝大同盟"英国分部对中国局势一直保持关注,1935 年支持成立了英国首个援华组织"中国人民之友社"。薛西尔子爵为首的和平团体"国际和平运动"于 1936 年在布鲁塞尔召开和平大会,议题之一是抗议日本侵华,大会也得到了共产国际的支持。英国的"民权保障会"和戈兰兹发起的"左翼书社"进一步奠定了援华会成立的组织基础。

在世界反法西斯反战的氛围中,援华会把工党议员、英共党员、知名教授、作家、收藏家、汉学家等社会名流团结在援华抗日的旗帜下,一俟成立,便立即投入援华运动,地方委员会也在运动的过程中应运而生。

援华会的初期活动从救济开始,通过集会、游行、举办艺术展览、演出、发放传单等方式,积极发动英国民众为中国抗战募捐、抵制和禁运日货等,其内容丰富、形式多样。

本章阐述围绕上述援华会的成立基础、成员构成、组织结构及初期的主要活动展开。

第一节 全面抗战前的英国援华团体

1937 年 9 月英国援华会成立之前,中国的局部抗战已持续六年之久,英国国内为中国呼吁的和平团体和左翼团体已经存在,其中比较重要的有反帝大同盟英国分部、中国人民之友社和国际和平运动。前两者为援华会成立提供了重要的组织准备，后者接纳了援华会作为其附属机构，被广泛认为是共产国际在和平运动中施加影响的重要力量。①

一　反帝大同盟

反帝大同盟（League Against Imperialism，LAI②）成立于 1927 年 2 月在布鲁塞尔召开的第一次反对殖民压迫和帝国主义大会，来自 34 个国家的 174 名代表参加了会议。尼赫鲁参加了反帝大同盟成立大会，甘地和爱因斯坦都致电表示支持。德国共产党员、工人国际救济会书记威利·明岑贝格（Willi Munzenberg）在会上发言，提出成立一个永久性的世界组织，"团结一切力量反对帝国主义和殖民压迫"。③ 这是反帝大同盟的初始，其源头可追溯到 1920 年 7 月共产国际的第二次代表大会关于殖民主义问题的讨论，列宁与印度共产党创始人马纳本德拉·纳特·罗伊（Manabendra Nath Roy）在会上展开辩论④。随后，共产国际内部围绕在国际范围内成立联盟对抗帝国主义是否可行的辩论持续了数年之久。1926 年 2 月，工人国际救济会和叙利亚反对暴行委员会举行联席会议，成立了反殖民压迫联盟，即反帝大同盟的前身。

反帝大同盟英国分部成立于 1927 年 4 月，因为印度问题成为反帝大同盟最活跃的分支组织之一。在英国国内，该分部一直尝试针对工党反对帝国主义政策的模糊性与不确定性，寻求社会主义言论之外的可行替代方案。此外，反帝大同盟认为资本家在帝国投资和介入相关事务是导致英国失业率上升等经济问题的直接原因。该分部经常通过决议、请愿、

---

① Buchanan, *East Wind: China and the British Left 1925 – 1976*, p. 68.

② 学术著作和时人在提到反帝大同盟时，经常采用不同的英文名称，除了 League Against Imperialism，还包括 the Anti-Imperialist League，League against Imperialism and Colonial Oppression，League against Imperialism and Colonialism 等。

③ Fredrik Petersson, *We Are Neither Visionaries, Nor Utopian Dreamers: Willi Münzenberg, the League against Imperialism and the Comintern*, 1925 – 1933 (Ph. D. diss. Abo Akademi University Turku, 2013), p. 2.

④ 共产国际二大通过了列宁起草的《民族和殖民地问题提纲》。列宁认为，先进资本主义国家的无产阶级革命斗争打倒资产阶级是前提，殖民地半殖民地的民族解放运动是对斗争的援助。只有在先进的资本主义国家的无产阶级取得成功后，殖民地半殖民地的民族才能解放。罗伊认为，只有推进殖民地半殖民地民族解放斗争，先进资本主义国家的无产阶级打倒资产阶级才能成为可能。罗伊的观点被写入《民族和殖民地问题的补充提纲》。

发表文章、示威和集会等方式宣传同盟的诉求。

反帝大同盟英国分部从成立之初就表示出对中国事务的关注。20 世纪 30 年代初，联盟坚持不定期出版《中国新闻》，为英国民众提供关于国民党围剿苏维埃中国的可靠讯息。为抗议"九一八"事变后日本对中国东北和华北的侵略，1936 年反帝大同盟发行了题为《中国》的小册子，介绍了中国共产党力主建立抗日民族统一阵线的政策。与此同时，反帝大同盟和共产国际的密切关系导致其活动日益艰难，加上各种民族主义运动与各种形式的社会主义运动之间的矛盾导致同盟无所作为。在意识到该组织自身的局限性后，同盟国际秘书处书记雷金纳德·布里奇曼（Reginald Bridgeman）从 1934 年起就开始在英国倡导成立中国人民之友社，继而又支持成立以薛西尔子爵为首的国际和平运动，直至全面抗战爆发后协助成立援华会，随后反帝大同盟英国分部做出了取消一切活动的决定。

二　英国中国人民之友社

英国的中国人民之友社 1935 年正式成立。布坎南认为 1934 年末布里奇曼就开始着手准备。[①] 但早在 1933 年 12 月工党全国执委会国际部召开的一次内部会议记录中涉及共产国际外围机构的讨论时，就有针对英国是否将成立美国人民之友社英国分部对马利勋爵（Lord Marley）做的约谈记录。[②] 杨格（Edgar Young）也因中国人民之友社成员的身份被约谈。[③] 有关英国中国人民之友社现存唯一的档案资料在曼彻斯特的工党历史档案和研究中心，归于工党国际部的共产国际卷宗。其中有布里奇曼 1934 年 11 月致大不列颠和爱尔兰铁路职工协会的函件[④]，阐述了成立中国人民之友社的原委，越来越多的人意识到中国人民的和平未来危机重重，其民族独立也危在旦夕。美国已经成立了"中国人民之友社"，许多人期望英国也建立类似的组织来帮助中国人民脱离险境。布里奇曼相信

---

① Buchanan, *East Wind: China and the British Left* 1925 – 1976, p. 59.

② Labour History Archive and Study Center, Manchester（LHASC），ID/CI/53/1i.

③ Labour History Archive and Study Center, Manchester（LHASC），ID/CI/53/8.

④ Labour History Archive and Study Center, Manchester（LHASC），ID/CI/53/6iv.

大不列颠和爱尔兰铁路职工协会比较了解中国，也关心中国人民的福祉，因此希望协会派人参加不久之后在伦敦举办的旨在成立活跃在美国的中国人民之友社的英国分部大会。如果无法参会，也可通过捐款对华伸出援手。布里奇曼在信末附上了一份超过五十人的潜在成员名单，其中包括后来担任援华会主席的弗莱（Margery Fry）、秘书伍德曼（Dorothy Woodman）以及多位副会长如收藏家尤摩弗帕勒斯（G. Euromorfopoulos）、斯科特·利杰特博士（Dr. Scott Lidgett）、本·提里特（Ben Tillett）、亚瑟·韦利（Arthur Waley）等，这五十人都收到了同样的呼吁信。布里奇曼收到的铁路职工协会复函只有寥寥数语，仅确认信函及所附相关资料收悉，然而，"中国人民的利益既不可能通过传单里提议的一次会议或者成立'中国人民之友社'的分部而有所提高。因此无意提供支持"①。

尽管没有如愿获得职工协会的支持，在布里奇曼、旅英爱国志士王礼锡和反帝大同盟英国分部等机构和人士的努力下，英国中国人民之友社于 1935 年建立，成为英国最早的援华组织，并被工党认定是共产国际的"附属机构"，相关的成员或被调查或被约谈。② 中国人民之友社以支持中国争取民族独立的战争为宗旨，为中国提供政治和道义上的援助。英方成员有英国上院的贵族、工党成员等，包括马利勋爵（Lord Marley）、麦根齐教授（Mackenzie）、《今日之捷克》的作者杨格（Edgar Young）先生及其夫人（G. Young），《俄游日记》作者前海军军官霍珀少校（Major Hooper）及布里奇曼（R. Bridgeman）等。中国方面有王礼锡、侯雨民、张似旅、林咸让、熊式一五人③。

1936 年 9 月 3 日布鲁塞尔召开的国际和平运动大会上，中国人民之友社积极为中国呼吁。9 月 20 日，全欧华侨抗日救国联合会在巴黎召开成立大会，英、法、德和瑞士等国的华侨社团代表、巴黎侨胞及各国外宾共 450 余人出席成立大会，英国中国人民之友社代表杨格夫妇，世界学

---

① Labour History Archive and Study Center, Manchester（LHASC），ID/CI/53/6ii.

② Labour History Archive and Study Center, Manchester（LHASC），ID/CI/53/.

③ 王礼锡：《在国际援华战线上》，生活书店 1939 年版，第 42 页。

生会代表詹姆斯在会上发言，声援中国人民的抗日战争。[①]

三　国际和平运动

国际和平运动（法文名称 Rassemblement universal pour la Paix，RUP，英文名称 International Peace Campaign，IPC[②]），又称"国际和平联合"，并非共产国际的外围机构，只是活动得到了共产国际的支持。国际和平运动成立于 1936 年 3 月，在英国的薛西尔爵士、法国前航空部长科特（Pierre Cot）先生等很多和平领袖的推动下确立了该运动的四个基本原则："（一）确认国际条约义务之神圣；（二）运用国际协定，以减缩及限制军备，并取缔军火制造及贩卖之牟利；（三）运用'集体安全'及'互助'的更有效的组织，增强国联之力量，以避免及制止战争；（四）就国联组织内建立有效的机构，用和平的方法，调整足以引起战争之国际事态。"[③] 当年 9 月在布鲁塞尔召开了第一次代表大会。其创立一是对 30 年代意大利法西斯入侵阿比西尼亚等一系列不断加剧世界性战争威胁事件的回应；二是第一次世界大战后曾被寄予厚望的国际联盟力量衰退；同时，英法和平主义者的激情、使命感与国际性合作的形成共同促成了国际和平运动的诞生。事实上，早在 1934 年法国有识之士就开始讨论在现有团体的基础上组织国际和平运动的可能性。[④] 国际和平运动的目的是通过影响国际舆论，协调从共产主义者到保守派，无神论者到宗教人士团体和个人的有关活动，组织民众对国际联盟维持和平任务的支持。国际和平运动的宗旨与共产国际人民阵线的政策相吻合，因而获得后者支持。

国际和平运动除个别情况，只接受基于上述四个基本原则的社会团体和国际团体。凡是接受原则的任何团体，无论国家背景或政治倾向，都可以加入运动，这是建立国际性的和平统一阵线组织的尝试。英国援华会成立后也加入国际和平运动。如前文所述，国际和平运动成立后即于 1936 年 9 月在布

---

① 黄慰慈、许肖生：《华侨对祖国抗战的贡献》，广东人民出版社 1991 年版，第 260 页。

② 直译为国际和平运动，又译为国际和平联合，为了避免投降主义者倾向，经总会同意，在中国译为国际反侵略大会。

③ 王礼锡：《王礼锡诗文集》，上海文艺出版社 1993 年版，第 404 页。

④ Donald S. Birn，"The League of Nations Union and Collective Security"，*Journal of Contemporary History*，Vol. 9，No. 3（1974）：131 – 159.

鲁塞尔召开声势浩大的国际和平大会，引起了共产国际的极大关注。

国际和平运动在法国的组织活动尤其活跃，具有广泛的社会基础，以工会、和平团体、退役军人团体、宗教团体等社会团体为成员，包容了共产党、社会党、激进社会党等各派政治势力，其中也不乏著名的政治家。除了法国国内的活动，该组织实际上还承担着国际委员会的活动。在英国，国际和平运动得到了工党、工会、国际联盟同志会的支持。但是国联同志会内部因对共产党的警惕、孤立主义等因素的存在，反对加入国际和平运动与其共同行动的成员也大有人在。即便如此，国联同志会加入国际和平运动后，也曾频频批判英国政府对法西斯的妥协态度。

作为国际和平运动的附属机构之一，援华会于 1938 年 2 月在伦敦工业大厦和国际和平运动共同筹办召开了世界援华制日大会。同年 7 月23—24 日，国际和平运动在巴黎召开的世界反轰炸大会得以召开，援华会也起到了不可或缺的作用。

第二节　援华会的成立和组织

一　援华会的成立

"七七"事变后，为发动援华运动，1937 年 8 月 10 日王礼锡以杨格的名义代表英国中国人民之友社起草了致英国各报纸杂志的公开信，号召英国爱好和平的人们援助中国抗日，要求《九国公约》签字国制裁日本侵略者。公开信发表后，王礼锡接到民权保障会（Union of Democratic Control）秘书伍德曼（Dorothy Woodman）女士的来电商讨援华事宜。伍德曼自称"政治好事者"，是有名的社会活动家，组织经验丰富。部分得益于她的协调，第一次中英双方人士参加的筹备会议九月初在全国工会俱乐部召开，讨论援助中国办法。会议由政治期刊《新政治家》主编马丁（Kingsly Martin）主持，到会的有国联同志会、中国人民之友社、反帝大同盟、民权保障会、左翼书社、工会、英共、国际妇女联盟等组织和团体的代表。中国方面参加者有林咸让[①]、刘谐、张似旅、王礼锡四人。

[①] 爪哇华侨，先后留学法国和英国，全面抗战爆发后参与援华会，巡行全英演讲，后成为中央社伦敦社代表。

王礼锡在会上报告了日本侵略中国的暴行,指出了援华的必要性。会议决定联系英国各社会团体,成立一个援华制日的民间组织,并请王礼锡准备报告提纲。

9月23日英国援华组织的成立集会在中华研究院(China Institute)举行,定下了英国援华运动的基调。会议将组织的名称定为China Campaign Committee,直译为"中国运动委员会",简称为"援华会",英文简称为C. C. C,后因为英国各郡分会的纷纷成立,援华会发展为全国性的援华组织,中译名始改为"全英援华运动总会",本书简称为援华总会。

援华会由文化名流维克多·戈兰兹出任主席,副主席是享誉盛名的学者、教友派信徒马杰里·弗莱(Margery Fry)。工党政治家李斯特维尔伯爵(The Earl of Listowel)出任会长,援华会另设有二十一位副会长,包括中方的王景春和王礼锡,英方人士多为文化、政界名流,包括议员、作家、宗教领袖、收藏家等。民权保障会的秘书伍德曼出任秘书,英共党员阿瑟·克莱格不久之后出任援华会的全国总干事。

(一) 援华会的任务

援华会的任务有救济、政治、宣传三项:一是筹集医药、衣服等慰劳品,寄给中国当局,由其决定最佳分配方案;二是单独或通过一切国际团体,组织集会、讲演会,以期联合全英的援华力量,坚决抗议,以敦促公私双方抵制对日贸易(抵制出口日本之货物,例如煤油、军需原料、信用借款等;抵制日本出口货物,全世界一切个人、社团、商店、政府都在或都可参加),并督促各方采用一切手段以援助中国的抗战;三是供给关于日本侵略问题的讲演者及文献①。

在救济、政治和宣传三方面中,援华会尤其侧重政治援助,其发展很快超过当初的计划,在议会运动、借款运动、工会运动等方面皆有不俗表现。国民党中央宣传部驻欧特种宣传委员会向国内的报告书指出,该会目的在于呼吁英国民众积极援华,并在议院督促政府,依国联盟约对日实施经济制裁,对华财政援助;对日停止煤油、军火及

---

① *China Bulletin*,Nov. 16, 1937;王礼锡:《王礼锡诗文集》,上海文艺出版社1993年版,第421—422页。

其他军需品之供给，常向议会及政府请愿及示威，发刊杂志传单及小册子，组织演讲，宣传抵制日货，募集款项与药物救济中国难民。所组织的分会几乎遍及全英，"拥护正义反对侵略之热忱处处见诸积极之行动"。①

（二）援华会的组织成员

曼彻斯特工党历史档案和研究中心收藏的援华会成员名单如图 2 - 1 所示②。

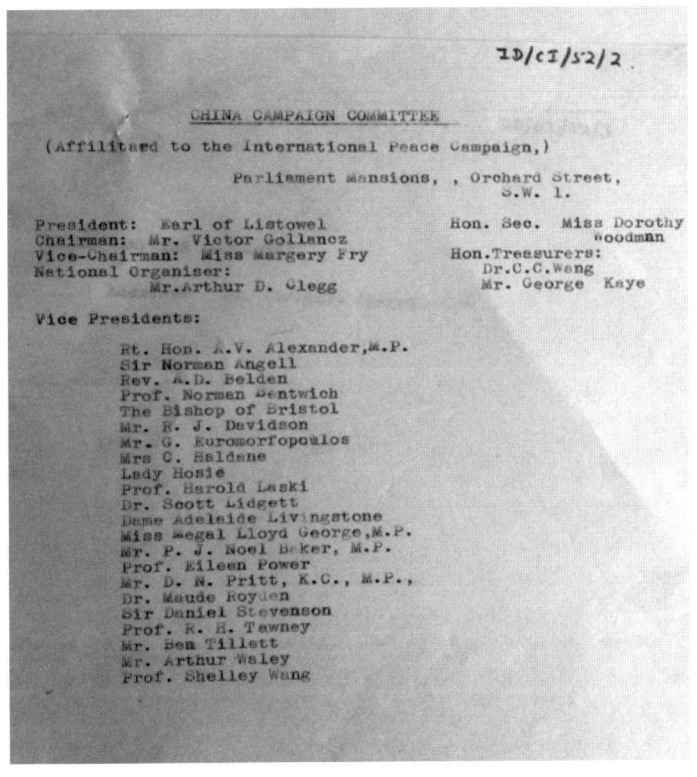

图 2 - 1　援华会成员名单③

①　龙锋：《国民党中央宣传部驻欧特种宣传委员会报告书》，《民国档案》2013 年第 3 期。

②　LHASC，ID/CI/52/2.

③　LHASC，ID/CI/52/2.

援华会设会长一人，副会长若干人，主席一人，副主席一人，秘书长、总干事、会计各一人。会长是苏俄人民之友社会长、议会上院议员李斯特维尔伯爵①（The Earl of Listowel），在中国人民之友社也当过一任主席。主席是左翼书社的发起者戈兰兹先生（Victor Gollancz），秘书长是民权保障会的伍德曼女士（Dorothy Woodman）。副主席弗莱女士②（Margery Fry）在文化界极有声誉，并且到过中国，中国许多政治文化名流都知道她。总干事是克莱格先生（Arthur Clegg），工作非常勤勉，每天为援华运动工作达十小时以上。会计是凯耶先生（George Kaye）。

副会长有二十一人，其中：

知名教授四人：托尼教授（R. H. Tawney）、

本特威奇教授（Norman Bentwich）、

鲍尔教授（Eileen Power）、

拉斯基教授（Harold Laski）；

下院议员四人：

梅根·劳合·乔治（Megan Lloyd George）自由党议员③、

诺埃尔·贝克（Philip John Noel-Baker）④工党议员、

亚历山大（Albert Victor Alexander）⑤工党议员、

普利特（D. N. Pritt）⑥工党议员；

---

① 也参加了伦敦市长捐，见 Clegg, p. 14。

② 弗莱 1937 年底加入援华总会，担任副主席。

③ 梅根·劳合·乔治（1902 年 4 月 22 日—1966 年 5 月 14 日），英国前首相劳合·乔治之女，英国首位女议员，1955 年脱离自由党加入工党。

④ 诺埃尔·贝克（1889 年 11 月 1 日—1982 年 10 月 8 日），英国政治家和国际裁军倡导者，1959 年诺贝尔和平奖获得者。1919 年巴黎和会的英国代表团的成员，随后加入国际联盟秘书处。是 1923—1924 年国际联盟大会罗伯特·薛西尔勋爵的私人助理，还于 1932—1933 年担任日内瓦裁军会议主席的亚瑟·亨德森的首席助理。于 1929—1931 年和 1936、1970 年期间担任下议院议员。1945—1961 年期间，他先后担任国务大臣、航空和联邦关系大臣、燃料和联邦事务大臣。他帮助起草了联合国宪章，并且是 1946—1947 年英国出席联合国大会的代表团成员。从 1960—1982 年，他担任教科文组织国际体育和体育娱乐理事会主席。

⑤ 阿尔伯特·维克多·亚历山大（1885 年 5 月 1 日—1965 年 1 月 11 日），英国工党政治家。

⑥ 丹尼斯·普利特（1887 年 9 月 22 日—1972 年 5 月 23 日），工党政治家，英国人民战线领袖之一，后因亲苏立场被开除出工党。

宗教领袖四人：

布里斯托主教贝尔登（Rev. A. D. Belden，the Bishop of Bristol）、

霍西夫人（Lady Hosie）、

罗伊登博士（Maude Royden）、

斯科特·利杰特博士（Scott Lidgett）、

知名作家二人：

安吉尔爵士（Sir Norman Angell）为 1933 年诺贝尔和平奖得主、

亚瑟·韦利（Arthur Waley）为翻译中国诗歌的著名汉学家。

　　此外，还包括著名工人运动领袖本·提里特（Ben Tillett）、享誉世界的欧洲和东方陶瓷收藏家尤摩弗帕勒斯（G. Eumorfopoulos），以及致力和平运动的李维斯顿女爵士（Dame Adelaide Livingstone）等。中国人方面，王景春先生及王礼锡被推为副主席。

　　由此可见，援华会的成员背景多样，"从极右方到极左方"，除了保守党、自由党、工党、共产党等政治团体的成员，还有来自英国和平运动、宗教团体、文化界、社会组织的成员。成员代表个人而非所在组织加入援华会，既团结了一切可以团结的力量又保证了援华会的灵活性。

　　"极左"的英共党员在援华会中发挥了重要作用。英共殖民新闻局书记（the Communist Party's Colonial Information Bureau）布雷德利（Ben Bradley）曾在共产国际的敦促下被英共派往印度负责组织工会工作，特别关注远东形势，经常参加援华会的讨论会，但为了避嫌，采取了谨慎态度，发言较少；哈代（George Hardy）在工会方面的工作经验丰富、卓有成效，同样致力于援华工作；玛丽·S. 琼斯（Mary Sheridan Jones）对于援华会内日常工作的进行尽了最大的努力。总干事克莱格更是倾力投入，援华会很快发展成英国援华运动的总枢纽。

　　在文艺领域，左翼团体青睐的统一剧院（Unity Theatre）负责人亚伦（John Allen）曾经为援华会主席戈兰兹工作，转到统一剧院后，承担了大量援华会游艺捐款的工作。卜顿（B. Burton）是联合影片公司经理，专门负责一切电影活动，如将从中国寄来的影片重加剪裁编辑等。

　　宗教层面，伦敦自由教会联合会（Free Church Federation）秘书巴格诺尔（Rev. E. J. S. Bagnall）、公谊会理事陶维新（R. J. Davidson）以及 1934—1947 年任牛津大学中国宗教与哲学高级讲师的修中诚牧师

（Rev. E. R. Hughes），使援华会汇合了教会方面的力量。

英国和平同盟秘书莫格生女士（P. Maxon）、国际反侵略运动会英国分会秘书弗里曼（D. G. Freeman）是沟通两个大型和平组织与援华会的桥梁。英国国联同志会秘书怀特女士（White）负责国联同志会与援华会的配合和沟通。此外还有英国青年和平大会、知识自由保障会、国际妇女联合会等成员参加。

在新闻出版界，出版家布兰奇（J. Branch）对于援华会宣传印刷品的出版起到了举足轻重的作用。《新闻纪事报》记者威利斯（David Willis），在很大程度上促成了援华会各种消息的传播。胡德兰（Freda Utley）①，20 世纪 20 年代末随夫被共产国际派往中国、日本等地。在其畅销书《日本的泥足》（*Japan's Feet of Clay*）中，她从马克思主义的视角揭露了日本纺织工业的黑暗及西方列强对日本帝国主义的纵容。抗战爆发后，胡德兰作为《新闻纪事报》记者于 1938 年来到中国，停留 3 月有余，两度上前线，著有《战时中国》和《日本在中国的冒险》两本关于日本侵华的著作，激起了国际社会对中国的极大同情。此外，援华会副会长何登夫人（Charlotte Haldane）1937 年加入英共，是反法西斯杂志《今日妇女》的编辑，曾加入援助西班牙内战的国际纵队，全面抗战爆发后受援华会派遣到访中国。

援华会成员还包括印度国民党驻伦敦代表梅农（Krishna Menon），在他的帮助下援华工作得以向印度展开。此外还有阿比西尼亚人民之友社秘书那披尔夫人（H. Napier），世界语学会重要成员伍尔佛（P. Woolfe）等。

参与援华会工作的中国成员也很多。中、英人员密切配合，相得益彰。中国人的作用主要体现在："一、使英国援华运动和中国政府与人民团体密切联系起来；二、使英国华侨积极帮助英国援华运动如讲演、开会等；三、对于中国政治军事各方面进展的正确解释等等"②。中国驻英大使郭泰棋为援华会提供了大量帮助。中国人经常参加援华会会议和演讲的有：梁鋆立、林咸让、夏晋麟、曹未风、刘锴、张似旅、熊式一、顾菊珍、朱宝贤、李泰华、王景春、王礼锡等。此外许多旅英华人也曾直

---

① 胡德兰后期走向反动，与共产党为敌。

② 王礼锡：《王礼锡诗文集》，上海文艺出版社 1993 年版，第 424 页。

接或间接参加援华会所组织的工作，譬如参加讲演及向华侨宣传办报，包括李儒勉、吕叔湘、潘家洵、向达、崔骥、朱坚白、傅筑夫、童秀明、吴佩珉、姚念媛[①]、顾安蒲、陆晶清等数十人；郭泰祺夫人领导了捐款工作，参加的侨胞妇女近二十人。[②]

二　援华会的组织

（一）组织基础

援华会拥有广泛的组织基础。前文提到反帝大同盟（League Against Imperialism）英国分会和中国人民之友社（Friends of the Chinese People）与援华会的关系。除此之外，民权保障会（Union of Democratic Control）和左翼书社（Left Book Club）等左翼团体也参与了倡导成立援华会，各个团体现有的组织和网络是援华会初期得以蓬勃发展的重要原因之一。

反帝大同盟从 1927 年成立到全面抗战爆发持续关注中国事务，其英国分部一直通过不定期出版《中国新闻》向英国大众传播中国的可靠信息。随着日本的侵略从东北延伸到华北英国分部又发行小册子，宣传中国共产党力主建立民族抗日统一阵线的政策。反帝大同盟对苏维埃和中共的宣传使其面临着来自右翼党派和人士的敌视，于是在同盟英国分部负责人布里奇曼的倡导下，成立了英国中国人民之友社，英国分部还响应共产国际的号召支持以薛西尔子爵为首的国际和平运动，全面抗战爆发后又协助成立了援华会。

中国人民之友社是援华会的第二个基础组织，是日本对中国的侵略由东北延伸到华北之际、面临以英国为首的西方各国对日本的纵容，由反帝大同盟英国支部于 1935 年建立，其宗旨是支持中国争取民族独立的战争，为中国提供政治和道义上的援助，是英国最早的援华组织。中国人民之友社的纲领包括以下六点：一、传播关于中国及中国人民之正确观念，促进对中国历史文化的正确了解；二、援助中国争取自由的斗争，并进一步通过民族自决解决其民族问题；三、帮助中国抵抗一切威胁其领土完整和政治主权的外敌；四、影响英国政府取缔中英之间的不平等条

---

① 即郑念女士，就读于伦敦政经学院，师从拉斯基（Laski）。
② 王礼锡：《王礼锡诗文集》，上海文艺出版社 1993 年版，第 424 页。

约，在平等、互惠的基础上与中国订立条约；五、救济中国因饥荒、洪水、战争及其他天灾人祸造成的难民；六、与其他所有同目的、性质的团体合作，促进旅英华侨与英国人民之间的友谊①。中国人民之友社的纲领不仅包含了援华会致力的政治、宣传、救济三大任务，还包括促进华侨与英国人民之间的友谊，其政治诉求比援华会成立时提出的政治任务之"组织集会、讲演会，以期联合全英的援华力量，坚决抗议，以敦促公私双方抵制对日贸易"要更为彻底。而援华会作为中国人民之友社的继承者，在援华过程中同样也坚持了后者维护中国独立、领土和主权完整及取缔不平等条约的政治目标。

全面抗战开始后，中国人民之友社立即开始讲演和捐款活动，王礼锡以社长杨格的名义代表中国人民之友社起草了致英国报纸杂志的公开信，号召英国民众拥护《九国公约》援华抗日，通过舆论敦促英国政府"供给中国以军械，使世界和平能由它在历史上所受到的最凶险的攻击中拯救出来"，为此要召集九国公约签字国"审视当前之危险形势，并决定对该形势所应采取的共同行动"②。此时的中国人民之友社感到以一己之力无法与中国的抗战规模相适应。原因一是该社的组织是基于同情中国的个人，而非基于已有庞大社会基础的团体；二是其与共产国际的联系已经引起工党的敌意，共产国际的新政策是团结一切和平力量援助中国的抗战，中国人民之友社无法承担在全英发起援华运动的任务，于是在中国人民之友社的配合下全英援华运动委员会应运产生，后者很快成为真正领导全英援华运动的组织，中国人民之友社随即退出历史舞台。

民权保障会（Union of Democratic Control）是第三个促成援华会诞生的组织，该组织成立于第一次世界大战爆发之后，主张透明外交，反对外交和国际条约不对公众开放，其影响力要远大于中国人民之友社，成员中有多位自由党和工党要员。第一次世界大战结束后的 20 年代，在阿瑟·彭松贝（Arthur Ponsonby）的影响下，民权保障会的主要关注点是和平主义。30 年代，该组织在伍德曼的主持下，发展成为反法西斯的研究

---

① LHASCID/CI/ 53/9；王礼锡：《王礼锡诗文集》，上海文艺出版社 1993 年版，第 420 页。
② 王士志、卫元理编：《王礼锡文集》，新华出版社 1989 年版，第 62—64 页。

和宣传运动机构，此时影响力和成员数量都大大下降。① 民权保障会对中国的兴趣时有时无，1932 年的年度大会上曾通过紧急决议，声明"只有日本军队撤出中国领土，才能够保证远东的和平"。1936 年，保障会又发行了题名《东方威胁》的小册子，揭露了日本侵略中国的野心。中国抗战全面爆发时，民权保障会做出了进一步采取行动的决定。保障会的秘书伍德曼，自称"政治好事者"，有着较强的组织能力，作为援华会的发起人之一，"七七"事变后，立即着手准备发行《日本对华战争》的小册子，并于 9 月 30 日出版。伍德曼女士在援华会的成立和发展过程中起着举足轻重的作用。

左翼书社，又称左翼读书俱乐部（Left Book Club）是支持成立援华会的第四个群众组织。左翼读书俱乐部创建于 1936 年 5 月，由出版商维克多·戈兰兹（Victor Gollancz）建立，工党理论家拉斯基、工党活动家斯特雷奇（John Stratchy）与之合作。左翼书社是 30 年代下半期英国政治和文化领域中的重要组织，旨在引起公众对政治和社会问题的关注，如认清法西斯的本质及战争威胁和在英国组成人民阵线。援华会的成立和活跃期恰是左翼书社的迅速发展和全盛时期，书社的宣传、教育工作及其地方机构的支持与配合是援华会前两年得以发展的重要基础。左翼读书俱乐部承担了在地方成立援华分会、组织援华集会、分发传单和海报以及在其他团体提出中国问题的任务。在俱乐部的全盛时期，它拥有57000 会员，1500 个学习小组，还包括海外英国人社群。② 俱乐部的创立者戈兰兹参与组建了援华会并担任主席。戈兰兹为援华会提供了一定数额的经济资助，斯诺的《西行漫记》和史沫特莱的《中国在反抗》都是左翼书社首先出版的。戈兰兹围绕《西行漫记》以"阻止日本"为主题组织了多次群众集会。首次集会是在 10 月初伦敦的友谊大厦（Friends' House），英共书记波利特（Harry Pollitt）、工党的克里普斯爵士（Sir Stafford Cripps）及普利特（D. N. Pritt）、自由党的阿克兰爵士（Sir Richard Acland）出席并讲话。10 月末，又在利兹市（Leeds）和其他地方多次集会。11 月，左翼书社组织了 17 次中国主题巡回演讲，演讲者有王礼

---

① 民权保障会持续到 20 世纪 60 年代初，影响力微弱，最终于 1966 年解散。
② 程映虹：《30 年代英国左翼读书俱乐部运动述评》，《史学理论研究》1998 年第 1 期。

锡、林咸让（H. D. Liem）、朱宝贤等。① 书社的杂志《左翼新闻》也时常刊登有关中国的战事。1937 年 10 月更是定为中国专刊，刊登了王礼锡的形势分析报告、《西行漫记》书评以及如何帮助中国抗击侵略者的建议，呼吁会员为中国的抗战募捐。左翼书社还制定了一种扩大招收会员的方式，即介绍人需要求书会会员将购买一册图书的款项捐给中国。戈兰兹因其对中国抗战的支持和贡献获得了国民政府颁发的勋章。

除了上述四个团体，援华会还得到了其他和平组织、妇女协会、教会、工会和地方政党支部的支持。为了援助抗战中的中国，各团体迅速团结起来，在援华会的推动下开始了从经济、政治、宣传等各方面援华抗日的活动。

（二）援华会的小组委员会

援华会的组织非常灵活。委员会时常有来自各种团体的新成员加入，规模日益扩大。委员会之下，又时常设立小组委员会以满足临时的需要。援华会成立之初，伦敦市长基金会（Lord Mayor's Fund）正在发起，援华会工作重点在于救济。在委员会中，必须就政策和宣传工作展开讨论，此外随着救济工作的开展，事务性工作也不断增加，相应的小组委员会陆续成立。1937 年 10 月 6 日医药组成立，负责药品的购买和邮寄，12 月医药组改为救济组。宣传工作的逐渐增多催生了 12 月初设立的编印组，负责印发小册子、传单、标语、画报等。12 月底，抵制日货工作由宣传阶段逐渐过渡到行动时期，需要工会、合作社、从事进出口贸易的专业人士加入，援华会于是成立抵制日货组。同时成立的还有游艺组，负责游艺募捐的相关工作。

各小组委员会的成立最初促进了工作效率的提高，但随之而来的会议有时也使工作效率降低。到 1938 年夏季，工作改由专人负责，由负责人于必要时招募各种专业人士参与工作，援华会的运转由此更加周到、细致、灵活。

（三）援华会分会的成立

援华会成立之初只是一个工作机构，并非全国性的组织，各地没有分会，在宣传援华制日的过程中部分分会逐渐成立。全面抗战之初，左

① Clegg, Aid China 1937 – 1945: a Memoir of a Forgotten Campaign, p. 22.

翼读书俱乐部便邀请王礼锡在全国巡回演讲，1937 年 11 月 5 日，在伯恩茅斯（Bournemouth）讲演之后随即成立了当地的援华会分会。1938 年 1 月中旬，王礼锡又在援华会的安排下去北爱尔兰首府贝尔法斯特及爱尔兰首府都柏林演讲，在两地分别设立分会。由于历史上与英国的敌对关系，爱尔兰的任何团体都不愿隶属英国的组织，因此爱尔兰援华会命名为"中爱人民之友社"，和援华会保持着密切的工作关系。

随着援华运动的蓬勃发展，原有的组织形式不能够满足援华运动的需求。1938 年 3、4 月间援华会正式决定在各地设立分会，使运动普及并深入到全国的基层。到下半年，分会遍布全国，包括曼彻斯特援华救济会，默西塞德援华会（利物浦及所属地方），米德尔斯堡援华会，南安普顿援华会，埃普瑟姆及尤厄尔援华援西会，法纳姆援华会，亨顿援华会，赫尔援华会，北斯塔福德郡援华会，牛津中国之友社，剑桥大学抵制日货委员会，温布利援华援西会，伍德福德格林援华会等二十余个分会。①

第三节　援华会成立初期到 1937 年底的活动

英国援华会成立后立即投入了紧锣密鼓的援华活动中，很快成为英国深入发展的援华运动的领导机关。就英国而言，援华制日的工作最直接有效的是政府对中国的帮助，其次是和平团体、社会组织的推动、民众的督促和个人的行动。援华会初期的工作也大致分成以下几类：救济、宣传（口头、文字、图画、电影等）、抵制日货运动、督促政府运动。救济的出发点是人道主义，属于慈善性的工作，其他三者为政治性的工作，需要进步的团体、民众、左翼党派来推动。但慈善和政治往往密切结合，不能截然分开，如募款和宣传经常在群众集会上同时进行。

1937 年 9—12 月，援华会联合其他团体举行了一系列的政治、宣传、艺术活动和民众集会；促进地方援华会发展的活动；在工人中开展运动，如组织南安普顿码头工人拒卸日货等；开展人道主义救济；号召民众抵

① 《介绍英国援华运动总会》，《新华日报》1938 年 9 月 10 日第 4 版；王礼锡：《王礼锡诗文集》，上海文艺出版社 1993 年版，第 426 页。

制日货等。在工作过程中援华会遇到过蓝衣社特务的破坏,驻英大使郭泰祺有保留的支持,也面临着如何使援华活动深入并普及全国,如何和各组织团体加强联系,如何争取各国政府对中国的直接援助,如何与中国民间团体及政府的国际宣传机关密切合作的问题。尽管如此,在多数国家援华运动还仅仅处于人道援助阶段时,在英国则已经发展到政治援助。

一 救济

全英援华会的工作始自最为可行的救济工作。[①] 规模较大的伦敦市长基金会成立后,援华会的工作重心逐渐转向政治性的援华工作。1937年10月中旬以前,援华会工作重点是募集捐助。10月7日,援华会首批援助物资发往中国。[②] 铁行轮船公司[③]的轮船拉吉布塔那号(Rajputana)离开伦敦乔治五世码头,上载援华会发往南京国民政府卫生部的援华医疗用品,包括氯仿、乙醚、普鲁卡因等麻醉剂。自此,应宋美龄要求,医疗用品每周一次发往上海和北方前线,援华会为中国难民募集的食品和20吨衣物也一并发出。10月9日援华会还空运出一批药品。为了满足抗战日益增长的物资需求,援华会认为必须向中国定期发货。国民政府卫生署在回复随航空药品先期抵达的援华会信件时,也表达了对援华会的感谢和对医疗用品的迫切需求,同时还附上了急需的药品、设施和人员清单,希望得到援华会的进一步帮助:

(1)药品:20万伤病员六个月的需求量;

(2)仪器:约100所医院20万伤病员的需求;10套耳鼻喉科专家、10套眼科专家、20套整形外科专家需要的战地设备;

(3)血清和疫苗:300万剂破伤风血清;30万剂多价痢疾血清;斑疹伤寒疫苗不限制数量;

---

① 王礼锡:《王礼锡诗文集》,上海文艺出版社1993年版,第435页。

② *China Bulletin*, Nov. 16, 1937.

③ Peninsular and Oriental Steam Navigation Company,又名半岛东方轮船公司或大英轮船公司。

（4）医院设施：20 万张轻便的可折叠铁床；3000 担架用帆布；

（5）运输方式：30 辆中等型号的乘客用车；100 辆 1.5—2 吨重的卡车；50 辆救护车（每辆都要配有大量备用零部件，所有车辆最好同一品牌，如福特）；

（6）卫生：10 套无菌水消毒器，便携式、可移动或类似类型，每小时能够净化 2000 升水，配有沉淀装置；片剂水消毒剂，数量不限；100 套户外厕所钻机；

（7）奶粉；

（8）人员：有经验的外科医生，男性（其中应包括 5—6 名整形外科专家，一名神经外科专家）；致残士兵职业培训师；（请注意，上述人员的派出机构应负责前往中国人员的全部开销）

（9）资金：急需资金购买中国境内现有的物资，如竹床、床垫、传单、毯子、睡衣、棉布、纱布、肥皂等。①

由此可见，国民政府卫生署对援华会寄予了很大期望，提出的要求也十分具体。类似交流后来一直在 1938 年成立的保卫中国同盟和援华会之间延续。

除了医用物资，援华会积极为中国抗战募集捐款。1937 年 11 月 6 日援华会在伦敦皇后厅举行民众集会，牛津大学贝列尔学院院长林赛博士（A. D Lindsay）主持，讲演者包括有英国"红色主教"之称的坎特伯雷主任牧师（The Very Reverend Hewlett Johnson）、下院议员诺埃尔·贝克先生和威尔金森女士（Ellen Wilkinson），朱宝贤、陈依范、顾菊珍、吴佩珉等中国旅英人士及留学生也发表了演说。坎特伯雷主任牧师在演讲中提到，"中国是为世界自由而战，对中国的威胁也是对当今世界上所有民主国家的威胁"。诺埃尔·贝克号召听众抵制日货，参与到"伟大的国际运动"中去，要求英国政府停止为日本的战舰、坦克、潜艇和飞机提供石油。陈依范认为鼓舞人类进步的是体现于文化中的理想主义，有五千年历史的中国文化正危在旦夕。朱宝贤指出日本人毁灭中国的行为越残忍，中国人民抵抗的决心就越坚决。顾菊珍认为如果世界大战再次爆

---

① *China Bulletin*, Nov. 30, 1937.

发，每个人的家乡都会成为前线，在中国这已成为现实。吴佩珉报告说，中国妇女勇敢地承担了战争救济和帮助难民的工作。威尔金森女士担任劝募，她的雄辩当场募得 300 英镑医疗救助金。12 月援华会发起的游艺会（Chinese Variey Performance）又募捐得 400 英镑，1938 年 1 月 7 日开幕的中国艺术展览会也募得一千英镑左右。

不同于伦敦市长基金，援华会通过集会、演出、展览等活动募得的款项大都直接汇往中国，汇寄物资的情况较少，这是为了防止所购物品在中国不适用；其次，援华会确保款项汇给中国人，曾先后给国民政府中央卫生署、汉口红十字会、广东政府、第八路军等汇款，伦敦市长基金募集款则时常由在华外方机构支配。

二　宣传

援华会宣传所用材料载体有口头、文字、图画、影片等，宣传方式多为举办集会和展览、发行小册子及传单、分发中国寄来的材料等。

（一）宣传的特点

援华会的宣传工作对材料、受众、途径（如何广为传播，拒绝浪费），都有所考虑，实际操作过程中也遇到一定的困难。首先是材料的缺乏和滞后。国民政府设立的国际宣传处、政治部、国民外交协会等给援华会提供的材料和驻华外交官的电报经常比外国报纸的报道滞后两三天。材料也往往不标注来源，内容存在重复、冗长、空泛、单一等问题，并且没有根据各国国情的不同做出调整。援华会收到的编印成册的材料经常遭遇派不上用场的尴尬。援华会编辑整理的材料则注重了受众的区别。就传单而言，几乎每一种传单都有针对的特殊对象；就集会而言，每次都要对听众预先评估。

援华会抵制日货运动开始时，"抵制日货的结果会使日本的工农受苦"的说法盛行于教会间，所以基督教徒，尤其是极端和平主义者的教友派（Quakers）坚决反对抵制日货。援华会印发了专门驳斥该言论的传单，内容有针对性，论点又易于接受，竭力避免引起英国民众反感。分发传单时也努力做到物尽其用，确保每一张传单不会因技术问题落空。在设计销售数量一百多万份的《中国画报特刊》（China Special）时，援华会进行了周密的讨论，重点关注如何使其内容吸引不同背景的读者，"怎样使读者不仅怜悯中国之受难，而要振奋于中国抗战之英勇，更坚信其胜利的前途"①；技术问题如通过哪些书店及团体推销代售，如何定价才适合一般读者等也在讨论之列。

援华会具有广泛的社会基础，通过各种渠道，文件的散布非常广泛。最终发行的《中国画报特刊》得以在各种大会上发售，通过工人书局散布到全英国的每一个角落的小书铺，所以销售数量才会超过一百万份。1937年9月到1938年9月的一年间，援华会散发了一百五十余万份传单，包括二十万份抗议广东轰炸传单，三十五万份抵制日货传单，五万份国联传单，七万份工会传单等。② 为了达到更好的宣传效果，援华会办了专刊《中国简报》（*China Bulletin*）。后由于经费、材料的不足，改为随时发行针对不同宣传需要的传单与小册子。另外还办过一种打字的小刊物《演讲者笔记》，专供援华工作者及议会议员等作参考资料。后来国联同志会在其会刊《前进》（*Headway*）上为援华会加印一页，对援华运动消息的广泛传播起了很好的促进作用③。

援华会把收到的中国所发来的材料，分发给各种适当的报纸刊物，或者把材料内容改编成短消息分发给各地方报纸、合作社报纸、工会及社团报纸。援华会的这些努力把中国抗战的消息广泛地传播到了全英国的民众中。

（二）宣传的内容

援华会宣传的内容包括统一战线的发展、中国战场上的胜利、团结抵抗日本侵略的中国各方力量等。援华会非常注重宣传的时效性，善于抓住每一个有利时机对中国的抗战进行宣传，如宣传朱德及平型关大捷（1937年9月25日）等。台儿庄大捷后，援华会立即筹备庆祝台儿庄胜利大会，在地铁站里张贴通知，在书店、学校散发通告，并且通过各种团体如工会、合作社、左翼书社、和平联盟、国际反侵略会、国联同志会等通知各自会员。日军逼近武汉时，援华会就开始准备传单式小册子，说明即便武汉陷落，中国仍会坚持长期抗战。武汉失守时，由于事先心

---

① 王礼锡：《王礼锡诗文集》，上海文艺出版社1993年版，第425页。
② 王礼锡：《王礼锡诗文集》，上海文艺出版社1993年版，第435页。
③ 李跃进：《国联与联合国文献中的国际援华抗战》，《档案天地》2015年第11期。

理上所做的准备，民众援华情绪并未十分低落。王礼锡指出："在英国援华运动之能继续增高与中国长期抗战配合，不会因为南京失陷、徐州失陷、广州及武汉失陷而落潮，不会因为艾顿辞职，德占奥割捷等欧洲危机而置我国于不顾，完全是因为这一个伟大的组织——全英援华运动总会的存在"。①

（三）与杨虎城将军有关的宣传活动

援华会成立之际，因发动西安事变而被蒋介石命令出国考察的十七军将领杨虎城将军正在法国。王礼锡当即致函杨虎城将军，请他前往英国参加抗日宣传活动。② 杨虎城将军于 1937 年 9 月 28 日抵英，随后的十天左右在王礼锡和援华会的安排下出席了各种活动，达到了很好的宣传效果。

1. 安排杨虎城将军接受伦敦各报刊记者的采访

杨虎城将军抵达伦敦的次日下午参加了援华会安排的与《每日先驱报》《新闻时报》等报纸的记者见面会，就抗日战争问题回答了记者们的提问。杨虎城将军在采访中谈及的观点主要包括以下几点。

中国民众是为了自己国家的利益和民族的独立自主而战，也是为了全世界爱好和平人民的利益而战。中国的胜利，将是正义的胜利、维护人道尊严和反抗侵略暴力的胜利，也是维护世界和平的保障。为了国家、民族，为了世界和平，中国人民不怕流血牺牲，誓将抗战到底；中国国内已经形成抗日统一战线，英勇善战的红军已改编为国民革命军第八路军；无论战争持续的时间多长，最后胜利必定属于中国。

英国和中国关系密切，日本对中国的侵略不仅是对世界和平的破坏，也是对英国远东利益的威胁，英国政府应该一改过去的犹豫态度，大力帮助中国抵抗侵略。中国工业不发达，只能制造小型的武器，希望英国政府能够从物质上和技术上援助中国，毕竟中国反抗侵略的战斗也是为了世界的和平。

希望爱好和平的英国民众，采取有效办法，尽力支持中国，从政治上、经济上、精神上给侵略者施加压力，制止日本侵华战争的扩大。

---

① 王礼锡：《王礼锡诗文集》，上海文艺出版社 1993 年版，第 434 页。
② 张协和、董华：《杨虎城将军与西安事变补遗》，档案出版社 1992 年版，第 26 页。

日本人民也不要战争，是被统治集团所迫而参与侵略中国的①。

9月30日多家报纸都在显著版面介绍了杨虎城将军的上述观点，起到了有效的宣传作用。当日上午杨虎城将军继续接受了《旗帜晚报》（Evening Standard）记者的采访和某报记者的摄影。

2. 安排杨虎城将军出席援华会组织的集会和巡回演讲

9月30日下午，杨虎城将军、王礼锡、张彭春一起出席了中国研究会中国秘书张思礼先生的约请。② 晚上8点出席援华会成立后举办的首次公众集会，集会地点是由白尔登牧师（Rev. A. C. Belden）提供的惠特菲尔德教堂（Whitefield's Tabernacle/Whitfield's Central Mission）③，位于伦敦西区托特纳姆考特街（Tottenham Court Road）。集会持续了三小时，主张对日本禁运一切物资、抵制一切日货。④ 中国留学生在主席台前高唱国歌、在场中劝募，共计募得180英镑。到会者约一千五百人，挤满大厅，其中多数为英国人。除了普通民众，尚有英国工党全国委员会代表，新闻界、教育界、宗教界的代表，英国和平运动全国委员会、国际妇女协会、海员工会等团体的代表。由于人数众多，场地拥挤，部分到会人士不得不因无法进场而放弃，"其得参加者，有引领于走廊下，有鹄立于台阶上，有凭坐窗栏或周匝于主席台边，其踊跃情形可以想见"⑤。

讲演者英方有伦敦政治经济学院教授、工党理论家拉斯基、霍西夫人、薛西尔爵士、威尔金森等。中方除杨虎城将军外尚有驻英大使郭泰祺、顾菊珍以及南开大学张彭春教授，后者传达了宋美龄女士的问候讯息。杨虎城将军在讲话中首先揭露了日本帝国主义侵略中国的残酷暴行，其次阐述了中国抗战的意义，强调了中国人民会坚决抗战到底，对胜利充满信心，最后希望英国以实际行动援助中国，政府采取切实措施，制裁日寇，迫其停止对中国的侵略，否则英在华利益也无法保障。为了伸

① 张协和、董华：《杨虎城将军与西安事变补遗》，档案出版社1992年版，第58—60页。
② 张协和、董华：《杨虎城将军与西安事变补遗》，档案出版社1992年版，第27页。
③ 该教堂于1945年圣枝主日毁于纳粹在伦敦扔下的最后一枚炸弹。
④ Clegg, *Aid China 1937 – 1945: a Memoir of a Forgotten Campaign*, pp. 17 – 18.
⑤ 龙锋：《国民党中央宣传部驻欧特种宣传委员会报告书》，《民国档案》2013年第3期。

张正义，保卫世界和平，惩治侵略势力，各国人民都应尽力支援中国抗战。听众对杨虎城将军的讲话尤为关注，尤其是因斯诺的《红星照耀中国》而对中国产生兴趣的民众更是受到鼓舞。其他发言者还提及了中英友好关系、保卫和平人人有责、吁请英国朝野一致主张公理，反对日寇，援助中国等。

10 月 2 日下午①，杨虎城将军偕亢维恪、林咸让等在援华会主席、左翼读书俱乐部创始人戈兰兹先生陪同下，抵达英格兰北部的达拉谟演讲，晚上又前往桑德兰。一行人等参加了桑德兰的左翼读书俱乐部的宣传大会，与会民众五百余人，杨虎城将军和戈兰兹分别演讲。会上通过援助中国提案，并由到会人员向外交部书面抗议日本暴行，募得 15 英镑。随后杨虎城一行又动身赶赴纽卡斯尔参加集会，到会群众一千余人，杨虎城将军和戈兰兹先生继续讲演，会上再次通过援助中国提案，并募款 34 英镑。② 这三个城市都是工业基地，到会的多属中低层的民众，所筹款项不多③，但是通过集会，英国民众对中国政治真相有了较正确的理解，对抗日问题的认识也逐渐清楚。

援华会充分利用了杨虎城将军在英的时间。10 月 7 日东伦敦"中国城"侨胞的集会、10 月 8 日友谊大厅援助中国民众集会④，杨虎城将军都出席并讲话。10 月 10 日中国国庆日当天，援华会举办首次特拉法加广场民众集会，盛况空前，到者有六千人之多。⑤ 到会民众竞相捐献，并一致声请英国政府援助中国并抵制日货。梅农带来了印度国大党的问候，在集会上发表演说，贝尔登代表教会的支持，顾菊珍的讲话在听众中引起了极大反响，何登（J. B. S. Haldane）也即兴发表演讲。此时杨虎城正在访问西班牙，由林咸让代表杨虎城将军发言。

———————

① 《杨虎城将军与西安事变补遗》第 60—64 页与第 27 页日记部分内容不一致，日记称十月二日上午十时杨虎城将军随戈兰兹北上达拉谟，下午二时三十分抵达参加集会演讲。第 60—64 页称，二日上午接待亢心栽的好友、《泰晤士报记者》乔治·恩德生，下午则与亢带来的伦敦大学教授交谈。

② 会中曾有中国学生数人，态度颇欠适当。十时四十五分登车返伦。

③ 萧乾也曾提过这是一帮"穷朋友"。

④ 张协和、董华：《杨虎城将军与西安事变补遗》，档案出版社 1992 年版，第 29 页。

⑤ 龙锋：《国民党中央宣传部驻欧特种宣传委员会报告书》，《民国档案》2013 年第 3 期；Clegg, *Aid China 1937 – 1945*：*a Memoir of a Forgotten Campaign*, p. 26.

3. 将杨虎城将军引荐给英国政界和社会名流

10 月 1 日，王礼锡将杨虎城将军引荐给援华会副会长、议会议员梅根·乔治女士的父亲、74 岁的英国前首相、时任自由党领袖的劳合·乔治。杨虎城将军受到热情接待，二者的谈话加深了劳合·乔治对中国政治的了解，其先前的认知停留在领导人物的政治主张，对中国民众的情绪和诉求不完全理解，特别是对国共两党关系、中苏关系的了解受到国民政府对外宣传的影响。晚间王礼锡又邀请了十几位同情中国抗战的英国各界知名人士在自己的寓所座谈，将杨虎城将军介绍给他们，请杨虎城将军发表对中国抗战的意见。

杨虎城将军结束英格兰北部的巡回演讲回到伦敦后，访问了几位工党领导人，就援华抗战问题交换意见。10 月 5 日又赶赴伯恩茅斯拜会工党领袖，并谈援助中国事宜。在援华会的安排下，杨虎城将军还先后应工党左翼组织和其他团体之约，在伦敦大学政治经济学院和伦敦大学本部援助中国群众大会上讲话。

杨虎城将军的访英之旅在援华会的安排下紧锣密鼓，加深了英国政界人士、社会名流和普通民众对中国抗战的理解和支持。

三　艺术展和演出

在援华会的推动下，援助中国的运动不断扩展。20 世纪 30 年代初开始投身政治活动的艺术家、演员也开始在援华运动中发挥作用。

最先帮助中国的艺术组织之一是艺术家国际协会（Artists' International Association，AIA）。艺术家国际协会的前身是成立于 1933 年秋的艺术家国际（Artists' International），是英国唯一明确的政治艺术运动，成员中有很多英共党员。艺术家国际的宗旨是团结国际艺术家反对帝国主义战争，反对对苏战争，反对法西斯主义和殖民压迫。实现目标采取的措施包括联合全英支持同一目标的艺术家，组成工作小组，随时准备设计海报、插图、漫画、书籍封套、横幅，舞台装饰等；通过展览、报刊、讲座和会议进行宣传；与其他 16 个国家的类似团体保持联系。[①] 1935 年 3

---

① Rickaby, Tony, "Artists' International", *History Workshop*, No. 6（Autumn, 1978），pp. 154 – 168.

月，随着国际反法西斯形势的发展变化，艺术家国际的英共党员会员被鼓励团结一切可以团结的反法西斯艺术家，组织的名称于是更改为"艺术家国际协会"，宗旨也变成团结艺术家，反对法西斯主义和战争，反对文化压迫，倡导文化进步和发展，倡导言论自由。到1936年艺术家国际协会的会员已近千人，包括作家、音乐家和画家等。

"七七"事变后不久，艺术家国际协会即举办现代中国艺术展为中国筹款。11月4日协会和援华会在夏洛特街（Charlotte Street）的康斯特布尔故居（Constable House）共同举办了为期十四天[1]的中国当代绘画和木刻漫画艺术展，由李·阿什顿（Leigh Ashton）和援华会副会长、收藏家乔治·尤摩弗帕勒斯赞助。展出的许多作品由艺术家国际协会会员、民国外交强人陈友仁之子陈依范从莫斯科带来。[2] 陈依范立志通过绘画记录革命，他先后学过漫画、木刻、蚀刻、平板画、摄影平板画、摄影等。1930年春从莫斯科高等工艺学院毕业后，在安娜·路易斯·斯特朗主编的《莫斯科新闻》工作。陈依范的绘画经常在上海地下党的刊物和进步报刊上发表，许多漫画作品刊登在《救国日报》上，颇受中国读者的好评。1936年春到11月在国际支援法西斯受害者协会的支持下，陈依范在上海举办个人作品展览，同时收集中国进步艺术家的作品运回莫斯科展览。全面抗战爆发后，陈依范于1937年8月回到莫斯科，同国际支援法西斯受害者协会一起举办中国进步艺术作品展览，好评如潮。

消息传到英国，援华会立即邀请陈依范到伦敦举办展览。陈依范抵达伦敦后当即赶到特拉法加广场参加援华会举办的民众集会，援华会主席维克多·戈兰兹邀请他在集会上发表即兴演讲。从未发表过公众演说的陈依范讲述了自己亲身目睹和经历的日军对上海的轰炸，激起了英国人民对日军暴行的愤慨和对灾难中的中国民众的极大同情。

众多伦敦评论家参观了展览，陈依范带领他们参观并讲解。据《新闻纪事报》报道："所有展出作品的艺术家，都在三十岁以下。他们突破传统中国画的局限，不用山水花草作主题，而是从他们同胞的日常生活中选择艺术素材，创造现实主义的作品……他们希望苦力能认识到他活

---

[1]　*China Bulletin*，Nov. 16，1937；克莱格在书中写的是为期四天，系有误，见第21页。

[2]　*Daily Worker*，Nov. 8，1937.

得连猪狗都不如。"①

　　1937 年 11 月 19 日的《观察家报》以《东方与西方的艺术》为标题发表评论说："有几幅画，包括吴可的《难民》，像是从苏联电影里挑选的剧照。还有几幅作品，是艺术家用中国传统书法的技巧，表达他们对事实的简单认识。在他们中间显得很突出的是杰克·陈（陈依范），他的人物肖像画，给观众留下深刻的印象。他自己闯出一条创作道路，达到雷维拉（被誉为墨西哥 20 世纪最杰出的艺术家）与奥罗兹克的水平，采用的创作手法不仅是现实主义的，而且是英雄主义的。在欧洲进行的艺术革命运动，几乎还没有引发这种英雄现实主义的艺术方式。"②

　　陈依范随着画展，访问了牛津、剑桥、格拉斯哥、爱丁堡等城市。所到之处，不断地提醒民众："现在遭难的是中国，如果你们现在不采取行动，下一个就是你。"③

　　英国艺术家一致表示大力支援中国的抗日战争，与陈依范达成协议，互相交换作品，英国方面参加的艺术家有波儿班德、赫斯丁斯勋爵、约翰·纳西等人，他们自愿捐献一批优秀的绘画。这是中英艺术家之间的首次交流活动。11 月初，艺术家国际协会和援华会又联合推出陈依范编辑的《五千年古国的青年》（*Five Thousand Years Young*），介绍了现代中国艺术，里面包含了展出的许多现代中国艺术家的木刻作品。

　　参与援华运动宣传中国抗战的艺术家不仅限于绘画领域。10 月底 11 月初，印度现代舞蹈的先驱、舞蹈艺术家乌黛·尚卡尔（Uday Shankar）及众多舞蹈演员于皮卡迪利剧院，参加了印度联盟的分支机构中印委员会安排的援华演出。演出收入 178 英镑④，全部交给援华会寄给汉口国际红十字会秘书，后者随即致函尼赫鲁表明印度是中国的坚强后盾。援华会的拥趸者，多次在不同场合表示对中国抗战支持的梅农在印度的影响

---

　　① 陈元珍：《民国外交强人陈友仁一个家族的传奇》，生活·读书·新知三联书店 2010 年版，第 304 页。

　　② 陈元珍：《民国外交强人陈友仁一个家族的传奇》，生活·读书·新知三联书店 2010 年版，第 304 页。

　　③ 陈元珍：《民国外交强人陈友仁一个家族的传奇》，生活·读书·新知三联书店 2010 年版，第 304 页。

　　④ *China Bulletin*, Dec. 15, 1937.

力仅次于尼赫鲁，他特邀援华会副会长艾琳·鲍尔（Eileen Power）教授、霍西夫人（Lady Hosie）等前往观看演出①。受邀艺术家中最为著名的是美国著名男低音歌唱家、演员、社会活动家保罗·罗贝森（Paul Robeson），他多次为中国献唱，抗议日本对中国的入侵，在 11 月 6 日援华会于皇后厅举行的盛大集会上，他演唱了黑人和中国的歌曲。

除了外国艺术家的表演，12 月 11 日，在查令十字街（Charing Cross Road）凤凰剧院中国艺术家也献上了一台综艺演出，该演出由顾菊珍和吴佩珉提议，援华会组织。演出分为两部分，前半场的节目包括传统中国民乐表演、舞蹈、杂技、戏法等，多数节目尚属在英国首次演出。② 后半场的节目包括作家杰克·林赛（Jack Lindsay）特地为演出创作的诗歌《中国之痛》（Agony of China），由玛格丽特·蕾奥娜（Margaret Leona）等表演；安德烈（Andre Van Gyseghem）表演了安徒生的童话故事《皇帝的新装》；莫里斯·布朗（Maurice Brown）的劝捐演说募得了 310 英镑医疗用品款项。演出取得巨大成功，媒体称之为伦敦舞台上有史以来最好的综艺演出之一。许多观众要求再次上演，援华会开始商量在伦敦连续上演甚至在全国巡演的可能性。

四　抵制日货运动

抵制日货的重要性不可小觑。日本国土面积狭小，自然灾害频繁，"得天独薄"③，与世界上其他同等人口规模的国家相比，矿产的蕴藏总量、人均占有量都比较贫乏。铁矿、煤炭、石油、有色金属、黄金与白银等矿产资源和棉花等原材料也依赖国外市场的大量输入。需要耗费大量资源的战时工业使问题显得更加突出，离开国外的钢铁、原油，军工产业根本无法制造枪、炮、坦克、飞机，日本对华侵略自然无以为继。战前日本每年进口冶金工业所需原料的支出在 2 亿到 2.5 亿日元之间，1936 年日本消费的 87% 的铁矿石来自进口，而且大部分是从中国输入，

---

①　Clegg, Aid China 1937 – 1945: a Memoir of a Forgotten Campaign, p. 21.

②　China Bulletin, Dec. 15, 1937; Clegg, Aid China 1937 – 1945: a Memoir of a Forgotten Campaign.

③　王礼锡:《王礼锡诗文集》，上海文艺出版社 1993 年版，第 428 页。

所需石油的 92% 要靠进口，其他原料如锡矿、棉花、羊毛、水银和锑等，90% 都靠国外输入。即使是和平时期，日本也很难有资本支付大量的原料，1936 年贸易逆差高达 1.3 亿日元。战争开始后，所需资本和原料都急剧增加，日本的弱势于是更加突出。[1]

日本进口原料的外汇来源主要有二，出售贮藏黄金与出口货物。日本全部的黄金储备只有 6 亿日元，且在开战后迅速出卖，如果没有出口货物的外汇及时补充，黄金储备很快将一扫而空。所以国际抵制日货运动是制裁日本的有效方法。

抵制日货可行性能够保障。抵制日货运动人人可行。王礼锡将其效果总结为："一、人人觉得'我'不但可以感到正义，并且可以用行动来拥护正义，感情而转入行动，才能持久不歇。二、抵制日货是使人人'参加'反侵略战，'参加'了自然就会认为是自己本身的事，认这个战争为他们自己的战争。三、抵制日货是舆论的具体的表现，可以发展到影响政府的政策"。[2]

援华会抵制日货的工作可以分成四类：一、调查在英销售日货；二、举行抵制日货的游行；三、劝告商店停售日货；四、进行口头和文字宣传。

（一）调查在英销售日货

援华会做了大量的调查工作，了解日货在英国销售的情形，寻找和制造代用品。英售日货主要是轻工业产品，因此援华会调查的范围是丝织品、玩具、陶器、罐头和小饰品。

丝织品 日本的丝织品占据全世界市场份额的 80%，代替品有中国丝织品、人造丝和棉织品。援华会所接洽的商店对牵涉政治关系都有所顾虑，但同意给购买者介绍可替代品，如考陶尔兹（Courtaulds）的人造丝产品，后来成为考陶尔兹子公司的英国塞拉尼斯人造丝公司（British Celanese）的产品，Cepea 公司（Cepea Fabrica）的棉织品和人造丝，图塔纺织（Tootal Broadhurst & Lee）以及其他纺织公司的产品。

玩具 英国本土只制造材质较好、价值较高的玩具，六便士以下的

---

① 宋庆龄：《宋庆龄选集》，中华书局 1966 年版，第 119 页。
② 王礼锡：《王礼锡诗文集》，上海文艺出版社 1993 年版，第 428 页。

廉价玩具市场几乎清一色日货，英方全无与日本竞争之心。德国玩具虽然也在廉价之列，代替日货自然非民众所能接受。

陶器　陶器行业在抵制日货方面走在前列，不仅"全国陶器工业协会"（The National Council of Pottery Industries）支持抵制日本产品，而且愿意给援华会供给材料，很快取得不错成绩。

罐头　英国市场上的罐头制品多来自日本及加拿大，通常是进口货商从各国采购，运至英国再重新贴上标签出售，标签上并不注明原产地，因此无从辨认，因此抵制日货罐头有一定困难。

小饰物　小饰物如纽扣、胸针等，也不易辨认产地。饰物上经常没有"某国制造"的标识，但是饰物所带的标牌则往往有"英国制造"字样，因为制作标牌的纸片乃英国制造，英国商人常用这种方法来鱼目混珠。[1]

辨认日货的困难在于多数日货有意避开"日本制造"（Made in Japan）字样，只在商品上标注"外国制造"（Foreign made），同捷克厂商如出一辙。对此，援华会采取了三种应对措施：一、派遣代表赴捷克驻英使馆商谈，希望以后捷克出口英国的货物标明产地，以免与日货同遭抵制。二、通过议员在议会提出法案，进口商品必须标注产地。三、敦促消费者对所购一切可疑商品加以仔细盘问，以便使商店清楚顾客对日货的抵触，并使其他顾客得到潜移默化的影响。援华会还列出了一份日货及其代替物的清单在消费者中发放，帮助购买者辨认并避开日货。[2]

（二）举行抵制日货游行

援华会于1937年12月17日组织了首次抵制日货游行，后来几乎每周至少有一次以上。截至1938年2月，伦敦各区已经举行过超过三十次的游行。2月21—27日中国周期间，一周内便有二百次游行。每次游行都有社会名流参与，如2月9日游行时工党党魁艾德礼夫人、下院议员诺埃尔·贝克夫人、格莱斯顿子爵夫人站在队伍的前列，经过媒体的争相报道，在民众中影响极大。

（三）劝告商店停售日货

援华会在劝诫顾客拒绝日货的同时也敦促商店拒售日货。援华会组

---

① Clegg papers, Marx Memorial Library, Clegg 2/18；王礼锡：《王礼锡诗文集》，上海文艺出版社1993年版，第429页。

② 王礼锡：《王礼锡诗文集》，上海文艺出版社1993年版，第429—430页。

织议员、贵族、作家等社会名流组成代表团前往各大商店交涉，要求店方停止销售日货。许多售卖家庭日用货品、娱乐商品的连锁商店，如沃尔沃斯（Woolworths）、玛莎百货（Marks & Spencers）等，或者决定不卖日货，或者承诺现存日货清出后不再订购。到圣诞节前，援华会书信调查发现，沃尔沃斯已经停止采购日货。[1] 牛津大街的塞尔弗里奇百货公司（Selfridges）则认为"道德是道德，生意是生意"，拒绝响应援华会的呼吁，引起了许多正义的民众的自觉抵制。[2]

图 2 - 2　援华会组织的伦敦街头海报游行[3]

　　援华会在组织抵制日货运动时也遭遇了反制。例如，在抗战之始教友派及纯和平主义者都反对抵制日货，认为此举会影响到日本工人的生活。甚至受国民政府委派在英国从事抗战宣传的记者田伯烈（Timperley）也不赞成援华会的抵制日货政策，因其太左太激进。援华会为此散发了

① Clegg papers, Marx Memorial Library, AC /2/18.
② 王礼锡：《王礼锡诗文集》，上海文艺出版社 1993 年版，第 431 页。
③ 图片收藏于伦敦 Marx Memorial Library，AC 档案。

几十万份传单,对抵制日货的原因进行解释,认为抵制日货并非针对日本工人阶层,相反是帮助日本民众早日摆脱战争泥沼的最佳途径,也是消除各国人民苦难根源的最佳途径。

(四)进行口头和文字宣传

援华会集会时通常会安排专门讲演者对抵制日货进行口头宣传,以此方式将抵制日货运动深入英国各地。文字宣传则采取散发传单的方式,请消费者在经常光顾的商店抗议售卖日货,仅此一项,散布的传单就达15万份。① 如日军轰炸广州时,援华会印刷了专门的传单,指出:"广东的中国儿童在死去—请勿购买日本玩具"。

抵制日货也面临着种种困难。随着日军对上海、广东、南京的轰炸,英国在华利益也受到威胁②。对中国的人道主义关注及自身利益的担忧一度使官方抵制日货成为可能。《泰晤士报》的一封读者来信表示要制止日本在中国的垄断地位,然而在英国外交部的暗示下,该立场很快被抛弃,只有进步团体在继续坚持抵制日货。同时日方在伦敦发行的"东亚新闻"也在英国公司分发,声称日本征服中国之后将无力独享,需要英国的"合作",英日利益是"竞争中的互补"。③ 英国政府表明英国在布鲁塞尔只是调解,为在华英商争取最大利益,只有在不触及自身利益的情况下才会帮助中国。英国在华资本也分成两派:以英国工业协会为代表的短期债权人支持日本,以上海、香港银行长期利益为代表的资本则认为日本的胜利将会摧毁其在华利益。

与政府立场不同的是工会开始呼吁抵制日货。全国劳工理事会对抵制日货的呼吁在世界范围内引起了反响,美国、加拿大、新西兰、澳大利亚、墨西哥、印度、比利时、荷兰、法国、瑞士、斯堪的纳维亚、捷克斯洛伐克、奥地利和爱尔兰纷纷响应。伦敦合作协会、皇家军械合作协会不再购买日货。萨福克郡的斯托马基特(Stowmarket)、诺丁汉(Nottingham)、威尔士西部的阿伯里斯特威斯(Aberystwyth)、萨默塞特的小镇滨海韦斯顿(Weston-super-mare)等地的许多协会,也随后加入拒

① 王礼锡:《王礼锡诗文集》,上海文艺出版社1993年版,第435页。
② China Bulletin, Nov. 16, 1937.
③ Clegg, Aid China 1937–1945: a Memoir of a Forgotten Campaign, p. 28.

购日货的行列。南威尔士矿工协会要求所有的分会和 12 万成员抵制日货。黑白牛奶冷饮连锁店（Black and White Milk Bars）取消了一笔 100 万支日本吸管的订单。诺维奇无线电有限公司（Norwich Wireless Co. Ltd）取消了所有日本订单。梅塞尔科汉（Messrs R. Cohan & Co.）艺术品经销商和进口商决定在当前危机下取消一切对日贸易。克利夫兰栗色马协会（Cleveland Bay Horse Society）及达特穆尔马协会（Dartmoor Pony Society）的官员也拒绝与日本政府的购马代理商做生意。①

　　个人抵制日货运动也开始兴起。在《九国公约》签署国都不会对日本施加压力的情况下，许多组织和民众个人开始抵制日货。11 月底结束的布鲁塞尔会议上，尽管中国代表顾维钧强烈要求与会国对日本进行经济制裁，停止提供贷款和军需物资，为中国提供军事援助，以英、美为首的各国出于各自的利害关系和战略考虑没有提出任何行动决议案，拒绝了中国政府关于制裁日本的正义要求。援华会在《中国简报》上明确指出，英国参会只是为了保护英国商人的在华利益，绝对不会因为援华而损害自身利益。② 在政府行为缺失的情况下，12 月 14 日妇女争取和平与自由国际联盟通过决议，号召个人抵制日货，动议由援华会成员弗雷达·怀特（Freda White）、凯瑟琳·马歇尔（Catherine Marshall）及两名非援华会成员提出。③ 在此之前，妇女争取和平与自由国际联盟曼彻斯特分会已经要求其成员开始个人抵制日货。

　　尽管因为与英国政策相悖、与中国联系不足、欧洲局势的困扰等因素，抵制日货的效果低于援华会预期，日货的进口在一年内仍减少了近十分之一。

五　督促政府运动

　　政府行动是制裁侵略者最直接而有效的举措。民众反侵略运动有其自身的作用，更重要的是借此督促政府。募集救济款项、抵制日货以及各种宣传，都可以使英国政府知晓民众对中国抵抗侵略的同情和支持，

---

① Clegg, *Aid China* 1937–1945: *a Memoir of a Forgotten Campaign*, p. 27.

② *China Bulletin*，转引自 Clegg, p. 28。

③ *China Bulletin*，转引自 Clegg, p. 28。

政府至少不敢公然出卖中国。援华会采取了两种途径督促政府行动。

其一是直接向政府传达民众的意愿。在援华会组织的民众集会上，都会通过恳请英国政府帮助中国抗战的决议，并且要求到会的民众致函首相张伯伦、外交大臣艾登及本选区的议员。议员对民众心声直接表达的重视有甚于会议的其他文字材料，民众是选举投票者，其意愿对议会成员有直接的影响。政府若不能获得多数议员的拥护，只能改组。随着敦促援华信件的持续增加，政府也会意识到调整远东政策的必要性。因此，在远东政策上尽管英国政府一再违背民意，但毕竟不是无所顾忌。

其二是通过议会运动督促政府采取行动。援华会和许多议员关系密切。议会上院议员李斯特维尔伯爵是援华会会长，副会长中有四位是下院议员，其中自由党一人，工党三人。议员的加入使得议会运动得以展开。孙科访英时在议会演讲、田伯烈携带日寇暴行影片在议会上映，都离不开援华会的议会活动。

六　促进地方委员会的发展

伦敦援华会成立后，积极推动地方委员会蓬勃发展，援华会也因此发展成援华总会。[①] 曼彻斯特、伯明翰、伯恩茅斯、利物浦、爱丁堡和格拉斯哥等地先后建立了援华会分会。

众多的地方分会中曼彻斯特的较为突出。市政官罗宾逊（Alderman-Wright Robinson，1876—1960）和市政委员玛丽·奈特（Mary Knight）第一时间积极回应了伦敦市长的援华呼吁。同时曼彻斯特的反战委员会联合各个和平团体和工党，开始了援华活动。10 月 10 日，在史蒂文森广场举行集会，呼吁援华抗战，谴责英国政府的不作为，参加演讲的有妇女国际联盟（the Women's International League）的威尔逊夫人（Muter Wilson），英共党员比尔·拉斯特（Bill Rust）和青年和平大会（the Youth Peace Assembly）的约翰·爱尔兰（John Ireland）。一个星期后，在自由贸易大厅又举行了一次正式会议，曼彻斯特主教、市长、曼彻斯特和索尔福德自由教会联合会主席在会上讲话。集会的主要目的是救济中国，并成立了曼彻斯特地区救济中国委员会。约翰·爱尔兰和其他一两名反

---

① Clegg, *Aid China 1937 – 1945: a Memoir of a Forgotten Campaign*, p. 25.

战委员会成员也加入了委员会。曼彻斯特积极与援华会和伦敦市长基金
会合作，几个月后，委员会更名为曼彻斯特地区救济和援助中国运动委
员会（the Manchester and District China Relief and Campaign Committee）①。

在伯明翰，工会是援华行动中心。部分工会分支在 10 月初的工会理
事会上提出了中国问题，尤其是总工会和市工会的（the General and Mu-
nicipal Workers Union）的曼塞尔（Mansell）要求号召抵制日货，向日本
驻英大使提出抗议，呼吁地方的合作协会一起加入。伯明翰保险人员行
会（Birmingham Guild of Insurance Officials）也拥护中国，呼吁抵制日货。
左翼书社还组织了王礼锡等前来演讲。

伯恩茅斯的援华活动始自于 10 月 26 日王礼锡的演讲，这是由戈兰兹
组织的巡回演讲，其后成立了地方援华会。英尼斯·杰克逊（Innes Jack-
son）为此做了大量工作。《工人日报》盛赞伯恩茅斯为援助中国所做的
努力。②

除了上述的地方援华会，利物浦和爱丁堡的地方援华会成立也比较
早。利物浦的援华会不仅包含了更倾向于仅为中国提供医疗援助的运输
巨头，还包括致力于政治行动的华人陈天声。爱丁堡援华会的秘书是麦
克迈克尔博士（Joan MacMichael）。阿伯丁也是较早开始抵制日货的城市
之一，工党的副书记查尔斯·安德鲁（Charles Anderon）担任组织干事。

七　发动工人拒运日货

拒卸日货的呼声始自于日本侵华战争的开始。8 月初，汕头的中国工
人就拒绝装卸日货。9 月中旬，日军轰炸上海时，正在上海的英国船李
（Leigh）上的 23 名船员抗命拒绝处理运往日本的铁屑。9 月底新西兰劳
工协会、南澳大利亚工会联合会、南威尔士矿工联合会一致呼吁停止装
卸日货。新西兰码头工人截留了一批货物，并向国际运输工人联合会请
求帮助。

国际运输工人联合会的主要领导人之一英国运输总工会（Transport
and General Workers Union）总书记欧内斯特·贝文（Ernest Bevin），坚决

①　Clegg, *Aid China* 1937 – 1945: *a Memoir of a Forgotten Campaign*, p. 26.

②　Clegg, *Aid China* 1937 – 1945: *a Memoir of a Forgotten Campaign*, p. 26.

反对码头工人拒绝卸载日货，反对工会行动。尽管如此，南安普顿码头工人还是在英共党员斯塔拉德（Trevor Stallard）的领导下，开始了拒卸日货的工人运动[1]。12月2日周四，加拿大里士满公爵夫人号（Duchess of Richmond）抵达南安普顿，停靠106泊位，上载200吨圣诞货品，遭到码头工人的抵制。12月4日周六轮船返回加拿大时，货物仍在船上，每个箱子都印上了"南安普顿码头工人拒绝卸载此货物"的字样。在码头召开的会议上，运输总工会2/28分会通过决议，为了抗议日本侵华，以后不再装卸日本货物。[2]

援华会干事克莱格在6日的报纸上看到上述事件的相关报道，随即与秘书伍德曼简单商量后赶往南安普顿，当晚和平协会的秘书、左翼书社的秘书、英共的一位代表共同商定，于12月12日在当地最大的影院大剧场影院（the Coliseum Cinema）组织集会[3]。在不到一周时间内，场地、海报、传单、发言人都已确定。周五的《工人日报》报道了当地人的巨大热情。援华会的地方支持者邀请了公理会的一位友好牧师主持。南安普顿自由党秘书赞扬了码头工人的"榜样力量"。两位码头工人代表讲话，其中包括组织者英共党员斯塔拉德（Trevor Stallard）。《论坛报》（Tribune）派迈克尔·富特（Michael Foot）前来采访。援华会印制了传单，以示对南安普顿码头工人的声援。12月13日的《新闻纪事报》做了如下报道：

> 拒绝卸载日货的南安普顿码头工人昨晚在集会上庆祝。集会由援华会组织，参加者逾千人，会议通过决议抗议日本残暴野蛮的进攻，号召英国带头组织国际抵制日货运动。决议还赞扬了"这里的码头工人在拒卸日货方面为其他所有团体所起到的表率作用"，号召所有人紧跟他们的步伐携手援助中国。

---

① Clegg, *Aid China 1937 – 1945: a Memoir of a Forgotten Campaign*, p. 30; T. Buchannan, "'Shanghai-Madrid Axis'? Comparing British Responses to the Conflicts in Spain and China, 1936 – 39", *Contemporary European History*, Volume 21, Issue 4 (2012): 533 – 552.

② *China Bulletin*, Dec. 15, 1937.

③ 除此之外，还有在以下各地的集会：诺丁汉、北安普顿、哈克尼、格林尼治、曼斯菲尔德、斯塔福郡等。

援华会会长李斯特维尔伯爵指出，包括工会和工党在内的所有人都需要效仿码头工人拒绝处置里士满公爵夫人号货物的行为，尤其是英国政府更应采取行动。

码头工人的资深领导者本·提里特认为南京的陷落预示着大战的开始。如果各国允许中国被德、意、日三国消灭，"其他国家只能祈求上帝保佑了"。①

南安普顿的工人运动并非孤立现象。在此之前援华会已经在计划尽快建立与利物浦和曼彻斯特地区及爱丁堡和格拉斯哥地区的直接联系，紧接着在伯明翰召开会议。② 利物浦之行主要是与援华委员会的成员会面，曼彻斯特之行主要是与地方委员会在公众集会上的合作问题。格拉斯哥之行则比较困难。首先，由于缺乏援华委员会分会，克莱格只能与当地的和平理事会和国联同志会合作；其次，左翼党派之间充满矛盾，尤其是共产党和独立工党之间；最后，码头工人分属两个互相敌对的工会。最终在援华会的努力下，格拉斯哥码头工人继南安普顿工人之后于12月8日也开始拒绝卸载日货，但两个工会行动的混乱和缺乏运输工人总工会的支持使行动很快以失败告终。③

南安普顿工人罢工之际，正值中国劳动协会常务理事朱学范，在结束对比利时、法国、荷兰及北欧丹麦、瑞典、挪威运输工人联合会运输工人联盟领导人的访问后抵达伦敦，所有领导人都表达了对中国人民尤其是工会会员在日本侵华过程中遭受磨难的同情，指出维护工人团结的必要性。比利时位于安特卫普的海员工会、码头工人工会、铁路工人工会、道路运输工人工会，法国位于巴黎的海员工会、码头工人工会、铁路工人工会、道路运输工人工会总工会，荷兰的运输工人联盟，以及斯堪的纳维亚国家联合会都承诺只要英国为首的邻国抵制日本，他们就会抵制一切往来日本的货物。遗憾的是，1938年1月召开的英国全国劳工

---

① *News Chronicle*, Dec. 13, 1937.

② Clegg, *Aid China 1937－1945：a Memoir of a Forgotten Campaign*, p. 32.

③ Clegg, *Aid China 1937－1945：a Memoir of a Forgotten Campaign*, p. 33.

理事会会议最终有负众望①，工会最终决定不支持拒卸日货工人的行动。

小　结

中国的全面抗战爆发后，英国左翼和平组织和团体在社会名流和旅英华人的共同努力下，在反帝大同盟、中国人民之友社、民权保障会、左翼书社的支持下成立了英国援华会。

从 1937 年 9 月成立到 12 月的短短几个月内，援华会很快成为全英援华运动的领导机关，取得了令人瞩目的成就。援华会通过宣传、集会使英国民众了解中国的形势，组织了轰轰烈烈形式多样的援华运动。其运动始于救济工作，结合大规模民众集会、艺术展、演出等宣传活动，继而发动抵制日货、督促政府运动和号召码头工人拒绝卸载日货。布鲁塞尔会议破裂后，援华会加紧行动。除了每周固定的医疗物资，开始在全国范围内敦促参加集会的民众努力促成石油禁运、禁止出售战略物资给日本、抵制日货。② 在此过程中，援华会与左翼团体协作，以伦敦为中心，迅速地在全国范围内展开了反抗日本侵略中国、敦促履行九国公约和国联盟约约定的集会。地方城市市长、议员、教会名流、旅英华人、中国留学生等都成为援华会大小集会上的演讲者。苏格兰的爱丁堡、格拉斯哥、邓迪、珀斯等地的大规模集会都非常成功。

援华会迅速崛起的原因是在 20 世纪 30 年代反战、反法西斯的大背景下，共产国际自"九一八"事变以来随着日本侵华的步步深入，不断号召和呼吁各国共产党及无产阶级援助中国；共产国际外围机构反帝大同盟及其支持下建立的中国人民之友社，协同共产国际支持的国际和平运动等组织与英国国内的民权保障会、左翼书社等团体通力协作；英国社会名流和旅英华人、留学生共同推动。由此，援华会几乎在成立的同时就迅速走向高潮，从其运动内容和方式的多样性、民众集会的规模来看，《慕尼黑协定》签订后援华会组织的任何活动都难以望其项背。

在这一阶段，贯穿援华会发展始终的意识形态斗争还没有凸显。中

---

① *China Bulletin*, Jan. 8, 1938, p. 3.

② *China Bulletin*, Nov. 30，1937, p. 1.

国的抗日统一战线的成立，世界反法西斯统一阵线的形成，为援华会的成立和活动开展创造了良好的氛围。尽管抵制日货和发动工人拒卸日货过程中也面临种种挑战，援华会在英国国内得到了英共的全力支持，工党也对发动劳工运动做出有保留的支持。经历了最初三个月的快速发展，援华会在 1938 年一跃进入巅峰时期。

第 三 章

援华会的鼎盛时期(1938.1—1939.9)

从 1937 年 9 月起，援华会经过三个月的快速发展进入 1938 年的巅峰时期，然而国际时局的变化不可避免地影响了援华运动。本章梳理了这一阶段援华会的发展和活动，从三个方面展开叙述。

其一是援华会鼎盛时期的活动。除了延续对日禁运和抵制日货运动，援华会发起并参与两次国际大会，成为世界援华运动的中心。国际和平运动巴黎大会上提议建立的国际和平医院在援华总会物力、人力的支持下很快成立并正常运转。宣传方面，援华会和国民政府的国际宣传处的通力合作卓有成效。

其二是援华会的新发展。援华运动的蓬勃发展使得援华总会得到的支持猛增，规模扩大，英共党员大量加盟。"七七"事变一周年之际，援华总会召集各地分会在伦敦召开特别会议，讨论援华运动下一步的发展并提出了指导工作的政策声明。

其三是《慕尼黑协定》的影响及其后援华会的发展。1938 年 9 月，英法为换取德国法西斯进攻苏联而签订《慕尼黑协定》，给了活动高涨的和平组织沉重的一击。面对许多组织的逐渐放弃，援华总会继续推动援华运动在曲折中向前发展。伴随着时局的变化，意识形态引发的矛盾也开始影响援华运动的发展。

第一节　巅峰时刻的援华总会

一　继续发动工人拒绝装卸日货

援华会 1937 年末和 1938 年初的首要任务之一，是支持和宣传南安普顿码头工人的拒卸日货运动，以期其他港口码头工人的响应，取得英国总工会或者全国劳工理事会，甚至运输工人工会的官方支持都极为重要。

在国际舞台上，各国工人纷纷表示出对中国的支持。比利时、法国、荷兰及北欧丹麦、瑞典、挪威运输工人联合会、运输工人联盟领导人表示愿意在英国的倡导下对日本实行禁运。在美国西海岸，哈利·布里奇（Harry Bridge）领导的国际码头工人和仓库工人工会做好了支持会员拒绝装载运往日本的废铁和卸载丝织品的准备。在澳大利亚的悉尼和其他地方，有影响力的行业理事会也支持行动。1月7日全国劳工理事会召开会议，讨论法国最有影响的工会联合会劳工联合总会对日本实行一切武器和军火物资禁运的提议。国际运输工人联合会此时也开始考虑支持工会的抵制行动。然而由于英国运输总工会总书记贝文和英国职工大会总书记西特林（Walter Citrine）的影响，英国劳工理事会仅仅认为英国政府应该"敦促"民众拒绝购买日货。

工会代表大会总理事会、工党执行委员会与议会工党委员会代表于1月7日齐聚伦敦，通过决议案，谴责日本侵华行径及轰炸平民的罪行，对"爱好和平的国家没有采取一致政策制止日本的军事帝国主义表示深切关注"①，重申要求英国政府禁止英国国民向日本出售战争物资或借款，并敦促包括美国在内的其他国家，为重建国际法律和秩序在经济领域展开合作。会议决定授权劳工理事会次周继续开会时再讨论如何切实抵制日货，同时决议在国际工会联合会、第二国际即将于布鲁塞尔举行会议时再讨论各项有效办法，借以制止日本侵略行径，除此之外并未出台切实决议。在欧洲大陆各国工会明确表明，希望英国工会担负起领导抵制日本的责任时，英国将其推给国际工会联合会、第二国际决策的做法令人失望。与会议气氛不同的是，利物浦码头工人继南安普顿和格拉斯哥工人之后，也在会议当天（1月7日周五）拒绝卸载停泊的"里斯本丸"上的日本货物。②

全国劳工理事会1月10日会上，仅讨论了英国代表在15日布鲁塞尔召开的第二国际和国际工会联合会上应该遵循的原则，认为英国代表应

---

① *China Bulletin*, Jan. 8, 1938.

② *China Bulletin*, Jan. 8, 1938.

该提出国联和民主国家在结束日本侵华战争过程中所起作用的议题，采取行动的责任于是从工人运动转给政府。毋庸置疑，如果提出自愿抵制日货，英国工会代表将会反对运输工人直接行动而导致的强制性抵制日货。受这一态度左右，运输工人总工会的利物浦分会发布官方声明，表示拒绝卸载"里斯本丸"的工人不会得到工会支持，终结了码头工人自发的拒卸日货行动。

援华会于1月在伯明翰组织的会议原本寄希望打进工党的大本营，事实上却无法逆转劳工理事会的官方立场，后者通过的决议避开了直接号召码头工人行动，只是要求"有组织地"抵制与个人、政府、国联层面的抵制相结合。援华会也并非完全没有工党领导人的支持，援华会副会长之一、下院议员、前工党第一海军大臣、劳工合作社政治家亚历山大（Albert Victor Alexander）是中央厅民众大会的主旨发言人，他坚信通过合作社组织抵制日本的重要性。会议之后，援华会于2月中旬在伯明翰举办了"中国周"，在市中心举行抵日游行，分发传单和中国抗战的宣传册。

"榛名丸"拒装载事件

劳工理事会的立场也没有完全阻止码头工人的行动。1月21日周五[①]，在梅德尔斯堡的提塞德港口，码头工人拒绝往日轮"榛名丸"上装载废钢铁。行动始于早上6点，首批上班工人得知货品是运往日本的400吨生铁和100吨钢板时当即拒绝装货。[②] 当运输工人总工会的地方官员声称工会不会支持其行动时，工人依旧不为所动。正在休假的克莱格连夜赶往梅德尔斯堡，周六8点便和当地的和平大会、行业理事会及工党成员接洽，随即印发传单和海报，安排和预定了30日在市政厅的民众集会以声援码头工人的抵制行动。援华会忙于准备集会的同时，运输工人总工会不断地要求工人将货物装上船。有消息称船主或将雇请非工会成员装货，这对码头工人造成直接威胁，因此援华会为集会所做的准备极大地加强了工人坚持到底的信心。为了迷惑工人，船主又要求他们将同一批货物装到铁行轮船公司的"不丹"号轮船上，在工会的支持下又遭到

---

① *China Bulletin*, Feb. 1, 1938年2月1日。
② *China Bulletin*, Feb. 1, 1938年2月1日。

了码头工人的拒绝。"榛名丸"原定装完货物后停靠伦敦。一周后，轮船不得已决定先抵达伦敦，生铁和钢板经火车运往伦敦后再装船。

克莱格立即赶回伦敦提醒码头工人注意船主的意图。援华会决定30日在伦敦也举行民众集会，由工会会员杰威尔（Jewell）负责组织和联系码头工人，防止船主雇用非工会成员装货或者玩弄其他伎俩。英共伦敦区委及东西哈姆党支部和行业理事会的地方分支在抵制装货上功不可没，他们在码头的墙上用粉笔写下对梅德尔斯堡码头工人的声援，并开着装有扩音器的货车在码头广为宣传。在至为关键的2月1日，于海关大厦的呼叫站组织集会，82岁高龄的英共创始人之一汤姆·曼恩（Tom Mann）[1]讲话，为码头工人忠于工会原则拒绝做侵略者的帮凶而感到自豪。"没有他们的组织，援华会根本无法做到这一切"，[2] 克莱格盛赞英共成员的鼎力相助。

船主在无法说服码头工人的情况下，准备雇用伦敦港大批几乎赤贫的失业中国海员，企图以此瓦解工人运动。在伦敦东区一位华人店主的帮助下，克莱格成功地与相关人员接洽，无论船主条件如何优厚，中国海员始终没有在"榛名丸"上出现。[3]

援华会结合"榛名丸"事件于1月30日召集了两场集会，都取得了成功。伦敦东区坎宁市政厅（Canning Town Hall）的集会，目的是应对"榛名丸"来到伦敦。参加民众逾千人，台上有索伦森（Reginald Sorensen）牧师、罗伊登（Maude Royden）博士、伦敦东区最受欢迎的牧师之一杰克·普达鲁尔（Jack Putterill）、波普拉区市长吉尔伯特森（John Francis Gilbertson）以及英共伦敦区书记特德·布拉姆利。英共党员特雷弗·斯塔拉德（Trevor Stallard）和摩根（Morgan）分别带着南安普顿和米德尔斯堡码头工人的声援参加了集会。资深码头工人领导者本·提里特（Ben Tillett）迫于贝文的压力没有参加集会，但发来了热情洋溢的信

---

① 托马斯·曼恩（汤姆·曼恩1856—1941），不列颠联盟劳联会第一任总书记，英国工人运动家，赤色职工国际领导人，英国共产党创始人之一。1927年春，他曾随国际工人代表团到中国，参加中共五大开幕式。

② Clegg, *Aid China 1937 – 1945: a Memoir of a Forgotten Campaign*, p. 38.

③ Clegg, *Aid China 1937 – 1945: a Memoir of a Forgotten Campaign*, p. 39.

息。中方林咸让参会。① 大会一致通过斯塔拉德提出的决议："我们确信伦敦码头工人知晓如何行事。如果榛名丸号抵达伦敦后工人拒绝装货，我们承诺全力支持。"②

米德尔斯堡会议得到了国联同志会、和平大会、工党、自由党和合作社的支持。超过 1500 名民众挤进市政厅出席集会，大会由里德牧师（Rev. Alexander Reed M. A. ）主持，台上有米德尔斯堡行业理事会和工党主席、斯托克顿行业理事会书记，另外还有教会、合作社和劳工运动的代表。埃德巴斯顿工党支部、伯明翰和平自由理事会、南安普顿和伯恩茅斯的援华委员会、在英格兰东北部雅罗（Jarrow）召开的左翼读书俱乐部会议都发来了贺信表示支持。西米德尔斯堡选区的工党候选人哈罗德·芬纳（Harold Fenner）提出动议，敦促所有人都尽己所能通过抵制和禁运结束战争。③ 大会的发言人包括格里菲斯牧师（the Rev. Rowe Griffiths）、帕金森牧师（the Rev. Parkinson）及哈罗德·芬纳。国际劳工组织中国工人代表团顾问朱宝贤也发表讲话。集会决定成立委员会组织援华活动，并当场募得 26 英镑 11 先令。④

1 月 31 日周一上午，"榛名丸"抵达皇家阿尔伯特码头，遭到泰晤士码头工人拒绝。周末东、西哈姆行业理事会通过决议，要求英国总工会总理事会支持拒绝装卸日本货物和船只的所有运输工人，并计划在海关大厦、阿尔伯特和维多利亚码头的所有出口、圣乔治市政厅及莱姆豪斯市政厅举行集会。⑤

"榛名丸"的船主 2 月 2 日宣布轮船 4 日离港，只载乘客不载货物。码头工人的行动最终取得了胜利，这是英国工会抵制日本的最大胜利。全国各地都发布宣言通过决议给予支持。伦敦行业理事会代表伦敦 30 万工会会员宣布对码头工人的支持，敦促英国总工会及其总理事会采取官方行动抵制往来日本的货物。⑥

---

① *China Bulletin*，Feb. 1, 1938, p. 2.
② *China Bulletin*，Feb. 1, 1938, p. 2.
③ *China Bulletin*，Feb. 1, 1938.
④ *China Bulletin*，Feb. 1, 1938.
⑤ *China Bulletin*，Feb. 1, 1938.
⑥ Clegg, *Aid China 1937 – 1945：a Memoir of a Forgotten Campaign*，p. 40.

英共和援华会在南安普顿和"榛名丸"事件中扮演了同样重要的角色。组织南安普顿码头工人拒卸日货的英共党员特雷弗·斯塔拉德深入参与了"榛名丸"事件，曾在伦敦东区的民众集会上发表讲话。当地媒体对此事件进行过相关报道："南安普顿运输总工会的码头工人宣布对日本货物实施禁运……他们拒绝卸下周四晚上乘加拿大太平洋班轮里士满公爵夫人号抵达南安普顿的200吨日本货物，今天轮船返回加拿大，货物仍在船上。实施禁运的决定在码头会议上作出，将……建议全国各港口的运输总工会成员。"①

接下来的报道提及了工会官方的回应："南安普顿装卸工人周六拒绝卸载日货的行动……是非官方的，这是今天由一位记者在威斯敏斯特运输大厦工会总部问询后确定的。据说装卸工人试图诱使其他港口工人效法他们拒绝处理日货的做法。如果他们成功，这个问题很可能只能通过工会的全国执行委员会作为政策考虑。工会官员意识到可能会造成令人尴尬的局面。"

1938年2月11日，南安普顿的码头工人再次拒绝装卸日本货物时，船主有备而来，罢工很快结束。斯塔拉德和另外两名参与组织的英共党员被解雇，直到英德战争即将爆发之际才重新就业。援华会因此募集100英镑助其渡过难关。斯塔拉德因为在组织码头工人运动中的贡献收到中国大使馆的感谢函。

二 与国际和平运动协作召开伦敦和巴黎和平大会

(一) 召开国际和平运动伦敦大会

援华会在1938年1月初就着手准备与国际和平运动共同举办以"拯救中国拯救和平"为主题的世界和平大会②，在伦敦市中心和各区持标语游行为大会造势，并为会议结束后将举办的"中国周"做准备。和平大会召开之前，援华会组织了一系列标语游行，分发的传单数以万计③。

---

① http：//www.grahamstevenson.me.uk/index.php? option = com_ content&view = article&id = 961：stallard – trevor&catid = 19：s&Itemid = 105，2019.1.1.

② 国内学者多称其为伦敦国际反侵略大会。

③ *China Bulletin*, Feb. 22, 1938.

会议于 2 月 12—13 日在伦敦的英国工业大厦召开，来自澳大利亚、奥地利、比利时、加拿大、中国、捷克斯洛伐克、丹麦、法国、英国、印度、墨西哥、新西兰、挪威、南非、瑞士、苏联、瑞典、美国等 21 个国家的约 750—900 名代表参加，寻求帮助中国维护民主和集体安全的最佳方案。① 国际合作联盟、妇女合作协会、世界青年大会等国际组织派代表参加。法国、斯堪的纳维亚国家、墨西哥、中国等各国工会也各派代表出席。英、法共产党各派代表团出席。英国代表团由国联同志会、左翼书社、和平理事会、教师协会、大学协会及政党代表组成。代表援华会总会出席的是戈兰兹、顾菊珍、李斯特维尔伯爵和麦克森女士（Maxon）。②

图 3 – 1　和平大会期间援华会召集民众集会传单③

---

① *China Bulletin*, Feb. 22, 1938.
② *China Bulletin*, Feb. 22, 1938.
③ 曼彻斯特人民历史博物馆藏。

宋庆龄受邀出席大会①，未能成行，故发来贺电，由顾维钧代表发言。其他电贺大会的人有蒋介石、宋子文、美国前国务卿史汀生（Henry. L. Stimson）、国际和平运动驻中国代表弗农·巴特莱特（Vernon Bartlett）等。

和平大会的召开代表了世界上支持国际和平运动和抵制日本的1.23亿民众的呼声。会议分成若干不同的委员会分别讨论代表提出的议案，出台了数份报告②。

合作社委员会报告

敦促所有合作社成员拒绝购买日货；支持已经采取行动拒绝销售和存贮日货的合作社组织，号召所有合作社组织以此为榜样；呼吁所有消费者仅从采取该措施的组织购买商品；要求合作社协会尽其所能展示抵制日货的重要性；进一步敦促合作社协会在国内国际范围内确保一致行动，停止供应和购买日本货物。

消费者委员会报告

委员会建议出席会议的国际和平运动各国分会代表及国际组织代表，通过以下方式组织抵制日本的运动：每个国家准备一份日本进口商品清单以便区分；通过立法规定所有商品标注原产国；为消费者印刷和分发宣传册、资料，填写承诺不购买日货的表格，以及拒绝销售日货的公司清单；在每个国家组织针对妇女和妇女组织特别呼吁。

议会委员会报告

支持将个人抵制作为向政府展示民心力量的方式的政策，但委员会认为政府全面禁运和拒绝贷款是制止日本侵华的最有效方式。各国议员应不遗余力地在各国议会提议该政策，并充分发挥选民的作用。议员承

---

① Mme. Sun Yat – Sen: To Address Conference in London, Jan. 27. (Jan 28, 1938). *South China Morning Post* (1903 – 1941). Retrieved from https://www. proquest. com/historical – newspapers/mme – sun – yat – sen/docview/1759962683/se – 2.

② Arthur Clegg papers, Marx Memorial Library.

诺拒绝承认日本在中国扶植的任何傀儡政府或者任何强加于中国有损其主权和领土完整的方案。

宗教及道德委员会报告

决心运用自身影响力在最广泛的范围内支持抵制日货，以此作为所有政府彻底抵制日本政府的基础。该委员会竭力主张抵制日货不是针对日本人民，相反这是帮助日本民众早日摆脱战争的最佳途径，所有人都有责任加入抵制日本运动，并帮助因为此举而失业的民众。委员会决心成立教会代表团与教会或类似组织的领导者商谈，号召在教堂发起"中国星期日"，以此为契机开始教会运动。

援华委员会报告

针对援华国际合作提出以下建议：交换宣传册、幻灯片和海报用于筹集资金；组织有明确目标的国际日，如为边远地区提供救护车，所有组织在本国的红十字会为中国申请援助，要求立即为中国提供医疗援助。如果国际和平运动及其附属机构加入正在组织中的国际协调委员会，将促进上述一切举措的开展。

技术委员会报告

对日本进出口、财政需求的研究表明，英帝国、美国、荷属东印度、法国及苏联的经济实力，足够阻止日本侵略是不争的事实。委员会因此支持非官方的抵制日货，降低日本对战争物资的购买力，加强对国联同志会和援华会公布的英国主要进口日货的关注；委员会支持停止一切出口日本军火和战争物资的非官方行动。委员会认为在缺乏政府支持的情况下，限制日本进口战争物资的最佳途径是运输工人在工会许可范围内拒绝装卸往来日本的货物。委员会强调停止出口石油的必要性，认为如果美国和其他国联成员国停止石油出口，六个月内日本的战争行动就会陷于瘫痪。委员会强调禁止所有借款和贷款给日本的重要性。建议国际和平运动所有的附属机构遵循以下原则：任何"不被承认"的征服都意味着征服者不能得到借款或贷款。应该向所有成员所在国的议会提出这一点。技术委员会认为如果相关国家增加与中国的贸易往来，抵制日货和禁运带来的经济损失会大大减少，敦促通过借款、贷款、物资供应等一切方式援助中国。委员会建议国联的所有成员国宣布依据《国际联盟盟约》和《凯洛格公约》的原则行动。委员会建议在各国成立技术顾问委员会，为国际和平运动的各国分会提供建议。

宣传委员会报告

宣传委员会认为，如果搞清楚"说什么、怎么说、通过什么媒介说（海报、传单、宣传册、报纸、集会、电影、广播）"三个问题，劝说民众参与抵制日本就会行之有效。首先要强调的是如果个人继续购买日货，对骇人听闻的罪行就负有责任；道德上的呼吁可以通过和个人利益联系得以强化，拒绝终止侵略者最终会沦为侵略的受害者。

每一个抵制日货运动的参与者都应该熟知如何应对以下观点：抵制日货给日本民众带来饥饿；在英国国内导致失业；给码头工人和运输工人强加了额外的负担，给国内最贫穷的民众增加了负担，因为他们不得不购买比日货更贵的商品。所有问题的简单回答是，如果战争继续下去，强加给日本、中国、欧洲和美国民众的苦难将远远超出抵制日货带来的暂时负担。要知道个人抵制日货的主要目的之一是确保政府有所作为，尤其是对日禁运。

委员会提议宣传和技术部门密切合作，后者提供数据、拒绝装卸日货的新闻、阻止给日本提供财政资助的最佳方式的信息等。委员会敦促中国政府成立中央新闻机构，向各抵制日货国家派出专门代表团。法国代表提出，应设计同一款海报，供参与抵制日货的世界各国同时使用，可用于游行队伍和商店外面，或张贴在所有市镇的墙壁上。要在宣传专家的指导下，仔细设计挨家挨户宣传时用的资料，国际和平运动的相关部门还没有类似功能。[①]

综上，各个委员会的报告囊括了援华工作现有的问题和今后的方向。委员会讨论结束后，在通过决议之前，各国代表做了简短发言。

法国议员称中国是世界上最崇尚和平的国家，日本侵略和摧残强加给中国人民的耻辱比意大利侵占阿比西尼亚及西班牙内战更甚，必须制

---

① Arther Clegg papers, Marx Memorial Library.

止，为了法国自身的安全也必须禁止对日援助。

加拿大代表在提到宣传委员会报告时，反驳了抵制日货将带给日本人民饥饿的说法，认为广泛的抵货运动将会催生政府行动。

格莱斯顿夫人代表的消费者委员会建议立即组织抵制日货运动，要求民众在不买日货的宣言里签字。

英国工党议员诺埃尔·贝克认为，应该立即准备相关资料，说明世界上90%的丝都是日本货品，各个民主国家的妇女，今后应停止购丝。他将尽力在议会中提出议案，要求凡是日货皆应标明产地。援华会副会长、著名演说家及作家安吉尔主张举行全世界援助中国周、并借标语游行及报纸广泛地宣传抵制日货。

中国驻法大使、国联中国代表顾维钧博士代表宋庆龄女士发言，他敦请各国采取集体行动，指出如果爱好和平的世界各国能相互合作，就可以实施国联盟约各项原则。至于抵制日货运动，如果各国能普遍实施，便是对付日本侵略最有效的办法，各国应该组织此项运动，各国人民则应当自行抵制日货。顾指出抵制货物是国联盟约规定的制止侵略、保证和平的经济制裁办法之一，如果"人人实行，则众志成城，不难及时发生实效"。① 对侵略国而言，抵制货物运动可以从物质和精神上进行双重打击，是爱好和平的民众以直接行动表示出的反侵略情绪。"倘能普遍实施，并维持至相当时间，则必可在经济上予侵略国以打击"。② 对于地少物薄、高度工业化的日本而言，抵货手段尤为奏效。顾维钧又谈及日军在华暴行，远超自己曾目击的"一·二八"战役。顾同时指出，国联对日侵华表现得无能为力，实质是因为英国等大国虽居于会员国之列，但不愿意实施盟约所载各项规定，而一味地采取各项姑息办法。国联的无所作为并非出于自身缺陷，各大国不能协力实施盟约的规定才是国联遭遇困难的真正原因。发言最后顾维钧特别恳请各民主国家有所行动，并请采用代议制的各国民众利用手中的选票推动各国政府制订政策，缩减军备，并尊重国际法则，以维护世界长久和平。

中国驻英大使郭泰祺在其演说中称，中国人民是维护世界和平的希

① 《中国国联同志会电谢英国码头工人》，《新华日报》1938年2月14日第3版。
② 《中国国联同志会电谢英国码头工人》，《新华日报》1938年2月14日第3版。

望,世界各国应当保证军需品到达中国而非日本,消极地争取和平是不可能的,必须积极地抗争,援助中国就是保卫和平。

由于瑞典、挪威代表的反对,抵制日货提案未通过。通过的总决议主要内容包括:

> 日本的侵略,不仅破坏中国的和平,妨阻其专心一志于改造旧有的文化,并且危及世界各民族的幸福与安全。我们认为日本武人敢冒不韪而发动的攻击,只有在战争原料得到资助与购买力能够维持的条件下方能继续。不幸我们的国家至今犹与以供给。因是我们的国家,无论是否出自心愿,均负有一部分责任。
>
> 我们拒绝再作这宗罪恶的同谋者。我们要我们的团体尽其所能去帮忙中国,不助日本,至日本的侵略终止,军队退出之日为止。
>
> 我们特别要求吾人的政府停止与日本合作,不再供给军需,不再予以财政上的便利,不再维持其购买力。
>
> 我们恳请一切爱护和平的个人与团体,对于这场伟大公正的运动,与我们联合努力,以期拯救中国,保障世界和平。
>
> 最后,我们对日本国民,请其表示他们并不赞助少数军阀作这样有伤国誉和有损日本实际利益的行为。[1]

和平大会闭幕后,出席大会的 27 国代表又出席了援华会在考文特花园举行的民众援华集会。[2] 参加大会者有 2500 人以上,一票难求,后开辟阿德尔菲剧院(Adelphi Theatre)作为分会场。发言者包括赫伯特·莫里森(Herbert Morrison)、汤姆·曼恩(Tom Mann)、本·提里特(Ben Tillett)、国联同志会的薛西尔勋爵(Lord Cecil)、李顿爵士(Lord Lytton)、丽贝卡·韦斯特(Rebecca West)、西尔维亚·潘克赫斯特(Sylvia Pankhurst)以及西班牙大使。民众一致抨击日本不顾国际反对进行暴力侵略的行径。美国黑人歌唱家保罗·罗贝森(Paul Robeson),独唱《自由歌》等数首歌曲,若干民众高唱《国际歌》,后来大多数人加入合唱,

---

[1]　王礼锡:《王礼锡诗文集》,上海文艺出版社 1993 年版,第 406 页。
[2]　《中国国联同志会电谢英国码头工人》,《新华日报》1938 年 2 月 14 日第 3 版。

会场上募得援助中国款项 345 英镑。

　　国际和平运动大会的召开掀起了援华高潮。国际上,英国援华会与其他国家的援华委员会取得了联系,首次了解到荷兰、比利时、南非等国家的援华状况。南非和荷兰仅限于救济工作,比利时因为工会和社会党领导人的参与要远为活跃。法国亚历山大和平联盟(Ligue Pacificiste d'Alexandrie)致信援华会,要求提供 1000 份列有典型日产货物清单的抵制日货传单,随后又要求将 1000 份传单译成法语,以便在亚历山大的法国人社区分发,还打算将此传单译成阿拉伯语和希腊语,以便分发给更多的受众。① 缅甸华人学生协会也给援华会写来了感谢信,并要求购买有关宣言传单和宣传册②。

　　在英国国内,援华会的影响也得以加大,活动随之增多。在和平大会的基础上,援华会宣布 2 月 21 日起为"中国周"。③ 为此伦敦地区举办了四场主要集会:2 月 23 日北部地区的圣潘克拉斯市政厅(St. Pancras Town Hall)集会④,南部的柏蒙西市政厅(Bermondsey Town Hall)集会,2 月 27 日东部的东哈姆市政厅集会(East Ham Town Hall)以及西部的奇斯维克帝国剧院集会(the Chiswick Empire)。伦敦之外其他地区总计举办 60 场集会,包括考文垂、凯特林(Kettering)、莱斯特(Leicester)、麦克尔斯菲尔德(Macclesfield)、伊斯特本(Eastbourne)、沃金(Woking)、牛津、剑桥等。⑤ 伦敦举行了 8 次标语游行,其他地区总计 200 多次。所有的活动都得到了其他团体的大力支持,主要的组织者是左翼书社、和平理事会、国联同志会分会等,总计分发了数万传单。顾菊珍在兰开夏郡进行的巡回演讲将中国周的活动延续到 3 月初,以 3 月 6 日在利物浦和布特尔(Bootle)召开的援华大会而告终。到 3 月中旬时,曼彻斯特援华分会募集的捐款已达 1450 英镑,另有价值 2000 英镑的药物和 400 英镑的棉布。纽卡斯尔也召开了中国会议并举行标语游行。4 月教师宣传和平的

---

　　① *China Bulletin*, Mar. 14, 1938.

　　② *China Bulletin*, Mar. 14, 1938. pp. 4 – 5.

　　③ Clegg, *Aid China* 1937 – 1945: *a Memoir of a Forgotten Campaign*, p. 45; *China Bulletin*, Mar. 14, 1938.

　　④ *China Bulletin*, Mar. 14, 1938.

　　⑤ *China Bulletin*, Feb. 22, 1938.

报纸《新犁头》创刊后，时常报道中国及抵制日货的消息，也是得益于和平大会的成功召开。

（二）参加国际和平运动巴黎大会

1938 年 7 月 23—24 日援华总会又派出代表团，参加了国际和平运动在巴黎举行的和平大会。不同于伦敦大会仅为中国问题召开，巴黎大会还包括了对西班牙和捷克问题的讨论。《曼彻斯特卫报》称其为"各国人民的会议，因为政府未能有所行动。"[①] 薛西尔爵士为会议的召开付出了很大努力。出席会议的逾 1000 名代表来自 30 个国家，具有广泛的代表性，包括比利时和法国的牧师、英国圣公会牧师、天主教知识分子和共产党的代表。英国代表团是最大的代表团之一，有 250 人，成员有朗达夫人（Lady Rhondda）及英共代表威廉·加拉赫（William Gallacher）等。此外，印度代表尼赫鲁，美国现代小说的先驱西奥多·德莱塞以及来自瑞典、瑞士、比利时、澳大利亚、捷克斯洛伐克、西班牙和中国的庞大代表团都出席了会议。英国代表团在去巴黎之前于 22 日召开会议，对所要达到的基本目的取得了一致的意见，包括对中国的财政援助、加强抵制日货、建立国际和平医院以及为下一届国际联盟大会开展一次援华运动。代表团准备的提案在会上被大家普遍接受。大会的中国委员会于 23 日下午开会，出席会议的有 60 名来自各国援华组织的代表。法国的中国之友社秘书坚持由援华会干事克莱格主持会议。

最后，大会三十余个国家的代表通过了英国援华总会的提案，抗议"法西斯侵略者惯以空袭残杀中国的平民"。此外，提案内容还包括：

（一）凡九国公约，国联盟约，白里安、凯洛格公约，以及国联大会通过的决议所应给与中国的援助，本大会均愿尽力。为达此目的起见，本大会决定动员世界的舆论以赞助中国对国联大会所有正当的要求。

（二）反对一切想妨害中国独立与领土完整的处置。

（三）要求直接贷款与中国政府以资援助。

---

① "Protests against Bombing of Civilians: Lord Cecil's Speech to Paris Conference", *Manchester Guardian*, Jul. 25, 1938: 6.

（四）加紧援华的运动以具体表现吾人对中国民族有国际间休戚相关的深厚同情。

（五）重申一九三八年二月本会在伦敦召集的援华大会所通过的各项决议。

（六）关于请求爱好和平的各国政府勿供给军用品（特别是煤油）与日本一事，前已进行。现再向他们重提旧案。

此外还有两项由中英美代表的建议在大会通过的是：

（一）在中国设立国际和平医院（International Peace Hospital）。

（二）以双十节为国际节。全世界在这一日作国际庆祝与捐款。①

大会决议包括了政治上、经济上和宣传上应该给予中国的援助。英国代表团提出的建立国际和平医院等四点提议全部采纳，包含在决议中。会议结束后，援华会立即开始筹划建立国际和平医院，并派英共党员何登夫人（Charlotte Haldane）赴华落实。

巴黎和平大会于 7 月 24 日结束，25 日援华组织的成员又再次碰头，倡议并最终决定由英国援华总会牵头作为世界上收集和分发援华运动信息的中心。荷兰援华会的邱先生（Khoo）要求英国援华总会派一名代表协助和指导他们的工作。在梅农提议下，援华总会给正在美国举行的世界青年大会发去关于中国抗战的电报。巴黎会议的鼓舞和国际形势发展的需要，促使援华总会和其他组织立即投入发起新活动，其努力在国际舞台上也终于初见成效，法国政府停止向日本出口铁矿石和锰，引起了日本的激烈回应。②

援华会也加强了与其他和平组织的协作，弗莱等几名援华会成员要前往日内瓦从事与国联大会有关的活动，援华总会召集会议通过了相关提议，要求国际和平运动组织的任何代表团都要包括一名援华会成员。

---

① 王礼锡：《王礼锡诗文集》，上海文艺出版社 1993 年版，第 407 页。

② Clegg, *Aid China 1937 – 1945: a Memoir of a Forgotten Campaign*, p. 73.

援华会同时要求荷兰、比利时、法国的援华组织做类似安排，并为此准备了 5 万份针对国联会议的传单，在 9 月 5 日前已分发完毕，三本相关的宣传册也在准备中。①

在工人运动方面，援华会安排了朱学范在伦敦、西哈姆、朴次茅斯的行业理事会演讲，关于抵制日货和禁运的决议由建筑工程师联盟在 9 月于布莱克浦的英国总工会提交。10 月 10 日辛亥革命纪念日和中国国庆日，援华会通过"一碗饭"活动正式启动了国际和平医院的筹款。

一切都标志着援华运动进入一个新阶段。伍德曼在 9 月的民权保障会年会上指出，援华会已经在全英组织了一千多次集会，分发了超过 100 万份援华传单。英国援华运动步入高潮。

三　医疗援助

(一)　国际和平医院的建立

寄往中国的救济金（包括伦敦市长捐 Lord Mayor's Fund 和援华会捐款），最初都是通过国际红十字会下发给效率相对较高的教会医院，教会管理的难民营也收到部分捐款。② 随着日军的推进，多数教会医院和难民营沦陷在敌占区。中方占领区收到的捐助不仅日益减少，部分捐款和物资甚至直接或间接落入敌手，助纣为虐，不仅"增加了日本的外汇储备金"，也帮助日本人在其后方建立起所谓的"和平和秩序"③。在此背景下，由宋庆龄、宋子文发起的保卫中国同盟于 1938 年 6 月 14 日在香港成立④，廖梦醒、邹韬奋以及国际友人希尔达·塞尔温·克拉克夫人（Hilda Selwyn-Clarke）⑤、诺曼·法朗士教授、爱泼斯坦等参加了保盟的工作。

---

① Clegg, *Aid China* 1937 – 1945：*a Memoir of a Forgotten Campaign*，p. 77.

② Clegg, *Aid China* 1937 – 1945：*a Memoir of a Forgotten Campaign*，p. 56.

③ 中国福利编：《保卫中国同盟年报 1938—1939》，中国中福会出版社 2015 年版，第 5 页。

④ 保卫中国同盟于 1938 年 6 月 14 日在香港宣告成立，宋子文出任会长，宋庆龄担任主席。经宋庆龄邀请，国际友人克拉克女士（即白朗琳）任名誉书记，诺曼·法朗士教授担任名誉司库，爱泼斯坦先生担任宣传工作。此外，廖梦醒、邹韬奋等参加了保盟的工作。

⑤ 即泼西·塞尔温—克拉克夫人，香港当局医务总监司徒永觉夫人，中文名为白朗琳或白朗宁，中国红十字会国外后援会秘书、保卫中国同盟中央委员和荣誉秘书。香港沦陷期间被日军拘捕。第二次世界大战结束后从集中营获释返英，加入英国援华会任秘书。

保卫中国同盟呼吁全世界各国人民支援中国敌后根据地的游击队员，为中国军队、游击队员、游击区的人民提供医疗服务，要求通过为中方占区和中国军队服务的中国红十字会分发援助款项和物资①。即便如此，能够到达八路军和新四军的救助也微乎其微。当时边区的外国医护人员只有陪同埃德加·斯诺访问过延安的马海德，医用物资和医疗设施也同样匮乏。在此背景下，援华会的干事克莱格萌生了在解放区成立由外国人士资助的医院的想法。他向伍德曼建议医院可以国际和平医院命名，以便争取国际和平运动（国际反侵略大会）的支持，伍德曼表示出极大的热忱。国际和平运动的迪克·弗里曼（Dick Freemen）表示，如果援华会促成医院的建立，他们也会给予支持。②保卫中国同盟对成立医院的想法和命名都表示欢迎。

1938 年初在朱德将军的呼吁下，印度的国民大会开始直接为八路军提供援助。同年 1 月，受美国和加拿大的和平与民主同盟（Leagues of Peace and Democracy）派遣，曾经在西班牙的国际纵队从事医疗服务的白求恩大夫率领三人美加医疗队于 1 月 8 日从温哥华出发，准备前往中国援助极度缺乏医疗人员的八路军，同行的是美国医生帕森斯和加拿大结核病护士琼·尤恩。医疗队抵达香港短暂停留后，30 日前往武汉，前来迎接的是史沫特莱和美国合众国际社的记者杰克·贝尔登。周恩来在八路军驻武汉办事处会见了白求恩。2 月 16 日，白求恩和尤恩见到了加拿大圣公会的医学传教士理查德·布朗（Richard Brown）。2 月下旬帕森斯留在武汉，白求恩一行乘火车离开武汉前往西安，3 月中旬与朱德在八路军驻西安办事处见面后，乘坐卡车于 3 月底抵达延安。③

5 月间，援华会收到了西安国际联盟预防流行病小组负责人的来函，信中谈及白求恩大夫、理查德·布朗大夫和琼·尤恩已经抵达陕北。事实上，首家和平医院是由先行进入解放区的理查德·布朗创立的，彼时白求恩大夫正在汉口采购物资。创立首家和平医院的资金和物资来源主

---

① 中国福利会编：《保卫中国同盟年报 1938—1939》，中国中福会出版社 2015 年版，第 1 页。

② Clegg, *Aid China 1937 - 1945: a Memoir of a Forgotten Campaign*, p. 57.

③ 白求恩精神研究会，http://www.bqejsyjh.com/zxm.asp? Buchanancid = 57&fid = 77 # TOP。

要是援华会的捐赠。① 后来白求恩大夫在五台山地区建立了医院。6 月底朱德和叶挺写信给援华会，请求帮助。

1938 年秋，贝特兰（James Bertram）受保盟邀请前往五台山，在国际和平医院服务，彼时援华会已经提供了 2450 英镑作为国际和平医院的启动资金，同时还另筹集了 765 英镑。除了援华会，加拿大的温哥华中国联盟、中国人民之友社也在为医院筹款。到 8 月，解放区已经建立了 3 所医院。因八路军接受的援助来自不同机构，于是在延安成立八路军托管委员会，一方面负责接收、运输、分配、监督、审计和报道八路军收到的所有资金和物资；另一方面协调和处理派往八路军的所有技术人员及所属机构之间的关系，包括中国红十字会、美国援华会的陆军医疗队抗疫分队和加拿大医疗队的援华人员。托管委员会由毛泽东担任荣誉主席，李富春担任主席，在各地都派驻了代表，包括西安的边区政府主席林伯渠、汉口的周恩来和香港的潘汉年等。毛泽东、李富春致函援华会，向援华会等机构表示感谢，并恳请继续从道义和物质上援助八路军②。

（二）为国际和平医院宣传及筹款活动

1938 年 9 月援华委员会派何登夫人前往中国。何登夫人身兼数职，首先代表援华会探讨如何深入援助中国及设立国际和平医院事宜，其次代表世界妇女反战委员会及巴黎中国之友会，并担任伦敦《每日导报》特约撰稿人。

援华会于 9 月 6 日在伦敦中国研究会设宴为何登夫人饯行，重申了访华的双重目的：其一是归国时向英国各界人士报告中国抵抗日本侵略的情形及其所需英方之帮助，为中国争取更多援助，加强抵制日货；其二是研究中国妇女地位及妇女运动的发展，考察中国妇女抗战时期工作状况。

何登夫人先于 17 日中午抵达香港，③ 后携同港卫生局长司徒永觉夫人希尔达抵广州，宋庆龄及省市府代表，各文化青年妇女团体代表 500 余

① Clegg, *Aid China* 1937 – 1945：*a Memoir of a Forgotten Campaign*, p. 58.

② Clegg papers, AC/14, "Announcement of the 8th Route Army Trustee Committee", Marx Memorial Library；Clegg, *Aid China* 1937 – 1945：*a Memoir of a Forgotten Campaign*, p. 59.

③ 《名女作家海莱敦夫人抵港》,《新华日报》1938 年 9 月 19 日第 3 版。

人，到码头欢迎①。何登夫人和宋庆龄商量后决定把五台山医院定为国际和平医院。9 月 30 日何登夫人抵达武汉，次日接受中央记者采访时称，根据英国援华会工作意见，将在双十节访问重庆，与中国高层商讨援华事宜。届时伦敦、巴黎将举行盛大游艺会及演讲会，希望借此募得一批专款，设立国际和平医院，援助中国伤兵救护工作②。

与此同时，援华总会加紧了募款的步伐。10 月 10 日，援华会发起"一碗饭"聚餐会③，募捐医药品，出席的中外名流 400 人，包括中国驻英大使郭泰祺夫妇、援华总会会长李斯特维尔伯爵、国联同志会会长薛西尔爵士和苏联驻英大使迈斯基。李斯特维尔报告了中日交战近况。薛西尔爵士即席发表演说，指出"中华民族为世界和平之柱石，近世以来，从未参与侵略战争，现千万黄帝子孙，正浴血疆场，为民族之自由独立而自卫作战，其为抵抗侵略者而从容赴义之崇高伟大精神，十足钦慕。"④在军事干涉不可行的情况下，薛西尔爵士号召英国民众自愿组织拒买日货，同时敦促英国政府给予中国财政援助。驻英大使郭泰祺、著名作家弗莱明等也现场发言。

11 月，援华总会为在山西南部设立国际和平医院向各国发起募捐。⑤前国际妇女协会会长阿伯丁侯爵夫人（Ishbel Hamilton - Gordon, Marchioness of Aberdeen and Temair）、拉德斯托克勋爵（Lord Radstock）、西敏寺副执事唐纳森（Frederick Lewis Donaldson）牧师，均在发起人之列。⑥ 12 月

---

　　① 《何登夫人昨抵广州，各机关团体热烈招待，宋庆龄亲到码头欢迎》，《新华日报》1938年 9 月 22 日第 3 版。

　　② 《英援华会代表何登夫人抵汉，将募款设医院救我伤兵》，《新华日报》1938 年 10 月 1日第 3 版。

　　③ 《英援华运动协会发起"一碗饭"聚餐会，为我难民募捐医药品，到中外名流四百余人》，《新华日报》1938 年 10 月 12 日第 3 版。

　　④ 《英援华运动协会发起"一碗饭"聚餐会，为我难民募捐医药品，到中外名流四百余人》，《新华日报》1938 年 10 月 12 日第 3 版。

　　⑤ "Support for New Shanxi Hospital Asked in London", *China Press*（1925 - 1938），Nov. 10, 1938; "A Peace Hospital in China: Funds Urgently Needed", *The Manchester Guardian*（1901 - 1959），Nov. 10, 1938;《英援华运动会发起向各国募捐，拟在晋南设立国际和平医院》，《新华日报》1938 年 11 月 11 日第 3 版。

　　⑥ 《英援华运动会发起向各国募捐，拟在晋南设立国际和平医院》，《新华日报》1938 年11 月 11 日第 3 版。

上旬援华会又开设圣诞节临时卖场①，货物多为中国丝绸、象牙等等，其中一部分为孙中山夫人及宋子文所捐赠，售出后用作国际和平医院基金，彼时该院基金已达1000英镑。中国大使郭泰祺夫人主持了义卖会开幕式，销售状况良好，仅三天便得纯利润400余英镑。② 援华总会还决定于圣诞节发表宣言，吁请各界人士慷慨认捐。

四　抵制日货

抵制日货行动也在继续。1月初，拥有70万人的伦敦合作社协会要求其所属采办员在购货时避开日货，即使在缺乏他国代替品时，也应拒购。合作社协会还敦促拥有800万会员的批发合作社协会采取同样行动，以抗议日军在华不分战区轰炸妇孺的行径。协会还致函外交大臣艾登及国联表示愤慨。③ 2月下旬，自由党议员阿克兰爵士，在下院提出议案，主张修正外国商品商标法，要求进口货物必须标明原产国。此议案针对日本货物，旨在推动抵制日货运动。④

抵制日货示威游行是1938年援华会活动的常态。⑤ 游行通常从特拉法加广场开始，沿着摄政街和牛津街直到海德公园，或者从海德公园到特拉法加广场，游行之前或之后会举行集会。

5月底至6月初期间，日军加紧轰炸广州，曾十日之内九次轰炸，造成5000名平民死亡。援华总会于6月初召集紧急会议，讨论应对措施。到会的有会长上院议员李斯特维尔伯爵、主席文化界领袖戈兰兹、资深工会运动领袖本·提里特、《曼彻斯特卫报》记者田伯烈，及国际和平运动英国分会、民权保障会、全英和平会及青年宗教各团体代表。中国方面参加的有林咸让、刘锴、顾菊珍、王礼锡。会议决定在一周之内，发起全英反日大动员，加紧抵制日货运动，拒绝卖煤油给日本，并请政府

---

① 《英国援华运动协会，募国际和平医院基金》，《新华日报》1938年12月18日第3版。

② 《英国援华委员会设立圣诞节售卖场，三日所得纯利四百余镑，供建立和平医院之用》，《新华日报》1938年12月14日第3版。

③ 《英工界团体讨论抵制日货》及《伦敦团体抵制日货，八百万民众将一致行动》，《新华日报》1938年1月12日第3版。

④ 《英议员提修正商标法，以辨别日货》，《新华日报》1938年2月25日第3版。

⑤ Clegg, *Aid China* 1937–1945: *a Memoir of a Forgotten Campaign*, p. 59.

撤回驻日大使。① 6 月 13 日起至 19 日止，定为全英反日援华周，每天都安排了相应活动。

6 月 13 日星期一下午 6 时起，进行反日游行大示威。路线从马里波恩（Marylebone）经过大理石拱门（Marble Arch），到议会后再回到援华会所在的奥查德街（Orchard Street）②。

游行之后，星期二上午援华会干事克莱格、自由党下议员阿克兰、下院议员务贝资等到日大使馆访日大使吉田茂，面递国际和平运动等各和平团体签署的抗议书，对日机轰炸中国各地不设防城市一事，表示抗议，结果没有获得许可入内，不得已留下抗议书离去，并举行第二次反日游行大示威。

星期三，七点半在皇后大堂召开民众大会，参加者有 2000 人。此次大会由援华总会、国际和平运动及国联同志会联合召集。主席为薛西尔爵士，讲演者为戈兰兹等。会后各社会领袖带领民众从皇后大堂出发，手持标语到日本使馆前示威，对于日军轰炸广州、破坏黄河大堤提出抗议，表示日本侵略及暴行为全英人民所愤恨。这是全英民众第一次直接向日本表达愤怒。③

星期四，援华会组织民众赴议会请愿，在议员休息室分别谒见五个党派议员，要求英国政府禁止将煤油从英国各地运往日本，抗议日本租用英国油船将油运至日本，认为英国对日本屠杀中国人民负有间接责任。此外，援华会代表还主张英国政府应在财政上援助中国，对日本则施加财政经济压力。

星期五、星期六两天把运动开展到全英各城市。

星期日，即 6 月 19 日，在英国最大的广场特拉法加广场举行民众大会，参加民众逾 2000 人，主张禁止煤油输往日本，并抵制日货，随后整队前往日本大使馆前示威。

伦敦援华总会事先已通告各地分会，星期三在皇后大堂集会及星期日特拉法加广场示威两天的活动，敦促在英国各地组织同样活动；并且

---

① 《全英反日援华周（英国通讯）》，《新华日报》1938 年 6 月 27 日第 3 版。
② 《伦敦中国宣委会举行反日大游行》，《新华日报》1938 年 6 月 15 日第 2 版。
③ 《英援华会员在日使馆前示威》，《新华日报》1938 年 6 月 17 日第 3 版。

同时电告法国中国人民之友会、美国抵制日货会及中国人民之友社，要求在同一周中，发起同一运动，使日本知晓全世界爱好和平反对侵略民众的愤怒与呼声，在警告日本的同时促使本国政府加入援华制日的行列。

8月17日援华总会又在海德公园召开民众大会，抗议日本侵略中国。会议结束后，有热心和平运动者5000人，手持各种旗帜，上书"抵制日货"等标语，前往日本大使馆举行示威。待抵达大使馆时，即高呼"抵制日货"。援华总会英共党员琼斯女士，在大使馆附近散发传单及小册子时，使馆武官田中少校近前，攫取一本小册子撕毁，在场警察一起将其拘留。援华总会于次日开会讨论应付办法。[①] 后决定要求日本大使馆正式道歉，并拟对日驻英大使吉田茂提出抗议。

伦敦"中国周"之前，援华委员会在曼彻斯特于5月也举行了"中国周"[②]。曼城各区共举行15次集会，顾菊珍及戏剧家熊式一等被邀请前往讲演，参加人数之多和集会盛况为当地讨论政治问题的集会中极为少见。援华会在中国周内散发了数万张抵制日货传单及吁请慈善救济的材料。为广泛宣传起见，抵制日货委员会在曼城闹市区租下门店，除张贴有关中国抗战消息的布告照片外，还举办中国工业品展览会，推销中国产品以援助中国。曼城援华分会成绩斐然，半年内筹款高达1750英镑，另有2000英镑救济难民的衣物和2000英镑的药品食物等。蒋介石夫人宋美龄从汉口去电表示谢意。[③]

五　援华总会与国民政府的宣传协作

援华总会与国民政府的协作，其一体现在和中国驻英使馆的密切关系，大使郭泰祺经常应邀出席援华总会组织的民众集会并发表讲话；其二体现在与国民政府军事委员会下属的国际宣传处的合作。本节主要关注后者。

全面抗战爆发后，国民党当局为了加强战时宣传，争取国际社会的舆论支持和对华援助，于1937年9月在国民政府军事委员会中增设第五部，

①　《英援华委员会要求日大使馆道歉》，《新华日报》1938年8月18日第3版。
②　《英国举行"中国周"》，《新华日报》1938年6月24日第3版。
③　《英国举行"中国周"》，《新华日报》1938年6月24日第3版。

11月改组为宣传部下属的国际宣传处（简称"国宣处"），负责对外宣传工作。1938年2月，国宣处改为隶属国民党中央宣传部，由时任中宣部副部长董显光督导该处事务，处长曾虚白负责具体工作；同年总部迁移至重庆，下设英文编撰科、外事科、对敌科、摄影科、广播科、总务科和秘书室、新闻检查室、资料室和日本研究室。援华总会在此阶段与国宣处保持了良好的协作关系，对国民政府的对外宣传工作做出了重要贡献。

（一）援华总会与国宣处合作揭露南京大屠杀真相

南京大屠杀之后，国民党中央宣传部国际宣传处做了极大的努力在海外对其进行报道揭露。国际宣传处克服种种困难，设法获取并翻拍了侵华日军自行拍摄的记录南京大屠杀暴行的照片及传教士马吉（Maggie）拍摄的影片、信件，分别在日本、美国、英国进行宣传。在日本，国宣处组织并派遣了三位在华基督教会任职的日籍基督徒偕同英国和平主义者莱斯特到东京开展宣传。由于日本当局的严密控制与思想灌输，四位国际友人在日本的工作困难重重，宣传效果也不是很理想，宣传品、照片等很快被日方发现并没收。在美国纽约，宣传处办事处的负责人李复（Earl H. Leaf）在工作过程中由于美国孤立主义的盛行遇到了很大的阻力。只有在英国因为有援华总会的努力，才引起了极大的反响。

1. 本·提里特的宣传册

1938年初国际宣传处通过中国驻英大使郭泰祺将记录南京大屠杀的材料提交给英国援华会的副会长本·提里特，用以在欧洲编印出版宣传资料。本·提里特阅后被日军暴行震惊，认为"每一位关心和平、自由和民主的人士都应该警惕侵华日军对中国人民犯下的暴行"，随即把讲述南京真相的来信和相关的报告编辑成册，题名为：《滚出中国——日本在南京的恐怖暴行》，其中包含了金陵大学教授、美国人贝德士博士1938年1月10日写给朋友的信①以及1937年12月下旬致日本驻华大使馆的信函。宣传册于1938年3月在英国伦敦出版发行，初期印数即达1万册。

---

① 中国高层官员最早于1938年2月14日得知南京大屠杀的一些详情也是源于这封信函。据台北"中研院"近代史研究所1990年出版之《王世杰日记》第一册第178—179页记载，王世杰是在武昌从华中大学代理校长黄溥口中得知贝德士1月10日致友人函的内容。转引自文俊雄《国民党战时对外宣传与南京大屠杀真相传播研究》，《民国档案》2008年第1期。

提里特在给郭泰祺的信中称"如果大众把这个充满暴行、肉欲、掠夺和杀戮的故事铭记在心并发起抗议的话，我会感到欣慰。把记录心灵痛苦的悲惨事件全部印出来当然最好不过。记录下这些材料的重要人士有种受辱的感觉，他必定认为这些被武装到牙齿的冷酷无情的杀人犯和刺客、畜牲还能够活在世上，这使得日本变成了这个世界上仅有的、低等的、野蛮的以及毫无信仰、毫无道德的国度"。提里特表示要"尽可能广泛地将这个事件传播出去……将它告之全世界，让全世界都来声讨这个可怕民族的暴行"。提里特认为英国民众在阅读过小册子后用不着额外加以说明就会明白"向我们的政府进一步施加压力，促使它在国联采取行动构筑集体安全体系的必要性"。如果英国"容忍日本人以这种野蛮对待平民的方式侵略中国，那么接下来我们将到处都面临阿比西尼亚事件的再现！"

为了引起英国民众对日本在南京骇人听闻暴行的关注并激发他们的抗议，提里特在信中告诉大使郭泰祺已经将《滚出中国——日本在南京的恐怖暴行》小册子"寄给全国贸易工会俱乐部成员、报社以及其他那些我们已知的关注贵国人民苦难的人士"[1]。文俊雄的研究认为，提里特编写印行的小册子，是英国最早出现的揭露日军南京大屠杀暴行的宣传材料，也应该是世界上最早出现的记录日军南京暴行的单行本材料[2]，对向英国与全世界揭露日军在南京的暴行产生了重要影响。1938年4月24日提里特在致郭泰祺函中，再次请求向他提供更多的有关日军暴行的报告，并称日军暴行资料编写成小册子印行后，已经产生了很好的效果，"一旦日军那些赤裸裸的战争暴行真正被人们所了解，那些爱好和平国家对因日本侵略带来的恐怖的关注就会增加"[3]。

①　任荣、张开森、文俊雄：《本·提里特关于编印出版南京大屠杀史料致中国驻英国大使郭泰祺函两件》，《民国档案》2006年第4期；第二历史档案馆，郭泰祺个人函件。

②　文俊雄：《国民党战时对外宣传与南京大屠杀真相传播研究》，《民国档案》2008年第1期。

③　文俊雄：《国民党战时对外宣传与南京大屠杀真相传播研究》，《民国档案》2008年第1期。

2. 南京大屠杀影片播放：李复信件

援华会成员、基诺电影院（Kino）的伯顿（Basil Burton）为了获取关于美国牧师马吉拍摄的关于南京大屠杀的纪实影片，积极通过李复与国民党中央宣传处的负责人董显光、田伯烈及国际宣传处香港办事处主任温源宁联系，希望获取影片，通过放映"保持人们对中国的浓厚兴趣"，并为"援助中国的组织募集资金"。

伯顿既是影片分销商又兼做导演，对中国抗战和西班牙内战都十分关注，乐于免费处理加工影片。伯顿先生创办单独的非营利公司基诺电影院的初衷是放映西班牙政府制作的大量优秀宣传片，为宣传西班牙内战中的共和军做出了巨大贡献，也募得了大量捐款。伯顿希望通过播放中国影片募得捐款交给英国援华总会、国际和平运动以及其他一些和平组织，从而向中国提供医疗援助或支持联合抵制日本运动。①

伯顿为影片的放映制订了周密的计划。其一，如果南京大屠杀的影片发行是出于商业目的，就交给与援华总会关系密切且为左翼人士青睐的统一剧院（Unity）发行。其二，如果影片不走商业发行，则由自己的基诺电影院发行，并在群众集会、私人场合和伦敦以外的英国其他地方放映。特别好的拷贝可提供给新闻影片公司，如果被采用，所赚利润将交给相关的中国抗战组织。其三，在广泛宣传影片的基础上与提出要求的团体约定好放映时间。届时配合影片的放映，举行集会和演讲，激发与会者对中国抗战事业的热情，继之以募捐，所得钱款用于中国的抗战事业。通过援华总会以及其他组织在伦敦和全国各地方进行同样的工作，借助影片放映吸引民众观影、听演讲、参加募捐。其四，组织针对议会议员、政府官员等人士的私下放映。

为了确保影片通过审查，伯顿还提出了技术层面由基诺电影公司将35mm胶片转制成16mm拷贝的方案，因为后者不必接受检查。伯顿希望中国政府仿效西班牙政府的宣传力度和争取英国公众舆论的做法，对"那些夜以继日、不计任何报酬地为中国抗战事业工作的英国人"提供帮助。

---

① 文俊雄：《李复为在英美放映南京大屠杀纪录片致董显光等报告两件》，《民国档案》2002年第4期。

伯顿还对将来的宣传影片内容提出了看法。除了充满恐怖和战争内容揭露日军暴行的影片，应该增加"反映中国普通大众生活，反映中国学校、工厂、乡村、农场等的工作情况的影片"。还应该提供一些相关的背景资料。因为对大多数人来说，中国遥远且陌生，"仍然是一个男人留着辫子，到处都是宝塔的国度"。要改变这种刻板印象，好的影片比单纯的宣传材料更为有效。伯顿认为可以制作一部反映战前学生学习、运动的影片，"除了单纯的建筑物镜头外，里面要有几个漂亮的女生在教室上课，在网球场上打球的场景。随后还要有一些镜头表现学生对战争爆发的反应，接踵而至的无序，日本人对大学生活的破坏，对教师、学生的迫害，中学和大学如何在内地重组，战时教育还在继续进行等等"。伯顿同时建议拍摄有关反映劳工组织活动的影片，通过影片向英国的贸易协会发出求助呼吁。伯顿认为，有关男女童子军、基督教青年会以及其他青年组织活动的影片在英国类似的组织中及所有关心中国的民众中，都会"风靡一时"①。

伯顿先生还给国际宣传处提供了一家美国非营利电影放映公司的联系方式，殷切地期待有关中国的好影片。在他的努力下，基诺影院很快收集了《南京的陷落》《广州被轰炸》《战时中国》《中国在还击》《中国为自由而战》等影片在全国巡回播放，同时支持租借。②

(二) 与国民党中央宣传部驻欧特种宣传委员会的合作

国民党中央宣传部驻欧特种宣传委员会，是国民党中央宣传部派驻欧洲以"辅导旅欧侨胞，扩大国际宣传，并联络欧洲各国人士及援华团体，运用宣传方法，促进各国政府及民众起而制裁日本侵略为主旨"的机构，委员会与援华总会"有亲切之联络及合作之事业"③。驻欧特种宣传委员会向国民党中央宣传部呈报的《第三号报告书》中谈及了与援华会的合作，并请中宣部"鉴核并恳钧部赐函奖励，藉资劝勉及联络为幸"④。援华会的中方成员王礼锡、朱宝贤、张似旅、林咸让等也与宣传

---

① 文俊雄：《李复为在英美放映南京大屠杀纪录片致董显光等报告两件》，《民国档案》2002 年第 4 期。

② 基诺影院（Kino Films Ltd）所收藏中国电影清单，Clegg/1/，Marx Memorial Library 馆藏。

③ 龙锋：《国民党中央宣传部驻欧特种宣传委员会报告书》，《民国档案》2013 年第 3 期。

④ 龙锋：《国民党中央宣传部驻欧特种宣传委员会报告书》，《民国档案》2013 年第 3 期。

委员会积极合作，不遗余力。

驻欧特宣会 1939 年 6 月《第四号报告书》里强调，自 1938 年 7 月 3 日报告书呈报工作后的十个月来，特宣会在英国的工作主要是着力联络新闻界、政党、名流、民众团体，特别注重与国际和平运动英国分会、英国援华会等团体的合作，"努力促其各种援华制日主张之实现"。各团体所召集的国际会议，包括 1938 年 7 月底国际和平运动在巴黎召开的"世界反对轰炸不设防城市大会"、1939 年 2 月在伦敦举行的年会，特宣会均分别派遣代表参加，积极联络。

特宣处驻英人员、援华总会成员林咸让在英国各地公开演讲，并受援华会派遣赴荷兰参与抵制日货、对日禁售煤油、募捐药物等运动。另有援华会朱宝贤致力于国际宣传。

由此，援华会与国民党中央宣传部驻欧特种宣传委员会保持着良好的合作关系，但是由于经费困难，从 1938 年 8 月至 1939 年 5 月底的十个月"收入除上年度结存英币二百四十九镑及秀峰月捐瑞币一百佛郎（约合五镑）外，别无收入。经费支绌，日甚一日，虽屡向国际宣传处陈情，请念驻欧宣传重要性，将前经钧部批准属会经费迅予拨给，迄无着落，似此困难情形，不特属会许多重要计划碍难进行，即已经开始之工作亦不免陷于停顿"①，驻欧特种宣传委员会不得不于 1939 年 6 月结束工作，"两年苦心废于一旦"②。

（三）国民政府与援华总会的桥梁田伯烈

1937 年抗日战争爆发后，《曼彻斯特卫报》记者田伯烈在其同乡端纳③的引荐下，开始介入国民党的对外宣传工作，开始只是非正式地报道和领取经费。④ 南京大屠杀之后，田伯烈于 1938 年 1 月 16 日拟写了一份有关日军在南京等地暴行的新闻电稿拍发给《曼彻斯特卫报》，向全世界

---

① 龙锋：《国民党中央宣传部驻欧特种宣传委员会报告书》，《民国档案》2013 年第 3 期。

② 龙锋：《国民党中央宣传部驻欧特种宣传委员会报告书》，《民国档案》2013 年第 3 期。

③ 威廉·亨利·端纳（1875 年 6 月 22 日—1946 年 11 月），出生于澳大利亚，悉尼《每日电讯报》招聘记者和副主笔。1903 年，赴中国进行采访报道，旅居中国四十年。曾追踪报道日俄战争、率先披露袁世凯与日本人签订"二十一条"等内容。先后投奔张人俊、孙中山、张作霖、张学良，最后投奔蒋介石，充当其私人顾问。

④ 张威：《从新发现的史料看抗战时期田伯烈的身份转变与心态》，《国际新闻界》2009 年第 11 期。

公开揭露日军惨绝人寰的罪行。由于日方新闻检察官的干涉和阻挠，新闻电稿没有通过。田伯烈开始酝酿编写出版日军暴行的材料，并得到了在南京从事难民救济的贝德士（Miner Searle Bates）、史迈士（Lewis S. C. Smythe）、米尔士（W. P. Mills）以及在上海的鲍引登（Charles L. Boynton）等的大力协助。贝德士、费吴生、马吉等南京大屠杀的目击者为田伯烈提供了日记、书信等第一手资料。3月21日，全书脱稿。国民党中宣部同意并支持田伯烈4月初携书稿离沪赴英国出版此书，并聘请他负责国际宣传处伦敦支部的工作，其对外身份是中国国民党政府顾问。6月，该书英文版在伦敦、纽约相继出版，在世界上引起巨大轰动。9月，田伯烈正式辞去《曼彻斯特卫报》驻华记者的职务，加入反日侵略联盟，供职于国宣处。[①]

在伦敦，田伯烈受邀加入援华会，随即提出援华会的管理和政策应该由专门的委员会负责，克莱格认为此举是为了削弱共产党的影响[②]。由于该计划大大增加了援华会人员的工作量，执行了不到一个月即宣告放弃。作为援华会成员，田伯烈在曼彻斯特受到年轻人的热捧，他交往的名流也为援华会工作的开展提供了便利。田伯烈是国民党中央宣传处和援华会之间沟通的通道之一。

1939年3月，田伯烈回重庆汇报工作状况，并请示今后方针。在国民外交协会举行的座谈会上以"英国的援华运动"为题发表演讲。在演讲中，田伯烈把英国从事援华活动的人分为三大类：

> 第一类都是太古、怡和以及汇丰银行等在中国有着巨大投资的大企业家与大商家，出于自身的利益的考虑在议会常常质问并批评政府对华政策，以唤起政府对日本对英国在华利益造成威胁的关注。随着日本进入华南，把香港和中国隔离，在上海及其他地方的侵略行为影响到英国在华利益，以及日本政府屡次在宣言中不尊重《九国公约》、鼓吹建立所谓东亚新秩序，政府内部反英政策的抬头，大企业家和商业家开始积极敦促英国政府援华制日。

---

① 文俊雄：《田伯烈与南京大屠杀真相传播》，《中国档案》2013年第9期。

② Clegg, *Aid China 1937 – 1945: a Memoir of a Forgotten Campaign*, p. 67.

第二类包括李顿爵士为首的国联同志会,薛西尔爵士为首的国际反侵略分会之类的团体及个人。两个团体常常通过同情中国的决议,推动援华工作,但其注意力更多是在欧洲,远东只是其关注点之一。除了团体以外,这一类人中还包括反对战争、崇敬中国文化、积极捐募的社会名流,其援华工作只限于慈善性质及文化方面。

第三类就是成立于1937年9月的"最活跃最战斗的援华委员会",其成员中有著名的工党党员,与工党和工会密切联系。遍及全英国的抵制日货运动就是援华会所领导,其工作包括募捐帮助中国的救济工作、替中国做宣传工作、在政治上给中国帮助、抵制日货及国际联络工作[①]。

田伯烈把援华会的各项工作做了简单介绍:在救济方面,援华会通过民众集会、音乐会,舞蹈演出、电影放映以及专门呼吁来募集款项。仅在1938年末到1939年初的四个月中即募集1.6万英镑,办公费极尽节俭之能事,大部分款项用于在中国建立和平医院。在宣传方面,召集民众集会,发动游行示威,出版关于抵制日货的小册子,剪辑援华影片分发到各地,召集演讲员在集会上进行援华演讲。在政治上,援华会和劳工运动、合作社运动以及青年运动经常联系,与国联同志会、国际和平运动也密切合作,敦促议员在议会上提出援助中国的议案,供给工党和自由党议员以必要的演说材料,助其了解中国的形势发展。在抵制日货运动方面,援华会出版了各种小册子、传单、标语,组织示威运动,编辑专门的电影,并派人去游说各大商店,请他们停止售卖日货。抵制日货运动使1938年输入英国的日货比1937年减少16%。在国际联络方面,英国援华会和其他各国的援华团体联系密切,与之经常联络的有埃及、法国、马来亚、新西兰、澳洲、美国等国的援华机构。援华会的传单等被译成包括阿拉伯语在内的多种语言[②]。

作为援华会成员的田伯烈的演讲,一方面,总体概括了英国不同利益集团、团体和个人的援华努力,表达了英国民众对中国的同情、敬仰

---

① 《英记者田伯烈讲:英国的援华运动》,《新华日报》1939年3月25日第3版。
② 《英记者田伯烈讲:英国的援华运动》,《新华日报》1939年3月25日第3版。

以及对中国必胜的信心，也鼓舞了中国人民抗战的士气。但另一方面，作为国民党中宣处的顾问，出于意识形态的考虑，田伯烈在谈及援华会的工作时，有意避开了委员会中英共成员的作用，仅仅强调了工党的援华举措。

田伯烈返英后即专访英国各重要阁员，探寻对远东意向，并力陈中国抗战之实况。6月初田伯烈被邀列席英国议会，就抗战两年来的总体现状进行演讲。从6月间与国宣处驻纽约负责人李复在巴黎商讨在欧美的宣传工作计划，邀请驻法大使顾维钧及若干专家列席指导并参加意见。会后，田伯烈又与李复同赴伦敦征求郭泰祺大使意见，还介绍《益世报》海外通讯社、布鲁塞尔分社社长与顾维钧取得联络，加强对法宣传工作。自此国宣处对欧、美宣传已打成一片①。6月29日，英国贸易协会开会时，出席者除英国议会议员和工商界领袖，田伯烈和纽约负责人李复都被邀请列会演讲。

田伯烈工作内容之一是利用重要报纸，如《曼彻斯特卫报》《泰晤士报》等进行抗日宣传，"散发宣传刊物，计划集会演讲，以及联络工、商、政、学各界人士"，其二是推动援华团体的工作，主要是"援华运动委员会、民治联合会②……迄今已著相当之成效"。援华会会长李斯特维尔伯爵和英国远东司长豪尔（Howl）还与李复会面，讨论如何减少因英、美两国在远东问题上的分歧对援华运动无法统一步调而带来的消极影响。

在1939年英日东京谈判之初，国宣处致电田伯烈，要求对"英国态度作缜密研究，并发动议会及民间，严重监视其政府之态度，同时，准备万一恶化时，推进一种适当运动"。③ 英国承诺对日妥协时，援华总会在伦敦举行游行示威。8月9日国宣处得到英国政府决定引渡天津案四人的确切讯息后，立即报告伦敦大使馆，同时与援华会负责人会面商量，推进宣传活动，最后决定由会长李斯特维尔伯爵署名致电外交大臣哈利

---

① 刘楠楠：《1939年国民党中央宣传部国际宣传处工作报告》，《民国档案》2016年第4期。

② 即民权保障会。

③ 刘楠楠：《1939年国民党中央宣传部国际宣传处工作报告》，《民国档案》2016年第4期。

法克斯，提议传审四人，同时发动"上海英国律师埃利和海因斯（Ellies & Haryes）声请上海、英国法庭传审该案，虽未被接受，但此项努力，已引起英全国人士之注意，在宣传上博得预期之效果"。对于天津租界存银事件，国宣处再度与援华会合作宣传。8 月援华总会开会以天津问题为讨论主题，田伯烈及张彭春博士均发表文章，借英国各地报纸引起英国民众对该问题的兴趣及关注。[1]

第二节　援华会的新发展

一　规模扩大和英共党员力量的加强

1938 年初活动的大量增加给援华会带来了更多的收入。到 4 月，援华总会已经筹集到 8000 英镑捐款，其中 5000 英镑作为救济金寄往中国。[2] 剩下的 3000 英镑用于印刷传单、海报，租用集会场所以及发放成员的薪水。援华总会还收到每月 100 英镑的匿名捐助。活动力度和工作量的加大意味着援华总会必须扩大规模。援华会 2 月时增加了两名新雇员。为了明确分工，提高效率，援华会成立了戈兰兹负责的组织委员会，同时也开始寻找新的办公地址。雷纳女士（Rainer）被任命为办公室主任，克莱格负责联系演讲人、宣传及处理信件。另外还有两名打字员和一名勤杂工。新办公地址很快落实，在离民权保障会不远处的议会大厦。雷纳女士不久离职，搬到新办公地址后，克莱格被任命为援华会的全国总干事。

英共党员玛丽·琼斯（Mary Sheridan Jones）是新聘用的助理秘书[3]，于 4 月开始任职。琼斯曾任费边社托儿所秘书，富有办公室工作经验，有能力又肯干。援华会接下来三年的成绩与她的努力分不开。琼斯一上任就接管了抵制日货活动，并出谋划策，扩大了活动规模，办公室工作也井井有条。

---

① 刘楠楠：《1939 年国民党中央宣传部国际宣传处工作报告》，《民国档案》2016 年第 4 期。

② Clegg，*Aid China 1937 – 1945：a Memoir of a Forgotten Campaign*，p. 46.

③ Clegg，*Aid China 1937 – 1945：a Memoir of a Forgotten Campaign*，p. 47.

另一位强有力的新加盟成员，是专门组织工会工作的英共党员乔治·哈代（George Hardy）。哈代曾做过海员、码头工人、卡车司机和工会组织者。1927年被派到中国组织工会，在加入援华会前不久为英国工会左翼组织少数派运动工作。哈代有许多联系人，能够确保援华事宜在行业理事会、工会分会、全国大会上提出来，是援华工作的有力支持者。

毕业于伦敦政治经济学院的荷兰律师莱德尔（Nel Bruinwold Reidel）成为援华会的打字员。克莱格希望通过莱德尔与荷兰及荷属东印度的传教士及教会组织联系，在全球范围内促进援华活动。援华总会与荷兰、比利时的援华组织都建立了联系，一度成为国际援华的信息交流中心。其中比较成功的活动之一是组织印尼学生到伦敦为援华活动演出。

上述所有在援华会新办公室工作的人员都是英共党员，在援华会的工作一直持续到1939年。除了全日制员工，援华总会得到大量志愿者的帮助，包括琼斯的母亲琼斯夫人、格拉泽（Rose Glaser）及伯恩茅斯援华会的秘书英尼斯·杰克逊（Innes Jackson）等，帮助整理、复印需要寄出的材料等①。

1938年初援华总会的活动和办公室都逐渐成形。援华会的执行委员会包括所有出席成立大会、出席每两周召开一次的例会并乐意承担部分工作的成员，外加部分委任的成员。所有付了会费、捐出足够资金以及地方附属援华委员会、左翼书社及和平理事会的成员也都视作援华会成员，援华会通过信函和通告与之联系。直到1939年初援华会通过章程、理事会取代执委会之前，一直以此种模式运作。新成员和新办公地址的选取意味着援华会活动规模的加大。除了英国国内的活动，也积极参与国际和平运动酝酿的7月召开的巴黎和平大会。

二 援华总会一周年特别会议

"七七"事变一周年之际，为了继往开来，援华总会于7月16—18日召开特别会议，回顾成立一年来的各项工作，并讨论了今后工作的开展。彼时，西方各国依然没有明确的对华政策。英国政府拒绝了对华的金融援助；而法西斯德国在日本的压力和德国驻东京大使狄克逊的推动

---

① Clegg，*Aid China 1937 – 1945：a Memoir of a Forgotten Campaign*，p. 48.

下，召回了在华军事顾问并不再对华出售武器。援华运动面临着两个困难，一是援助西班牙的呼吁分散了公众的注意力，二是随着时间的推移，民众开始为其努力并没有对英国政府政策产生影响而感到沮丧。援华总会特别会议在此背景下召开，集中了伦敦和各地方援华组织的代表，从政策、组织、教会、财政资助四个方面对援华会的工作进行了深入讨论。①

（一）会前筹备与思考

援华会于 6 月开始筹备 7 月 16—18 日的特别会议，在此过程中回顾了之前的宣传工作，尤其是"广州周"的宣传情况。

"广州周"的宣传活动没有达到预期的效果。援华总会在"广州周"期间举办了众多宣传活动，但收到的支持相对较少，特别是在女王大厅举行的集会到场人数只有大厅容量的一半。集会前期有许多专门宣传，包括在《每日先驱报》和《新闻纪事报》的社论版上刊登了广告，同时也大规模地张贴海报、分发传单。若讨论的话题与西班牙相关，同样的宣传和组织吸引的人数定能坐满女王大厅。

因此未来的援华工作，援华总会认为应基于以下考虑：

英国民众对中国的看法普遍友好。这是出自于本能的友善，而非深入人心的政治信念。有许多人"虽然完全同情中国人民的遭遇，但却被所涉及问题的规模和复杂性所吓倒"，因此宣传是十分重要的。特别是在救济方面，宣传能让民众确信他们在中国的救济捐款和政治工作（特别是抵制日货）可以改变现状。

伦敦市长基金已在很大程度上吸纳来自：（1）出于英国的利益而关注中国的人，以及（2）出于人道主义原因（主要在教会——中国传教工作多年来一直处于领导地位）对中国感兴趣者的捐款。而西班牙问题和欧洲普遍的紧张局势影响了一部分有政治意识的群体，主导了他们对利益和活动的考量。

尽管英国民众多对中国表示同情，但英国政府从未明确或公开阐明其战争方面的相关政策，因此多数英国人仍未意识到英国政府在远东地

---

① Clegg papers, Marx Memorial Library; Clegg, *Aid China* 1937 – 1945: *a Memoir of a Forgotten Campaign*, pp. 69 – 70.

区政策的危险性，更没有意识到中国与英国的紧密政治联系。明确政策的缺失意味着中国的支持者没有意识到一场强劲运动的必要性，这场运动决定了他们能否促使英国政府采取对中国有利的行动。基于知情的公众舆论对中国获得英国信贷至关重要，同时也能够有力地打击牺牲中国权利和领土而获取短暂和解的做法。

援华总会认为，亟待解决的问题是如何利用战争中每场战役争取民众的支持，如台儿庄大捷、日军对广州的轰炸等。要掌握主动权，就必须了解战争及其可能带来的后果。目前包括日本的动员令在内，都指向了一个事实——中国的反抗力量超出了日本的预期，同时还超出了日本所能控制的范围。援华总会的目标是帮助中国赢得战争，帮助中国争取和平。对中国的实力、抗战的力度、经济的持久和最重要的统一战线的宣传有助于建立起更强的政治信念，从而激发更积极的运动，为救济工作提供更多资金支持。此外，充分解释中国的抵抗对欧洲局势的影响也有助于援华运动的发展。

援华总会认为援华运动面临的问题是如何将援华活动"转化成与个人息息相关的问题。如何在英国的地区与中国的地区之间建立起联系？兰开夏郡能否接纳一个中国的城镇或医院为其提供帮助？中国将领能否出现在戏剧中？是否可以将台儿庄战役印成传单"①？

援华总会掌握有丰富的资料，不仅与战争有关，还包含中国做出的巨大努力——建立一个更好的工业和农业化国家。同时，中国对大学的重建和对教育的普遍重视，也吸引了广大舆论的想象力和支持。这种类型的宣传成功与否取决于材料的改编以适应不同的目标人群，能否利用群体的集体忠诚。以下几点可以达成：（1）每个报业机构都留出一页版面，报道中国抗战的一方面内容。（2）对一些与中国相关的特殊内容进行补充，主要涉及文化、政治和宗教方面。（3）组织定期分发中国的业务通讯，再次针对公众需求作出细致的调整。

援华总会认为定期宣传有利于建立起有关中国的知情舆论。民众会意识到中国的胜利既与每个人密切相关，又对世界反侵略斗争起着至关重要的作用，这能够帮助英国人民与中国人民建立起亲密的关系。毕竟

---

① Clegg papers /1/, Marx Memorial Library.

相比对西班牙的援助，距离和规模都使英、中两国的亲密关系更难建立。

援华总会要成为中国在英国的信息中心，并向英国公众进行方方面面的宣传。除此之外援华会要在不同领域发动民众，包括：

（1）救济。救济工作必须加强。每一次与中国的交流都强调了其紧迫性，必须组织特殊区域和特殊需求的救济，并制定计划——由英国各地区和团体直接负责对应的中国医院、救护队、城镇等。

（2）援华贷款。英国政府彼时正在讨论实际问题，应该尝试在《泰晤士报》和其他地方进行适当的宣传，应邀请部分专家与援华总会合作，分析信贷、重建等问题，以及如何帮助中国朝着正确的方向前进。

（3）不向日本提供石油。这个口号特别适用于类似"广州事件"的情况，对民众的吸引力和适用性仅限于鼓动一般的情绪。

（4）抵制日货。这仍然是鼓动民众的最佳中心点。援华总会对此重视程度不够，而且到目前为止活动范围主要局限于伦敦。在地方民众对抵制日货有更大的兴趣之前，不存在援华总会发动广泛地方运动的基础，但可以在这个阶段通过制作"抵制日货承诺卡"进行实验。从现在开始，通过抵制方案的工会和其他组织可能愿意分发这些卡片，这是抵制日货迈向地方行动的第一步。某些报纸可能会报道这项"抵制承诺"。所有有关抵制、公司回复以及表决结果等材料都应在现阶段进行审查，以考查如何发挥其最大作用。

（5）将国联大会作为为中国和西班牙宣传的平台，但必须与中、西政府可能提出的需求相结合。①

7月16日至18日的周末会议将围绕这些问题开展新一轮的援华活动。中国的需求和地方运动将成为讨论的重点。同时，援华总会也邀请了宗教组织代表以及曾接待过援华会质询的商人和公司代表参与会议。

这是英国援华总会自成立以来第一次以这种方式主动邀请各方合作，其目的是以此作为新一轮大规模援华运动的开始。

（二）提出援华总会政策声明

特别会议之前，援华总会先是总结成立 9 个月以来的工作，其次为下一阶段工作的有效开展提出了政策声明，于 6 月底由伍德曼发给相关

---

① Clegg papers, *Marx Memorial Library*.

人员传阅，在 7 月初的例会上讨论，后来成为援华运动期间广泛传播和使用的政策声明。

声明首先指出英国政府和英国人民应该全力支持中国人民的抗日斗争，继而分析了援助中国的原因。中国人民多年来一直试图重建国家，重组社会。1937 年 12 月，中国国共两党恢复统一战线，为进一步发展奠定了基础，然而日本军国主义者却试图摧毁中国在工业和教育方面取得的所有进步。日本向中国开战和违反条约的行为威胁着整个世界的和平与安全。日本侵占中国对英国、英国自治领、美国、苏联的远东造成了威胁，助长着欧洲的法西斯侵略势力。打败日本意味着进一步促进世界和平，让中国继续自由发展，也能帮助日本人民摆脱军国主义者独裁的政府，与太平洋地区的其他国家和人民建立友好关系。

相反，日本的胜利意味着对中国人民的盘剥，随之而来将是世界市场上新增的廉价商品，给中国和其他国家人民的生活水平带来严重影响。中国的胜利则意味着中国在工业和通信建设方面的重建，中国需要的帮助也意味着把工作机会带到英国各地。日本远远没有满足于对中国东北的侵略，日本的目标是侵占全中国，觊觎整个东亚。对中国的征服将带来更多的战争，中国的胜利则意味着太平洋上所有国家都可以远离战争的恐惧。

声明认为，日本肆意轰炸、迫害平民的战争行径践踏了全人类的尊严，要求英国政府和人民采取有效行动来帮助中国。援华总会将继续向中国提供救济医疗用品和资金，帮助中国人民减轻痛苦，鼓励他们抵抗侵略。英国政府应该向中国提供贷款，并正式禁止与日本的一切贸易，特别是拒绝以任何形式向日本提供石油、战争物资和信贷。

声明指出，为恢复太平洋地区的和平、保障欧洲的和平，国际联盟应根据《联盟公约》的第 11 条和第 17 条回应中国的上诉，并应采取措施协助中国震慑日本。由于国际联盟和英国政府尚未采取任何行动，援华会认为可行的方式是民众拒绝购买日本商品，从而拒绝为日本提供外币，阻止其从国外购买基本的战争物资，防止在战争中与其合作。这样一来，一方面日本人，特别是日本商人，能够目睹战争给日本财政状况带来的负面影响，另一方面也可以向英国政府表明民众希望采取进一步行动来帮助中国。

声明重申了英国中国人民之友社的政治诉求，主张中国的独立和领土完整，反对破坏其独立和领土完整的和解方式。声明表示援华会希望与所有英国民众合作，民众可能不完全赞同援华会的政策主张，但仍可以通过一定的方式帮助中国人民。声明最后指出，援华会并不是反对日本人民，而是期望日本人能够在和平、自由的基础上和世界上其他民族建立友好关系。①

援华总会政策声明的提出阐明了援华的原因和途径，呼吁英国民众广泛参与，为下一阶段的援华运动奠定了基础。

（三）援华一周年特别会议召开

7月16—18日历时3天的援华总会特别会议，集中了各援华组织的代表，从政策、组织、教会、财政资助四个方面对援华会的工作进行了两天的讨论，17日与会人员在特拉法加广场参加集会、示威。会议日程如下：

7月16日下午五点半，进行政策讨论，由主席戈兰兹主持，王礼锡作报告；晚上八点半，讨论组织问题，副主席弗莱主持，克莱格作报告；18日上午十一点，讨论与教会合作问题，陶维新主持，伍德曼作报告；下午三点，讨论财政援助，会计凯耶主持，王景春、田伯烈作报告。②

在政策层面，援华会重申政治工作和救济工作并重的原则，重申争取工会支持的重要性。与会代表提出了争取保守党支持的策略，援华会已经得到了有很多保守党成员的国联同志会的支持，可以在此基础上强调战争带给英国的商业利益损失，对保守党还可以动之以情，通过艺术展览等扩大影响。哈代认为可以争取保守党批准对华信贷。戈兰兹认为英国政府拒绝批准给中国金融援助意味着援华会应该加大活动力度，援华的效果不能通过某个特定的行动来衡量，所有的行动都会在某种程度上发挥作用。

在组织层面，全国总干事克莱格表示大会的目的就是将为援华而努力的人聚集起来充分交流意见，商讨伦敦援华总会和各地方援华会如何互相协作和帮助。在近一年的工作中，援华总会主要是在伦敦以及各地方组织集会、选派演讲人、进行总体的宣传工作。在此过程中，援华总会与各界取得了广泛的联系，积累了许多为中国做宣传的宝贵经验。援

---

① Clegg papers，AC/1/，Marx Memorial Library.

② Clegg papers，AC/2/19，Marx Memorial Library.

华总会所面临的问题是，如何在英国掀起民众的援华浪潮以及加强英国人对中国的兴趣。要充分利用左翼书社、国联同志会、和平理事会等和平组织的地方委员会展开工作。伦敦的援华总会愿意以提供电影、文件、信息、传单和小册子以及建议的形式帮助地方委员会，协调如"广东周"之类的援华活动以及组织9月国联大会期间全国范围内的援华活动。戈兰兹在讨论结束时总结如下，援华总会无意通过纲领性文件；定期的公告更适合；地方援华会应定期报告其活动情况；总会应鼓励松散的地方联合组织；虽然没有明确的加盟费，各地方委员会应尽量给予总会财政支持；地方代表每季度应召开一次会议；紧急情况下，众代表将被召集参加特别会议。

在与教会合作方面，讨论了援华总会如何与教会建立更紧密的联系。援华总会的首要目的是保证中国的利益，因此迫切希望与所有持有同样目标的组织和个人合作，无关信仰和政治立场。援华总会准备了针对教会人士的传单，由援华会中的教会人士设计完成《对基督教教堂的呼唤》和《日本和中国的基督教徒有话说》的抵制日货传单。田伯烈也提议教会发动抵制日货活动。援华总会还提出请宗教期刊考虑效仿国联同志会的刊物《前进》，每月刊载一页中国新闻，加大宣传力度。援华总会还表示可以为教会活动提供演讲人。

援华总会会计凯耶主持了对中国的财政援助讨论。在华有经济利益的英国商界人士也被邀请参会，商讨如何进行政治宣传以期保护英商在华利益。凯耶认为援华总会的存在是为了帮助中国人民抗战。但英国在华利益必然因日本侵华而受重创，因此如何援助中国政府和维护英国在华利益是会议的双重目的。讨论主要围绕两个问题展开：一是英国在道义上有义务援助中国，二是援助中国符合英国利益。大会提出援助中国的方式有三种：私人银行贷款、政府贷款和增加出口融通便利。三种方式都面临着挑战：其一，中国现在正处于战时状态，贷款安全没有保证；其次，虽然中国政府希望用贷款帮助缓解货币问题，但英国政府已经拒绝了该提议，第三种方式虽然意味着中国能以宽松的信贷条件购买英国的纺织品、机械、化工产品以及药品，缓解中国在其他领域的财政压力，但总的来说，这种办法并没有直接贷款来得有效。财政援助方面援华运动面临的另一困境是伦敦金融城对援华宣传比较抵触，对华的出口信贷近期被中国联络委员会拒绝，也是与宣传不力有关①。

7月16日至18日援华总会在伦敦举行的特别会议，是援华会成立一年来首次召集的全国性援华会议，集中了各地方委员会的代表和利益相关者，围绕援华过程中的经验和问题展开讨论，为开展新一轮的援华活动做准备。值得强调的是，援华总会执行的统一战线政策，团结和争取了包括保守党在内的一切力量助华抗战，然而国际风云的变幻却使援华运动逐渐开始走上下坡路。

第三节　《慕尼黑协定》的影响及其后援华会的发展

一　《慕尼黑协定》的影响

英国援华运动蓬勃发展时，在国际舞台上，西班牙共和国的军队正在英勇作战，中国的统一战线也在日益加强，并最终得到了宪法认可。1938年3月，中共正式提出了"建立民意机关"的主张，为国民党所接受。3月29日至4月1日，国民党在武汉举行临时全国代表大会，通过《抗战建国纲领》，其中规定"组织国民参政机关，团结全国力量，集中全国之思虑与识见，以利国策之决定与推行"②。7月，国民参政会正式成立，取代了1937年8月国民政府成立的"国防最高会议参议会"，其诞生的意义之一是"告诉全世界的友人，中国国家是统一的，中华民族是团结的。"③ 援华总会专门发来了贺电。1938年9月，中国国防最高会议批准国民参政会提出的保卫人民权利和自由的各项建议，标志着抗日统一战线的进一步巩固和扩大。

然而国际时局的进一步变化阻碍了援华进程，捷克斯洛伐克、中国、西班牙都受到了极大影响。9月12日，希特勒要求将捷克的苏台德地区并入德国，13日张伯伦与希特勒会谈。英国和平组织开始警觉。国际和

---

① Clegg papers, AC/2/19, Marx Memorial Library.

② 徐辰编：《宪制道路与中国命运　中国近代宪法文献选编1840—1949下》，中央编译出版社2017年版，第127页。

③ 孟广涵主编：《国民参政会纪实1938—1948 武汉·重庆·南京 上》，重庆出版社2016年版，第61页。

平运动的英国执行委员会召开紧急会议，讨论采取行动的方式。① 戈兰兹
的左翼书社也立即回应，9 月 20 日在曼彻斯特自由贸易大厅举行集会，
戈兰兹提出如果欧洲的民主国家包括苏联在内联合起来，要阻止希特勒
还不算为时过晚，两天后出版的《左翼新闻》特刊上，他疾呼要"坚决
杜绝失败主义"。②

　　9 月 22 日，张伯伦再会希特勒，并对捷克斯洛伐克施加压力，要求
满足德国的要求。英国民众掀起反对出卖苏台德地区的风暴，全国上下
组织了数以千计的抗议游行。左翼书社、援华总会、国际和平运动的地
方机构印刷的 200 万张传单被民众抢夺一空。9 月 25 日星期日，白厅街
上挤满了民众，四面都是要求政府"站在捷克一方"的呼声。③9 月 28 日
英国新一届议会会期正式开始。中午时分，国际和平运动在大委员会厅
（Grand Committee Room）召开会议，下院议员和其他听众济济一堂。当
天晚些时候张伯伦在下议院发表讲话，详细谈及与希特勒德国就苏台德
地区交涉的过程及后者的强硬立场。张伯伦已向希特勒发出最后呼吁，
要求不要使用武力来解决苏台德问题，表示英法两国政府"有能力确保"
捷克对德割让苏台德地区的承诺能够得到"公平、充分和立即执行"，从
而避免"发动一场可能终结文明的世界大战"。张伯伦称将于次日与希特
勒就此事再度商谈，达拉第和墨索里尼也将加入会谈，相信可以在一周
内达成全面协议。张伯伦的谈话摧毁了采取共同立场阻止希特勒变得充
分强大后发动政府战争的一切努力④。

　　反对党工党的领袖艾德礼表示欢迎张伯伦的声明，并确信"每一位
议员都渴望在不牺牲原则的情况下不忽视任何维护和平的机会"，希望
"战争阴云可能已经散去"。前工党党魁兰斯伯里（George Lansbury）则代
表英国的数百万人感谢张伯伦所做的一切，并衷心希望他能成功。自由
党党魁阿奇博尔德·辛克莱爵士称"愿意支持首相提出并得到反对党领
袖附议的提议"。独立工党的麦克斯顿（James Maxton）也同意现在已经

①　Clegg, *Aid China 1937 –1945: a Memoir of a Forgotten Campaign*, p. 80.

②　*Left News*, Sep. 22, 1938.

③　Clegg, *Aid China 1937 –1945: a Memoir of a Forgotten Campaign*, p. 81.

④　*Historic Hansard*: 1803 – 2005, 1938. 9. 27, https://api. parliament. uk/historic – hansard/
commons/1938/sep/28/prime – ministers – statement, accessed 2022. 5. 21.

采取的步骤，因为坐在他"旁边的人和任何人一样渴望和平，任何可以采取的措施都会得到支持"。由此，其他议员都默认了张伯伦的背叛，只有英共议员加拉赫（William Gallacher）还在继续指责张伯伦的阴谋，反对肢解捷克斯洛伐克，认为和平"必须是基于自由和民主的和平，而不是基于分裂和破坏小国的和平"，当下的危机系由英国政府政策导致。①

9月30日在捷克斯洛伐克缺席的情况下《慕尼黑协定》签署，英国和法国同意整个苏台德地区与德国合并。慕尼黑阴谋意味着取得和平的唯一道路，即反对希特勒和轴心国侵略的共同立场，已被摧毁，世界大战不可避免。戈兰兹等遭受重大打击，对英、法、苏采取联合行动维护和平的希望破灭，左翼书社逐渐沉寂。所幸戈兰兹很快又回到支持西班牙和中国的阵营，继续争取与苏联合作，而其他组织如国联同志会、国际和平运动等则开始一蹶不振，失败主义也影响了尼赫鲁。张伯伦不仅摧毁了捷克，在整个过程中对国联的无视也意味着国联的坍塌。

援华会在明确意识到左翼书社的退缩后，当即以一己之力于9月30日至10月1日在唐宁街召集集会进行彻夜抗议，由于时间紧迫，传单30日上午才印出，分发范围很小，参加者只有数十人。其他和平组织纷纷放弃时，援华会则发出了最后的抗议，宣布将代表英国、中国、捷克人民的利益，继续战斗。

英国在慕尼黑阴谋中扮演的角色纵容了日本对中国的侵略。日本加紧对沿扬子江地区的攻势，而且在香港附近的大亚湾登陆，向广东进发。10月21日拿下广州，24日拿下汉口。1939年2月，日本占领海南岛，进一步孤立香港，威胁印度支那。在此期间国民政府完成迁都过程。1938年7月到8月初，集中在临时"首都"武汉的党政军等职能部门全部迁到陪都重庆，12月8日，蒋介石也率其侍从及幕僚人员从桂林飞抵重庆，打破了日军速战速决取胜的企图。

慕尼黑阴谋也不利于中国国内统一战线的发展。一方面，在战争中不断丧城失地的蒋介石害怕中共乘机发展势力，尽量限制中共及其军队的发展与壮大。另一方面，国民党对西方的政治气候尤为敏感。国民政

① *Historic Hansard*：1803 - 2005，1938.9.27，*https：//api. parliament. uk/historic - hansard/ commons/1938/sep/28/prime - ministers - statement*，accessed 2022. 5. 21.

府在反抗日本侵略的过程中一直寄希望于英、法、苏等国的携手援助。慕尼黑阴谋表明，法国政府太过懦弱，张伯伦政府的首要任务仍是反共而非反法西斯。尽管苏联政府彼时仍是中国抗战的唯一支持者，对部分国民党成员来说，统一战线在某种程度上成了他们和英法等西方国家达成协议的障碍。

1938 年 10 月 12 日的延安中共中央委员会的扩大会议上，毛泽东阐述了对中央政府的支持，宣布了中共的双重目标：把日本帝国主义赶出中国，建立以孙中山三民主义为基础的民主共和国。中共认为抗战胜利的基础一是蒋介石和国民党的坚定不移；二是改善国共关系，加强统一战线。然而国共关系还是开始恶化。苏联军事援助由中央政府支配，八路军和新四军几乎没有受惠。医疗援助同样如此，到 1938 年底，中国红十字会不再给予八路军和新四军医护人员和物资援助，并开始对学生和其他人员封锁通往延安根据地的道路。特别是 1939 年 1 月国民党五届五中全会上制定"防共、限共、反共、溶共"政策并设立"防共委员会"后，国共两党关系开始进入持续摩擦和冲突的状态。

慕尼黑阴谋之后，援华会开始讨论新形势下指导行动的纲领。哈代和林咸让提交了两个不同版本。[1] 最后通过的是稍加修改后的前者版本。哈代指出了慕尼黑阴谋及汉口沦陷的后果，同时担心英国政府当时很想以"调停者"的角色在远东搞一个"慕尼黑协定"，把大片中国土地交给日本。这既是原则和策略问题，也涉及对危险严重性的估计。为了避免疏远同情援华会的人，弗莱提出不应该对政府人员进行人身攻击，不能在慕尼黑事件之后催促张伯伦下台，否则就会偏离援华宗旨。最后声明经过某些修改后一致通过，发送给了世界各地的援华会。

11 月 4 日英国国王乔治六世在议会开幕大典时的讲话明确表明，张伯伦政府不会反对在远东搞一个允许日本扩大控制中国范围的交易。讲话中故意采取了中立的立场，回避了任何听来对日本政策有批评之意的言辞，仅仅是"对中国和日本的对立仍在继续感到遗憾，这使交战双方丧失大量生命，并使第三方的权利和利益遭受相当大损失，我殷切希望冲突能够早日结束。"与政府的消极不同的是，丘吉尔撰文称"中国没有

---

[1]　Clegg，*Aid China 1937 – 1945：a Memoir of a Forgotten Campaign*，pp. 89 – 90.

理由不坚持下去……在客观的旁观者看来,只要中国人民保持民族团结的精神就能够拯救国家的灵魂。"[1]

沮丧、气馁带给援华会的直接影响是财政困难。国联同志会理事会声称所有的资金都只能用来支撑自身的运转,没有余力支持援华会或为其活动做宣传。奄奄一息的西班牙共和国吸引了多数组织的投入,中国的抗战很难与其抗衡。国际和平运动的《每月通讯》几乎不再提及中国。到1938年底时,妇女国际联盟开始讨论脱离与援华会的联系。因为援华活动极大程度上依赖和平理事会和国联同志会的分支机构,所以援华总会的支持者数量受到极大影响。但另一方面,援华会也是受到影响最小的一个团体。1939年3月田伯烈受邀参加国民外交协会座谈会时曾指出,援华总会在英国援华人士和团体中最活跃最富有战斗精神[2]。中国抗战在继续,援华总会的新点子层出不穷,而且1938年9月的国联会议最终同意对日本实行经济制裁,虽然英国政府较为谨慎,没有敦促统一行动而是让各国政府自行决定。苏联已经开始抵制日货,出口从1936年的2.77千万卢布减少到1938年前7个月的300万。[3] 加拿大和美国也在讨论启动制裁,援华总会热切地希望能够协调各国行动。

援华会的地方分会在打击面前表现良好。广东和汉口陷落后,默西塞德援华委员会立即联系中国,表达了关键时刻对中国的支持。援华会派出纳员凯耶和哈代去各主要地方援华会。只在爱丁堡凯耶遭遇反对"政治宣传"的不同声音,尽管爱丁堡行业理事会也乐于帮助中国。在伯明翰,哈代受到行业理事会的欢迎,说服和平理事会成立了中国工作委员会。在纽卡斯尔,成立了援助西班牙和中国委员会,后来为中国做了大量工作。在凯耶到访的曼彻斯特,援华会比以往更加支持抵制日货,事实上,曼彻斯特中国救济和运动委员会进入了鼎盛时期。[4] 当然也遇到些许障碍,一位重要的成员反对任何形势的"政治"活动。既然分会成立时曼彻斯特市长只允许救济工作,该成员坚决反对抵制日货和直接行动。市长训令持续了一

① "The Japanese Burden", *Daily Telegraph*, Nov. 3, 1938.
② 《英记者田伯烈讲:英国的援华运动》,《新华日报》1939年3月25日第3版。
③ Clegg, *Aid China 1937 – 1945: a Memoir of a Forgotten Campaign*, p. 92.
④ Clegg, *Aid China 1937 – 1945: a Memoir of a Forgotten Campaign*, p. 92.

年，之后委员会进行了重组，委员会的创始人员之一、国际和平运动的拥趸者爱尔兰（John de Courcy Ireland），被任命为组织秘书，得到了所有巴黎会议参会者的支持。专门负责抵制日货的合作机构单独成立，曼彻斯特援华会也开始为国际和平医院以及英国基金（前伦敦市长捐）募捐。到年底，募集金额达 3533 英镑，其中 3210 英镑寄往中国。据爱尔兰记录："没有一个兰开夏郡、柴郡、约克郡及德比郡的镇，我们没有举办过支持中国的集会。"① 成为组织秘书后，他去了都柏林和贝尔法斯特推进援华工作。贝尔法斯特的反应尤为激烈。后由于爱尔兰共和军的恐怖活动，爱尔兰被迫辞职，但其事业还在继续。兰开夏的抵货运动日益壮大，曼彻斯特援华会为国际和平医院创立的特别基金也在持续增长。

二 利用圣诞购物季加强抵制日货运动

《慕尼黑协定》之后，援华总会发起的大型活动数量骤减，从 1938 年 10 月到 1939 年 2 月其工作中心之一是抵制日货。援华总会利用圣诞节前的市场活跃期，加紧反日宣传，推进抵制日货运动。最主要的活动是圣诞节期间的抵制日货。抵制日货分步进行，圣诞节前主要抵制日本玩具，节后主要抵制丝绸。儿童报的编辑阿瑟·米（Arthur Mee）也呼吁英国儿童及其父母给援华总会捐款，拒绝购买日货，尤其是日本玩具。

自由党及社会党团体都力劝顾客拒绝购买日货。国际和平运动英国分会发表宣言抵制日货，12 月中旬妇女团体持反日标语在伦敦游行，利用来自中国的战事照片引起民众的反日情绪。12 月 18 日曼彻斯特市中心举行大规模反日运动，以期唤起民众一致抵制日货。② 12 月 19 日世界和平大会英国分会举行大规模示威运动，抗议日本飞机轰炸中国平民的野蛮举动，并劝告全国人民勿购买日本所造圣诞节礼品。12 月底，曾有英国商店混售日货被警局罚 30 英镑。③

---

① Clegg, *Aid China* 1937–1945: *a Memoir of a Forgotten Campaign*, p. 93.

② 《英孟却斯特昨举行热烈反日运动，伦敦商店已不卖日货，十九日举行反日游行》，《新华日报》1938 年 12 月 18 日第 3 版。

③ 《抵货:【伦敦】英商店混售日货，被警局罚三十镑》，《新华日报》1938 年 12 月 31 日第 2 版。

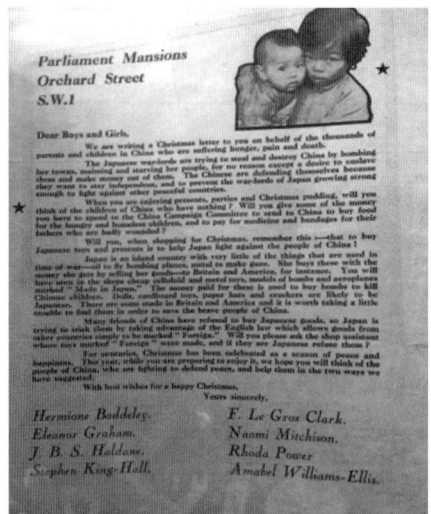

图3-2 援华会联合儿童作家发表的《告全英儿童书》

图3-3 援华会呼吁英国儿童抵制日本圣诞玩具传单①

---

① 曼彻斯特工人阶级运动图书馆收藏。

援华总会还发动英国儿童抵制日货。伦敦各商店已经不卖日货玩具。
12 月 15 日，援华会发表《告全英儿童书》，吁请儿童将圣诞节时的储蓄
金钱捐赠该会，用于救济战争中的中国儿童，并拒绝购买日本所制之玩
具及鞭炮。《告全英儿童书》由援华总会联合部分儿童作家、何登等文化
名流署名，在伦敦热闹市区分发的同时以声明和传单的形式在《新闻纪
事报》《每日先驱报》《曼彻斯特卫报》《工人日报》全文发行，《每日镜
报》、法国报纸《防御》（La Defence）部分刊登。援华总会也尝试争取在
商业期刊刊登，未果。相比之下，地方报纸更为成功。[①]

图 3 - 4　援华会号召抵制日本丝织品传单[②]

三　《慕尼黑协定》之后曲折中前进的援华总会

1939 年，英国民众对世界局势较为悲观，认为普通人已经很难为改
变世界做出自己的贡献。此时的西班牙共和国宣告瓦解，弗朗哥 3 月底

---

① 《英援华运动会发表告全英儿童书，将圣诞节储蓄捐赠救我难童》，《新华日报》1938 年
11 月 16 日第 3 版。

② 曼彻斯特工人阶级运动图书馆收藏。

占领马德里，共和国政府流亡海外，令英国许多人理想破灭，另外一部分人则转向支持继续坚持使命的援华总会。诗人奥登和小说家伊舍伍德曾于1938年春天一同到中国采访，合写《战地行》，对中国的抗日战争表示同情与支持，此时也弃英去美。

4月15日，英、法、苏在莫斯科开始谈判缔结互助条约和军事协定，给民众带来新的希望。由左翼书社在英国最大的皇后大厅（Empress Hall）举办的集会盛况可见一斑。这也是左翼书社最后的一次活动。然而，历时数月的谈判最终在8月以破裂而告终。英法拒绝彻底放弃对德绥靖政策，甚至试图与德国和解，迫使苏联卷入对德战争后坐收渔翁之利。苏联方面则出于现实的考虑，放弃了与英法合作制止德国侵略的本意，从保证自身安全出发与德国在8月23日秘密签订了《苏德互不侵犯条约》，这一结果在英国更传播了绝望情绪。

对华政策方面，英国政府没有作出根本改变，只是于1939年3月向中国提供第一批平准基金贷款500万英镑。援华总会一直将英国政府的政策跟苏联对中国的帮助相比较，敦促政府对日实行经济制裁。

（一）召开"世界事务中的中国"国际会议

西班牙共和国的崩溃对进步力量而言是一个沉重的打击，而中国的战斗和抵抗推迟了轴心国的扩张计划，并给西方国家提供了和苏联拟定对付希特勒可行计划的机会。在此背景下，援华总会经过慎重考虑，决定于3月在伦敦召集国际会议，讨论中国在世界事务中的作用。

3月10日至11日，援华总会在友谊大厦（Friend's House）召开了为期两天以"世界事务中的中国"为题的会议，会议讨论了进入抗战第二阶段的中国形势①。与会者背景各异，不仅仅包括左翼人士。参加会议的还有法国、比利时、荷兰援华组织的代表，会议气氛比以往援华会召集的国际会议要凝重。

会议的主要目的是应对绥靖主义者和失败主义者的观点。副主席弗莱女士主持会议，她驳斥了牺牲中国保全亚洲其他地区的短视观点，强调一旦中国被占领，众多的人口会沦为日本低成本的奴隶，几乎不再会有国家能与之抗衡，"英国对于远东发生之事件，与英国之关注切身关系

---

① Clegg, *Aid China 1937 – 1945：a Memoir of a Forgotten Campaign*, pp. 100 – 101.

何在，现未能明了，日本如能战胜中国，则全球人口之五分之一，均将沦于半奴隶地位"。约克大主教特电该会："中国现正英勇抗战，各列强现犹未能使中国人民所受的痛苦，完全并除，此余现认为至为可耻"。[1]诺埃尔·贝克也参加了会议并提出对日本进行经济制裁。戈兰兹指出日本对中国的侵略始自 1931 年，这是在世界范围内法西斯对自由的践踏，是处心积虑的侵略套路。继慕尼黑阴谋之后汉口和广东的陷落、海南的沦陷，都是对西方民主的威胁，日本的行径给予其欧洲"盟友"新的行动把柄。英国民众应该充分意识在世界反法西斯战争中中国起到的巨大作用。

图 3 - 5　援华会组织的"世界事务中的中国会议"传单[2]

（二）常规活动

援华会在 1939 年初开会通过了章程，将执行委员会改称理事会。[3]

---

① 《伦敦开援华大会》，《新华日报》1939 年 3 月 12 日第 3 版。

② 曼彻斯特人民历史博物馆收藏。

③ Clegg, *Aid China* 1937 - 1945: *a Memoir of a Forgotten Campaign*, pp. 51 - 50.

《慕尼黑协定》签署之后一度停止的许多活动得以重新开始。[1] 与奥登关系密切的诗人戴·路易斯（Cecil Day Lewis）[2] 走出沉寂重新为中国呼吁呐喊。国联同志会也再度号召抵制日货；格拉斯哥成立了地方援华会，举行民众集会放映电影《中国为自由而战》，邀请林咸让发言。诺埃尔·贝克忙于宣传法国政府 4 月限制进口日货的决定。曼彻斯特抵制日货委员会尤为活跃。玛丽·琼斯在兰开夏郡的多个市镇奔忙，一边宣传抵制日货活动，一边筹备援华总会计划 7 月初在全国范围内举办的"中国周"。

5 月到 6 月间，日本开始轰炸陪都重庆，对平民狂轰滥炸，援华会意识到继续援助中国的必要性。已经回国的王礼锡致援华总会的信中描述了大轰炸的情景。英国民众对日本的不满还源自英国公民天津受辱、日军在上海谋杀英人。

援华总会购买和重装了西班牙国际纵队曾用过的救护车，并请多次在西班牙战场驾驶救护车的科林（Max Colin）驾车 5 月中旬从威斯敏斯特出发前往兰开夏。所到之处，英国民众纷纷慷慨解囊，所有捐款都将用于国际和平医院。5 月 29 日，救护车抵达工党正在召开年会的绍斯波特（Southport），下院议员、市长希克斯（George Hicks）在市政厅前面主持了官方的欢送会，希望救护车能"神速"赴命，担负起救治"饱受创伤、疾病和饥饿折磨的中国士兵"的新使命。[3] 市长讲话标志着救护车正式开始其远东之行。何登夫人（Charlotte Haldane）代表援华会向市长致谢。两天后她和普利特（D. N. Pritt）、夏博士（Hsia）一起在援华会组织的另一场集会上发言。利物浦和绍斯波特的报纸对此进行了大量报道。

援华会继续利用特殊时间节点发动援华运动。为了纪念"七七"事变两周年，援华总会散发了大量的传单。但最主要的出版物是 12 页的《中国新闻》，小说家、剧作家普里斯特利（J. B. Priestley）担任编辑[4]，蒋介石的《两年的抗战》占据头版，宋庆龄、毛泽东、薛西尔子爵、香

---

[1]　Clegg, *Aid China 1937 – 1945: a Memoir of a Forgotten Campaign*, p. 105.

[2]　塞西尔·戴·路易斯（1904.4.27—1972.5.22），20 世纪 30 年代英国主要诗人之一，出生在爱尔兰，英共党员，早期诗歌内容左翼政治倾向明显，后转向传统意义的抒情诗，1968—1972 年为英国桂冠诗人。

[3]　"International Peace Ambulance", *China News*, 1939.

[4]　实际上由国民政府国宣处编辑。

港主教何明华等也分别供稿。路易·艾黎以"新人民新工业"为题介绍了中国的工合运动。梅农撰稿《印度援华活动》。毛泽东撰写了《中英人民站在一条战线上》，代表朱德、八路军、前线和后方医院的护士向援华会表达了谢意："你们表现的支持和团结使我们深受鼓舞。我们向在国际反侵略战线上与我们站在一起的英国人民表示感谢和热烈的问候。"①

　　7月1—8日援华总会举办了"中国周"。弗莱代表援华会写信给《曼彻斯特卫报》，呼吁民众为援助购买救护车、建立和平医院捐款，这标志着中国周的正式开始，许多工会组织纷纷响应。7月7日晚，援华总会举办"一碗饭"活动，普利斯特利出席并发言，称"中国是为人类未来提供希望的国家"。9日定为"中国星期日"纪念日本侵华两周年，是中国周的主要活动之一。援华总会进行了周密的准备，所有筹集到的款项都寄给了国际和平医院。约克大主教坦普尔（Temple）连同其他20位主教以及其他非国教教会主教联合签名，呼吁英国所有的教会都把该主日献给中国：呼吁通过经济、物质、医疗等方式援助中国。援华会的呼吁从未得到如此众多的教会领导人的支持。值得一提的是，萨默赛特·切德（Somerset Cheddar）教区牧师夫人碧翠斯·哈森（Beatrice Harthan）一连数月致力于此，"所有教会响应该呼吁筹集的财务资助都要用于五台山和平医院"。② 教会的呼吁，因为重量级人物的签名，在所有援华会发起的活动中宣传范围最广，全国性和地方性的报纸都广为报道。除了教会的广泛支持，还有援华会的地方机构及和平理事会的努力。

　　工会方面，代表35万纺织工人的纺织工厂工人联合协会6月12日通过决议，表明"赞同援华总会来信中的建议，要求向中国政府提供财政援助，禁止对日所有贸易和服务，并要求将中国纳入所有民主国家达成的互助体系。"协会还决定在所有的分支机构发放援华总会的宣传单和信息。③ 工会支持援华会工作的又一例子是纳尔逊编织工人协会（Nelson and District Weavers' Association）通过决议，要求任何工人不能购买有助

---

　　① "The Chinese and British Peoples Stand Together!" *China News*, 1939；Clegg, *Aid China 1937 – 1945：a Memoir of a Forgotten Campaign*, p. 108.

　　② Clegg, *Aid China 1937 – 1945：a Memoir of a Forgotten Campaign*, p. 107.

　　③ "Cotton Unions to Boycott", *China News*, China Campaign Committee, 1939.

于日本侵略中国的商品。多家报纸报道了相关决议。7月5日，援华总会在伦敦友谊大厦召集集会，演讲者包括李顿爵士、戈兰兹、工合运动领导人巴恩斯等①。政府也于当日宣布已准备好修订《商品标注法》，要求在商品上标注产品生产国，时任援华会组织秘书的乔治·哈代在《工人日报》上赞扬了政府的举措。

整个7月到8月初援华总会都保持着较高的活动频率。4月，中国爱国志士在天津英租界刺杀汉奸一名，日本借机向英国施加压力并封锁天津。经过谈判，两国于7月24日达成《有田—克莱琪协定》，英国政府"完全承认"日本造成的"中国之实际局势"，对日承诺在中国境内不鼓励和支持妨碍日军的任何行动，援华总会称英国的行为是对中国的背叛。25日援华总会在托特纳姆考特路（Tottenham Court Road）组织示威游行抗议英国政府对华政策。27日，援华总会再次举行集会和游行，弗莱、陈依范和英共党员布雷德利发言。8月4日，援华会举行午餐会，庆祝美国取消与日本的贸易协定。张彭春教授作为贵宾发言。8月10日援华总会副主席弗莱、副会长本特威齐援引人身保护法抗议将"天津事件"中的四名嫌犯移交日方。英国对华最高法院助理法官驳回弗莱、本特威齐的要求后，援华总会提出上诉，起诉外交大臣哈利法克斯和天津典狱长，得到曼城援华委员会全体成员联名写信支持。尽管援华总会做了各种努力，四名中方人员还是于31日被移交日方，英共议员加拉赫称之为"日本军国主义祭坛上的人祭"。

在此期间，受"中国周"影响，全英各地都有众多活动。伦敦之外，曼彻斯特举行了"面包奶酪"午餐会，开了一家抵制日货商店。几天后，设菲尔德市为国际红十字会和英国基金提供了一辆重达5吨的货车，该货车可以轻而易举地改装成救护车，投入使用后立即在兰开夏郡穿行，为曼彻斯特一项特别捐赠项目筹款以资助中国医院购买肥皂。②

援华总会对国际和平医院的援助也在继续。克莱格协助捷克和奥地利医生到中国。③《新华日报》以"英国援华会将派医师来华 外交协会

---

① Clegg, *Aid China 1937 – 1945：a Memoir of a Forgotten Campaign*, p. 108.

② Clegg, *Aid China 1937 – 1945：a Memoir of a Forgotten Campaign*, p. 108.

③ Clegg, *Aid China 1937 – 1945：a Memoir of a Forgotten Campaign*, p. 103.

筹备欢迎”为题作了报道：全英总会秘书长克雷斯，致电中国国民外交协会常务理事王礼锡先生，称将派遣大批医师来华，参加救护工作。外交协会现正与各团体筹备欢迎。[①] 到2月中旬为止的4个月内，援华会不断向各界募集捐款，全部寄往中国建国际和平医院，每月平均为400英镑。大概3月底到4月初，援华会收到来自五台山国际和平医院院长白求恩大夫的第一篇报告，介绍了解放区之前的医疗状况，克拉克夫人（Selwyn Clark，即白朗琳）附了便条，提到援华会的捐助可能带来的变化。到1939年底，共建有4家和平医院，分别位于五台山、山西北部、西南部和安徽南部。援华会希望能够增加和平医院的数量，直到1945年其主要关注点之一就是各地的和平医院。

保卫中国同盟1938—1939年报主要内容之一也是国际和平医院，特地表明医院的启动资金是援华总会捐赠的2450英镑。援华会在“中国周”期间分发了1000份报告，而且得知国际和平医院也开始收到来自美国、加拿大的捐赠。[②] 援华总会也带动了其他援华工作。8月初，援华总会又派出另一组4名曾在西班牙服务过的医生。1939年全年共有20名医生派往中国（包括挪威委员会派遣的在内）。

（三）不和谐的音符：意识形态斗争初露端倪

援华总会与英共之间有着密切的联系。英共在援华总会的成立和第二阶段的活动高潮中，起到了重要作用。1938年7月共产国际执行委员会主席团声明再次要求各国共产党开展援华活动后，以英国援华总会为代表的各国援华会委员会随即开始总结前一阶段的援华运动，认为援华运动的第一个阶段已经过去，开始积极筹备第二阶段的活动。

围绕英共而产生的意识形态斗争主要体现在英共和工党对援华总会的支持上。共产国际一度采纳的“阶级对抗阶级”路线，导致了英共和工党之间剑拔弩张。1933年起，随着法西斯在西欧的发展，共产国际开始逐步放弃阶级对抗路线的大部分错误理论观点，直至七大召开时提出建立“统一阵线”。1935年2月，英共十三大在曼彻斯特召开。11月大

---

① 《英援华总会将派医师来华　外交协会筹备欢迎》，《新华日报》1939年2月15日第2版。

② Clegg, *Aid China 1937 – 1945: a Memoir of a Forgotten Campaign*, p.109.

选中，英共要求同工党商谈"统一阵线"问题，遭后者拒绝。1935—1938 年间，英共开始把精力转向同劳工运动的左翼建立联系，开展"团结运动"。

在国际上，英共则积极开展反法西斯斗争。西班牙内战期间，成立了国际纵队英国营。1937 年全面抗战爆发后，共产国际执委会书记处通过决议，呼吁各国共产党同国际改良主义和所有的反战组织团结起来，援助正在进行反对日本侵略者的中国人民的英勇斗争。执委会书记处还建议发动美国、英国、荷兰和其他国家共产党建立"中国友好委员会"。[1]

在共产国际的号召下，英共有力地领导了支持中国抗日战争的运动，发起大规模的援华制日活动，伦敦区党委的报告提出了要召开 1938 年 2 月国际和平运动和援华总会在伦敦举办的"拯救中国拯救和平"大会。[2]英共在援华会的成立和活动开展中发挥了关键作用，成为援华会最坚定最有力的支持者，直接和间接地发挥了极大的作用。

英国共产党在其中央机关报《工人日报》上不断号召英国无产阶级和人民，采取切实办法援助中国，是第一个支持保卫中国的政党，第一个发行宣传册。1937 年 8 月 21 日英共机关报《工人日报》刊登了英共中央委员会以"世界和平危在旦夕"为题的宣言，阐明了工党政府立即采取措施以及工人阶级投身援华运动的必要性。[3] 8 月 23 日英国共产党又第一个组织了海德公园集会，要求日本撤军，各基层组织和党员支持集会，分发传单，张贴海报，认为援助中国等同于援助西班牙，保卫中国就是保卫世界和平。9 月 23 日，英共书记波立特致函劳工运动全国执行委员会，主张由工会发起，通告码头工人，拒绝装卸日货，拒绝装载英国出口日本的货物。[4] 在英共的号召下，舍分雷许多海员工人举行罢工，拒绝输送军用材料赴日。格拉斯哥等地码头工人进行不装卸日轮的行动。10 月 1 日，英共政治局再次号召全英工人阶级一起拒绝为日本装卸货物，同时提出五项提议要求工党采取措施援华，包括派医药及看护队赶赴中

---

① 陈再凡：《共产国际与中国革命》，华中师范大学出版社 1987 年版，第 276 页。
② Neil Redfern, *Class or Nation*: *Communists*, *Imperialism and Two World Wars*, p. 94.
③ *Daily Worker*, Aug. 21, 1937.
④ 《时事类编特刊》第 3 期，1937 年 10 月 25 日。

国、拒绝装卸日轮、要求英国政府制裁日本、组织盛大抗日示威、要求
第二国际及阿姆斯特丹职工国际发起拥护中国人民的国际运动，全力援
助中国抗战。[①] 1937 年 12 月的对日禁运由英共组织。加拿大货轮到英国
南安普顿港口卸货时，船上的日货被英共党员码头工人斯塔拉德发现，
立即组织动员码头工人拒卸日货。1938 年 1 月，装载生铁的日本船在米
德尔斯堡遭到码头工人的拒绝后，空船驶到伦敦港，英共支部召开群众
大会抵制装船，后日船被迫驶离英国。事后，中国当时驻英大使馆致函
斯塔拉德等人表示感谢。

　　1938 年 7 月共产国际执行委员会主席团发表声明，再次强调中国抗
战的重要性和援华的必要性。"中国人民反对日本侵略者的英勇斗争唤起
了国际无产阶级和各国广大人民群众的热烈同情。全体进步人类都认识
到伟大的中国人民反对野蛮的暴力，不仅是保卫自己的家园，保卫本国
的自由和独立，而且也是保卫各国人民自由与和平的事业。如果日本法
西斯军国主义征服了中国人民，那么这就意味着法西斯侵略会在亚洲和
太平洋，乃至欧洲以及世界其他地区大为加强和扩张，而中国的胜利，
则是对一切法西斯侵略者掠夺计划的有力打击。所以，中国人民的解放
战争是世界无产阶级和全体进步人类反对野蛮法西斯暴力总体斗争中的
极其重要的组成部分"[②]。

　　因此"国际工人运动和一切民主与和平力量在进一步加强对西班牙
人民援助的同时，有必要而且有义务全力支持中国人民的斗争"，但是
"这种国际性支持组织得还不够充分，其规模还远不适应目前群众对中国
人民的广泛同情"。要争取在一切地方把同情化为积极行动，做好组织工
作，"给予中国政治上、道义上和物质上的支持援助……给日本军国主义
侵华增加各种困难和阻力"。共产国际执行委员会再次向国际无产阶级、
共产国际各支部以及一切真诚拥护民主与和平的人发出呼吁，要求"全
力加强国际援华运动，应当通过国际报刊以及在整个运动中比以往更有
力地一方面反映日本侵略者在中国制造的骇人听闻的兽行，另一方面宣

---

　　① 《论各国共产党和无产阶级援助我国对日抗战》，《解放》1938 年 1 月 28 日第 29 期。
　　② 《共产国际执行委员会主席团的决定》，《共产国际有关中国革命的文献资料（1936—1943）（1921—1936 补编）》第三辑，中国社会科学出版社 1990 年版，第 35—36 页。

传为自由而斗争的中国人民的英雄气概；开展广泛的抗议运动以反对日本法西斯侵华的强盗性进攻，组织群众大会和游行示威等，同时把群众的愤怒指向各资本主义国家被收买的亲日报纸；组织和扩大对日本侵略者的群众性制裁行动（抵制日货运动、工人拒卸日货和拒装运往日本的军用物资与其他物资等）；加强援华募捐、运送药品和派遣救护队；排除万难，帮助日本劳动者大力开展反法西斯和反战工作；征得中国政府同意，从各国派遣有权威性的代表团赴华，藉以加强国际上支持中国人民的运动"。有了世界各国人民的援助，加上中国人民的团结一致和英勇斗争，"必将完全战胜野蛮的日本军国主义，建立一个自由、独立、民主的中华共和国，它将成为全世界和平、民主与进步的最重要的柱石之一"①。

为了响应共产国际的号召，1938 年 9 月英共于伯明翰召开的十五大会议上，在中央委员会的报告"反帝工作"一节中明确提出对中国抗战和援华会的支持："中国人民对日本侵略的顽强抵抗，是激励殖民地人民为争取自由而斗争的最重要因素之一。4 月，中央委员会通过了一项支持决议，呼吁本国工人阶级加倍努力支持中国，组织抵制日货，支持码头工人拒绝日本船只，医疗援助中国军队。本党支持援华会的工作，该委员会募集了数千英镑，提供医疗用品，并开展抵制日货、在个人和工会中全面宣传的运动。还有更多工作要做，特别是在伦敦以外的地区"②。波利特表示：我们已尽一切可能帮助西班牙和中国人民。通过会议、示威、传单、小册子、医疗用品、做工会内部的工作，我们已尽了最大努力通过实质形式取得大量具体援助。③

与此同时，援华总会和其他反法西斯运动的和平团体开始受到"受共产党影响"的指责和攻击。国际反共同盟 1939 年出版《红色网络：共产国际在行动》一书，题名为"共产党的外围机构及与之有密切联系的组织"的附录中，英共和援华总会都赫然在列，同样列入"黑名单"的

---

① 《共产国际执行委员会主席团的决定》，《共产国际有关中国革命的文献资料（1936—1943）（1921—1936 补编）》第三辑，中国社会科学出版社 1990 年版，第 35—36 页。

② 英共十五大中央委员会报告，https：//www. marxists. org/history/international/comintern/sections/britain/central_ committee/1938/09/report. htm#pm。

③ 英共十五大中央委员会报告，https：//www. marxists. org/history/international/comintern/sections/britain/central_ committee/1938/09/report. htm#pm。

其他与援华总会保持协作的团体和机构有左翼书社、民族独立和反帝大同盟、统一剧院、基诺电影院等，援华总会附属于的国际和平运动被称为"有足够的证据表明，出于宣传的目的，共产党还大加利用国际和平运动"①。

在工党年会上，克里普斯爵士（Sir Stafford Cripps）把援华总会和国联同志会当成成功的范例，倡导工党、自由党、共产党、反张伯伦政府的保守党组成反法西斯人民阵线，结果遭到工党的抵制而被开除出工党。②

中国的形势也不容乐观。1939年1月，国民党在重庆召开五届五中全会。会上将政策重点由"对外抗日"转向"对内反共"。会议决定设置国防最高委员会，由蒋介石任委员长，确定了"溶共、防共、限共、反共"政策。全会还通过了《限制异党活动办法》《共产党问题处置办法》《沦陷区防范共党活动办法》等决议，并决议设立"防共委员会"。会议期间，中共中央曾致电蒋介石和本次全会，希望国民党方面能以大局为重，"严整抗战阵容，刷新政治，发展民运，巩固与扩大国共两党的长期合作，共渡难关"③。国民党政府还禁止有关解放区的报道。1939年4月《上海新闻报》《华美晚报》刊登了毛泽东、朱德与美联社驻津记者在西北的合影，国宣处认为"殊属不妥"，电令该报"以后切实注意，不得再行刊登此类照片"。④

总之，围绕意识形态的斗争在援华会发展演变的过程中从未缺席，援华活动高潮时期也不例外。随着形势的严峻和斗争的加剧，为援华总会的运作带来了越来越多的障碍。

---

① International Anticommunist Entente, *The Red Network: The Communist International at Work*, Duckworth, 1939.

② Clegg, *Aid China 1937–1945: a Memoir of a Forgotten Campaign*, p. 106.

③ 李忠杰、李明华主编：《中国共产党第七次全国代表大会档案文献选编》，中共党史出版社2015年版，第303页。

④ 南京第二历史档案馆，全宗号七一八，案卷号981。

小　结

从 1938 年初到 1939 年欧战爆发是援华总会的巅峰时刻，本阶段援华总会迅速发展达到顶峰后其影响力开始缓慢回落。

1938 年初援华会发展迅速，1937 年末的抵制日货活动和拒绝卸载日货运动在继续。但后者因英共的卷入未得到劳工理事会的支持，尽管如此，工人拒绝装卸"榛名丸"事件在援华会和英共党员的努力之下仍取得了胜利，创造了英国工会援华制日历史的巅峰，此后英共成员领导下的对日禁运运动告一段落。

本阶段也是援华总会和各和平团体密切合作的时期。作为国际和平运动的附属机构，援华会与之合作开展了形式多样的活动，带动了英国和国际舞台上众多和平组织参与援华。2 月援华总会和国际和平运动在伦敦联合召开了主题为"拯救中国拯救和平"的国际反侵略大会，为配合大会进程同时举办了"中国周"。7 月援华会参加了国际和平运动在巴黎召开的世界反轰炸大会，会议通过了援华纲领。经过两次大会，世界援华运动从各国各自为政发展到共同协作，从示威性的原则和演讲到提出具体的行动纲领，援华运动呈现出新气象。

本阶段援华总会与国民政府保持着良性的互动，有效地配合、延伸和加强了国民政府的对外宣传工作。

伴随着援华运动的快速发展，1938 年上半年援华会自身也得以发展，增加雇员，更换新办公地址，更多的英共成员加入援华总会。保卫中国同盟成立后即与援华会携手合作，在英国和国际上为中国抗战争取援助。在保盟和援华会的共同努力下，以支援解放区医疗事业为主要目的的国际和平医院相继建立。"七七"事变一周年，援华会召开特别会议，集中了各援华组织的代表，就政策、组织、教会、对华财政援助展开了讨论。

就在援华形势蒸蒸日上之际，《慕尼黑协定》的签订给了援华运动当头一击。失败主义和绥靖主义开始在和平组织中蔓延。援华总会此时愈加意识到援华运动的重要性，几乎以一己之力支撑了援华运动的发展。英共党员成员在运动中发挥的骨干作用，推动了援华运动的发展，也招致了援华总会受英国共产党影响的质疑和攻击。随着援华总会短暂巅峰后的逐渐下行，有关意识形态的斗争将愈来愈尖锐，给援华运动带来了巨大的挑战。

　　总之，从1937年成立到1939年底，援华会工作开展一直比较高效、顺利、有序，偶尔的质疑尚未影响到援华会内部的团结与协作。欧战爆发后，援华会迅速陷入危机。

第 四 章

欧洲反法西斯战场开辟初期的
援华总会(1939.9—1941.12)

　　1939 年 9 月到 1941 年 12 月间，是英国援华总会孤军奋战的阶段。欧战爆发之后，众多和平团体彻底终止活动。英国共产党追随苏联，将英德战争定性为帝国主义战争，反对党员参战。英共反对战时国家政策的立场直接影响了援华总会的发展。国内外形势的发展不仅从外部上孤立了援华总会，在其内部也引发了矛盾，给援华总会内部英共和非英共成员之间的合作造成了不利影响，一度引发会长和主席辞职危机。即便如此，援华总会仍定期举行"中国日"或者餐会，在德军的轰炸中举行小型民众活动。丘吉尔政府迫于日本的压力关闭滇缅公路后，援华总会发起了重新开放滇缅公路的全国请愿活动。当然，从欧洲战争爆发到日本偷袭珍珠港之间，援华总会主要关注的还是国际和平医院、中国的工合运动及英国的中国海员的福祉。

　　本章围绕上述内容，从三个方面展开叙述：困难重重中援华总会自身的演变；战时常规活动的新形式、新举措，如发起周末培训课程等；对重大事件的处理和应对，包括要求重新开放滇缅公路、支持中国海员和工合活动。

第一节　欧战的爆发对援华总会的影响

一　战争爆发前的欧洲局势

　　《慕尼黑协定》之后欧洲虚假的局势缓和很快终结。德国肢解捷克斯洛伐克并向波兰提出但泽问题等一系列行为导致慕尼黑政策的彻底破产。1939年4月3日希特勒制定闪击波兰的"白色方案"。4月7日，墨索里尼派兵侵占了阿尔巴尼亚，加剧了动荡的欧洲局势。

4月16日，苏联外长李维诺夫在莫斯科接见了英国大使，并且正式建议英、法、苏缔结三边互助条约，可是张伯伦一心要把苏联排除在欧洲大国集团之外。从4月至8月，英、法、苏三国在莫斯科举行军事、政治谈判。谈判中，苏联向英法提出缔结英、法、苏之间包括军事援助在内的反侵略互助条约，有效期5至10年；三国保障中欧和东欧国家的安全；缔结三国间相互援助的具体协议。谈判无果而终。英、法为了"祸水东流"，推行绥靖政策，同意纳粹德国在东欧和中南欧自由行动，拒绝苏联提出的保障中欧和东南欧国家安全的建议，只要求苏联单方面承担诸多义务。

与此同时，已决定侵略波兰的希特勒，对莫斯科正在举行英、法、苏三国谈判，深感忧虑。从5月到8月间，希特勒一再通过外长里宾特洛甫向苏联表示纳粹德国无意侵略苏联，并希望改善彼此关系。5月11日，日本在远东地区挑起"诺门坎事件"，向苏联发动进攻，而德、日两个法西斯国家又在谈判结成军事同盟，苏联有腹背受敌的危险。8月2日，希特勒直接电告斯大林，要求苏德会谈签约。德国外长里宾特洛甫带着希特勒亲笔签字的全权证书，动身前往莫斯科，向苏联提出希望改善彼此关系。8月中旬，英、法同苏联在莫斯科的谈判陷于停顿状态。英法军事代表团不与苏联代表讨论在什么地方、以何种方式来对付纳粹侵略，避而不谈缔结军事条约的实质性问题，只就抽象的无关紧要的所谓"原则问题"消磨时间。8月17日，纳粹德国驻苏联大使舒伦堡再次会见莫洛托夫，表示愿与苏联缔结一项互不侵犯条约。8月23日正午，纳粹德国代表团到达莫斯科。斯大林、莫洛托夫和里宾特洛甫通过两次会谈，双方正式签订了《苏德互不侵犯条约》且立即生效。根据条约，双方互不使用武力，不参加直接或间接反对他方的国家集团；在一方遭到第三国进攻时，另一方不给该第三国任何支持；以和平方法解决缔约国间的一切争端。[①] 苏德条约的签订，加深了轴心国之间的矛盾，使德、意、日一致投入战争成为不可能。1939年9月1日，德军进攻波兰。9月3日，英国对德宣战。

---

① 周尚文、叶书宗、王斯德：《苏联兴亡史》，上海人民出版社2002年版，第452页。

二 《苏德互不侵犯条约》对援华运动的影响

欧洲战争爆发后，一些和平组织和协会很快停止活动。9 月 18 日，曼彻斯特地区中国救济和运动委员会（Manchester and District China Relief and Campaign Committee）宣布关闭办公室、遣散人员，医疗物资委员会不再为两名刚刚前往中国援华的难民医生筹集年薪，其他基金在有收入的情况下持续开放，但不再组织进一步的活动。国际和平理事会名存实亡，正式结束是在 1940 年初。全国和平理事会（National Peace Council）也不再援华，其部分地方机构仍然会不定期地支持援华总会，但其自身基本上不再关注中国。国联同志会只是在工党议员诺埃尔·贝克的敦促下在国庆节时对中国抗战的艰苦卓绝表示敬意，此后便基本放弃了中国事务。国际妇女联盟在这之前便基本不过问中国事宜了。戈兰兹将业务和左翼书社转到伯克郡，尽管书社成员继续支持援华，但成员快速地从 1939 年的 3.7 万人减少到 1942 年的 1.5 万人。

面对种种不利情况，援华总会一如既往，坚信援华的重要性，继续不遗余力地支持中国。在接下来的两年中，成了唯一有影响力的援华团体，但欧战的爆发对援华总会的影响远甚于《慕尼黑协定》。

首先，《苏德互不侵犯条约》签订后不久，共产国际的政治策略相应发生了重大转变。9 月 9 日，共产国际执委会《就对战争的态度问题给各国共产党的指示》（以下简称《指示》）中指出：当前战争的性质并非正义的反法西斯战争，而是非正义的帝国主义战争，分别以德国和英法为首的两个交战的资本主义国家集团，对战争负有同样的罪责，怀有相同的目的——争夺世界霸权；把资本主义国家区分为法西斯国家和民主国家的做法已失去了从前的意义，因此必须改变共产国际七大以来的政治策略；现在的策略是反对这场战争，无论对交战中的哪个集团都不能支持，只能反对，无论在哪个交战国中，"凡是在有共产党议员的地方都应该投票反对军事拨款"。《指示》还要求"一些共产党，特别是与这些论点背道而驰的法国、英国、美国、比利时的共产党，必须立即改正自己的政治路线"。[1] 这样，在欧洲战争的性质问题上，由共产国际七大认定

---

① 《苏联历史档案选编》第十五卷，社会科学文献出版社 2002 年版，第 5—6 页。

的反法西斯战争，转而定性为分别以德国和英法为首的两个战争集团之间的帝国主义战争，即使各弱小国家所进行的反侵略战争也被视为帝国主义战争，直到1941年4月共产国际才勉强承认希腊和南斯拉夫的战争是正义的。在对待战争的策略问题上，先是将共产国际七大确定的反法西斯策略转变为反对上述两个战争集团，继而提出主要是反对英法侵略集团，后又重回反对两个战争集团，但要求英、法、德、意四国共产党只反对本国的帝国主义者。对于那些被占领国家的共产党，共产国际的策略是既不允许对占领者采取公开的暴力行动，也不允许与占领者合作。直到1941年6月苏德战争爆发后，共产国际才重新回到七大所确定的策略路线上来。包括英共和中共在内的共产党经过最初的不解后都支持了共产国际的政策，英共政策的突变及与战时国家政策的对立在英国掀起了反共情绪。援华总会主席戈兰兹对此反应强烈，称其为"苏联的背叛"①。

其次，对德战争第一年，英法反共浪潮也达到巅峰。德国入侵波兰之后，势如破竹，引起了苏联的担忧。苏联决定在德国尚未到达波兰东部诸省时出兵占领波兰东部领土。9月17日苏联发起入侵波兰的行动，波军溃败。苏德两国就双方的势力范围进行了一系列磋商之后，于9月28日签订《苏德边界友好条约》，划分了两国在波兰领土上的界限。条约签订后，苏联政府开始把保障安全的重点转移到西北部，10月5日莫洛托夫要求芬兰外交部长或政府派出特命全权代表前往莫斯科，就某些政治问题交换意见。10月12日苏、芬开始外交谈判，芬兰代表拒绝了苏方提出的租借芬兰岛屿的要求。在进行谈判的同时，苏联飞机开始轰炸芬兰边境以施加压力，芬兰表示愿意做出的某些让步没有使苏联满意，谈判最终破裂，两个国家边界气氛紧张。11月29日，苏联副外交人民委员波将金向芬兰公使递交照会，宣布与芬兰断绝关系，召回苏联在芬代表。11月30日苏军越过苏芬边界，侵入芬兰，两国进入战争状态，苏芬战争正式爆发。战争从11月30日到翌年3月13日，历时3个半月，战争虽以苏联的军事胜利而告终，但是苏联却付出了高昂的伤亡代价并且在道义上失利，12月初被国际联盟开除，芬兰也因此倒向德国。苏联入侵波

① Victor Gollancz, *The Betrayal of the Left*, V. Gollancz, 1941.

兰引起反共宣传高潮，苏联甚至被称为"共产纳粹"。

苏、日关系也给援华运动带来了负面影响。日本对蒙古的侵略被粉碎后，苏、日签署的停战协议被认为是出卖中国的先兆。1939年9月底的援华总会会议上讨论了对苏联抛弃中国的担心。布里奇曼（Reginald Bridgeman）则认为，经过深入的讨论可以发现，苏联的远东政策保持着一贯性①。而且苏联在和日本交战的过程中也明确表示对中国的援助和支持毋庸置疑，不难看出继续怀疑苏联对华政策毫无根据，中国的战争理应得到支持是因为中国的抗战是半殖民地国家争取独立的战争，不同于帝国主义国家间的战争。援华总会内部逐渐摈弃了此方面的担忧。援华总会主席戈兰兹和弗莱对援华总会所受到的英共的"不当"影响仍然心存芥蒂，但是两个人都清楚正是英共成员的努力才保证了援华总会的日常运转，为了共同的目标，偶尔的争执无可厚非。

总之，英共政策的调整无疑影响了援华总会的发展，但没有影响其援华制日的政策，援华总会成员尽管持不同政见，但在远东问题上能够达成共识，拒绝远东慕尼黑。

第二节　援华总会的调整与内部矛盾

1939年欧战爆发后援华总会受创，收入急剧减少，从1938年开始的匿名捐款也停止了。援华总会不得不缩减规模，更换办公室。

中国形势需要援华总会的继续存在，援华总会成员提出制订组织章程。负责人认为援华总会不能再是以前的应急机构，希望通过章程减少共产党对援华总会的影响。1940年1月，日本在中国扶植建立汪伪政府，国民党和共产党之间开始摩擦，直至一年后的"皖南事变"爆发。在此背景下，援华总会开始调整自身，以书面形式定义了其目的、成员加入办法、年会召开规定、选举执行机构性质等问题。在此过程中，其内部英共成员和非英共成员之间也经历了一番博弈。

---

① Clegg, *Aid China 1937 – 1945：a Memoir of a Forgotten Campaign*, p. 116.

一　援华总会首次年会

1940 年援华总会首次年会召开之前，会长李斯特维尔伯爵、主席戈兰兹、副主席弗莱联名发出重组声明。声明首先表示英国援华运动将继往开来，努力扩展到所有政治党派当中。"虽然委员会认识到扩展援华事业是必要且可行的，但同时需要清楚，由于欧洲战局的形势，委员会的财政来源已经缩小了。历来，为政治活动筹款就不容易。而如今英国自身都面临困难，很多对中国抱同情态度的人都将精力放在了更紧急的私人问题上，各种新的、紧急的事件的发生也都要求他们为国家解囊。因此援助筹款也更难了，更何况援助筹款的一部分还要用于保证委员会的运营"①。

声明称从 1938 年 1 月起，援华总会的运营很大程度上得益于一笔每月 100 英镑的匿名捐款，援华总会从事的政治和教育活动都依靠定期拿到的这笔钱②。到 1940 年，该笔捐款已经终止。因此，援华总会必须在尽量避免减少活动的同时削减开支，解决的方案是恪行节俭、调整行政机制。因此委员会的成员经过充分考虑，认为"只有对委员会进行重组，我们才能继续履行我们的职能，以不负英国援华委员会的各位定期捐款者"③。

声明提出将从下列几个方面进行重组：首先，更换办公室地址，新选的位于维多利亚大街 34 号的办公室每月租金只有 10 英镑，电费开支也少得多；其次，针对未来工作安排，拟组建一个小规模的组织委员会，探讨如何进一步利用已经在各地激起的对中国的兴趣和同情，以便在国内加强和拓展工作。声明指出，战时援华总会无法经常开会，要特别注意信息沟通。在宣传方面，除了常用的通过日常流通的文件提供信息、特殊场合组织宣传活动、鼓励编辑和记者定期撰写有关中国的报道之外，最重要的宣传手段还有在必要的时候于各类场合分发政策声明。声明提

---

①　"Statement of the Reorgnisation of the China Campaign Committee", Clegg papers, Marx Memorial Library.

②　布坎南认为这笔钱来自于左翼书社的戈兰兹。

③　"Statement of the Reorgnisation of the China Campaign Committee", Clegg papers, Marx Memorial Library.

议委员会每月分发1000份《中国航空通讯》摘要，对于以剪报形式收到的美国媒体报道的珍贵文章，委员会应每三个月分发一次摘要；对于英美期刊上有关远东的文章，委员会应该每两个月分发一次摘要。

在人事方面，请夏晋麟博士出任助理司库，在可能的情况下再请一名审计员，定期进行重要的审计工作。同时援华总会的财政情况意味着办公室职员人数不可能太多，决定取消组织秘书，哈代可于年末离开援华总会。谢里丹·琼斯（Sheridan Jones）留下任助理秘书，法尔夫人（Farr）任速记打字员。声明指出，人手减少后可以借助志愿者完成援华总会的各项工作，该计划使得人事安排方面更加经济也更有效率，援华总会可以在管理费用削减后更好地协调各方力量。

除了办公地址和人事变化，声明指出援华总会的性质也应有所变化。在进行必要的大幅度重组的同时，援华总会不能再被视为一个危机委员会。要长远地发挥委员会的职能，就应该起草一份确定的纲领性文件以适应未来的工作需要。以往援华总会的负责成员都是在援华会成立会议上被选举出来之后成功连任的。援华会一度依据规章程序选举出新负责成员，副会长也不时由选举产生。但慢慢地这种做法似乎被抛弃了，现在的援华会成员的去留在很大程度上是不经选举而自行决定的。支持援华运动的人士经常被邀请成为新成员，援华总会的章程里对委员会的固定成员和访客也并没有做出区分。

针对上述问题，援华总会拟将执行委员会选举和成员加入的程序规范化并起草一份纲领性文件。援华会更加清晰明确的立场也能让公众更有信心对其表示支持。委员会的纲领性文件应包括如下内容："（1）关于委员会目标的陈述；（2）关于委员会成员的定义；（3）关于定期公开审计账目和选举执行委员会及其成员的内容。"[1]

从声明可以看出，援华总会决策层给出的重组理由主要在于减少雇员、削减开支。但制订正式章程的真正原因在布坎南看来是戈兰兹1940

---

[1] "Statement of the Reorgnisation of the China Campaign Committee", Clegg papers, Marx Memorial Library.

年 1 月下定决心趁此机会清除英共对援华总会的影响①。克莱格也认为此举"毫无疑问是负责人要减少英共的影响"②。援华总会关闭位于奥查德街的办公室后，以每季度 10 英镑的价钱租用了民权保障会办公室的一间空屋子，工作人员减少到 2 人，即助理秘书玛丽·琼斯和打字员琼·法尔。鉴于在重组之前其他人员已自行离开，真正被解雇的只有负责发动工会的组织秘书英共党员乔治·哈代③，以此也可以看出援华总会削减人员的醉翁之意。

1940 年 3 月召开的援华总会首次年会上，先是伍德曼报告了援华总会的成就：自 1937 年 9 月到 1940 年 3 月期间，援华总会举行了近 3000 场集会，分发了 100 多万份传单，发行了多种小册子、文章、报告，召开了重要会议，发起成立了国际和平医院，两年多来一直是医院的主要资助者，同时还资助了工合、中国红十字会培训学校等机构。接着戈兰兹作了主要报告。最后大会按照李斯特维尔伯爵、戈兰兹、弗莱前文所述联名声明的内容制订了章程，一致通过了决议。

除了通过援华总会章程，年会最主要的议题是英国再度牺牲中国的利益与日本合谋的危险性，这也是驻英大使郭泰祺报告的中心思想。除了反对出卖中国，援华总会的另一主要诉求就是无条件贷款给中国，供其购买所需的物资和武器，提供中国需要的任何技术援助，将谋求中国的独立作为恒久的目标，不以任何形式支持汪精卫政府和日本建立的其他傀儡政府，不接受任何赋予日本在伪满洲国和中国其他任何地区特殊地位的和平协定，一切以不危及中国的主权和领土完整为基础。④ 乔治·哈代指出苏联的对华援助比英美的对华援助之和的两倍还多。整个年会的主题都是团结民主力量和发动工人运动反对出卖中国。

年会结束后，援华总会在一份新的声明中界定了自身性质，总结了中国形势、援华总会的历史和目标。年会得到了《星期日泰晤士报》《泰晤士报》《曼彻斯特卫报》《苏格兰人报》《工人日报》的广泛报道。由

---

① Buchanan, *East Wind: China and the British Left* 1925 – 1976, p. 89; TNA KV2/1028, Jan. 8, 1940, Special Branch Report.

② Clegg, *Aid China 1937 – 1945: a Memoir of a Forgotten Campaign*, p. 117.

③ Clegg, *Aid China 1937 – 1945: a Memoir of a Forgotten Campaign*, p. 117.

④ "Chinese Diplomat's Warning", *Daily Worker*, Mar. 18, 1940, p. 4.

于战时无法开展抵制日货运动，援华总会要求给予中国技术援助、更多贷款、不再与日本合谋出卖中国。"一碗饭"运动仍是援华总会宣传最广的活动，同时也继续为援华活动提供有关中国问题的演讲员。

二　意识形态分歧引发的1941年年会辞职风波

1941年1月，国民党悍然发动"皖南事变"，中国抗日民族统一战线面临破裂的危险。2月28日援华总会举行两周例会时，讨论了中国在远东紧张局势下的重要地位，决定广征英国名流签字致电蒋介石，希望重申团结抗战的信念，"直至获得完全胜利及巩固之独立为止，为远东以及全球和平与进步中之重要因素"①。援华总会同时讨论宣传方案，在英国报纸上特别申明中国在远东的重要地位，并督促英国朝野加强物资援华。

在3月年会上，援华总会要求停止从英国政府控制的源头直接或间接向日本出口军需品。伍德曼女士的讲话中特别提到日本新近又从英国控制的澳大利亚购买2.5万包羊毛。薛西尔子爵及部分宗教和工商业领导人也致电年会，表达了对中国人民抗战的钦佩和同情。郭泰祺大使也发表了讲话，承认国民政府和中共之间有一定的分歧，但双方还在致力于维持统一战线对抗日本。②

尽管取得了一定的成就，援华总会也面临深刻的危机。由于政策层面和意识形态的分歧，会长李斯特维尔伯爵、主席戈兰兹、副主席弗莱及金斯利·马丁提出辞职，前三位援华总会要员联名致信给援华总会理事会及所有副会长。三人声称"为了对自己及援华委员会公平起见，是时候起草一份我们的立场声明了"③。

三人承认，鉴于援华总会的起源和历史，不可否认援华总会是"左翼"人士的组织。援华总会反对一切控制或剥削中国的帝国主义意图。"作为一个英国组织，援华总会在欢迎一切对中国民主和自由力量支持的同时，将批评和抵制英国政府对华任何帝国主义动机视为我们的主要责

---

① 《英援会再电蒋介石，关心我团结抗战》，《新华日报》1941年2月28日第1版。

② "Our London Correspondence：Chinese Communists"，*The Manchester Guardian*，Mar. 31，1941：4.

③ Clegg papers，AC/2/14，Marx Memorial Library.

任。"但是理事会在一些问题上的分歧越来越大，包括英国对轴心国的胜利（英国会取得胜利，这一点毋庸置疑）与世界进步到底有何意义？如何解读近段时间里英国的远东政策？如果援华总会就这类问题发表武断的立场声明，那么分裂的将不仅是理事会，还有援华委员会的支持者。后者有成千上万人，政治立场各异，而且"占其中大多数的肯定不是共产党人"①。无论这些人中哪一派最后占上风，受伤害的都是中国。

三人清楚地知道委员会的一些坚定的支持者和活跃的工人都信奉共产主义，"希望他们能和我们这些持相反政治信仰的人继续在援华事业上进行良好的合作。但这就要求双方都坚决克制，不强力推动意识形态宣传"。但是，"持共产主义信仰"的朋友数月来的不克制让三人深感不安。在很多场合，在明明知道办公室职员持相反观点的情况下，"我们的朋友还是将很多有争议的言论放入草案在理事会传阅，让那种言论得到一定传播甚至被报道。据我们所知，这种做法让外界对委员会的政策有了一种不准确的印象。"②

三人还表示了对援华总会英共成员的增加的忧虑："在一次流程合法性值得怀疑的增选环节后"，委员会成员里纯共产党的人数增加了。当时援华总会会长、主席和副主席都不在场，之前和事后也没有被知会，增选两名会员的提案就被通过了。三人认为委员会秘书之前都不知道相关动议。在三人看来，"这样的情况很容易让人认为每当争议性话题可能被提起的时候，共产党的党鞭就开始参加各种会议。而当选择发言人和撰稿人时，人们很容易以为只有持同样政治立场的人才合适"③。

相比之下，三人认为理事会里那些不持共产主义信仰的人，不仅在参加理事会会议方面积极性弱得多，很多时候在援华事业上也不如他们的共产党同事有热情。无法参会的时候，他们也很少写出书面汇报或提出新的建议。考虑出行和邮寄方面的困难，不能认为很多援华总会成员没有严肃对待他们的职责，但"这也加大了委员会赤化的可能性"。

最后，三人表示"如果英国援华委员会将变成一个我们不认同的意

---

① Clegg papers, AC/2/14, Marx Memorial Library.

② Clegg papers, AC/2/14, Marx Memorial Library.

③ Clegg papers, AC/2/14, Marx Memorial Library.

见机构，如果委员会的各种言论对援华工作有害（我们指的是那些主要目的是抹黑英国政府确有瑕疵的过往或对苏联政策不加批判给予支持的言论），我们将别无他法，只有辞职。我们希望委员会内部对不同意见有更多的尊重，对让成员各自陷入艰难或错误立场的做法有更多的抵制，希望理事会全体成员有更大的责任感，希望这样一来委员会内部的裂痕能够弥合。因为相信在希望中国能够从现在的困境中迈向自由和民主的人之间，绝对的坦诚是最公平和最明智的做法，我们恳请英国援华委员会的成员和副会长们好好考虑这些问题。"①

会长李斯特维尔伯爵、主席戈兰兹、副主席弗莱的联名辞职声明，表明援华总会面临深刻的意识形态危机，英共党员成员从事的活动和宣传引起了援华总会领导层的警觉和强烈不满。然而，"皖南事变"后中国抗日统一战线面临的严峻形势使得援华总会成员清楚地意识到以反法西斯统一战线为基础举行援华运动的必要性。三人最终撤回辞职信继续留任，但援华总会元气大伤。

第三节　困境中援华总会的活动

一　常规活动

英共追随苏联反对对德战争和战争的炮火本身，都意味着援华总会不可能举办大规模的公众集会，因此援华总会这一时期的活动多以午餐会、义卖会为主。1939 年 10 月 10 日，中华民国成立 28 周年之际，援华总会举办"一碗饭"运动，克里普斯爵士出席并演讲，指出英国政府即将和日本政府沆瀣一气的可能性，并强调援助中国的必要性。郭泰祺大使讲话称"只要日本军阀还在掌权，远东就没有和平的希望"②。午餐会的成功鼓舞了援华总会成员，当即决定定期举办此类活动。1940 年 1 月克莱格举办的午餐会上，熊式一应邀讲解中国现代艺术，伦敦大学东方学院讲师、《大公报》记者萧乾讲中国文学。餐会由安得森教授夫人主持，在发言中提到援华总会新近寄出 385 英镑供国际和平医院购买药品，

---

①　Clegg papers 2/14, Marx Memorial Library.

②　Clegg, *Aid China 1937 – 1945: a Memoir of a Forgotten Campaign*, p. 116.

帮助中国红十字会培训医务人员等。2月的报告题目是《中国大学的地位》，主要讲中国学生和教职员工在临时教室上课的英勇精神，战前中国约110所高等院校，其中有90所左右正在开课。3月，华北一所教会大学的讲师薇妮弗雷德·卡尔布雷斯（Winifred Calbraith）做了题为《和中国游击队在一起》的报告。

义卖会也是战时可行的活动方式。1939年12月初，援华总会举办义卖会为国际和平医院筹款。① 义卖品有中式珠宝、丝巾、扇子、瓷器、陶器、玩具等。伦敦华人妇女首次在援华总会的活动中起到了巨大作用。同月，又举办一次"一碗饭"午餐会。1940年3月援华总会还在伯灵顿画廊（Burlington Galleries）举办了庆祝中国春节的活动。

援华总会也继续提供演讲者和关于中国的信息。关于远东的信息来源比以往要好许多。保卫中国同盟在香港办了双周刊《保盟通讯》，《曼彻斯特卫报》记者斯坦因（Gunther Stein）也从那里发来"中国邮件"。民权保障会从1939年12月起也发行了根据美国报纸简报编辑的新闻通讯，偶尔会涉及中国信息。

（一）利用特殊节点开展活动

随着战争的继续，援华总会举行活动日渐困难。8月中旬不列颠之战开始之前，空袭已经频繁。在资源匮乏、举行中国周困难重重的情况下，援华总会在"七七"事变三周年纪念日举办了"中国日"，出版了第2期《中国新闻》，同第1期一样，以蒋介石的信息开始，但主要的文章是白求恩的《伤口》，以及陈依范和贝克尔（Becker，从西班牙转道中国的反法西斯大夫）的文章。7月9日"中国日"，援华总会在贝克街的波特曼屋举行"一碗饭"餐会，目的之一是支持中国抗战，其次是为国际和平医院和工合运动筹款。出席餐会的有数百人，李斯特维尔伯爵担任活动主席，苏联驻英大使迈斯基夫妇等出席。郭泰祺大使作为贵宾发言，强调了中国抗战到底的决心，并指出步入战争第四年之际，中国军队的数量、质量和经验都胜过战争之初；工业生产持续增加；工合运动在全国发展了1.5万多个分支；大学在西南重建，教学秩序没有因战争而中断。坎特伯雷主教约翰逊博士（Hewlett Johnson）在发言中称："如果我们采

---

① Clegg，*Aid China 1937–1945：a Memoir of a Forgotten Campaign*，p. 116.

取恰当的行动，也许一年之内，我们就能和苏联、中国和美国并肩作战。届时就有可能实现集体安全——世界的希望所在。"①

1940年12月中下旬，援华总会又一次举办圣诞义卖会和中国货展，所谓"伦敦轰炸中不忘援华"②。会址设在伦敦市内最华丽的中国饭店里，会场布置均按照中国古式，悬挂中国灯笼，到会民众极多，都对中国深表同情。义卖会开办困难重重，首先英国受空袭威胁，市民皆予以疏散，交通尤其困难；其次中国货物供应较难。参加展览之货物中，来自各方觅集，包括中国瓷器、干果、珍奇物品以及书籍等，其中一部分为1939年展览会剩余货物，一部分购自伦敦东区因轰炸而停业的华商，包括部分中国文学书籍。展览会共售得240英镑，援华总会以半数捐赠山西国际和平医院。此外，展览会也使英国民众对中国有了新认识，对中国文化、政治、经济、社会诸问题产生兴趣后，不少民众加入援华总会。展览会中未售出的货物，于19日在剑桥中国委员会所筹备的展览会中出售。展览会的成绩斐然，主要得益于援华总会副秘书长玛丽·琼斯的努力。

1941年6月中旬，援华总会开始筹备纪念卢沟桥事变四周年。经过会议讨论，决定了纪念办法，即向各界募捐1000英镑，于"七七"纪念日汇华，将"七七"纪念日作为运动中心起点；举行"一碗饭"聚餐会，请顾维钧大使演讲，并当场募款救济中国难胞；发行小册子，讲述中国四年来抗战经过，并展示中国的建设工作，促请英国人民援华；联合英国各地及伦敦报纸，在报纸上发表评论；拟定有关中国的广播节目，例如中国诗歌，中国人民生活状态之介绍等，在电台广播；于"七七"前夕在各教堂敦请民众援华等。③

7月7日援华总会举办"一碗饭"晚宴时，接替郭泰祺任驻英大使的顾维钧担当主旨发言人。国际局势此时已经发生了变化，德国撕毁《苏

---

① Our Own Correspondent. (Aug. 22, 1940). Britain and China: War Anniversary Observed in London with Dinner Held Generalissimo's Message. *South China Morning Post* (1903-1941). Retrieved from https://www.proquest.com/historical-newspapers/britain-china/docview/1764481916/se-2.

② 《英国人民的友情英援华委员会举办中国货展，伦敦轰炸中不忘援华》，《新华日报》1941年1月11日第2版。

③ 《英援华会筹庆我抗战四周年，决定七七纪念办法》，《新华日报》1941年6月17日第1版。

德互不侵犯条约》，苏德战争爆发。苏联驻英大使麦斯基和美国大使怀南特（Winant）都受邀参加。麦斯基出席的消息吸引了大量参加者，克莱格认为此乃援华总会历史上的一个重要时刻。9月20日，援华总会又在伦敦举行义卖会，迈斯基夫妇再次出席，到会其他名流有顾维钧大使、郭秉文夫妇及援华总会主席戈兰兹、秘书伍德曼等。会场中国货物售卖处，顾客极为拥挤，售款纳入双十节的千镑捐款。

综上，受制于战时的条件和英共的政策，在本阶段无法举办大规模集会，但是援华总会灵活地采用了可行的方案，通过午餐会、义卖会和展览会，不仅为中国抗战募集了部分捐款，也持续宣传了中国的反侵略战争。

（二）宣传新举措

除了常规的小规模活动，援华总会在此阶段还开始通过其他方式宣传中国及其抗战。一是利用伦敦空袭时间举行中国问题演讲会①。1941年1月中旬，伦敦市议会曾请中国侨民数人，至防空室内讲述有关中国问题，结果"不但极为各方面欢迎，且可免除室内之单调生活"。援华总会受此启发，与伦敦市议会商量合作。在空袭时间，在伦敦市区各公共防空室内，举行演讲会，并于可能时放映影片与幻灯片，介绍中国问题与中国文化。二是利用空袭带给民众的大量家居时间开办中国研究班②。伍德曼与系列地图服务社合作开发了中国研究课。援华委员会副主席弗莱与合作联盟的教育课合作推出"家庭战时中国研究课程"，一共十讲，每讲都附有几道论述题。所用课本均由各部门专家编撰，讨论各种题目，使英国人对中国能有正确认识，内容包含中国地理、历史、文化、外交、争取独立、统一抗战卫国及中国将来在世界的地位等。课程与援华总会此时出版的小册子《中国战胜侵略》一样，都是为了让英国民众更清楚地了解中国，不同于以前以宣传鼓动为目的材料。

为了进一步激发英国民众对中国形势的关注，援华委员会又于三、

---

① 《英援华会拟利用伦敦空袭时间，举行中国问题演讲会》，《新华日报》1941年3月7日第1版。

② 《英援华会开办中国研究班》，《新华日报》1941年3月12日第1版；" 'The New China' Study Course", *Manchester Guardian*, Feb. 17, 1941：8。

四月间举办中国论文比赛①，英国各学校学生参赛者极为踊跃，总计收到论文逾百篇，在战时空袭频繁的情况下，获得如此关注实属不易。1941年12月，援华总会还组织了由主席弗莱主要负责的周末学校，以"中国与太平洋"为主题，讲座不仅涉及中国的当下形势，还有关于泰国、苏联等国家的讨论。

总而言之，援华总会这一阶段的工作是在敌机的轰炸中，"对中国的工作仍在继续"。伍德曼给保卫中国同盟的信中指出：

> 我们从未停止我们的工作，甚至从来不让这些事情影响我们。人们也因此作出响应。此外，我们还进行了一次最成功的义卖，净收入达240英镑，这一出色的结果表明，我们的社会党委员有充分的自信，因为他们没有被那些声称人们不会购买的悲观估计所吓退。我们的滇缅路运输获得了极大的成功，它表明，在英国有着真正支持中国的公众舆论，会对我们的号召随时作出响应，对一些事讨论之热烈，使许多议会议员和外交部的官员感到吃惊。②

伍德曼还称赞保卫中国同盟对中国国内政治局势的评论，请求保盟为援华总会多提供50份《保盟通讯》以及更多的《工合简讯》。

二 重大事件

（一）重新开放滇缅公路

援华总会围绕滇缅公路的开放与关闭开展的运动，不仅是本时期规模最大的活动，也是援华总会最后一次大范围和大规模的运动。

1940年5月22—23日德国开始对英国展开首轮攻击。丘吉尔于5月10日接任英国首相，终结了英国政府对欧洲的绥靖政策，而对日本的绥靖政策仍然延续。6月底，英国和日本签订协议，允许日本警察在天津英租界驻扎。中国人在天津的白银被封存，由日本、英国共同照管，最后

---

① 《英援华会举办中国论文比赛》，《新华日报》1941年4月18日第1版。
② 《伦敦中国运动委员会秘书的来信》（1941年5月），载中国福利会主编《保卫中国同盟通讯：全3册》，中国福利会出版社2013年版，第339—341页。

的去向待定。援华总会发表声明，讽刺在欧洲自称有权为民主、法律、秩序而战的英国政府，在远东却只能和"侵略者"握手言和。[1] 日本却并不满足，要求法属印度支那立即停止向中国输送一切物资，同时封锁香港威逼英国关闭中国的主要生命线滇缅公路。7 月 18 日丘吉尔政府屈从日本压力，在下院宣布开始封锁滇缅公路，切断了对运输中国抗战武器和军火有重要意义的国际交通线，并禁止中国通过香港和缅甸运输武器、弹药、油料、卡车、铁路器材等物资，给中国带来沉重打击。援华总会旨在帮助中国难民和国际和平医院的展览也受到影响，虽然已经着手准备，还是被勒令取消。丘吉尔政府的倒行逆施不仅威胁着中国，也直接影响到援华总会的存亡，引发了援华总会的积极回应。

援华总会第一时间内发起行动，致函《曼彻斯特卫报》呼吁民众抗议英国政府的对日绥靖政策，号召民众在危急时刻与中国人站在统一战线上，"相信他们的斗争是为了争取真正的民主，并且将取得胜利"[2]。7月 19 日援华总会向所有的支持者和会员发出特别呼吁书，向他们发出"紧急呼救"，要求他们"比以往任何时候都更加努力工作去支持中国"[3]。援华总会要求民众仔细阅读附在信里对时局和英国对华政策在过去几天内极端倒退的分析，称其为英国政府在远东实施绥靖政策的巅峰。而绥靖政策，"正如一直以来警告的，将导致英国背叛中国，以牺牲中国利益为代价和日本达成协议"[4]。

声明还指出英国政府每次对日本做出的让步都会让日本的胃口变得更大。1939 年 7 月，先是"有田—克莱琪协定"的签订，之后是 1939 年 9 月将 4 名中国囚犯交给日本和罗伯特·克莱琪爵士在东京的演讲，1940 年 6 月年英日两国就"天津事件"达成英日协议，紧接着 7 月政府就接受了日本要求关闭通往中国的滇缅公路 3 个月的要求。

声明强调，日本一直无法击败中国人民。而英国的政策就是纵容日

[1]　Clegg, *Aid China* 1937 – 1945: *a Memoir of a Forgotten Campaign*, p. 122.

[2]　"Agreement with Japan: 'Policy of Appeasement'", *Manchester Guardian*, July 19, 1940: 7.

[3]　Arthur Clegg papers, AC/1/1, Marx Memorial Library; Clegg, *Aid China* 1937 – 1945: *a Memoir of a Forgotten Campaign*, p. 124.

[4]　Arthur Clegg papers, AC/1/1, Marx Memorial Library.

本，按日本的条件结束战争，让中国投降。但近来蒋介石将军的声明表明，中国政府和中国人民在实现他们一直为之牺牲奋斗的目标前，不会停止抵抗。也就是说，他们会不惜一切代价维护中国主权和领土完整。在重庆接受记者访谈时，蒋介石还提到，"英国和其他国家认识到新中国的革命精神，这种精神和大无畏的抵抗意志将战无不胜。"

声明最后呼吁援华总会成员和支持者正确应对当前的挑战，和中国朋友们站在一起，支持他们，并要求他们在以下几个方面提供帮助：

> 让你们所属的任何组织按英国援华委员会声明上的文字发一份决议给首相，给外交大臣哈利法克斯勋爵，给克莱门特·理查·艾德礼先生和你所在地区的报纸。要知道，战争内阁联合对外交政策负责；将类似的一份决议发给你的议员，如果他不是工党议员的话，发给工党的议员候选人；如果在任何组织你都没办法提出这个议题的话，按同样的做法写一封私人信件；立即告知我们您能在所属街区发多少传单，下周开始的时候我们将备好。价格可以是象征性的，也可以免费；在您所在街区的组织中召开一次会议来考虑远东地区的这个问题。我们会立刻给您派送一位发言人。

最后，声明表示"形势十万火急，不可小觑。我们必须马上采取行动。只有尽全力施压我们才有可能阻止英日交易"①。

呼吁书发出后反响热烈，援华总会受到鼓舞，要求觐见丘吉尔或其他政府领导人。秘书伍德曼、副会长拉斯基等商量如何在工党执委会上讨论此事。

抗议纷至沓来。7月26日《工人日报》刊登了纽伯里工党分部通过的决议，指出"最近在使用滇缅公路问题上向日本屈服表明，声名狼藉的绥靖政策仍在实施……工党应立即要求罢免那些坚持这一政策的人"②。郭泰祺给《泰晤士报》写信表明收到无数表示同情友好的信件。尼赫鲁也从印度发来电报对英国的决定表示强烈的愤怒。

---

① Arthur Clegg papers, AC/1/1, Marx Memorial Library.

② "Workers Answer China's Appeal", *Daily Worker*, Jul. 26, 1940: 2.

援华总会将收集到的各家媒体从 7 月 20 到 8 月 12 日之间的决议和抗议信件中节选 35 份结集出版，另附 54 份清单，其中包括唯一一封支持政府决定的保守党议员信件摘要。援华总会还组成了以田伯烈为首的代表小组与战时内阁的成员之一进行交涉，但是没有取得明显成效。16 日，薛西尔爵士和下院议员援华总会副会长诺埃尔·贝克访晤外交大臣哈利法克斯，要求政府于滇缅公路停运三月期满后，即行开禁。19 日，援华总会访外交次长、下院议员巴特勒（R. A. Butler）进行质询，弗莱、伍德曼等同行，巴特勒许诺不会禁运医疗物资，但是暂时不允许进口运输医疗物资所需的汽油。①

因为支持印度独立演讲入狱的援华总会总干事克莱格出狱时恰逢滇缅公路关闭。克莱格认为政府质询没有起作用，于是提出发起全国请愿，要求重新开放滇缅公路。援华总会通过了克莱格的提议。8 月中旬援华总会举行了"一碗饭"午餐会，梅农、前东南大学校长郭秉文博士是主要发言人。8 月 22 日，援华总会通过全国性决议，请愿正式开始。最先签名的有威尔斯（H. G. Wells）、罗斯·麦考莱（Rose Macaulay）、普里斯特利（J. B. Priestley）、何登（J. B. S Haldane）、著名生物学家米切尔爵士（Sir Peter Chalmers Mitchell）等社会名流。

这是援华总会最后一次大规模的活动，为配合运动，援华总会印发《开放滇缅公路》的传单和《拒绝东方慕尼黑》的宣传册。由于德国对英国空袭的加剧，不是征集签名的最佳时机，但是民众反响强烈，尤其是因为工合运动对中国感同身受的合作协会。即使在不甚活跃的伯明翰，合作协会分支机构成员也纷纷响应签名。随后，伯明翰合作协会执行委员会签名。工会分会、左翼书社和和平理事会等都给予了大力支持。在剑桥，两位学生建立了剑桥援华总会。请愿活动响应热烈，短短两周签名者已经达到 25 万人，援华总会于 9 月 13 致信丘吉尔，传达了民众的意愿。到 9 月 21 日，决议得到了包括坎特伯雷大主教在内的 125 万人的

① 《英援华人士不满英远东政策，主张停止对日寇供给军需品，要求按期取消对华非法封锁》，《新华日报》1940 年 8 月 21 日第 2 版；FO 371/24669, Deputation report by China Campaign Committee, Aug. 20, 1940, The National Archives, UK。

支持①。

英共书记波利特也发文支持援华总会发起的运动，在《工人日报》发表文章，赞扬了保卫中国同盟在香港的工作和对国际和平医院的支持。保盟1939—40的年报中也提及了援华总会及伯恩茅斯、曼彻斯特、默西塞德援华会的工作。波利特指出，"我们要支持援华总会的工作，帮助他们运送急需的医疗物资。我们要为他们争取重开滇缅公路的请愿助一臂之力。"②

面对公众压力，自治领大臣考尔德科特（Lord Caldecote）9月18日宣布政府希望不久的将来向日方提议允许运送输送医疗物资所需要的石油。要求公路全部开放的请愿签名持续增加，到10月8日丘吉尔宣布滇缅公路将于10月18日重新开放时，请愿支持者已高达150万人。

为开放滇缅公路发起民众请愿是援华总会组织的最后一次大规模活动，在不列颠空战之际为中国抗战摇旗呐喊，争取民众达150万人之多。虽然公路的关闭和开放受制于英国的战事需求，"一般人是咸信，此事之决定，将视届时英国作战情形为转移"③，并非政府对以援华总会为代表的左翼人士和民众呼声的回应，但援华总会毕竟发出了自己的声音，给了中国道义上的声援和支持。滇缅公路事件也给曼彻斯特援华总会注入了生机，1940年12月，曼会开始重新呼吁为中国捐助医疗物资，到1941年1月，筹得200英镑。更值得一提的是，成立于争取开放滇缅公路运动期间的剑桥援华总会。运动结束之后，剑桥委员会的组织机构得以完善，弗雷斯特（James Forrester）和马来亚华人留学生K. C. 林（K. C. Lim）、中国留学生肯尼斯·罗（Kenneth Lo）是委员会的联合干事。委员会开始编辑出版《剑桥中国通讯》，会员人数不断增加，在市场设摊募捐，还在多萝西舞厅成功举办了一次舞会，到场发言者有援华总会主席弗莱、托尼教授（Tawney）、克莱格和中国驻英大使的代表。1940年11月，李约瑟从美国回来后加入了剑桥援华总会，这是他首次参与援助中国的政治

---

① Buchanan, *East Wind: China and the British Left* 1925 – 1976, p. 87.

② "Harry Pollitt on the Report of the China Defence Council", *Daily Worker*, 1940. 9. 12; Clegg, *Aid China 1937 – 1945: a Memoir of a Forgotten Campaign*, p. 128.

③ 《英援华人士不满英远东政策，主张停止对日寇供给军需品，要求按期取消对华非法封锁》，《新华日报》1940年8月21日第2版。

活动。由于战事的变化，剑桥中国委员会并没有维持很久，但是 K. C. 林和肯尼斯·罗一直是活跃在援华总会的讲演者。

滇缅公路重新开放之后，英国政府的对日政策有了些许变化。1940 年底，张伯伦去世，外交大臣哈利法克斯离开外交部，安德森离开了内政部。12 月英国政府宣布给中国政府贷款 500 万英镑稳定货币，另有 500 万英镑的信贷，经自治领部同意，可以用来在英镑区购买供应物资。这是英国提供的第一笔直接援助中国抗战的信贷。援华总会对两笔信贷表示十分欢迎，但是还是希望政府禁止对日销售石油。

（二）关注中国海员

重开滇缅公路后和日本对英美宣战之间，援华总会关注的焦点之一是中国海员，与全国海员工会携手帮助成立了利物浦中国海员分会，并推动英国政府最终于 1942 年 4 月就海员问题正式达成协议。

中国海员为战争付出了很多，但从未得到应有的认可。欧洲胜利纪念日也没有提及中国海员。当时英国的中国海员有二万多人，所服务的轮船都在英国注册，所处理的是最危险的货品石油，但是得到的薪金和工作条件却不能够与英国船员相提并论。1940 年 7 月英国中国海员联合会成立，援华总会与之有着很密切的合作。[1]

利物浦中国海员分会就是在援华总会和全国海员工会协助下建立的。[2] 1940 年 10 月，部分在被炸沉的轮船上工作的中国海员参加了援华总会在伦敦为被炸华人举行的聚会。11 月援华总会又为中国海员举行专门聚会，邀请全国海员工会的全国干事贾曼（Jarman）先生和中国海员工会利物浦分会的荣誉书记陈天声（Sam Chen）讲话。当时"盎格鲁—撒克逊"和"阿尔弗雷德·赫茨"两家公司拒绝向中国海员支付每月 6 英镑的危险货物津贴。到 1941 年初，中国海员联盟有了自己的章程和选举产生的委员会。5 月，克莱格前往利物浦为工会提供建议。1940 年底，在克莱格和援华总会的努力下中国海员最终与英国海员获得同等津贴，尽管工资还有所差异。伍德曼认为，因为"英国人民对中国的同情和乐

---

① 《伦敦中国运动委员会秘书的来信》（1941 年 5 月），载中国福利会主编《保卫中国同盟通讯：全 3 册》，中国福利会出版社 2013 年版，第 339—341 页。

② Buchanan，*East Wind: China and the British Left* 1925 – 1976，2012，p. 88.

意为中国而作出贡献……船主们也要三思而行"。① 中国海员的同工同酬最终是在 1942 年 4 月 24 日中英政府达成正式协议之后。1943 年援华总会年会时，伍德曼还向与会人员报告了向英国政府请求改善中国海员的工资、工作条件和生活情况。当时利物浦一地就有 2000 人，中国海员联盟利物浦分会一直持续到战后许多海员返华。

（三）支持工合运动

工合是援华总会关注的又一焦点。中英发展公司（Anglo-Chinese Development Society）纯粹为支持工合运动由援华总会出资和推动成立②。作为贸易公司，中英发展公司推动了中英合作社之间的合作，是工合运动最主要的三大海外促进会之一。③ 工合国际委员会的成员李约瑟和何明华回英时也说服了后来成立的全英助华联合总会支持工合。④

1. 工合在中国

工业合作运动在中国的发起是全面抗战爆发后的产物。随着日军的推进，现代化工业集中的东部沿海城市相继陷落，中国的工业生产被迫中断，大量技术工人沦为难民。日本占领上海之后，将原先的工业区付之一炬，尚有利用价值的工厂机器被日军缴获，部分运往日本，被烧毁的机器也作为废铁待运，繁华的工业区变成废墟。日军摧毁了中国的工业区，大量的日本产品涌入，使中国不仅丧失了抵御日本经济侵略的能力，从某种程度上还被迫购买，支援了侵略者对中国的征服和掠夺。1937 年底，海伦·斯诺（即尼姆·韦尔斯）在和埃德加·斯诺及曾在上海担任工厂监察员的新西兰人路易·艾黎多次查看废弃的工厂区之后，提出了在中国发展战时经济的办法，即通过"一个人民的生产运动"，"把人民组织起来"，实行自我管理，"把他

---

① Buchanan, *East Wind*: *China and the British Left* 1925 – 1976, 2012, p. 88.

② Alan Burton, *The British Consumer Co-operative Movement and Film*, 1890s – 1960s, 2005, p. 169; Patrick Wright, *Passport to Peking*, 2010, p. 68.

③ Ida Pruitt, "Six Years of Indusco", *Far Eastern Survey*, Vol. 14, No. 4 (1945): 48 – 52; 其他分别是美国和澳大利亚的促进会。

④ Pauline B. Keating, *Internationalist Visionaries*: *Builders of the Indusco Movement in Wartime China*, 1938 – 1950. http://rewialley. kiwi. nz/assets/docs/resources/forum – paper/Keating – OBOR – Indusco. pdf.

们的生产单位联系在一起"，这就是工业合作社在中国的首次提出。①
海伦·斯诺认为用难民合作社取代难民营远比单纯地救济难民要更有
意义，而且生产性的合作社能够在将来战争胜利后建设新中国时对促
进社会和经济发展发挥更大的作用。事实证明工合运动有效地增强了
中国抗战力量，保证了战时生产，供应了军需民用，同时建设了中国
的工业基础，安置了难民，而且赢得了华侨和美、英等众多国家人民
的支持和援助，提高了中国在世界反法西斯统一战线中的地位和影
响，也促进了战后中国工业化的发展。

1938 年 4 月 3 日，梁士纯、出版人胡愈之、合作社专家鲁光明、
银行家徐新六及英国领事约翰·亚历山大、海伦·斯诺、埃德加·斯
诺和路易·艾黎等，在上海组成了促进中国工业合作社的筹备委员会
及上海"工合"运动委员会，很快提出了成立工业合作社的简单计
划。在海伦·斯诺的推动下，路易·艾黎逐渐完善了技术细节，决定
在内地建立小的工厂和作坊，用技术工人的转移代替不可行的工厂
转移。

工业合作社的想法一经提出便得到了中国不同党派和中外有识之
士的支持，是国共两党第二次合作的成功典范、抗日民族统一战线的
结晶。5 月埃德加·斯诺和路易·艾黎将计划带到国民政府所在地武
汉，在英国驻华大使卡尔爵士（Sir Archbald Clark-Kerr，即后来的
Lord Inverchapel）和领事约翰·亚历山大的帮助下，宋美龄和宋霭龄
首先接受了工合，继而影响了蒋介石和孔祥熙。宋庆龄在斯诺夫妇和
路易·艾黎于上海开始酝酿工合时就表示出全心的支持，并说服了宋
子文也支持工合。在国民政府的支持下，路易·艾黎开始了中国工业
合作协会的筹备工作。中共也与工合的发起有着密切的关系。埃德
加·斯诺和路易·艾黎初到武汉时，即得到了周恩来、秦邦宪、董必
武的支持。路易·艾黎在组织工业合作协会的过程中，同斯诺两人经
常找周恩来商量工合组织的性质和人事安排，接受了周恩来将工合建
设成群众性的社会团体、同国民党政府配合、吸收有一定威信的爱国
民主人士作为工合运动领导人的建议。

①　卢广绵等编：《回忆中国工合运动》，中国文史出版社 1997 年版，第 48 页。

1938 年 8 月 5 日，中国工业合作协会在汉口成立。孔祥熙任理事长，宋美龄任名誉理事长，秘书长为刘广沛，路易·艾黎为技术顾问，国民行政院拨款 500 万元作为工合启动基金。协会后随国民政府迁往重庆，其成员包括国共两党及民主党派的代表。工合协会成立之后，推动了各地工合运动的迅速发展。从 1938 年 8 月至 1941 年春，成立了 1700 所合作社，工合会员达 2.5 万人。所有的合作社都进展良好，能够定期偿付利息，许多人很快就还清了全部借款①。

工业合作社也是为抗战争取国际援助的平台。1938 年 10 月武汉沦陷后，艾黎委托美国的普律德小姐去香港，在宋庆龄的帮助下，开始工合国际委员会的筹备工作，目的其一是推动国际进步力量更有效地支持工合运动，其二是确保海外捐款能够通过各种渠道转送到抗日根据地的合作社。1939 年初工合国际促进委员会（The International Committee for the Promotion of Chinese Industrial Co-operatives，ICCIC，又称 Gung Ho International Committee）在香港成立②，宋庆龄任名誉主席，香港圣公会主教何明华任主席，委员有斯诺、路易·艾黎、普律德（Ida Pruitt）等，陈翰笙任秘书。在工合国际委员会的推动下，马尼拉、纽约、伦敦等地分别成立工合推进委员会，在海外华侨和各国同情中国抗战的进步团体以及国际友人中募集捐款，购置机器设备等，支持中国的工合运动。

2. 中英发展公司——工合运动的英国推进委员会

在工业合作的发展过程中，路易·艾黎不顾国民政府的反对，在西北解放区推进工业合作社。截至 1939 年 9 月，工合西北区已经建立了 357 所合作社，拥有 4308 名成员，贷款总额达 106.608 万元，已还清 37689 元。仅 9 月就生产了价值达 82.6 万元的货品。从 1939 年 1 月到 9 月期间，西北工合生产的产品价值高达 511.4243 万元③，市场的巨大使得产品销售毫无压力，但是因为从国民政府获得贷款极其困难，西北工合只能努力争取从国外获得资金和设备援助。

---

① FO_ 371_ 24693, Memorandum on the Chinese Industrial Cooperatives, May 22, 1940, The National Archives, UK.

② Rewi Alley, *Rewi Alley: An Autobigraphy*, New World Press, 1997, p. 144.

③ FO_ 371_ 24693, Memorandum on the Chinese Industrial Cooperatives, May 22, 1940, The National Archives, UK.

为了帮助西北工合的发展，1939 年夏天起援华总会即与工合运动领导人巴恩斯商讨成立英国工合推进委员会，即中英合作发展公司①。在西班牙内战时期，英国也酝酿过类似计划，原因是英国工人对西班牙共和政府进行的纯慈善性质援助，并未有效地实现援助民主西班牙的目的，于是英国尝试组建某种公司团体，"建立一种具体的经济援助制度，就是助共和政府推销出口产品，并利用所得外汇信用购买他所需要的工业机器与设备"②。然而计划没有付诸实施之前，共和军即惨遭失败，西班牙内战结束。成立英国工合推进委员会援助中国抗战，是援助西班牙共和国经济计划的具体实施和进一步发展。但 9 月欧洲战事的爆发，使得计划暂时搁浅。

1940 年春，援华总会认为再次发起该计划的时机成熟，多次联系英国外交部，敦促推进委员会的成立。4 月 30 日，援华总会会长李斯特维尔伯爵、主席弗莱、戈兰兹联名致信外交大臣哈利法克斯，要求就英国的远东政策进行质询。要求获批后，援华总会在质询过程中再次提出援助中国发展工合的事宜。

外交次长巴特勒（R. A. Butler）5 月 10 日接待了援华总会代表团，后者由 11 人组成，包括李斯特维尔伯爵、主席弗莱、巴格诺尔牧师（Rev. E. G. Bagnall）、下院议员罗伯特·布斯比（Robert Boothby）、布里奇曼、伦敦合作协会会长戈斯林（Reginald Gosling）、斯奎斯（W. J. R. Squance）、卡斯尔顿牧师（Rev. Castleton）、托尼教授（Tawney）以及金斯利·马丁（Kinsley Martin）③。弗莱表达了代表团的忧虑，要求英国政府不要牺牲中国的利益与日本达成某种协议。巴特勒表示英国政府将继续遵循《九国公约》，承认重庆国民政府，不会认可汪伪政府。代表团还提出了天津存银、同中国政府继续协商进一步贷款事宜以及帮助中国工业合作运动的可能性等问题。

会面过程中，援华总会代表敦促巴特勒竭尽全力为英国国内急于援

---

①　《中英进展社在英成立》，《申报》1941 年 7 月 24 日。

②　《援助工合运动在中国》，《工业合作》1941 年第 2 期，第 61—63 页。

③　FO_ 371_ 24693, Report of Deputation Arranged by CCC, May 10, 1940, The National Archives, UK.

助中国工合运动的个人或团体提供便利。弗莱指出，中国的自由和民主是有利于英国的。战时中国已经开始了民主化进程，敦促中国工业合作运动就是提高劳工生活和改善工作条件的强大运动。战争期间，其他国家都不得不多少放弃民主的权益，中国的民主却在向前推进，工合运动就是很好的例子。弗莱要求政府提供准许私人资金转汇中国工合运动的渠道，因为西方资本在上海投资公司的员工状况极其恶劣，工合是唯一的出路，而且欧战前援华总会就已经制订出帮助工合的计划。戈斯林（Gosling）补充说，协调志愿援助中国工合运动的方案的确是在欧洲战争爆发之前就已经起草完毕。中国的工业合作社成就斐然，令人钦佩，尽可能地为他们提供援助极其重要。日本对工业基地的轰炸迫使中国在安全地带以合作的方式重建工业，如果政府促成对工业合作社贷款的转账，对中国政府是极大的帮助。下院议员布斯比（Robert Boothby）认为，英国已经进入全面战争，中国的友谊不可或缺。中国拥有的几亿人口是力量的源泉，两三年内和中国保持友好关系的重要性就会突显，战争结束后，英国产品的唯一希望就是中国的广大市场。

巴特勒回复听闻过中国工合方案，要求援华总会就此议题呈递一个备忘录。伍德曼立即着手准备，最后于5月22日致函巴特勒，按要求递交备忘录。为了确保得到巴特勒的支持，伍德曼还随备忘录一起提交了以下文件：中英发展公司的招股说明书（包括了对工合目标和活动的详细叙述）、公司备忘录、关于中国工业合作社小册子的草稿、艾达·普律德的《中国的工业长城》（China's Industrial Wall）、中国工合综合报告（1939年5月）、中国工合西北区报告、中国三万工业合作社运动期刊《新防御》、呼吁书（含未来发展规划及所需资金）及香港促进会通讯，为巴特勒提供了详细的背景材料。

伍德曼在信中提请巴特勒关注克里普斯爵士新近访问远东回来提交的报告中的相关内容和提议。伍德曼的备忘录里还包含中国驻英大使郭泰祺给巴恩斯的信[1]，申明中国政府全力支持中英合作发展公司帮助中国工合运动的目标，欢迎对中国友好的英国人士的此项举措，承诺担保偿

---

[1]　FO_ 371_ 24693, Quo Tai-Chi to Barnes in the Memorandum concerning the Chinese Industrial Cooperatives, The National Archives, UK.

付通过中英合作发展公司借给工业合作理事会的任何贷款、利息、货物，适用于中国政府认可的任何合作社。

"公司备忘录"中列出了中英发展公司的目标：促进英国合作运动和中国合作社之间的贸易往来；帮助在中国建立、发展及推广工业、农业和生产合作社；作为制造商、商人、经纪人、佣金代理商、船东、运输商或以其他任何身份在英国、中国和其他任何国家从事经营活动，进口、出口、买、卖、以物易物、调换、抵押、预付款项或者经营家用商品、农产品、零散物品、店卖商品。作为独资公司、一般的个体户、代理商或运输者的其他一切地位事情，包括出口、进口、买卖、交换、抵押、预付款金，或是其他的关于货物、农产品、书籍或日用品的生意。①

李斯特维尔伯爵告诉巴特勒，援华总会的成立是为了表达同情中国的英国公众的意愿，希望英国尽己所能在远东援助中国。援华总会囊括了英国政治、工会、合作社、宗教及各种团体，与其他组织的区别在于不仅致力于人道主义援助还涉及政治援助。

英国外交部会议记录②（Ashley Clarke，1940 年 5 月 29 日）有援华总会要求外交部利用其影响力支持中国的工合运动及英中合作发展公司成立的相关内容。记录中除了提到工合运动的缘起、取得的成就、英国驻华大使卡尔爵士的作用和中国政府的支持，还详细介绍了中英合作发展公司成立的缘由和运作方式。虽然中国政府提供了启动基金，建立了运转良好的小工厂和作坊，但是为了增加合作社的数量，需要进一步筹集资金。各国的同情中国抗战者应该伸出援手，或投入资金，或促使本国和中国的合作社之间进行以赢利为基础的商品交换。就英国而言，提议成立一个名叫"英中合作发展协会"的组织。克利普斯爵士将成为董事之一，方案由援华总会制订，内容包括：公司建议通过发行每股 1 英镑的股票筹集资金，每个成员不超过 200 英镑，利息不超过 5%，由董事会和持股人决定。股份资本不能满足需要的情况下，董事会成员将利用其影响力筹集借贷资本。招股说明书向公众保证该计划并非出于慈善目

① FO_ 371_ 24693, The Anglo - Chinese Development Society Memorandum, The National Archives, UK.

② FO_ 371_ 24693, Foreign Office Minutes, May 29, 1940, The National Archives, UK.

的而是"可行的商业方案",其原因之一就是中国政府会保证偿还中国工业合作社理事会欠公司的所有债务,不要求英国政府认购公司的基金。这种方式能加大援助中国抗战的力度,却不会激怒日本。更重要的是,未来中国提供的贸易机遇不可限量,此举能够最大程度上保证中英未来的友好贸易往来。

公司招股说明书表明,英中合作发展公司的目的,是为中国的合作社提供帮助和相互贸易的设施。最初阶段主要是提供中国工业生产迫切需要的小型工具和机器设备,尤其是在英国几乎无利用价值的二手机器,在中国则十分宝贵。另外急需的是现金流,主要用以购买英国没有但可以在其他地方尤其是印度、缅甸和马来亚等地购得的相似货品,不仅价格相对低廉,运输成本也大大降低。[①]

援华总会认为,上述计划的实施取决于能够建立从英国和英帝国向中国合作社输出货物和资金的机制,请求外交部利用在其他政府部门中的影响力确保某种机制的确立,只有这样,中英发展合作公司才能按计划推进。英国外交部认为,中英发展合作公司旨在通过在中国的合作运动和英帝国之间发展贸易达到帮助中国的目的,方案可行,原则上英国政府没有理由不支持和鼓励公司的建立,但在实践中,中英两国的出口信贷协议明确表明,由于战事的需要,中国需要的许多货品尤其是工具和机器设备是禁止出口的,而且往非英镑使用区输出英镑也是要尽量避免的。因此,外交部认为不可能总体保证满足援华总会提出的要求,但可以个别情况个别处理,涉及某种出口货品和一定的资金时由相关的部门单独考量后做出决定。援华总会从外交部得到的回复是,在"不与英国战事需求相矛盾时",外交部将利用其斡旋力在其他政府部门为公司争取便利,但是提醒援华总会,取得工具和机器出口许可"通常很困难",外交部无法做出一般性的承诺;英镑的输出受制于国防和金融条例,但通常大量的往非英镑区输出英镑也是不允许的。

伍德曼6月4日致哈里逊(Harrison)的信再次敦促巴特勒(Butler)

---

① FO_ 371_ 24693, Memorandum on the Chinese Industrial Cooperatives, May 22, 1940, The National Archives, UK.

就中英合作发展公司事宜作出回复。① 6 月 5 日巴特勒给伍德曼的回复内容同前文所述会议记录内容。②

6 月 28 日，伍德曼再次代表援华总会致函哈利法克斯③，要求后者接见代表团，讨论英远东政策，随信附有《英日天津条约》签订时援华总会的声明。援华总会强烈抗议英国政府牺牲中国利益，对日本采取绥靖政策的做法。7 月 13 日，巴特勒回复伍德曼，以哈利法克斯公务繁忙为由，拒绝了援华总会的要求，并就《英日天津条约》做出回复④。

1941 年 1 月 28 日，英国合作运动协会与英国援华总会经过两度会议后，最后决定在伦敦成立"中英合作发展公司"，董事长由下院议员巴恩斯（Alfred Barnes）先生担任，董事为伦敦合作协会会长戈斯林先生（Reginald George Gosling）、议会议员伍兹牧师（Rev. George Saville Woods，M. P.）及下院议员贾各（John Jaggger）、援华总会副主席弗莱（Margery Fry）与中国贸易委员会副主席郭秉文博士⑤，林咸让为秘书，并请国民政府派驻伦敦购料委员会主席王景春、驻英大使馆参事余铭、驻伦敦总领事谭葆慎、中国银行伦敦分行经理李德桥与大使馆海军武官戴龙为委员，秘书为伍德曼女士。

代表英国合作运动协会出席会议的是英国下议院议员巴恩斯、伍兹；代表援华委员会的是伍德曼及林咸让等。公司以合作原则组织，其目的在敦促英国以财政与物资援助中国，同时公司能为中国各合作社购买货物，并在英国代销中国货物。公司发行股票，每股一英镑，为争取最多数民众的支持，每人仅限一股。

2 月 4 日中英合作公司首次董事会召开。郭秉文、林咸让、巴恩斯、伍德曼等人出席。会上通过以下议案：公司组织细则；拟定向 150 名对中国态度友好的英人发出启事；拟定邀请入股华人名单；电请中国工业合作协会，速送该会所需要物品清单；在英国扩大宣传；请中国工业合作

---

① FO_ 371_ 24693, Woodman to Harrison, Jun. 4, 1940, The National Archives, UK.

② FO_ 371_ 24693, Butler to Woodman, Jun. 5, 1940, The National Archives, UK.

③ FO_ 371_ 24693, Woodman to Halifax, Jun. 28, 1940, 1940, The National Archives, UK.

④ FO_ 371_ 24693, Butler to Woodman, Jul. 13, 1940, The National Archives, UK.

⑤ 1941 年 3 月，郭秉文任国民政府财政部常务次长，兼中央贸易协会主任。

协会运送产品来英国展览。① 在 3 月召开的由公司董事会成员及所属之中英联合顾问委员会委员出席的董事会上，决定把公司名称改为"中英发展公司"，此系遵照英国 1929 年公布之公司法规定公共公司名字，禁止用合作字样，会中郭秉文曾转达行政院副秘书长孔祥熙及合作事务管理局局长寿勉成致协会函件，各英国董事皆以"友好情绪"担保必赞助援助中国。②

7 月援华总会举行的由郭秉文主持的午餐会上，巴恩斯向参加者报告了中英发展协会成立经过、目的、组织、中方需要英方提供的帮助，表达了对中方增加英国进口以促进两国间经济互利的期望③。

除了上述活动外，援华总会继续支持国际和平医院，虽捐款数额不如从前，仍是援华总会的主要资助对象，《保盟通讯》、保盟年度报告1938—39、1939—40 里有详细的记载，如提供急需的器械，本阶段援华会为国际和平医院提供了 9 套外科手术器械。

小　　结

欧战的爆发标志着援华总会进入第二个发展阶段。从 1939 年 9 月到1941 年 12 月珍珠港事件，失去了和平组织支持的援华总会在困难中孤军奋战，是英国国内唯一的援华团体。

英国民众依然对中国寄予同情。然而局势的急剧变化意味着援华总会必须对工作做出调整，战时只能缩减活动，频繁的会议、大规模的集会已经不可行，"中国周"由"中国日"和午、晚餐会代替。《苏德互不侵犯条约》签订之后，共产国际将欧洲反法西斯战争的性质调整为帝国主义之间的战争，英共开始反对国家的反法西斯战争。值得庆幸的是，中国抗战被认为是半殖民地国家争取独立的战争，英共对中国的支持因此没有改变。但英国对德宣战后，英共追随苏联对战争的定性，不可避

---

① 《中英合作公司开首次董事会》，《新华日报》1941 年 2 月 5 日第 1 版。

② 《中英发展公司召开董事会》，《新华日报》1941 年 3 月 14 日第 1 版；《陕行汇刊》1941年第 3—4 期，第 65—66 页。

③ 《英协助我国工合，下议院庞尼斯报告中英发展协会目的》，《新华日报》1941 年 7 月 24日第 1 版。

免地成为战时国家政策的反对者，其政策调整直接影响了援华总会的发展。

国内外形势的发展不仅从外部上孤立了援华总会，也造成援华总会内部英共成员和非英共成员之间的矛盾激化。援华总会主席戈兰兹对英共日益增长的影响力和其党员在组织宣传和抵制活动时的活跃深表忧虑。戈兰兹在1941年年会之前与会长李斯特维尔伯爵、副主席弗莱联名辞职。与此同时，国民党在国内发起反共高潮，"皖南事变"使援华总会越发意识到援华运动的重要性。最终援华总会战胜危机进行重组，戈兰兹等收回了辞职信，但是援华总会受到重创。

即便如此，援华总会仍定期举行"中国日"或者餐会，在德军的轰炸中举行小型民众活动，开办中国课程、举行有关中国的论文比赛。丘吉尔政府迫于日本的压力关闭滇缅公路后，援华总会发起规模浩大的重新开放滇缅公路的全国请愿活动。当然，从欧洲战争爆发到日本偷袭珍珠港之间，援华总会持续关注的还是国际和平医院、中国的工合运动及英国的中国海员的福祉。

援华总会在此阶段的大部分时间与英国的国家政策抗衡，扮演了置国家安危于不顾、一心"向苏"的角色，其活动的内容、形式、规模都已经无法和前一阶段高潮时期的援华总会相提并论。

第 五 章

与全英助华联合总会并行的援华
总会(1941.12—1945.8)

从太平洋战争爆发到抗日战争胜利结束是援华总会发展的第三个阶段。日本偷袭珍珠港使得中、美、英、苏四国成为同盟。中国作为盟友地位上升促成了 1942 年 7 月全英助华联合总会（British United Aid to China Fund，BUACF）的成立，助华联会得到了英国政府的支持。援华总会是组成全英助华联合总会的多个机构之一，其救济工作被全英助华联合总会取代。政治上，中英不平等条约的取缔使援华总会的政治工作中心转移。

本章首先讨论了国际局势变化对援华总会活动的影响，其次探讨了援华总会组织机制的发展变化、政策调整和人事变动，继而阐述了全英助华联合总会的成立；助华联会成立后援华总会主要关注点转向政治宣传，由此与外交部和新闻部多次进行交涉，最后以援华总会和保卫中国同盟协作为国际和平医院向助华联会争取援助结束。

第一节　国际局势变化对援华总会的影响

苏德 1941 年 6 月 22 日开战以后形成的英苏同盟大大缓解了援华总会的内部矛盾。11 月 7 日郭泰祺致弗莱的信中曾提到"很高兴得知援华总会内部现在平静了"[①]。日本 12 月 7 日偷袭珍珠港，促成了中、美、英、

---

① Clegg，*Aid China 1937 – 1945：a Memoir of a Forgotten Campaign*，p. 140.

苏四国同盟的建立。一时间，英国国内对中国的兴趣激增，迫切需要有
关中国形势的演讲者，对中国信息的需求量也大大增加。玛丽·琼斯在
写信请剑桥中国学生演讲时称"实在不知如何找到足够的演讲者参加各
种会议。"① 援华总会举行的集会也受到更多的重视。1942 年 2 月的"向
中国致敬"集会收到了外交大臣艾登、圣公会和天主教会大主教、自由
教会理事会教长的贺电。

中国作为盟友的地位的上升促成了 1942 年 7 月全英助华联合总会的
成立，又称克里普斯夫人基金，本质上是英国基金（British Fund）的重
组，宗教成分得以加强，得到了英国政府的支持，除此之外政府几乎没
有其他实质性援助中国的举措。

援华总会是组成全英助华联合总会的多个机构之一，后者的几个地
方委员会是由现存的援华总会地方组织促成，如在阿克斯布里奇的援华
分会。全英助华联合总会分支机构的成立很大程度上归功于雷金纳德·
布里奇曼（Reginald Bridgeman）。原援华总会成员斯坦利·迪克逊（Stan-
ley Dixon）牧师担任全英助华联合总会主席。两名援华总会成员任执行委
员会委员，分别是秘书伍德曼和多拉·爱德华兹（Dora Edwards）博士。
援华总会副主席弗莱和克莱格是理事会成员。玛丽·琼斯在全英助华联
合总会办公室帮助组织地方委员会和提供演讲者。

全英助华联合总会和援华总会分工明确。医疗救济通过全英助华联
合总会，包括给国际和平医院的救助，因此这一阶段援华总会一项重要
的工作是与宋庆龄领导下的保卫中国同盟为国际和平医院争取援助。所
有的政治问题归援华总会，其工作包括：提供演讲者、发行宣传册、新
闻报道、举行活动及为议会委员会提供信息。最重要的是宣传八路军的
新闻，保卫中国的统一和民主，结束治外法权和取消租界，促使香港回
归中国，支持中国加入联合国②。

全英助华联合总会和援华总会的合作也充满矛盾。后者抱怨助华联
合总会的政治性和对国民党政府的支持。但是，不同于援华总会在援华
运动中遭到工会领导层的抵制，全英助华联合总会得到了英国工人运动

---

① Clegg, *Aid China 1937 – 1945*: *a Memoir of a Forgotten Campaign*, p. 140.

② Clegg, *Aid China 1937 – 1945*: *a Memoir of a Forgotten Campaign*, p. 145.

的全力支持，募集了大量款项，截至 1944 年 4 月英国全国劳工会议的援华捐款已达 7.1 万英镑。到 1945 年 1 月全英助华联合总会已经筹集 150 万英镑，不仅教育了英国民众，也激励草根工人援助中国抗战，部分钱款分配给了援华总会支持的国际和平医院和西北工合。通过全英助华联合总会，援华总会也扩大了自己的影响①。1946 年克里普斯夫人访华时提到全英助华联合总会在英国包括苏格兰、爱尔兰的 1700 余座城市中的 1600 余处设有分会②，这是援华总会无法企及的规模。

面对形势的变化，援华总会也开始调整政策。1942 年英国在远东参战后，8 月援华总会在政策声明中表明，其工作中心是加强与中国的联盟，演讲者不应再在公共场合的演讲中严厉指责英国对华政策。政策的调整并不能改变外交部和新闻部对援华总会一直持有的保留和怀疑态度，双方的交锋时有发生。弗莱试图说服艾登 1944 年 7 月出席援华总会安排的演讲，结果遭到婉拒。

在全英助华联合总会内部，也存在左右之争。玛丽·琼斯安排和邀请的很多演讲人曾经在援华总会的集会上演讲，虽然在克莱格看来没有明显的共产党人，但还是引起了保守的教会人士和政府官员的不安。琼斯很快被免职，给援华活动也带来了不良影响。在援华总会看来全英助华联合总会没有维护英国和中国的统一战线，随着战事的发展中共的观点日益重要，但是全英助华联合总会办公室却不再有对中共抱有完全同情态度的人员。

自 1942 年以后，援华总会较以往有了较大变化。从成员上看，克莱格开始担任英共期刊编辑；玛丽·琼斯专注救济工作；伍德曼更多精力转向工业合作运动。从政治上看，英国政府废除了不平等条约，援华总会必须另行确定工作重心。

常规活动方面，援华总会年会继续召开，偶尔举办"一碗饭"午餐会。直到 1946 年，内部会议一直坚持每两周一次，参会者通常 10 到 12

---

① Buchanan，*East Wind：China and the British Left* 1925－1976，p. 96.
② 《克利浦斯夫人谈话　援华会将继续工作　昨日在京招待新闻记者》，《大公报》（天津版）1946 年 10 月 12 日第 2 版。

人。① 萧乾经常参加会议和演讲，布里奇曼几乎参加了援华总会所有的会议。援华总会为自身战后的发展，也尝试邀请更多人加入。1945 年 10 月10 日援华总会举行了最后一次"一碗饭"晚餐会，庆祝中国战胜日本。

第二节　援华总会组织机制的发展

一　1942 年年会

1942 年 4 月 25 日援华委员会举行年会时，声明之一是敦促英国政府速以所有现代化装备援助中国军队，提供各项现代装备及技术援助以便尽快修成通到中国的新公路，驻英大使顾维钧博士认为，中英两国在作战及胜利之后的建设工作中需要更密切合作。《新华日报》对其报道如下：英国援华委员会举行年会，决定发动加紧援华运动，并促进中英两国了解与合作之办法。驻英大使顾维钧致函该会，该会予以热烈欢迎。会长李斯特维尔首先宣布举行开幕式，次由戈兰兹主席宣读顾大使来函，内中略讲：贵会代表中国促使英国人民于太平洋战事爆发之前，认清中国之抗战，为世界民主政治与自由战争之一部分，并谓其贡献最大，当非过甚之辞。今者中国联合国家立于平等战友之地位，在达到胜利后，更共谋世界之复兴，余深信贵会此时将加倍努力于立定之目标，并增进已获之成功，该会曾公布账目，用以救济中国各地之难民之款，数达总收入 65%，此可见英人对于中国难民之务情与热忱。名誉秘书伍德曼汇报了援华总会过去取得的成绩，推派代表团向英、美、荷当局请求对日禁运汽油；发动一碗饭援华运动，捐 1000 英镑供作救济中国难民捐款，讨论中国及太平洋问题，组织同盟国民众大会，援助中国工业发展，如提供中国最需要之纺织机等。自卢沟桥事变以来，曾在英国各地举行大小会议数千次，并派代表赴各地宣传，编纂中国丛书，发起中国问题论文竞赛，与英国国家图书协会合作，编订中国问题书目，发行论文传单，刊行蒋委员长言论集，发行手册，宣传中国工业建设状况，与英国广播公司合作，广播中国节目，唤起英国人对新中国之认识及合作②。

---

① Clegg, *Aid China 1937 – 1945；a Memoir of a Forgotten Campaign*, p. 151.
② 《英援华会年会，检讨过去成绩斐然》，《新华日报》1942 年 4 月 27 日第 2 版。

援华总会年会后发表政治声明，对中国英勇抗战达五年之久表示敬佩，认为中国对盟国作战力量做出了巨大贡献。在讨论该会将来工作时，全体会员一致表示，希望加强各政党、各学校、各宗教团体、各工会以及各军队中的教育活动，决议纪念"七七"事变六周年时，将与英国新闻部举办下列各事：将"七七"定为中国抗战纪念日；定7月5日为各教堂中之中国纪念日，同日在特拉法加广场举行游行示威；举行"一碗饭"运动；为中国红十字会举行国旗义卖日；英国广播公司广播特别中国节目；举行全国宣传运动（例如文艺电影及展览会等）①。

援华总会的"七七"纪念规划，反映了时势变化之后其开创援华运动新局面的构想。

二　1942年8月援华总会政策调整声明

面对形势的新变化，援华总会同时也开始调整政策，以适应英国加入远东战场后的"当下现实"。1942年英国在远东参战后，援华总会认为工作的中心是加强与中国的联盟，为中国争取平等地位，而不是在公共场合的集会和演讲中严厉指责英国对华政策。

1942年8月，援华总会发表政策调整声明，回顾和反省了以往的对华政策和策略。声明主要内容如下：援华委员会于日本侵略中国不久之后即告成立，其目的在表示英国民众对中国人民的同情与援助。自开始到当时，英国人民始终对中国人民表示同情，但英国官方政策未能明显认识中国抗战的重要性与日本侵略者的企图，直到日本向美国与英国进攻时，政府才开始意识到中国的重要性。援华总会一度不断严厉批评英方政策，并尽力之所能及设法矫正此项政策。中国抗日战争进行至今，形势已变，中国的斗争与联合国家的步调一致，中国已是英国的盟友，并给予同等地位。援华总会认为，工作的当务之急是争取加强中英联盟，使英国政府和民众充分意识中国作为盟友的地位及所拥有的权利。在共同斗争中，争取绝对平等地位，改变根深蒂固的思想与行动绝非易事。英国政府调整政策的努力也会缓慢而困难，因为英国以往的政策都是漠视中国的利益，认为中国在世界斗争中居次要地位，使中国、英国及全

---

① 《英援华会年会，检讨过去成绩斐然》，《新华日报》1942年4月27日第2版。

体联合国家遭受危险的情形仍屡见不鲜。中国的五年抗战靠的是"中国之人力与技巧,中国之英勇以及……作战之热情",英国并未予援手,此点众所周知。中英政府间无条件的完全平等是双方有效合作的基础,英国应尽一切可能供给中国军火物资,并对华加以技术援助,为迫在眉睫之举。英国不但必须平等对待中国,而且应该学习"中国人民五年来之英勇斗争……之伟大牺牲,一再克服困难,以及其精神力量之表现"。中国是一切与轴心国作战的国家的榜样,援华总会的主要工作之一就是"鼓励中国并以中国为模范"①。

从声明可见,政策调整之后的援华总会依然把宣传中国、援助中国、争取英国政府的对华援助作为己任,但当务之急是加强英国同中国的联盟,在各种场合的发言人不应再"猛烈抨击"英国政府政策,当然援华总会保留挑战政府的任何"帝国主义行径"或"白人至上"思维的权力。②

除了对英国政府的对华政策不再进行猛烈抨击,援华总会也逐渐放眼战后两国之间的合作。李斯特维尔伯爵在援华总会发给中国的函件中称,英国人要尽一切努力援助中国并主张英苏中美战后继续合作。"和平重现之时,英国、苏联、中国、美国四国,必须为自由平等而共同努力,消灭未来之战争,提高千百万劳工之生活,俾能达于繁华之水准,使彼等物质暨精神生活得以改善"③。英国人民无论于战时及战后,对于中英两国之间合作都愿尽其最大努力。

英国外交部、新闻部对援华总会的看法并没有随着其政策的调整而改变。英国外交部远东档案里,有外交部官员斯科特抱怨在派对上被援华总会成员质问鸦片战争带给中国的严重后果的记录。④ 援华总会在此期间开展活动时仍然经常因其之前的政策立场而困难重重。

---

① 《英援华会真诚宣布援华政策声明:尊重中国为有效合作因素,加强军火供应是今日急务》,《新华日报》1942 年 8 月 24 日第 2 版。

② Buchanan, *East Wind*: *China and the British Left* 1925 – 1976, p. 94.

③ 《中英友谊珍贵——英援华会主席【李斯多威尔勋爵】请英人尽一切努力协助中国,并主英苏中美战后继续合作》,《新华日报》1942 年 8 月 30 日第 2 版。

④ FO 371/35846, Scott's Notes on Propaganda Activities of CCC, May 18, 1943, The National Archives, UK.

三 1943 年的人事变动

1943 年 4 月，援华总会经历了重要的人事变动。[①] 戈兰兹自援华总会成立以来一直担任主席并致力于援华工作，副主席为 1937 年底从中国返英的弗莱。后者为贵格派教徒、教育界及刑法改良运动的妇女领袖，也是牛津大学著名索马维里女子学院院长，1936—1937 年曾访问中国。自华返英以后，弗莱一直担任援华总会副主席及各大学中国委员会之委员，积极参与援华工作。1943 年 4 月，戈兰兹以承担的犹太难民工作职务繁重为由请求对调，即戈兰兹担任副主席，但"无论在援华运动委员会及联合援华募款运动方面，仍可积极担任有关中国的工作"，同时也担任全英助华联合总会的副主席。除戈兰兹和弗莱之外的援华总会其他成员暂无变动，上院议员及工党全国执行委员会委员李斯特维尔伯爵仍任会长，伍德曼任名誉秘书。

本年度举行年会时，援华总会又进行了"清党"。萧乾在介绍克里普斯夫人时曾提到当时援华总会的 50 位理事中，有小一半是共产党或准共产党朋友，这一点经常为外间指摘，尤其受到中国驻英大使馆的歧视。萧乾认为援华总会政策偏左的原因是非共产党理事"时常终年不与会一次，而共产党理事每次必到"。1943 年的改动之后，大批早期加入援华会的左翼朋友被清除，新增许多传教士，英共理事只留下 2 人，然而"变动后，双十元旦，我们的大使依然对这些仗义朋友毫不理会"[②]。

四 1943 年年会

1943 年 8 月援华委员会举行年会，会长李斯特维尔伯爵主持会议，到会会员 150 人，大会决议致敬中国的抗日民族统一战线，致电蒋委员长及夫人，吊唁国民政府主席林森之丧，并向蒋介石及夫人致意，表示相信他们可完成所负的重任[③]。签名的有李斯特维尔伯爵，主席弗莱，秘书

---

① 《英援华委员会正副主席对调，马吉弗立女士改任主席》，《新华日报》1943 年 4 月 12 日第 2 版。

② 萧乾：《克利浦斯夫人》，《华声半月刊》1946 年第 1 卷第 1 期。

③ 《英援华会举行年会，吊唁林森故主席，乌德曼提出年终报告书，列举该会各项援华工作》，《新华日报》1943 年 8 月 9 日第 2 版。

伍德曼。李斯特维尔伯爵开幕词中提到协助中国的教育工作比服务更有永久的价值，他呼吁中英各阶层人民加强私人间的友谊关系。

秘书伍德曼将委员会年终报告书送交大会时称 1942 年是中国近代史上的一个转折点。援华委员会成立以来，就要求废除英国在华一切不平等条约及治外法权，1943 年 1 月的中英新约已经于 5 月 20 日生效，结束了不合理的局面。伍德曼呼吁战时平时都应和中国加紧密切合作，加强对中国战区的援助，与欧洲战区一视同仁。除吁请英国民众对华建立精神上平等的友谊，还敦促英国国内对华的同情、关切和了解。援华总会承诺已组织多次的会议、公开集会和展览会，都将继续举办。伍德曼还告知与会人员，援华总会出版的关于中国问题的宣传册会以低价卖给英国的读者；援华总会在教育局派有代表，已整理可供教师教学所用的中国藏书的书目 3.5 万种之多，还备有关于中国的照片和文字可供展览团体从事国内巡回展览之用。

第三节　全英助华联合总会的成立

1941 年太平洋战争爆发后，中国作为国际反法西斯阵线中的一员，对消灭法西斯侵略势力的作用愈加举足轻重。英国民众再次重视援华，关注中国形势和对华援助，认为作为盟国应该："一与中国不断保持最密切之谘商。二对于远东战略不应持相歧之意见。三认识中国过去五年之抗战价值，其在远东作战之重要与地位，并承认其要求援助之合理。四承认援助中国为全盘战略之急务。五英国应该决心全部履行其援华诺言。"①

援华总会决定借机加大宣传力度，1942 年 5 月底便开始着手准备大规模的"七七"纪念大会，筹备特拉法加广场的游行和"一碗饭"运动。同时联系英国广播公司广播、印行《中国新闻》等，并将 7 月 5 日星期日定为英国举国"为中国而祈祷"日②。克莱格认为时势的发展意味着援

---

① 《我方处境英极关心》，《新华日报》1942 年 6 月 18 日第 2 版。
② 《英重视援华，议员将商有效措施，援华会筹办纪念七七》，《新华日报》1942 年 5 月 31 日第 2 版。

华总会此时以一己之力很难承担起援华的重任，全英助华联合总会①在此背景下应运而生，事实上助华联合总会的成立不仅反映了反法西斯战争发展的要求，也是援华左、右派之间斗争的结果。当然双方斗争并没有因全英助华联合总会的成立而消失，相反贯穿了其整个发展过程。

1942 年 6 月，在回英探亲的香港主教何明华的推动下，英国开始酝酿建立一个统一的联合援华捐款委员会，以协调不同渠道对中国抗战的支持，通过委员会发起全国募捐活动，最初的募款目标是 25 万英镑，时间跨度从"七七"纪念日至双十国庆节。②为此召开的联席会议汇集了援华总会、英商中华协会、英国红十字会、中国基督教各大学联合委员会、全英援华捐款委员会、新闻部等的代表出席，通过的决议内容包括：联合援华捐款委员会以向英国大众募捐为宗旨；所募得捐款，将交蒋介石夫人作为"英国人民捐赠中国人民充救济及建设之用"；募捐运动将自"七七"周年纪念日起至双十节为止；委员会在运动结束后即行解散。委员会名称定为"全英助华联合总会"，由克里普斯夫人担任会长。

克里普斯夫人于"七七"纪念日向全国发表广播演说，呼吁人民解囊响应"联合援华募款运动"。演说称助华联合总会旨在于中国抗战五周年纪念日发动全国性募款运动，待双十节时汇寄蒋夫人，为英国庆祝中华民国诞辰贺礼，同时表示"英国人民为中国人民诚恳良朋与盟友"。募捐目标为 25 万英镑，用于救济伤兵、残废士兵、被炸之平民、孤儿与难民，并补助医院、工合、大学、中学与医疗费用。③7 月 9 日基金会即收到丘吉尔夫妇 50 英镑支票一张，作为救济中国伤兵难民捐款，系克里普斯夫人发动援华募捐后第一应捐者，接下来各方纷纷响应募捐运动，到 7 月底款额已达 3.3 万英镑。

全英助华联合总会成立的另一个原因是政治性的。7 月 7 日援华总会在金斯威大厅召开大会纪念"七七"事变 5 周年，邀请接替郭泰祺的新任驻英大使顾维钧作为主讲人，到会的有英国政府代表、议员、土耳其

---

① 国内通常译为"联合援华基金"。
② 《珍贵之友情：英将发动全国援华募捐，自"七七"起至双十节止》，《新华日报》1942 年 6 月 12 日第 2 版。
③ 《克里浦斯夫人呼吁募款援华》，《新华日报》1942 年 7 月 10 日第 2 版。

大使、挪威大使以及美国、希腊、捷克斯洛伐克、波兰、比利时和自由法国的代表等。顾维钧发言结束后，援华总会拉斯基教授提议大家鼓掌表示感谢并说"英国应当把香港交还给中国"①，当下举座皆惊。金斯威大厅的会议促使英国政界和社交界的某些团体决心成立新的援华组织。7月9日自由党领袖戴维斯勋爵拜访顾维钧，谈话中称援华运动委员会太"左"了，并不代表英国人民。②

7月29日，"全英助华联合总会"在伦敦市长官邸正式成立，由克里普斯夫人担任会长。其成员组织有援华总会、英国救济中国难民募款委员会、英国医疗援华委员会、英国红十字会、英商中华协会、英国教会公会、援华委员会在华基督教会大学联合会等。艾登在会上致辞并宣布国王乔治六世和伊丽莎白王后捐赠1000英镑。许多政府官员及社会名流参加了成立大会，包括苏联大使迈斯基和外交大臣艾登等。到会者约400人，顾维钧称"听众和援华运动委员会开会时迥然不同"③。顾在日记中进一步写道，这是英国人召开的"第一次团结一致的大会，是我和其他几位朋友奋力以求的目标，以免让左派充斥的援华运动委员会独占援华阵地，而把许多同样渴望帮助中国的其他朋友吓得退避三舍"。到10月3日，全英助华联合总会在威斯敏斯特的中央大厅举行集会，坎特伯雷大主教、顾维钧、克里普斯爵士到会发言，彼时基金会已拥有150多个地方委员会，并且募集到12万英镑。

全英助华联合总会和援华总会进行了分工。包括给国际和平医院的救助在内的所有人道主义救助通过全英助华联合总会。为给国际和平医院争取援助，援华总会和宋庆龄领导下的保卫中国同盟联手合作，同时敦促伦敦助华联会和重庆的款项分配委员会援助解放区的医疗事业。所有的政治问题归援华总会，包括提供演讲者，发行宣传册、新闻报道，举行活动，为议会委员会提供信息等。事实上，援华总会政治方面的活动也远远超出了助华联会能够接受的范围，包括对八路军的宣传、保卫中国的统一和民主、要求英国政府结束治外法权和取消租界、将香港回

---

① 天津编译中心编：《顾维钧回忆录缩编》上册，中华书局1997年版，第571页。
② 天津编译中心编：《顾维钧回忆录缩编》上册，中华书局1997年版，第571页。
③ 天津编译中心编：《顾维钧回忆录缩编》上册，中华书局1997年版，第571页。

归中国、促使中国加入联合国的诉求等。

　　不同于援华总会，全英助华联合总会得到了由工党、英国总工会、合作联盟（Cooperative Union）组成的英国劳工理事会的支持，这是之前援华总会的左翼成员一直奋斗而不得的目标。有了劳工理事会的支持，单从募款数额看，援华总会根本无法与助华联会相提并论。当然，政治性的工作对中国而言远比募款重要。

第四节　援华总会的政治宣传工作

一　援华总会的出版发行物

　　全英助华联合总会担负起处理对中国的所有人道主义援助之后，援华总会的任务主要是为各种集会提供演讲人、发行小册子和信息通讯。援华总会也举行自己的活动，向议会中国委员会介绍中共的情况，尤其是把八路军的信息传播出去，说明中共需要团结和民主，提出在中国结束治外法权和旧的租界制度，把香港归还中国，欢迎中国成为联合国的正式成员。1943 年 1 月治外法权取消后，援华总会的工作中心转移到与中国有关的读物出版和教育领域。

　　左翼书社出版的书籍推动了援华总会的工作。事实上抗战爆发后援华总会合作过的团体中，只有左翼书社还在继续支持中国。前文提到援华总会前两年的发展与左翼书社及其地方机构密不可分，斯诺的《西行漫记》和史沫特莱的《中国在反抗》都是左翼书社首先出版的。1941 年，斯诺的《焦土》（Scorched Earth）的两部分，分别是书社选定的 3、4 月的 "每月一书"。其他 "每月一书" 包括 1942 年 1 月贾亚·德瓦（Jaya Deva）的《日本的战斗》（Japan's Kampf）；1943 年 12 月史沫特莱的《日本的战歌》（Battle Hymn of China）；1945 年 1 月乔治·何克的《我看到了一个新中国》（I See a New China）；1946 年 1 月格尔德（Stuart Gelder）的《中国共产党人》（The Chinese Communists），所有这一切都给援华总会宣传工作的开展以极大的支持。

　　援华总会和太平洋学会及其美国理事会保持着密切的关系。太平洋学会以 "研究太平洋地区政治、经济、文化、民族问题，致力于国民外交，增进该地区各国间的友谊和了解" 为宗旨，会员多为学术界人士，政治立场上左、右皆有①。爱泼斯坦提到学会中美国的 "左派学者中的中国人实际上是地下共产党人"，这是因为只有隐藏共产党员身份，才能从国民党当局获得出国许可，避免 "被暗杀的危险"，而且在美国暴露出共产党身份也很难在学术团体找到工作②。考虑到援华总会的政治倾向，与太平洋学会美国理事会关系密切也在情理之中。经其许可，援华总会再版了马克斯维尔·斯图尔特的小册子《战时中国》(*War-Time China*)，由牛津大学贝列尔(Balliol)学院院长林赛勋爵作序，后者由于林迈可的原因非常乐于帮助援华总会。《战时中国》讲述了中国克服内部纷争、严重物资缺乏和运输通道不畅带来的困难、坚持抗战的经历及所取得的成就、战时经济发展、工合运动等，还通过大量的事实探讨了国民党统治区内阻碍中国努力抗战的因素，如通货膨胀、投机倒把、贪污受贿、军事无能及反对与中共的合作。斯图尔特认为，中国需要建立包含中国共产党人在内的民主机构。相比之下，何明华的《中国为自由而战》采取了非政治的视角，对共产党避而不谈，对蒋介石大加赞赏。③

援华总会其他的教育和出版工作也在继续。1942 年 7 月，援华总会出版了最后一期《中国新闻》。最显著的版面是弗农·巴特利特(Vernon Bartlett) 的文章，恳请中国对英国援华及放弃帝国主义思维方式的慢节奏耐心对待。陈依范写了关于解放区八路军的 "中国农民游击战"。伍德曼和一家地图社合作出版了中国地图及相关图片。1942 年英共出版了克莱格的小册子《不可征服的中国》，呼吁给予共产党合法地位，1943 年 4 月其《新中国的诞生》一书出版。援华总会还出版了图文并茂的读物《中国昨日、今日和明日》，伍德曼为全国阅读理事会编辑了介绍中国的书单。克莱格与伯纳德·弗拉德合作编写了关于中国的学习手册《中国前景》，书中毫不避讳地谈及中国内部的政治分裂，国民党统治区对开明意见的压制，也直接批评了国防部长何应钦及其党徒。

援华总会出版物的主题之一是强调中国统一和民主的重要性，与毛

---

① 中国宋庆龄基金会研究中心编：《挚友情深　宋庆龄与爱泼斯坦、邱茉莉来往书信 1941—1981》，中央文献出版社 2012 年版，第 13 页。

② 爱泼斯坦：《见证中国　爱泼斯坦回忆录》，新星出版社 2015 年版，第 5 页。

③ Clegg, *Aid China 1937 – 1945: a Memoir of a Forgotten Campaign*, p. 147.

泽东和周恩来在讲话中反复强调的内容如出一辙。但是援华总会经常对国民党内部反动势力的发展轻描淡写，克莱格认为这是援华总会犯下的错误①。援华总会出版物的另一主题是应当平等对待中国。一方面平息中国作为半殖民地盟国的不满，另一方面确保战后的联合国成为名副其实的国际组织，中国能够在其中拥有一席之地。"保证完全恢复中国的主权和领土完整"，包括归还甲午战争之后被日本侵吞的台湾，是援华总会1942 年的两份传单的主要内容。10 月，英美宣布即将终止在中国的所有治外法权之时，援华总会出版了名为《盟友与平等成员：治外法权的故事 1843—1943》（*Allies and Equals：the Story of Extraterritoriality*，1843 - 1943），讲述了治外法权的来龙去脉，强调平等对待中国不能停留于口头声明。另外一本题为《中国与远东：数字与事实》（*China and the Far East：Facts and Figures*）的小册子是为给演讲者提供资料而编写。② 援华总会的出版物还涉及其他方面，如 1943 年的《中国学生及其国家的斗争》和 1944 年的《科学在中国的地位》。1944 年援华总会把林迈可在《泰晤士报》发表的关于解放区和八路军的系列文章编辑成册出版，提名为《华北前线》，获得巨大成功，英国文书局订购 7000 册，空军部购买1500 册。另一本小册子《战时中国》则被英国皇家国际事务研究所推荐给陆军。

援华总会还有一些非正式的出版物。斯诺夫人撰写的有关中国劳工运动的书在艰难地寻找出版商的过程中，援华总会与其商量，先行复制了书稿的摘要汇编，以便英国的工会工作者在将于 1945 年伦敦召开的第一次世界工会大会前对中国的工会情况有所了解。1944 年初，援华总会出版了《中国通讯转载》，宋庆龄 3 月 12 日发给纽约大都会剧院召开的孙中山纪念大会的文章，《大公报》关于重庆政府贪污腐败、投机倒把的报刊摘要，美国月刊《远东概论》关于北方战况的报道，以及加拿大《论坛报》刊登的周恩来的演讲都在刊载之列。美国东亚问题专家劳伦斯·罗辛格（Lawrence K. Rosinger）1944 年 9 月 1 日发表在《美国外交政策公报》上的文章《美国军事观察组与中国共产党人会谈》也被转载。

---

① Clegg, *Aid China 1937 - 1945：a Memoir of a Forgotten Campaign*, p. 148.

② Clegg, *Aid China 1937 - 1945：a Memoir of a Forgotten Campaign*, p. 149.

罗辛格指出美军观察组对国民党军队战斗力的低下表示吃惊，认为国民党对中共的封锁必须结束。援华总会出版和发表的其他重要文章有：爱泼斯坦在《印度政治家》上描述他在八路军前线为期 7 周旅行的文章；《美洲华侨日报》1945 年 3 月 27 日刊登的中国 309 位作家、教授、新闻记者、科学家和其他名流的签名宣言，要求召开各党派出席的代表大会、选出战时政府、释放政治犯、结束一党训政；1945 年 9 月国共就联合政府问题谈判的记录等。

二　英国外交部和新闻部对援华总会宣传工作的干预

1943 年 5 月，援华总会及全英联合助华总会在英"有害"（"mischievous"）的宣传工作，引起了英国新闻部（Ministry of Information，MOI）的关注。新闻部远东事务部普拉特爵士（Sir J. T. Pratt）写信给外交部，表达了对援华总会和助华总会活动的长期不满，要求采取行动。

所谓"有害"的信息是指援华总会为未去过中国或者对中国缺乏了解的人准备的演讲笔记中有关政治背景部分，包括下列内容：英国对华出售鸦片，英国对华出口商品的 44.43% 是鸦片；必须记住鸦片是英国商人违背民意强加给中国的（见英国议会议事录）；1839 年第一次鸦片战争；1843 年签订中英《南京条约》，中国割让香港岛给英国；宁波、上海、福州、厦门、广州成为通商口岸；清政府向英国赔款；1856 年的"亚罗号战争"，关于鸦片和其他未竟事宜体现在 1858 年签订的《天津条约》条款中。①

外交部和新闻部认为，上述宣传内容完全站在中国人的立场上表达对英国的强烈不满。普拉特爵士声称援华总会数年来都在做不利于英国的宣传，现在又利用联合援华基金达到同样的目的。在"误入歧途"且"歇斯底里"的伍德曼等人的影响下，援华总会认为援助中国的最佳方式就是抨击英国，几年来一直致力于此，带来了不良的后果。普拉特爵士认为宋美龄对英国的印象不佳，就是援华总会造成的。对于伍德曼得到

---

① FO_371_35846, Propaganda Activities of China Campaign Committee, The National Archives, UK, 此处第一次鸦片战争时间及《南京条约》签订时间应分别为 1840 年和 1842 年，所引用内容来自原档案，系有误。

的官方或半官方的支持，普拉特爵士表达了自己的诧异。对于援华总会发行的小册子《联盟与平等：中国的治外法权故事》，普拉特爵士称其为"骇人听闻"、"可耻"。新闻部的雷德曼（H. V. Redman）建议克里普斯夫人修改讲演者笔记相关内容后，重新发行，同时告诉普拉特爵士援华总会没有控制全英助华联合总会，自从联合总会设立后，援华总会的活动已大大减少，伍德曼也没有插手讲演者笔记的编辑，据报告，她对其中的内容也表示了强烈的不满。[①]

普拉特爵士给雷德曼的回信中指出，即使援华总会尚未控制全英助华联合总会，也试图如此，援华总会和剑桥英中友谊委员会之间的通讯就是证据。考虑到其高明的策略，普拉特认为援华总会取得了某种程度上的成功。

援华总会和剑桥英中友谊委员会之间的通讯，是指 1943 年 5 月 24 日援华总会主席弗莱和戈兰兹给剑桥英中友谊委员会的信函，要求后者为纪念"七七"事变六周年举行纪念活动。弗莱和戈兰兹在信中指出"七七"事变是日本全面侵华的开始，这既是历史上最无端的侵略之一，也是中国人对自由最勇敢的维护。援华总会一直通过举行集会纪念"七七"事变，英国民众在集会上表达对中国人民的尊重和钦佩之情，为发展两国之间的友谊而努力。最初的四年援华总会是作为中国人民的朋友来纪念"七七"。从 1942 年起，中英两国政府已正式成为盟友。因此抗战六周年纪念时，援华总会已经不是唯一纪念"七七"的组织，应该有更适宜的纪念方式来反映时局的变化以及表达对中国人民的敬意和援助。

弗莱和戈兰兹还提到，从 1942 年 7 月 7 日起，英国各援华组织在各自非救济工作照常进行的前提下决定统一援华的救济工作。这一举措极大地激发了英国民众对中国人民及其斗争的兴趣，募集了五十多万英镑的救济和重建款项。全英助华联合总会建议许多地方当局组织支持中国人民的集会和游行。援华总会因此希望剑桥英中友谊委员会能够尽可能地伸出援手，使 1943 年的"七七"纪念活动成为英中友谊有史以来最佳体现。援华总会将把活动情况通过电报传到中国。

[①] FO_ 371_ 35846, Propaganda Activities of China Campaign Committee, The National Archives, UK.

具体而言，弗莱和戈兰兹要求剑桥英中友谊委员会"1.从你们市长或地方政务委员会主席那里搞清楚你们市或区是否有纪念'七七'的活动。2.如果有，提供你们组织的支持和帮助，使纪念活动取得成功。3.如果没有，请立即为中国组织集会"。信中特别强调，"七七"纪念日活动的目的并非筹集救济款，而是"通过和伟大的中华共和国郑重地结盟，致力于实现现在和战后的一切"。弗莱还表示援华总会乐意提供活动需要的演讲员和资料①。

剑桥英中友谊委员会在回信中简单明了地拒绝了援华总会的要求，理由是全英助华联合总会也要求多个地方政务委员会组织集会，援华总会发出相似的呼吁且提供演讲员和资料，可能导致全英助华联合总会会议的组织者在不知情的情况下用到援华总会的讲演者和资料。回信毫不避讳地指出，援华总会的资料内容多是诋毁英国的，目的是在中英两国之间煽动猜疑和敌意。关于集会组织者和演讲者、资料的提供者在公众头脑中导致混乱似乎不太可取，因此，经过会议讨论"剑桥英中友谊委员会决定不对援华总会信中的提议采取行动"②。

事实上，全英助华联合总会主席致所有市政领导信函的内容和诉求与援华总会弗莱和戈兰兹的信大同小异。克里普斯夫人的信中表明"即将到来的7月7日是中日1937年战争爆发以来的第六个纪念日，也是全英助华联合总会1942年7月成立以来的首个纪念日"，助华联会欲借此机会表达英国人民对中国人民的敬意，进一步发展联合基金会，促进中、英之间的友谊。反法西斯战争的结果和世界和平的未来，都取决于美、苏、中、英四个伟大联盟国家之间建立在坚定和理解基础之上的友谊。克里普斯夫人还表达了助华联合执行委员会对剑桥英中友谊委员会在全英范围内举行的国旗日付出努力的感谢，并且说国旗日成果卓著，筹款数额可观，在一些地区甚至打破纪录，基金总数额已经超过了60万英镑，整个英国都意识到中国在战争中的伟大贡献。

---

① FO_ 371_ 35846, Circular letter by Fry and Gollancz to Cambridge Anglo – Chinese Friendship Committee, May 24, 1943, The National Archives, UK.

② FO_ 371_ 35846, letter by Chairman of Cambridge Anglo-Chinese Friendship Committee to the Secretary of China Campaign Committee, May 31, 1943, The National Archives, UK.

克里普斯夫人还介绍了联合基金的用途是通过蒋介石夫人，帮助减轻中国国内随处可见的困苦，如照顾和培训战争孤儿、通过工合运动促进积极的自救，帮助挣扎在饥饿线上的难民大学的贫困学生和员工，帮助中国红十字会、中国盲人福利协会、公共卫生及河南饥民。助华联会加深了中英两国的彼此了解，强调中国长期以来的抵抗在战争中起到的积极作用，以一己之力挡住了日本的百万大军，帮助保卫了澳大利亚、新西兰和印度；解释中国新建立的统一战线和政治发展；表明了太平洋地区对世界历史未来走向的重要性，指出了中国在政治、金融和商业等领域的领导地位。因此，助华联会希望剑桥英中友谊委员会在"七七"到来之际寻求所有对中国感兴趣的民众，通过某种合适的方式来庆祝和宣扬中国人民的精神，同时克里普斯夫人表示已致信给支持全英助华联合总会的各团体机构的总部，要求其敦促各分支机构支持剑桥英中友谊委员会可能做出的任何努力。

从雷德曼致普拉特的信中，可以看出他对援华总会的态度比普拉特友善，认为普拉特对援华总会的担心是杞人忧天。雷德曼说如果只是采取最简单的方式将全英助华联合总会及其组成机构所发出的与"七七"纪念日有关的所有信件都罗列出来，援华总会的自然也包含在内。实际上全英助华联合总会的组成机构为中国举办的所有的筹款活动在助华总会成立后的一年中都由总会集中进行。然而其组成机构并没有被要求放弃其他的活动。例如，英国宗教协会联合会还在继续传教工作，中国医疗援助委员会还在特别关注他们派往中国的难民医生，援华总会也在继续其宣传工作。全英助华联合总会的其他组成机构也莫不如此。尤其是援华总会，过去一直在组织和鼓励在全国范围内举办纪念1937年7月7日中日战争爆发的活动。援华总会认为，今年他们同样应该尽最大努力组织在尽可能广泛的范围内举办类似纪念活动无可厚非。这样一来，必须采取某种方式防止混乱和重复性活动，同时保证全英助华联合总会的不同组成机构的地方支持者能够通力合作。

雷德曼对普拉特解释道"全英助华联合总会在和各个组成机构的代表商讨之后，决定由基金会的会长致函给全国范围内的市政官员……你会注意到克里普斯夫人在该信最后一段里要求全英助华联合总会的组成机构和他们的地方分支及支持者联系，以保证在这件事情上的统一行动。

我认为克里普斯夫人信中的具体内容在寄出之前征得了各机构的同意。根据克里普斯夫人对各个机构支持基金的要求，援华总会寄出了 5 月 24 日的信件……该信的内容最终寄出之前是和全英助华联合总会执行委员会的主席确认过的。全英助华联合总会各分支机构所有信件和通知的目的，都是保证在全国范围内最大限度地统一跟'七七'纪念日有关的活动。即使没有这些信件，很可能分支机构的地方代表也会自行组织纪念活动，这样一来就有可能产生矛盾和混乱。当然不排除在某种情况下，跟中国有关的地方委员会可能会收到不止一个的中央机构的信件。然而如此些许的不妥不会带来不良的后果，援华总会信中特别提到全英助华联合总会所起到的作用、克里普斯夫人信中对基金会组成机构的要求就是例子"。

从普拉特给援华总会主席弗莱的信来看，普拉特并没有被雷德曼说服。普拉特坚持认为有关"七七"纪念集会提议的程序从宪法角度看其合法性毋庸置疑，但是程序可能带来的结果则不容忽视。因为不管是谁来组织集会，演讲者和资料很可能都是由援华总会提供，而在普拉特看来过去几年来援华总会所举办活动的特点都是在英国和中国之间制造敌意和引起猜疑。

普拉特认为，援华总会似乎认为向中国表示友好和敬意的最佳方式就是抨击英国，"要使一个国家的行为和政策蒙羞，通过这种方式是非常简单的事，通过精心选择细节，以及巧妙地把事实、半真半假的事情及谎言混在一起，通过情绪化的表达就会得到预期的效果"。援华总会的伍德曼女士在《太平洋战争基本知识》（*An A. B. C of the Pacific*）这本书里面所运用的正是这些方式，书中声称"英国对中国的所作所为，是其历史上最不堪的污点之一"。该书的观点充斥着援华总会发行的资料，比如最近出版的关于治外法权的小册子，甚至还渗透到了助华联会发行的演讲者笔记中。

普拉特称 1942 年秋天发现美国没有人相信英国打算遵守诺言取消治外法权的经历令人沮丧，而这正是援华总会宣传的结果。几年来援华总会一直不停地宣称，英国将以牺牲中国为代价和日本达成可耻的交易，必须用持之以恒的警惕阻止这一点。普拉特称他"已经无法控制自己的愤怒了"。美国人也坚信援华总会的说法，包括这些在内的其他一些对英国政策的曲解被美国的孤立主义者急切地抓住了，用来佐证他们持有的论点：不管什么情况下，美国都不应该跟如此狡诈和多变的国家英国合作。因此《太平洋战争基本知识》的出版和援华总会的宣传对英国和美国、英国和中国之间的关系带来巨大的危害。

普拉特声称自己"急切地渴望促进中英两国人民之间相互的尊重和友好"，然而援华总会内部所谓的中国的朋友将英国在华行动错误地解释成不光彩的欺诈和暴力摧毁了中英两国之间发展友谊的希望。普拉特为英国一直以来的对华政策进行辩解，"英国自始至终追寻同情和积极的政策，该政策在最终取缔不平等条约时候达到顶峰"，而英国长期以来"不懈的努力"之所以换来的还是"中国人眼里充满的怀疑和不信任"，援华总会应该为此负绝大多数责任。①

普拉特在写信时言辞激烈，处处为英国的对华、对日政策辩解，丝毫没有掩饰对援华总会的愤怒与不满。围绕1943年"七七"事变周年纪念活动在英国外交部、新闻部、援华总会之间的书信往来，提供了援华总会因其政治立场所处困境的佐证。

第五节　援华总会为国际和平医院争取援助

一　携手保卫中国同盟援助国际和平医院

对国际和平医院的援助一直困难重重。国际和平医院的维持取决于保卫中国同盟（以下简称保盟）和英国援华总会、纽约援华理事会、温哥华医疗援助中国委员会等组织定期的资助②。保盟一直坚持不懈地在国际上为国际和平医院争取资金，英国援华总会与保盟的联手确保了国际和平医院能够尽可能多获取急需的资助款项。

同援华总会一样，保盟面临的问题首先是政治性的。保盟一直受到"偏袒党派"的指控，即对西北解放区的积极支持。对此，保盟的回复是，保盟一直坚守的两个信条就是，"帮助中国实现自力更生"和"支持

---

① FO_ 371_ 35846, Pratt to Fry, Jun. 12, 1943, The National Archives, UK.

② FO676 –456, The China Defence League—History and Activities, The National Archives, UK.

最有需要的地方"①。保盟在国际社会、海外华人和香港获得的援助款项都是基于这两个原则分配。宋庆龄在致海外朋友的信中解释了为什么要援助解放区："我们是否把边区的要求放在其他中国地区和其他中国军队的要求的前面呢？不，我们并不如此。我们所以把重点放在游击区，是因为它们虽然牵制了并且仍在牵制着日本在中国几乎一半的兵力，但是它们已经有三年没有得到过任何武器和金钱的援助，以及与我们的工作特别有关的医药援助……国内政治的封锁使他们没有医生、外科器械和药品；甚至由国外友人送来的，他们也得不到。我们并不要求给他们优先待遇，而是要求平等待遇，要求取消封锁，并吁请大家不要对封锁默许。"② 尽管如此，在实际运作过程中，对国际和平医院的资助经常无法实现。

援华总会一直在为国际和平医院及其他项目募捐，捐来的钱款物资交给全英助华联合会，后者主要的关注点是国民党管区内的教会大学和医院，对国际和平医院只是"建议"拨给一定的款额③。克莱格在助华联会理事会中不断要求了解全英助华联合会为援助国际和平医院所做得努力，以及为医院募集的资金是否确实送到，弗莱也会时常支持克莱格的诉求，这令克里普斯夫人十分恼火。④

1942 年 1 月英驻华使馆二等秘书艾伦（W. D. Allen）致信伍德曼，解释援华总会指定援助西北国际和平医院的 1000 英镑的着落。⑤ 伍德曼曾于 1941 年 10 月 17 日电报英驻华使馆，称援华总会提供了 1000 英镑的专门捐款用于中国救济工作，恳请将款项指定用于援助西北国际和平医院。11 月 22 日香港的印度、澳大利亚及中国渣打银行收到汇票，报告英国驻华大使卡尔爵士并等待批示。卡尔大使随即与郭泰祺博士联系，请求将救济资金汇往西北。郭博士回复可以尝试安排，并且承诺跟战争部长协商。不幸的是后者直到 12 月 8 日太平洋战争爆发时都没有做出决定，

①　FO676–456, The China Defence League—History and Activities, The National Archives, UK.

②　宋庆龄：《给中国在海外的朋友们的公开信》，《宋庆龄选集》，中华书局 1966 年版，第 167—170 页。

③　Clegg, *Aid China 1937–1945: a Memoir of a Forgotten Campaign*, p. 142.

④　Clegg, *Aid China 1937–1945: a Memoir of a Forgotten Campaign*, p. 142.

⑤　FO676–456, Allen to Woodman, Jan. 15, 1942, The National Archives, UK.

之后从香港取出钱已经不太可能，只能等战争结束才能把钱取出。援华总会此次对国际和平医院的援助没有实现。①

1942年7月全英助华联合会成立后，英国民众及工会组织纷纷解囊。8月18日外交部即致电重庆英驻华使馆：助华联会首批筹款5万英镑可以交付援华。② 9月3日，保盟致函英国驻华使馆救济资金大使顾问委员会，要求支持和平医院，请求从顾问委员会所能够支配的资金里为国际和平医院拨款。保盟在信中介绍了国际和平医院的简况：

> 其中一所医院以加拿大的白求恩大夫命名。这些医院的建立得益于来自英国的资金，在英国它们众所周知，拥有大量的同情者。太平洋战争爆发之前，医院的维持来自于援华总会定期的资助。保盟呼吁资助的其他项目就资金而言现在都运作良好，国际和平医院则处于困境，面临着巨大的资金短缺。③

保盟认为利用英国资金维持该项目大有裨益，国际和平医院为广大地区提供服务，却没有得到任何资助，而且医院是由加拿大人④利用英国资金创立的。保盟愿意提供顾问委员会需要的与医院有关的进一步细节。

保盟还进一步恳请委员会关注克里普斯夫人在英国的联合援华委员会所筹集的资金分配。将资金正如所宣布的那样交给蒋介石夫人完全可以，但长期以来完全或者部分由英国资助的救济项目，应该确保给予为了共同目标不遗余力的捐献者或者募捐组织标注资金用途的权力，将其捐献用于特定的项目，如果他们愿意，可以指定蒋介石夫人为标明用途的资金受托人，没有标注用途的资金由蒋介石夫人决定分配方案。"考虑到参加克里普斯夫人的联合援华基金的组织都放弃了各自的募捐，这是

---

① FO676-456, Allen to Woodman, Jan. 15, 1942, The National Archives, UK.

② FO676-456, Foreign Office cable to Embassy Chungking, Aug. 18, 1942, The National Archives, UK.

③ FO676-456, letter by China Defence League Central Committee, Sep. 3, 1942, The National Archives, UK.

④ 指白求恩大夫。

最为公平的处置方式。"①

保盟提到的专款专用，指的是援华总会一直以来对国际和平医院的定向援助。然而保盟此次的争取并没有达到预期的效果，宋美龄 1942 年 10 月 28 日拟定全英助华联合总会第一批款项分配方案时并没有惠及国际和平医院。

保盟在与英国驻华大使联系为国际和平医院争取援助的同时，也多次与援华总会沟通。1942 年 10 月 10 日，宋庆龄写了一封长信给援华总会主席戈兰兹，之后，保盟又托付议会使团的劳森先生（J. Lawson）致函援华总会的秘书伍德曼。宋庆龄终于在 12 月 12 日收到戈兰兹的回复电报，确认 10 月 10 日的信件收悉，至此从 1941 年 12 月香港沦陷保盟部分成员撤至重庆后与援华总会中断的联系又重新恢复②。宋庆龄认为，民主抗日地区是敌后以游击战形式抗日的人民军队的基地，和英国的进步民主力量重新建立直接联系是加速取得共同胜利必不可少的保障，也是胜利之后建立反法西斯的民主和平政府之保障。

12 月 21 日，宋庆龄复电戈兰兹，要求他设法停止克里普斯夫人募集基金全部在重庆当地分配的做法，那样不仅完全把国际和平医院排除在外，而且驻华大使委员会也可能无视注明的基金用途③。宋庆龄恳请戈兰兹立即采取行动。发电报的同时宋庆龄又致函戈兰兹，并且信件通过英国使馆和美国援华理事会两种途径寄出，以确保顺利抵达。宋庆龄在信中告诉戈兰兹，保盟曾去英国使馆与同薛穆大使及宋美龄一起进行款项分配的盖奇（Berkeley Gage）交涉。盖奇称大使委员会没有见到标明用于国际和平医院的专款；即使有，也只能作为建议，因为援助款项转交宋美龄时没有任何附带条件，蒋夫人有分配资金的绝对权力，征求薛穆大使和盖奇的意见只是出于礼貌。宋庆龄请戈兰兹澄清此事。同时宋庆龄又陈述了国际和平医院面临的严重困难。由于对医院的需求越来越大，

① FO676 -456, letter by China Defence League Central Committee, Sep. 3, 1942, The National Archives, UK.

② FO371/35714, Madame Sun Yat - sen to Gollancz, Dec. 21, 1942, The National Archives, UK.

③ FO371/35714, Madame Sun Yat - sen to Gollancz, Dec. 21, 1942, The National Archives, UK.

同时医疗用品价格攀升，但是汇率没有改变，加上原有的部分资金来源的切断，如日本占领马来亚后马来亚华人的援助中断，使得国际和平医院资金严重不足。宋庆龄问戈兰兹援华总会是否能像以往一样承担起继续帮助国际和平医院的任务，能否弥补援华总会与保盟如果没有失去联系正常情况下所能提供的资金，这样能够大大缓解资金不足的情况。即便如此，由于通货膨胀引起的损失也依然存在。宋庆龄郑重要求戈兰兹将所有捐款通过伦敦的中国银行直接电汇给她在重庆的地址，指出这是帮助国际和平医院最简单和直接的办法。

1943 年 1 月 25 日，新闻部弗拉德（B. F. C Floud）给外交部斯科特（A. L. Scott）的信中再次提到宋庆龄致援华总会戈兰兹的电报①。在保盟和援华总会的共同努力之下，全英助华联合会在前一个周的会议上讨论了给国际和平医院的拨款问题。全英助华联合会的执行委员会完全清楚此举牵扯到的困难，自然是非常不希望卷入中国的政治困境。然而最终还是同意在分配下一批资金的时候，提醒蒋夫人宋美龄关注国际和平医院及其他类似机构的需求。该建议仅是针对第一批资金的分配提出。何明华主教提出另外一个处理这个棘手问题的办法，是把钱分配给大使委员会，由大使委员会转给国际和平医院以及其他处于类似状况的机构。在伦敦委员会看来，这是解决复杂问题的简单方法，但可能因此给薛穆大使带来不少麻烦，新闻部因此征询外交部的意见。

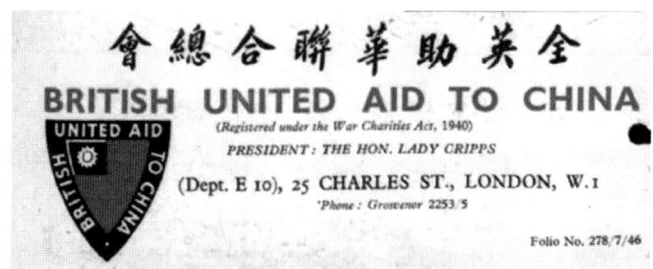

图 5-1 全英助华联合总会

---

① FO371/35714, Floud to Scott, Jan. 25, 1943, The National Archives, UK.

斯科特于 2 月 1 日复函中提到：关于给国际和平医院以及其他宋庆龄感兴趣的项目分配资金的事情，考虑到中国政府和共产党之间的关系，的确如弗拉德所言比较棘手。斯科特非常确定，如果为此目的把钱转给大使委员会，中国的权力机关会非常愤怒，如果钱经手蒋介石夫人可能要好得多。斯科特认为标明资金用途的责任应该由代表各原捐献款项组织的联合援华基金会这样一个非官方机构来承担。联合援华基金会明确标注用途之前，最好是在重庆探听一下，除非重庆的中国政府愿意合作，最好不要把钱转到相关的特定机构。斯科特声明这只是个人观点表述，如果联合援华基金会需要外交部请大使来做相关的探听，必须呈报上司①。

1943 年 2 月 16 日全英助华联合总会主席、援华总会前副会长迪克逊（Rev. S. H. Dixon）致函外交部阿什利·克拉克（Ashley Clarke），请他转告英国驻华大使，全英助华联合总会伦敦执委会决定，继续将募集款项转给蒋介石夫人或其重庆代表进行分配。执委会很高兴地指出首批款项已经收到，蒋夫人宣布"在分配资金时会优先供给需求最迫切的部门，捐献者任何特殊分配的意愿也会被仔细考虑"②。执委会很欣慰地阅读了英国大使信中描述的跟蒋夫人会面时得到的反馈，即蒋夫人很愿意收到捐款用途的一般说明，然后据此分配款项，而不是在没有任何指导的前提下由她总体负责。当然执委会完全信任蒋夫人对资金的管理。执委会也很乐意转告她任何资金分配的特别意愿。部分捐款明确标出了特别用途和机构，这些通常会注明，以便捐款按照捐赠者的意愿使用。

除了注明用途的款项，执委会也很乐意不时地优先考虑自己关注到的部分机构的需求。迪克逊还表示执委会很高兴首批款项是蒋夫人和薛穆大使、使馆一秘盖奇（Berkeley Cage）商量之后分配的。这就容易提醒大家关注英国在联合援华基金之前通过英国大使委员会帮助过的机构。迪克逊认为这一磋商和合作为未来提供了先例，"标志着基金的主要目的之一是深化中英两国人民和官员之间的友谊，尤其是在为那些处于贫困

①　FO371/35714, Floud to Scott, Jan. 25, 1943, The National Archives, UK.

②　FO371/35715, Dixon to Clarke, Feb. 16, 1943, The National Archives, UK.

中的人们服务时"。①

外交部 2 月 24 日发给重庆使馆的电报中指出全英助华联合总会不日间会备好 10 万英镑,蒋夫人一旦需要立刻交付使用。其中 1500 英镑标明给保卫中国同盟支持的国际和平医院。另外,执委会表达了将会优先考虑国际和平医院需求的强烈愿望,当前的资金将会着重考虑这些医院救济工作的需求。执委会还要求蒋夫人拨出 2280 英镑作为林可胜博士领导下的 19 位来自欧洲的难民医生一年的薪金,以人均每月 10 英镑计。②

在众多人士努力之下,1943 年 4 月 16 日,中国通讯委员会(China Information Committee)的报告中记载:全英助华联合总会又募集 10 万英镑,这次的分配名单上,国际和平医院排在第一位,然而也只获得 2500 英镑。③

1943 年 4 月 27 日,重庆保盟执行委员会收到该笔款项④。5 月 11 日,香港陷落后宋庆龄首次收到援华总会秘书伍德曼的信件。7 月中旬,宋庆龄给伍德曼的复函中,先是表达了收到伍德曼信件的喜悦之情,告诉她同时还收到了克里普斯夫人的信,接着宋庆龄用犀利的语言指出了援华总会给国际和平医院捐款所存在的问题,并进一步提出了对援华总会的要求和愿望⑤。宋庆龄告诉伍德曼近期收到的援华总会的 1025 英镑和 2500 英镑两笔款项,由于汇率的变化和物价的增长实际价值已经大幅缩水。宋庆龄表示理解加入全英助华联合总会后援华总会面临的问题与其独自为营时所面临的问题有所不同。全英助华联合总会不管从哪个方面讲都跟纽约的美国援华联合会极其相似,由相同的人员所掌控,就提高对中国的总体关注和捐献的数额来看有益无害。但是美国通过援华联合会捐献给国际和平医院的数额随着捐献

---

① FO371/35715, Dixon to Clarke, Feb. 16, 1943, The National Archives, UK.

② FO371/35715, Dixon to Clarke, Feb. 17, 1943; Foreign Office to Chungking telegram, Feb. 24, 1943, The National Archives, UK.

③ FO371/35718, China Information Committee report, Apr. 16, 1943, The National Archives, UK.

④ FO371/35722, receipt from China Defence League Central Committee, Apr. 27, 1943, The National Archives, UK.

⑤ FO371/35722, Soong Ching Ling to Woodman, Jul. 14, 1943, The National Archives, UK.

给中国总捐款额的数量增加而增长，在英国虽然总额也同样大幅度增长，但援华总会仍然只能定期捐献给国际和平医院 1000 英镑左右，这还是在太平洋战争之前每年捐献给国际和平医院的数额。宋庆龄指出保盟并非"抱怨和过于苛责"。问题的核心是英国对国际和平医院的贡献及游击区的捐献，应该完全代表英国进步力量对中国的诸多力量的同情，这些力量反映在国际和平医院、反映在白求恩大夫身上，反映在作为统一人民战争的中国抗日战争中。因此，明确英国民众多大程度上代表了这种力量，努力为在中国无法获得任何帮助的战斗者[①]获得更多的捐款，不仅是对中国敌后军队的具体援助，同时也是提醒中国的反动分子，英国人民一直把这部分军队放在心上。

宋庆龄还对比了美国对国际和平医院的援助情况。美国总的政治氛围远不如英国进步，但出于团结的美国朋友的压力，美国联合援华总会每年会拨出 20 万到 30 万美元援助国际和平医院，这"表明美国人民一直记着国际和平医院及其服务的战士"。美国联合援华总会存在期间所筹集的全部款项大约是全英助华联合总会在英格兰筹款的三倍。但是，美国援华联合总会对国际和平医院的捐献到彼时为止，达全英助华联合总会的 40 倍之多。宋庆龄认为英美对国际和平医院的援助没有真实地反映出美国和英国进步观念的相对力量。

宋庆龄再次强调了给国际和平医院提供医疗援助的重要性，国际和平医院服务的军队即使保守估计也拖住了中国境内全部日本士兵的三分之一。1942 年他们的伤亡比例跟中国整体的伤亡比例持平，而"心照不宣地认为这些伤亡的士兵仅有接受一丁点儿帮助的权利，或者完全没有被帮助的权利，愿意任由他们的敌对者分配全部资金，不仅从政治角度来讲是错误的，而且也不符合人道主义"。

宋庆龄认为即使是在当时基金运作的框架下，强烈而明确的愿望表达也是可以达成的。伍德曼表示在把钱移交给蒋夫人时，已经表述了某种愿望，如果捐款人已经指定意图，便告知蒋夫人特定款项的分配，如国际和平医院。宋庆龄认为应该采取更明确的方针，即要求进步的力量和支持统一中国的朋友标明他们捐献的每一笔款项，全部或者部分捐献给国际和平

---

① 即解放区的军民。

医院，这样"愿望的表达"就是捐献者本人的意愿的明确声明。

宋庆龄建议援华总会充分利用和保持自己在宣传和教育工作方面的独立性，应该不断地向捐献者解释存在的问题，这不只是为国际和平医院寻求援助，也是为了中国当下和未来的进步和统一。宋庆龄还指出了募捐过程中的不当之处，不遗余力地要求童子军"定期捐款时不要受先前跟中国有关的令人不安的政治问题的困扰"并不完全明智。中国对所有英国人来说是一样的，因为中国是盟友，应该指出其盟友地位的这一基本面，以便最大限度地调动英国民众的同情心。但是另一方面，"令人不安的政治问题"也会继续存在，破坏中国的统一，妄图使中国脱离反法西斯同盟，不再继续作战。准确理解这些问题是对中国真正友谊的一部分，正如理解亲德的克莱夫顿集团①的角色，以及理解反法西斯和集体安全的运动对英国而言是真正的友谊一样。

宋庆龄还建议伍德曼阅读和利用赛珍珠在《生命杂志》发表的文章，正确理解中国的形势，并帮助中国的英国朋友正确了解。

宋庆龄在信中再次申明英国援华总会对国际和平医院的责任不仅仅是金钱上的奉献，而且是英国人民对中国人民应负责任的一部分，在当时形势下，捐助是最佳的表达方式。宋庆龄请援华总会尽其所能，跟上英国民众观点变化的步伐，帮助中国为争取民主而战斗，把中国现状的真实画面呈现给英国人民，告诉他们怎样做才能够符合要求。因为援华总会长期以来"独具慧眼，保持着对中国的真正友谊，也许是唯一能够做到这一点的组织"。②

宋庆龄的信表现出保盟对国际援助的一贯观点，中国不是在乞求援助，中国抗战不仅是为了中国的和平，也是为世界和平而战。英国人民

---

① "The Cliveden set"，又译成"克莱夫顿圈子"，指20世纪30年代英国的一个上流社会群体，成员多为第二次世界大战前英国政坛显要，时常在阿斯特子爵夫人的克利夫顿庄园聚会，因此得名。"The Cliveden Set"是克劳德·科克伯恩在他为共产主义报纸《周刊》撰写的新闻中首次提及，认为该亲德社交圈支持与纳粹德国建立友好关系，并帮助制定了绥靖政策。其实际信仰和影响存在争议，美国历史学家卡罗尔·奎格利（Carroll Quigley）的研究认为该团体在第一次世界大战前和第一次世界大战期间一直强烈反德。在20世纪后期，部分西方历史学家开始认为对其指控被夸大，是出于意识形态动机的捏造。也有学术观点认为，虽然科克伯恩的说法可能并不完全准确，但并非完全捕风捉影。

② FO371/35722，Soong Ching Ling to Woodman, Jul. 14, 1943, The National Archives, UK.

对中国人民负有道义上的责任。宋庆龄的信，虽然言辞激烈地指出援华总会没有尽其所能为国际和平医院争取最大的援助，但也充分肯定了援华总会是唯一能够做到真正在政治层面援华的组织。随着助华联会加大援助国际和平医院的力度，宋庆龄也适时地表示感谢。1944 年 2 月，宋庆龄特通过英驻华大使薛穆向伍德曼和英国的友好人士致谢①，感谢他们使全英助华联合总会意识到保盟的需求并分配 1 万英镑，希望继续按照此力度资助，请伍德曼问候和感谢克里普斯夫人。

1944 年 8 月 3 日，英共议员加拉赫（Gallacher）在下院要求外交大臣在议会质询时告知近期通过英国红十字会和其他机构运往中国的医疗物资中有多少分配给了华北边区的四所国际和平医院②。向外交部常务次官霍尔（George Hall）提交的针对此问题的回复草件中指明，加拉赫实际上是在问共产党控制的"边区"能分到多少物资，国际和平医院一直得到保盟及与之有密切关系的左派组织英国援华总会和美国援华总会的支持。英国最近通过红十字会的战时机构等组织发往中国的医疗物资尚未抵达，因此无法提供分配详情，但是国际和平医院将通过保盟获得全英助华联合总会提供的 3.4 万英镑援助。③

在英共议员、援华总会和保盟的携手努力下，1944 年 12 月 27 日，薛穆大使给外交部盖奇（Berkeley Gage）的私人信件中提及定期为国际和平医院拨款已经成为惯例④，但他也抱怨资金分配牵扯到的政治因素，声称如果全英助华联合总会伦敦委员会也面临类似问题，他将选择退出。盖奇收悉之后，约见了克里普斯夫人。⑤ 克里普斯夫人认为，伦敦委员会的援华总会代表戈兰兹和伍德曼虽然"经常不讲道理"，但一贯真诚，而且无论如何必须做好安抚他们的工作，否则，以他们的地位，很容易在民众中影响全英助华联合总会的声誉。克里普斯夫人承诺尽快与援华总

———————————

①　FO371/41555，Clarke to Woodman，Mar. 4，1944，The National Archives，UK.

②　FO371/41559，Parliamentary Question draft reply，Aug. 2，1943 ，The National Archives，UK；http：//www. hansard - archive. parliament. uk/Official _ Report， _ House _ of _ Commons _ (5th_ Series) _ Vol_ 1_ （Jan_ 1909）_ to_ Vol_ 1000_ （March_ 1981）.

③　FO371/41559，Parliamentary Question draft reply，Aug. 2，1943，The National Archives，UK.

④　FO371/46152，Seymour to Gage，Dec. 27，1944，The National Archives，UK.

⑤　FO371/46152，Gage to Seymour，Feb. 8，1945，The National Archives，UK.

会代表商榷，让其放弃任何令薛穆大使感觉伦敦委员会对他的判断力有所疑虑或是令大使尴尬的行为。盖奇认为，克里普斯夫人不仅会跟戈兰兹和伍德曼商谈，还会跟起草信件的助华联会主席迪克逊（Stanley Dixon）及秘书长米勒夫人（Miller）明确态度。

全英助华联合总会提供的第三批援华款项的数额是 12.5 万英镑①，实际到位时间为 1943 年 6 月 21 日，存于伦敦中国银行。6 月 22 日，迪克逊将支票寄给外交部克拉克（Ashley Clark），同时附上了致薛穆大使的信。关于这批款项，迪克逊信中说没有来自捐献者特别标明要给国际和平医院和保卫中国同盟的要求，但是强烈建议能够为保卫中国同盟定期拨款，用于国际和平医院或者是其他当时有需要的项目。迪克逊还建议了分配方案，首先提到的便是为保卫中国同盟提供 3000 英镑，用于支持国际和平医院②。最终保盟分到 2500 英镑③。

表 5 - 1　　全英助华联合总会对国际和平医院的资助（1942.10—1946.3）④

批次	总额	建议分配国际和平医院份额	国际和平医院实得份额	注明给国际和平医院份额
第一批	£ 120000		0	0
第二批	£ 100000		£ 2500	£ 1500
第三批	£ 125000	£ 3000	£ 2500	0
第四批	£ 155000	£ 5000	£ 5000	0
第五批	£ 150000	£ 10000	£ 10000	£ 10
第六批	£ 14000		£ 4000	15 先令 6 便士
第七批	£ 14000	£ 10000	£ 10000	£ 4

① FO371/35719, United Aid to China Fund *Current News Letter*, May, 1943, The National Archives, UK.

② FO371/35720, Dixon to Clarke, Jun. 22, 1943, The National Archives, UK.

③ FO371/35722, Proposed Allocations, Aug. 6, 1943；FO371/35723, Funds Allocated, Sep. 17, 1943；FO371/41554, Minutes of Advisory Committee for the Allocation of the BUACF, Nov. 3, 1943, The National Archives, UK.

④ FO371/69626, BUACF Receipts & Payments Account, The National Archives, UK；除所标注英镑外，皆为法币。

续表

批次	总额	建议分配国际和平医院份额	国际和平医院实得份额	注明给国际和平医院份额
第八批	3184 万法币		150 万法币	479 镑 10 先令 9 便士
第九批	9000 万法币	£5000	375 万法币	0
第十批	1 亿 2000 万法币		800 万法币	0
第十一批	1 亿法币		700 万法币	0
第十二批	9300 万法币		600 万法币	0
第十三批			1000 万法币	0
第十四批			1950 万法币	0
第十五批 1946.1.19	1 亿 5300 万法币		700 万法币	0
第十六批 1946.3.25	1 亿 5100 万法币		700 万法币	0

　　自此，为国际和平医院提供资助成为助华联会的惯例。表 5－1 列出了国际和平医院从援华总会和联合助华会得到的帮助，其中"建议分配国际和平医院份额"是在援华总会争取下，伦敦助华联会委员会建议重庆顾问委员会分给国际和平医院的份额；"注明给国际和平医院份额"是一直支持援华总会和国际和平医院的"穷朋友"们捐献的款额，从无到几先令、几镑到数百、上千英镑不等，可以看出捐赠者的窘迫、真诚。助华联会的援助的确是国际和平医院重要的援助来源。

　　全英助华联合总会的援助款项，对解放区医疗的帮助不可或缺。中共新闻发言人龚澎关于八路军医疗状况特别致函盖奇（Gage）表示感谢①，并且提到给国际和平医院的款项的逐渐增多，反映了英国人民对中国人民的友谊和理解。中国北方英勇抗击日军的战士将用继续战斗来作为回报。1944 年 6 月 9 日，薛穆夫人、美国顾问委员会的爱德华兹（Dwight Edwards）一起参加了中共为感谢英、美、加对边区的援助在重庆总部特别举行的茶话会，林伯渠将军主持茶话会并介绍了援助款项在

———————————
① FO371/41556, Kung P'eng to Gage, Mar. 30, 1944, The National Archives, UK.

边区医药、教育和工合运动中的具体使用情况。①

二　援助国际和平医院与政治立场之争

援华总会、保盟和助华联会之间的合作时常因为政治立场而充满矛盾。1944 年 5 月外交部远东事务部收到的信中，提到宋庆龄写给克里普斯夫人和伍德曼的两封信，宋庆龄担心全英助华联合会因为没有收到收据，不打算再给国际和平医院拨款。宋庆龄在信中言辞激烈，后又遵照提议重新起草了语气较为缓和的信件，但仍对伍德曼表示了强烈不满，认为伍德曼没有向克里普斯夫人阐明国际和平医院的工作，要让伍德曼意识到自己的问题。另外宋庆龄还在信中揭露了国民党对解放区的封锁。②

1944 年 11 月 16 日，伦敦全英助华联合会总务委员会首次会议召开③，参加会议的有来自英国新闻部、英国红十字会、英商中华协会、援华总会等机构和组织的代表，还有个人代表戈登·汤普森（H. Gordon Thompson）。外交部远东档案中存有会议记录，从中可以看出对国际和平医院的援助引发的斗争。

戈兰兹、伍德曼代表援华总会出席了会议，后者提出了定期给国际和平医院和工合国际委员会及培黎学校拨款的必要性，同时还讨论了彼时在解放区的林迈可来信的部分内容。作为对这些问题的回应，从重庆返英的伯克利·盖奇随后便对重庆委员会及其所做的工作做了介绍。在他看来，重庆委员会为中英在救济领域的合作提供了很好的机制。委员会中的英国成员，会先对各种组织的需求以及申请进行初步调研。然后他们会咨询夸克先生（K. K. Kwok），并根据从伦敦发来的信件当中给出的有关专项捐赠的细节，对申请组织进行筛选后提出援助建议。由来自中英两国富有责任心的知名人士组成的委员会随后会考虑援助建议。通常在经过细微的调整后，通过具体的援助分配方案。由此可见，该委员会依赖次级委员会的准备工作。在实施伦敦委员会希望向国际和平医院

①　FO371/41557, Minutes by Gage, Jun. 10, 1944, The National Archives, UK.

②　FO371/41557, Chancery to Far Eastern Department, The National Archives, UK.

③　FO371/41561, BUACF Minutes, Nov. 16, 1944, The National Archives, UK.

和培黎学校的拨款意愿方面，不存在任何问题。

助华联合会主席迪克逊指出，当前的捐赠物资可分为三类：1. 捐赠者标明援助对象的专项捐赠；2. 伦敦委员会在分配方面表达了强烈倾向的部分捐赠；3. 大量未指定具体分配计划，由重庆委员会自由分配的物资。

接着在经过讨论后，总务委员会认为，目前给予任何特定的组织或机构固定比例拨款的建议都是不明智的。因为时间的推移会催生各种变化，战线的推进或后撤、涝灾和饥荒的发生以及其他任何特殊情况都有可能改变中国的具体援助需求。

由此，该委员会决定通过英国驻重庆大使馆调查国际和平医院和其他地区医院的大致需求。盖奇表达了英国大使馆以及其他英国代表的强烈意愿，即希望援华捐款能被妥善运用，确保满足中国人的真正需求，无关其地域、党派和信仰。

戈登·汤普森知会总务委员会，应宋庆龄通过红十字会专员布朗特（Blunt）转达的请求，英国红十字会已向国际和平医院拨款约 300 万法币。此项援助除用于购置医疗器械外，也可用于其他用途。同时盖奇称，在其与宋庆龄的私下接触中，他发现宋庆龄不仅对国际和平医院得到的拨款感到满意，还亲自确认了所有款项均被用到实处。

针对其他问题，盖奇再次向委员会表示，蒋夫人宋美龄一直很公正，她所发起成立的委员会是办实事的。蒋夫人也从没有试图过度干预委员会的决定。最重要的是，委员会的每项建议都得到了采纳，而且夸克先生会亲自确认每一笔专项款项的去向。他认为这种分配方式相比美国的管理方案具有某种心理上的优势。而且，来自英国的援助款项的分配效率往往比来自美国的援助款项高得多。

政治问题始终是困扰。针对对华的种种不利批评，伦敦委员会决定起草一份保密备忘录，以简单的事实陈述消除误会。同时鉴于时局发展太快，委员会部分成员认为备忘录中应尽可能少涉及政治问题。因此，目前版本的备忘录尚不宜传阅，还需修改。另外委员会同意，在援华基金使用的宣传材料中，所有涉及政治问题的小册子应明确标出其起草组织，一切问题由起草组织负责。助华联会会计麦克雷（Macrae）表示，"按目前形势来看，一封短的商务信函正合适。信中应附上关于援华资金分配的财务报表以及对重庆委员会的成员介绍。同时，麦克雷先生建议鼓励议员们在本选区内呼吁民众捐赠援华物资。委员会同意组建一个小组委员会，其成员为克里普斯夫人、伯纳德先生（Bernard）和其他援华基金会成员。该小组委员会将负责起草上述备忘录中提到的信件。信中内容应仅限于对华援助问题，不得谈及当前政治形势"①。

关于此次会议，盖奇在参会后于 1944 年 12 月 8 日致薛穆大使信函中有详细提及，还附上了会议记录的副本。②盖奇称"会议记录和会议情况根本是两回事"，事实上，"整场会议在维克多·戈兰兹和多罗茜·伍德曼两个'左派'控制下成为对全英助华联合总会基金管理和分配的批判会"，两人质疑蒋夫人的人品，力称国际和平医院应该得到更多的资金援助。盖奇认为自己在会上处境尴尬，一方面要不得不尽力陈述他眼中的事实，另一方面要注意在为蒋夫人的人品辩驳时不被扣上一顶"站队"的帽子，同时也是不让秘书长米勒夫人太为难，但是盖奇认为其言行收效甚微。盖奇还提到会上引用了在延安的迈克尔·林赛（Michael Lindsay，林迈可）写的一封信，认为蒋夫人将大部分资金挪为己用。盖奇在会上表示"宋庆龄对于划给国际和平医院的资金顺利到位表示满意，对于最近拨给国际和平医院的款项表示很高兴"，盖奇认为"当然她会迫不及待地继续要求更多款项！"

对于应该加大对国际和平医院在援华资金的总体份额这一提议，盖奇指出，国际和平医院所覆盖的地区只有 1400 万居民，而且按一位共产党要员给出的数据，当地的生活费用只是重庆的四分之一不到，而那些受战争以及饥荒影响的地区才最需要援助，因此给任何一个组织或地区分配固定比例的援助资金是极不明智的。伍德曼对于盖奇给出的延安政府治理下的人口数提出了强烈的质疑，她认为人口数应该接近 6000 万。

援华总会为国际和平医院争取更多援助的努力，在盖奇看来使"伦敦委员会不是像重庆委员会一样的欢快和友好团体，其事务要棘手许多，因为受政治因素干预过多，'左派'们看问题也很主观。委员会秘书米勒夫人认为如果提名宋庆龄进入重庆委员会的话，"伦敦委员会的紧张气氛

---

① FO371/41561, BUACF Minutes, Nov. 16, 1944, The National Archives, UK.
② FO371/41561, Gage to Seymour, Dec. 8, 1944, The National Archives, UK.

就会缓和很多"。但盖奇觉得宋庆龄可能会"咄咄逼人乐于争执"。

　　尽管盖奇对伦敦会议的气氛颇有微词,在援华总会的努力之下,1944年12月21日全英助华联合总会主席迪克逊给驻华大使薛穆的信中指出,相对于目前其他正在运行和能够得到联合援华资金资助的医院来说,伦敦委员会对国际和平医院高度重视,密切关注国际和平医院能否根据其需求得到稳定的定期拨款①。迪克逊提议拨款5000英镑,并要求薛穆根据当地具体情况判断该数额的合理性,并且提供就国际和平医院与中国目前其他得到联合援华资金资助的医院相比所能提供的服务量的相关信息,对国际和平医院在整个中国医院体系中所占的份额给出大概估计。尽管每次拨款比例不尽相同,全英助华联合总会的资金分配中,拨出一定份额给国际和平医院已经成为惯例,为国际和平医院的运行提供了必要的援助,尤其是考虑到美国红十字会在珍珠港事件后提供的800吨医用物资,国际和平医院仅得到其中的3%②。相比之下,全英联合助华总会第九、第十批款项的分配方案则根据伦敦委员会的意愿,大幅提高了国际和平医院获得的份额③。

　　全英助华联合总会对国际和平医院的捐助持续到1947年总会将任务从救济转向教育援助时。

小　　结

　　日本袭击珍珠港和香港之后,美国和英国进入远东战区,与中国成为盟友,援华总会的发展进入第三阶段。对援华总会提供的演讲者和信息的需求达到另一个高峰,对华援助也进入一个新阶段。日本进军东南亚意味着海外华人无法再为中国的国家救援组织筹集巨额资金援助,其他国家的援华活动就显得更为重要。1942年7月,在香港前主教何明华的倡导下,全英助华联合总会成立,吸收了众多机构和组织,援华总会

<hr>

①　FO371/41561, BUACF Chairman to Seymour, Dec.21, 1944, The National Archives, UK.

②　FO371/46154, Blunt's Memorandum on Drug Distribution, Jan.1945, The National Archives, UK.

③　FO371/46156, Seymour to Eden, Mar.21, 1945, The National Archives, UK.

是其创始成员组织之一。援华总会的戈兰兹和伍德曼经常出席理事会会议。

全英助华联合总会和援华总会分工明确。救济通过全英助华联合总会，包括给国际和平医院的救助。从成立到1945年的三年间，助华联会向中国发放了超过100万英镑的款项。在援华总会的努力和争取下，西北工合、培黎学校、国际和平医院、来自欧洲的难民医生都得到了援助。这一阶段援华总会一项重要的工作，是与宋庆龄领导下的保卫中国同盟为国际和平医院争取援助。

援华总会的活动以政治性为主。援华总会适时地转变政策，淡化对英国政府的批评。援华总会呼吁将中国纳入任何结束战争的和平协议。1943年终止不平等条约、取消治外法权后，援华总会反帝国主义运动的主要任务基本完成，但援华总会继续保持其独特的作用。在协助联合总会筹款的同时，继续独立地向公众宣传中国的情况，尤其是西北解放区的新闻，助华联会使得援华总会能够接触更广泛的受众。

援华总会和助华联会之间必然存在着摩擦。援华总会批评助华联会的政治性和对国民党政府的支持，未能坚持中国的统一战线原则。助华联会则坚持将募集到的款项交给宋美龄进行分配，也意味着将大部分资金转给中国政府。鉴于国民党对解放区的封锁，援华总会坚持的资金应该平均用于国民党控制区和中共解放区在事实上是不可能的。在援华总会和保卫中国同盟的共同努力下，解放区也只得到了不到10%的援助总额。

全英助华联合总会由于得到英国工人运动的全力支持，募集了大量款项，不仅教育了英国民众，也激励草根工人援助中国抗战，通过全英助华联合总会，援华总会也扩大了自己的影响。

第 六 章

走向衰落的援华总会
（1945. 9——1950. 9）

　　抗战胜利结束后援华总会继续开展活动。1946 年 3 月丘吉尔"铁幕演说"和一年后美国杜鲁门主义的出台，标志着冷战开始。在此背景下，援华总会的意识形态之争发展到难以调和的情形，不仅自身陷入困境，而且与英国政府发生冲突，与中共也产生矛盾。解放战争时期，援华总会仍在坚持活动，但是收效甚微。援华总会与英国政府之间时有摩擦，和中共之间因为香港和马来亚问题也产生了隔阂。本章围绕援华总会的困境、活动以及与英国政府、中共之间的互动和产生的摩擦展开讨论。

第一节　抗战结束后援华总会的困境

　　抗战胜利后，援华总会仍坚持援华工作，但举步维艰。

　　首先，援华总会内部成员有所变化。援华总会的骨干克莱格和伍德曼被越南的抗法战争和印度尼西亚抵抗英国和荷兰的独立战争牵扯部分精力；伍德曼和金斯利·马丁同时还致力于促成英共与工党的合作。玛丽·琼斯、诺特夫人（Knott）和波尔先生（Pole）都因战后职责和工作的变化不能够再继续为援华总会工作[①]。这个时期加入援华会的成员主要有战后离开西北解放区返英后接替弗莱担任援华会主席的林迈可和从香

---

① Clegg, *Aid China 1937 – 1945: a Memoir of a Forgotten Campaign*, p. 164.

港日本集中营返英的希尔达·克拉克夫人（白朗琳，以下称希尔达）①，另外还包括李约瑟夫人多萝西·尼达姆、约翰·钦纳里中尉（Lt John Derry Chinnery）② 和迈克尔·哈利迪中尉（Lt Michael Halliday），后两人曾在军队学过一点儿中文，彼时是伦敦大学亚非学院的学生。

其次是政治原因引起的变动。从 1945 年初，美国就单一地帮助中国内部争端一方，试图帮助蒋介石重建对中国的统治。1946 年 7 月中国内战全面爆发后，国民党军队对解放区发动了四次大进攻，而且在美国的压力下，联合国不顾善后救济总署一些官员的抗议，给中国的救济物资也同样被转到国民党统治区。据统计，救济物资只有 0.5% 运到了占中国人口三分之一的解放区。援华总会在中国解放战争期间没有明确表明支持中共，但坚持英国人民应该了解中共的立场，反对蒋介石的独裁统治和挑起内战。即便如此，援华会的内部还是因此产生了不和，1946 年 3 月的年会之前弗莱即表示不再继任主席。

援华总会还面临着"死对头"工党政府外交大臣贝文的压力。工党一直秉持反共立场竭力压制英共③，而且工党议会党团彼时正在对持不同政见者实施打压，金斯利·马丁和伍德曼倡导的英共与工党的合作问题为工党所不齿，工党甚至有多名党员因同时是英共党员而被驱逐，马丁的《新政治家》周刊也遭到攻击。1948 年 4 月，国民党英国新闻处还向国内发来电报称，英首相艾德礼于近期发表了有关肃清公务人员中"共党分子"的演说。《旁观者》对此发表了评述称"苟政府公务人员中确有不尽忠国家之危险"人物，则政府所拟制定的措施，"为国家安全计，毫不过分，此实为一种初步之预防措施。俾确有共党嫌疑者不得安置或盘踞于可获得重大国防秘密之位置"④。在此背景下，一向以"左翼"政治倾向示人的援华总会难免受到敌视。

冷战的开始也影响了援华总会的成员。1946 年 3 月丘吉尔"铁幕演

---

① 中文名白朗琳或白朗宁，本章系其返英后担任援华会秘书期间的工作情况，故用其本名希尔达。

② 即秦乃瑞（1924—2010），为英国汉学家。

③ Andrew Thorpe, "Locking out the Communists: The Labour party and the Communist party, 1939 –46", *Twentieth Century British History*, Volume 25, Issue 2（2014）: 221 –250.

④ 英国新闻处新闻稿，第二历史档案馆，卷宗信息：七一八 633。

说"和一年后美国杜鲁门主义的出台使得英美冷战思维形成，造成的紧张气氛不断增长，许多人对援华总会开始采取退避三舍的态度。援华总会试图增加几位副会长的努力没有成功，不仅 1946 年提名的几位都没有加盟，现有的成员也有脱离之意。戈兰兹不再担任主席，但仍然不时参加活动。1946 年 2 月援华总会筹备 3 月年会期间，更多人提出辞职。弗莱宣布不再继任主席，爱德华兹博士声称必须辞职，巴格诺尔牧师（the Rev. Bagnall）称稍后将辞职，克莱格认为这些举动都具有一定的政治性①。最终从中国返英的林迈可成为新任主席，但 9 月即前往哈佛大学讲学，为期一年。弗莱再三犹豫后同意担任副主席，主要原因是蒋介石政府的行径使其认为援华总会仍应该发挥重要作用，尤其是蒋介石政府杀害民盟领导人李公朴和闻一多之后。埃尔文（H. H. Elvin）② 同意担任第二副主席。希尔达·克拉克夫人和伍德曼一起担任名誉秘书，希尔达和前保盟的部分成员依旧保持联系，尤其是邓文钊（M. C. Tang）③。国民政府中央宣传部国际宣传处驻伦敦办事处处长叶公超（George Yeh）也偶尔参加援华总会的会议，力图说服后者作亲蒋声明，但遭到克莱格和布里奇曼的抵制。

1947 年 3 月，国民党军第 1 战区司令长官胡宗南指挥 20 万军队进攻延安，毛泽东做出撤离延安的重大决定，但同时也宣布"少则一年，多则二年，我们就要回来，我们要以一个延安换取全中国"④。19 日胡宗南大军占领了空空如也的延安之后，在部分英国人眼里中共即将失败，导致援华总会的运动吸引力进一步减弱，不仅人员增加无果而终，

---

① Clegg, *Aid China 1937 – 1945: a Memoir of a Forgotten Campaign*, p. 164.

② 赫伯特·亨利·埃尔文（Herbert Henry Elvin, 1874. 7. 18 – 1949. 11. 10）英国工会会员，1894 年加入了全国文员联盟，很快脱颖而出，从 1906 年开始担任联盟荣誉秘书，从 1909 年至 1941 年担任秘书长。1925 年入选英国工会联盟总理事会，1938 年担任英国工会联盟主席。他还担任国际劳工组织的英国劳工顾问以及国际联盟的执行委员。

③ 邓文钊（1908—1971），广东五华人，世居香港，毕业于剑桥大学。参加了宋庆龄成立的保卫中国同盟筹备工作，担任保盟中央委员并兼任司库，是成立于 1939 年的工合国际委员会成员。太平洋战争爆发后，在东江纵队的帮助下撤离香港。抗战胜利后，回到香港，担任复刊后的《华商报》董事长兼印人，与回到英国的希尔达·塞尔温 – 克拉克夫人长期保持通讯联系。

④ 中共中央文献研究室编：《毛泽东年谱：1893—1949 修订本 下》，中共文献出版社2013 年版，第 176 页。

自1937年来的两周一次的会议也变成每月一次。活动以举办小规模餐会为主。

第二节 援华总会的活动

一 促进对中国形势的了解

抗战胜利后，援华总会几乎无力再次组织大规模的活动，自1946年起，也不再是"运动"型组织，而是利用一切机会了解中国的形势，特别是解放区的形势，并通过举行小型餐会等活动让希望了解中国的有识之士能够获得关于中国现状的真实信息。

1945年12月中旬，援华总会举行集会欢迎司徒永觉及其夫人、前保卫中国同盟外事秘书希尔达和林迈可回英。希尔达和林迈可二人对中国政治问题做了相当深入的论述，并分析了未来的发展趋势。

希尔达主要介绍了保卫中国同盟的工作，对保盟主席宋庆龄倍加赞誉，称其致力于实现孙中山先生造福于中国人民的规划。希尔达表达了希望能邀请孙夫人来英访问的愿望，以增进中英两国的相互了解和友谊。希尔达认为英国应竭尽所能促成中国民主同盟、共产党和国民党达成协定。希尔达还指出中国固然迫切需要国外援助以恢复战时的损害，但应特别强调的是"一碗饭"方式的援助办法，实无裨益。援助的目标应该是"协助中国人民起而自救，并代为计划医药组织"，并援助中国人民建立类似组织，此外"在建合作社等方面给予协助"。希尔达呼吁将英国情形多介绍给中国，中国也迫切需要了解英国的社会计划。

一同出席餐会的林迈可，他于太平洋战争爆发后在晋察冀游击区及西北解放区和中国军队一起工作了四年。林迈可认为美国支持在中国建立真正民主的政府和结束一党专制受制于各种条件，有很大的不确定性，几乎可以肯定蒋介石做好了妥协的准备，愿意剔除政府中极端的反动分子。如果能够建立民主政府，他几乎确信共产党很可能会愿意把他们的军队置于政府控制之下，当下的困难就会迎刃而解。林迈可希望富有责任心、能够对现状产生影响的中外人士能够坚持找到真正的解决办法。林迈可在致辞中强调中国形势严峻，面临诸多问题，应该循序渐进逐一解决，他认为蒋介石应在中国建立的任何联合政府中获得一席之地①。

另一次比较重要的午餐会是在 12 月 20 日，由斯特拉夫基勋爵（Lord Strabolgi）② 主持并讲话③，认为中国实现民族统一的前景向好，内战的危险已不复存在，英国人民对中国盟友怀有崇高的敬意和友好的情感，祈望重庆政治协商会议的成功。斯特拉夫基勋爵补充说，他对香港现状并不满意，英国应该趁"英国尚强大中国仍薄弱之际立即大方地采取行动"将香港归还中国。中国正在从英国寻求对香港和租界恢复主权的途径。对英国而言，香港的战略地位已经有所下降，而且任何情况下都只能是在友好中国的帮助下才能实现。英国公司在香港取得巨大的商业繁荣很大程度上取决于中国人的勤劳和付出。可以肯定这些贸易权利，在将来能够得到很好的维护。

政治方面，此时援华总会的影响力日渐减少，已经无法说服议员在下院进行有关中国问题的辩论或批评美国的对华政策。援华总会采取的策略是由克莱格和英共理论家帕姆·达特（Rajani Palme Dutt）拜访主席林迈可的父亲林赛勋爵，将辩论安排在上院进行，使大家对中国面临的问题和中共对未来的期望有所了解。援华总会还设法在下院通过工党议员卡拉汉（James Callaghan）提出了对东江纵队遭受国民党迫害的留港人员的处置问题。尽管没有得到明确的承诺，但是也提示港英政府其所作所为受到监督④。对此黄作梅在 1946 年 8 月 8 日写给克拉克夫人希尔达的信中表达了感谢之意⑤。

1946 年，援华总会不再是一个运动组织，鲜有公众聚会，且规模极小；仍然敦促全英助华联合总会通过一切方式和渠道把钱款和物资送达

---

① 《伦敦中国运动委员会欢迎白朗琳、林迈可，两人致辞主张英国竭尽所能，促成中国各党派达成协定》，《新华日报》1945 年 12 月 14 日第 2 版。

② Lord Strabolgi（7 March 1886 – 8 October 1953），斯特拉夫基勋爵，英国自由党议员，后加入工党，印度独立运动的支持者。

③ Hong Kong's Future：Lord Strabolgi Adovates Return to China Question Becomes Urgent London, Dec. 19.（1945, Dec. 20）. *South China Morning Post & the Hongkong Telegraph*（1945 – 1946）. Retrieved from https：//www. proquest. com/historical – newspapers/hong – kongs – future/docview/1535696471/se – 2；*Times*, Dec. 20, 1945.

④ Clegg, *Aid China* 1937 – 1945：*a Memoir of a Forgotten Campaign*, p. 166.

⑤ 黄作梅致希尔达信，1946 年 8 月 8 日，Clegg papers, Marx Memorial library.

国际和平医院。负责这项事务的是克莱格和希尔达，后者接替了弗莱在援华总会理事会的职务。

二　宣传活动

援华总会仍致力宣传工作，比较重要的活动有爱泼斯坦[①]来英时安排的系列活动。

1944 年底，在延安和敌后抗日根据地采访了五个半月的爱泼斯坦决定暂时离开中国，途经英国前往美国完成《中国未完成的革命》一书，以便更好地为中国人民的事业呼吁。离开重庆之前爱泼斯坦拜访了周恩来，了解了中国共产党抗战结束后致力于"恢复统一战线、避免内战、加速建设国家、建立联合政府"的政策[②]。

1945 年初爱泼斯坦抵达英国后，为了让左派舆论了解中国的真实形势，在援华会的支持和安排下[③]，他大量谈论并撰文介绍中国情况，主题多是在中共领导下的敌后抗日运动。爱泼斯坦与援华会的渊源始于1938—1939 年为保卫中国同盟工作期间，与援华会的全国总干事克莱格多有工作往来。应其邀请，爱泼斯坦向《劳动月刊》编辑达特、英共高层领导人特德·布拉姆利等人做了中国形势的报告。在此之前，由于国民党对解放区的封锁，英共虽然对中共领导的解放区倍加关注，但能得到的可靠信息极其有限，爱泼斯坦的介绍为其提供了重要信息。爱泼斯坦还多次通过左翼媒体发声，如《劳动月刊》，并在英国合作化运动主办的报纸《雷诺兹新闻》上发表文章，介绍中国总体形势以及合作社对解放区的重要作用。爱泼斯坦和邱茉莉都曾为战时的中国工合运动工作，二者还应邀出席了在斯卡伯勒举行的英国合作化运动 1945 年全国代表

---

①　爱泼斯坦曾和詹姆斯·贝特兰负责一起《保盟通讯》的编辑出版工作，其妻邱茉莉也为保盟以及工合运动工作。1944 年，爱泼斯坦参加中外记者团前往延安和敌后抗日根据地采访，接触了毛泽东、朱德、周恩来等中共领导人，萌生了撰写有关解放区全面抗战和新中国雏形的书籍的想法。在陪都重庆，国民党政府实行严格的新闻审查，同时中国的局势意味着内战或将爆发。爱泼斯坦和妻子邱茉莉决定暂时离开中国，途经英国前往美国完成《中国未完成的革命》（1947 年在美国出版）一书的写作。后爱泼斯坦夫妇于 1944 年冬天抵达英国，在援华会的安排下为中共领导的抗战和解放区做了大量的宣传工作。

②　爱泼斯坦：《见证中国　爱泼斯坦回忆录》，新星出版社 2015 年版，第 4 页。

③　爱泼斯坦：《见证中国　爱泼斯坦回忆录》，新星出版社 2015 年版，第 4 页。

大会。

在英国逗留期间，同样是在援华会的安排下，爱泼斯坦开始公开发表演说。首次演说在伦敦的卡克斯顿会议厅举行，爱泼斯坦谈到了自己在国民党统治区和共产党解放区的所见所闻和切身经历，还展出了从延安带来的实物。

随后的几次公开演说，被国民党代表当场质疑，试图否认和诋毁爱泼斯坦及其报道。负责国民政府在英宣传活动的叶公超在爱泼斯坦讲话时曾否认国统区有政治集中营，被后者用无可辩驳的事实反驳得哑口无言。国民政府驻英使馆对爱泼斯坦的演讲也非常警惕，派使馆工作人员出席并全程记录。爱泼斯坦曾保留了一份记录的复印件，以备驳斥歪曲毁谤之需。

爱泼斯坦还通过在英国广播公司做的广播节目向更大范围的公众发表了讲话，向英国民众介绍了由 15 块抗日根据地组成、拥有中国人口五分之一的解放区，指出了这些根据地在日后对日本发动反攻时可能发挥的巨大作用。爱泼斯坦点明世界民众只知道未被日军侵占的"自由中国"而不知"解放了的中国"，完全是因为到 1944 年 5 月蒋介石迫于压力允许外国记者团前往延安之前，"向解放区运送物资和人员遭到了国民党的禁止和严格封杀"。爱泼斯坦把自己在解放区前线亲眼看到游击队消灭日本占领军的战斗和当地农民的生活情况向听众做了详细的描述。他还在英国议会大厦的会议室里向一批工党议员发表过讲话，会议由煤矿工人支持的议员伊曼纽尔·欣韦尔（Emanuel Shinwell）主持。

在援华会会长李斯特维尔伯爵的引荐下，爱泼斯坦还拜访了英国上层社会的代表、时任英国红十字会会长空军元帅菲利普·切特伍德爵士，后者所在的红十字会只向国民党统治区提供医药援助。爱泼斯坦希望说服切特伍德爵士从人道主义出发也向中共控制下的地区提供医药援助。切特伍德爵士没有拒绝，然而爱泼斯坦提到此举"将显示英国公众对中国国内团结的关注"时，切特伍德爵士立即表示出对五亿中国人团结起来的恐惧，在英国右翼眼里，向对立的国、共双方提供援助的目的并非是为了促进团结。

在援华总会的安排下，爱泼斯坦的宣传活动达到了很好的效果，如关于中国共产党领导的八路军优待、争取日本战俘的政策，引起了当时在英国新闻部从事战时工作的日本问题专家维尔·雷德曼的兴趣。

援华总会还坚持发布有关中国的准确信息，澄清国民党政府的反共宣传。从 1946 年 6 月起，援华总会开始不定期出版《援华总会新闻通讯》并一直坚持到 1948 年。《援华总会新闻通讯》的目的是对抗国民政府驻伦敦使馆的大量反共宣传，同时为工党议员或其他任何对中国感兴趣的人士提供可靠的讯息。但是援华总会得到相关的信息也很困难①，在中国唯一的英国记者是路透社记者。《泰晤士报》的中国新闻都来自美国媒体，援华总会偶尔会从苏联新闻社的报道中获取解放区的信息。希尔达也努力争取从香港获取信息。②

从前两期《新闻通讯》的内容，可以看出援华总会创办刊物的理念。第一期的文章之一是关于 1946 年 1 月中国的政治协商会议的情况，政协会议代表各种力量的联合，要求组成联合政府，结束国民党的镇压和秘密警察的工作，召开国民大会。《新闻通讯》还提到，虽然共产党和民主同盟都极力支持这些诉求，但因为国民党的反对，"哪一项都没有能实现"③。更糟糕的是，国民党中央执委会为右派操纵的会议通过的一项动议表明只会支持所有成员都是国民党许可的联合政府。《新闻通讯》一针见血地指出这相当于摧毁了联合政府存在的基石，而且将国民党的权力无限扩大。这一期的另外一篇文章报道了公谊救护队取得了重大的"人道主义胜利"：把医疗物资送达延安的国际和平医院。救护队代表雷诺兹（Reynolds）走访了其中的两所和平医院，对其艰苦的环境、生活条件和高超的技术水平印象深刻，呼吁为其提供医学书籍、医疗设备和药品。1947 年 3 月，延安失守后，医院被毁。自此援华总会再也没有收到国际和平医院的相关报告。④

第二期《新闻通讯》刊登了太平洋学会秘书长霍兰德（W. L. Holland）6 月在援华总会的会议上做的报告，讨论了美国对苏联日益增多的政治攻击及其对美国对华政策的影响，认为中国可能沦为美国的附

---

① Clegg, *Aid China 1937 – 1945：a Memoir of a Forgotten Campaign*, p. 167.

② Clegg papers, Marx Memorial library.

③ Clegg, *Aid China 1937 – 1945：a Memoir of a Forgotten Campaign*, p. 167.

④ Clegg, *Aid China 1937 – 1945：a Memoir of a Forgotten Campaign*, p. 168.

庸，成为陆军部总体战略的一枚棋子。第二条消息是民主同盟的领导人
李公朴和闻一多在昆明被杀害的事件，第三条是费孝通和潘光旦等19
位教授联名致马歇尔将军的请愿书，要求美国停止对蒋介石的反共
援助。

《新闻通讯》是当时英国能够找到的关于中国形势的最详尽资料。此
外，克莱格编辑的《世界新闻与观察》是当时发行量最大的政治周刊，
也是英国国内唯一宣布中国内战转折点的出版物。但是克莱格由于足疾
不得不于1947年8月辞去编辑职务。

援华总会还进行了其他的小范围活动。1947年2月，弗莱、林赛勋
爵和埃尔文联名写信给《泰晤士报》，抗议国民党在北京逮捕"有自由主
义倾向的人们"①。《泰晤士报》曾报道国民党一周内抓了1600多人。援
华总会支持提出抗议的中国教授，并且向蒋介石呼吁，要他放弃"造成
国家分裂失去国际尊重的灾难性政策"。林赛勋爵受邀在援华总会4月年
会上演讲。

三 工党政府执政下的援华总会

担任援华总会秘书的希尔达是工党党员，是颇有政治抱负的热心左
翼人士，有"红希尔达"之称，邓文钊认为她是"为数不多的全心全意
地为中国付出的英国人之一"②，战后竭力促进工党和中国之间的沟通。
1948年2月，民盟总部在香港重组，要求重新实行孙中山的国共合作政
策的老国民党党员也成立了国民党革命委员会。希尔达致函香港《华商
报》总经理萨空了，称李斯特维尔伯爵即将访问香港，希望能够会见民
盟、民革、中共的代表继而分别会谈，请萨空了帮忙安排③。这是英国工
党政府首次与中共和"新"中国的其他党派正式接触，这一举措意味着
英国工党对中国局势的正确判断。这正是援华总会和中共希望的结果，
但也表明希尔达作为名誉秘书的援华总会，已经成为工党政府和中国联
系的纽带，不再是为中国人民的事业发起民众运动的团体，其作用已经

① Clegg, *Aid China 1937 – 1945: a Memoir of a Forgotten Campaign*, p. 171.
② 邓文钊1946年12月4日致希尔达函，Clegg papers, Marx Memorial library。
③ Clegg, *Aid China 1937 – 1945: a Memoir of a Forgotten Campaign*, p. 171.

发生了变化。在克莱格看来，此时的援华总会并非一无是处，但是"已经危险地改变了其职能"①。尽管如此，援华总会和中共之间还保持着合作。希尔达不断地致函香港索要有关中国的信息和材料，在香港的龚澎也委托希尔达收集英国媒体的简报。

援华总会在此期间一直试图影响英国工党政府的对华政策，组织游说团召集对中国感兴趣的工党议员，以推动政府与解放区建立联系。1948 年 1 月，工党议员弗农少校（Major Vernon）② 在下院演讲，谴责了蒋介石政府。年末，弗农少校召集的一次下院会议上，援华总会又征得一批议员的同意发表声明指出："中国的大部分很快会处于中共为主体的政府控制之下……新中国政府可能实现真正的独立，并准备与英、苏保持友好关系。"声明要求立即与共产党控制区域开始正式接触。1949 年 2 月，又一次召开类似会议。通过的声明指出，中共领导人表示欢迎与除苏联之外的其他国家建立关系，如果能"与新中国在互相尊重的基础上合作"，双方互不信任的"恶性循环"可以打破。不幸的是，1949 年 4 月的"紫石英号事件"（英文名：Amethyst Incident 或 Yangtze Incident）在英国掀起反华风潮，英共书记波立特在普利茅斯集会演讲谈及帮助中国时，被英国海军水兵攻击，受伤严重。香港也颁布镇压法令，多位进步人士被捕。

援华总会还帮助逃离美国麦卡锡主义迫害的史沫特莱在英国安顿下来。1949 年北平和平解放前夕，中共委托陈翰笙向史沫特莱发出来华邀请③。因为无法直接获得前往中国的护照，史沫特莱决定先去英国，再转道中国。11 月，抵达伦敦后史沫特莱住在援华总会秘书希尔达的寓所。彼时的史沫特莱从事活动已力不从心，但还是出席了援华总会为她安排的小型聚会。尽管惨遭迫害身患重病，但史沫特莱对中国共产党的胜利充满了必胜的信心。虽然她的激情感染了伍德曼和希尔达，但是政治立场的不同还是造成了双方之间的矛盾与隔阂。史沫特莱给美国朋友米尔

---

① Clegg, *Aid China 1937 – 1945: a Memoir of a Forgotten Campaign*, p. 172.

② Major Wilfrid Foulston Vernon，弗农少校（1882—1975.12），英国工党政治家，1945—1951 年为下院议员。

③ 石垣绫子：《一代女杰史沫特莱传》，陈志江等译，光明日报出版社 1992 年版，第 248 页。

德里德的信中曾提到希尔达思想上偏右，对英国共产党持批评态度，而且"和大多数英国人一样支持殖民地政策"①，史沫特莱和希尔达之间的矛盾也是援华总会末期误入歧途的写照。

第三节　援华总会与英国政府的冲突

一　援华总会政策声明风波

1948 年，中国的人民解放战争进入夺取全国胜利的决定性阶段。伍德曼和希尔达都确认蒋介石已经不可能夺得解放区，工党政府应该着手和解放区建立直接联系。援华总会设法在下院提出质询，要求至少派出官方代表团到解放区商讨贸易往来。6 月前后，援华总会成员认为有必要根据中国形势的发展发表一个新的政策声明，因为该声明有悖于英国的对华政策，引起外交部极大关注。

尽管克莱格等英共党员对声明的措辞再三斟酌，并针对弗莱及其他部分成员做出相应的调整，弱化了部分内容②，但因为与英国政府的既定政策相左，声明直接导致了援华会时任会长、殖民地事务大臣李斯特维尔伯爵的辞职。

声明指出英国民众很少有确切的信息来了解远东的形势，事实上中国的内战规模远远大于巴勒斯坦、希腊、克什米尔的冲突规模，对世界和平的威胁丝毫不亚于西方的冲突。援华总会坚信英国同中国的关系举足轻重，不仅仅是因为英国在远东的传统利益，而且也是因为人类人口最大的组成部分 4 亿 5 千万人民的未来对世界的影响至关重要。

在援华会看来中国的局势不容乐观，声明详细介绍了中国经济和政治上的混乱局面。中国依然在南京国民政府控制下，正在以前所未有的势头陷入无政府和混乱状态。控制通货膨胀已经毫无希望；1930 年美元与中国货币的汇率是 1: 3. 30 ，1946 年 1 月是 1: 1200，1948 年 5 月已经达

---

① 石垣绫子：《一代女杰史沫特莱传》，陈志江等译，光明日报出版社 1992 年版，第 277 页。

② Clegg, *Aid China 1937 – 1945: a Memoir of a Forgotten Campaign*, pp. 172 – 173.

到了天文数字：1：1，500，000①。正常商业和工业体系几乎陷入停滞状态，然而极少数特权阶级在不受控制的市场上，依然攫取着惊人的利润；交通已经中断，重建基本上没有进展，即使是在华南和华中没有直接受到内战影响的省份，也同样如此。联合国善后救济总署在华庞大的援助项目也因为腐败、低效、政治歧视以及中国政府四分之三的收入用于内战支出而失败。联合国善后救济总署的物资援助中，有英国贡献的价值800万英镑的机器和其他生产资料，不是在码头生锈就是卖给了出价最高者用以武装政府军队。

中国的形势清楚表明，毫无疑问当下的南京政府既没有渴望，也许也没有能力终止独裁、放弃极权政府或推行在中国建立稳定且有民众支持的政府所必须进行的改革。新宪法的条款尚未实施，政府内部温和派在面对南京政府和各省的军事领导人时，几乎无缚鸡之力，甚至是开明的反对也被指责是违法的。

不同于国民党政府的混乱，经过几个月的快速推进，中国共产党军队的控制区已经超出中国的三分之一，并且重新夺回了位于西北的根据地延安，向南抵达扬子江。中共取得的胜利没有得到苏联或者任何外国势力的帮助。南京政府的军队尽管有美国顾问、装备、训练的援助，却不得不处处防御甚至退却。在国民政府依旧掌握的上海和其他核心地区，越来越多受过良好教育的阶层跟当下的南京政府保持距离。大学和学校里的反抗力量组织有力。华北中立的观察者一致认为相比南京，共产党领导人提供了更为诚实的政府，因此在他们所控制的区域也获得了民众的大力支持。

随后声明指出了英国政府在太平洋战争结束后忽视了远东。除了偶尔派遣亲善代表团前往南京，政府对远东一直没有特别关注。中国政府耗费巨资在海外进行宣传，继续呼吁救济资金，这在内战中只能有益于一方。援华总会认为重新制订英国的远东政策乃当务之急，政策要顺应当下中国形势的发展。援华总会相信，帮助中国成为一个强大的民主国家，拥有稳定高效的政府，能够跟其他国家进行贸易往来和建立正常的

---

① FO_ 371_ 69638, Statement of China Campaign Committee Policy, Jun. 1948, The National Archives, UK; Clegg papers, AC /2/22, Marx Memorial Library.

友好关系完全有利于英国的利益。

援华总会在声明中敦促英国政府与中共控制区建立联系。中国北方解放区的政府及1亿7千万人民完全与西方隔离。中国的共产党领导人经常表达出同英国进行友好接触的愿望。满洲里的港口现在处于中国共产党的永久控制之下,英国完全可能同解放区建立文化和经济联系。英国应该"马上开始同共产党领导下的政府建立某种形式的接触"。贸易和经济联系对英国非常有利,对华北中国也一样。英国贸易使团的报告中也提及解放区食品、农产品、原材料过剩,但他们急需英国大量生产用于出口的工业产品。英国文化委员会的活动应该推及华北,有了关于形势的确切信息,英国民众的观点对亚洲这一地区可能产生很大的改变。该地区数年来就同西方割裂,如果西方国家继续忽略中国北部的话,其领导人将不得不转向苏联寻求帮助,解决当下的冲突成立一个独立的中国政府的可能性就大大减少。

而除了少数的极端主义者,中国国共双方的温和派都倾向于建立乐于并能够实施民主改革的联合政府。在接触各方观点基础上制订积极的英国政策,对恢复英国在远东的威望大有益处,有助于中国各方力量成立民众支持的民主政府,英国、美国、苏联以及其他国家都能与之发展贸易和友好关系。

声明的最后总结了援华总会的政策:

1. 援华总会坚信中国的发展对世界形势至关重要,积极的英国远东政策对维护世界和平举足轻重。英国政策的消极一面已经导致这样的观点:英国已经认可中国是美国的势力范围,而且不再对跟中国保持友好关系感兴趣。

2. 当下的南京政府不可能进行民主改革,或者是建立稳定的、有民众支持的政府。尽管有美国大规模的资助,经济和金融都加速走向混乱,军事溃败也在加速。共产党军队用夺取的美国装备武装自己,现在已经控制了中国超过三分之一的区域,并且还在持续推进。中国的战争规模远远超出希腊、巴勒斯坦和克什米尔冲突已经成为共识。

3. 中国的局势不能跟欧洲相提并论。中国北方的反对派政府表达了同英国进行友好接触的愿望，也已经证明能够用诚实有效的政府获得民众的支持。

4. 冲突双方的绝大多数中国人一致渴望结束战争，建立能够胜任民主改革和经济重建的联合政府。

5. 援华总会认为，同中国北方政府建立经济和文化联系，有利于双方利益，有助于恢复英国在远东的威望，减少对世界和平的威胁，帮助解决当下的冲突，并建立一个强大独立的中国。[①]

声明驳斥了中共胜利取决于苏联帮助的冷战宣传，表明了援华总会的政治立场和主席林迈可对中共的支持，得到了中国民主党派肯定的回应[②]。克莱格和布里奇曼希望声明能更明确地表示对中共的支持，但鉴于其包含了两点最低的要求，即谴责蒋介石、国民党政府和内战，承认解放区的共产党政府，出于对援华总会内部其他偏右翼成员的考虑，克莱格和布里奇曼也认可了声明内容。

英国援华总会声明在香港的中英文报纸多方报道。《经济导报周刊》称李斯特维尔伯爵主持、包括前工党执委会主席拉斯基的"英国援华运动委员会"于年会后发表声明，要求英国政府跟"华北政府"建立经济与文化联系，这样的关系能够协助解决目前的冲突，建立强大独立的中国，将大有助于恢复英国在远东的声名，并减少对世界和平的威胁。这会是受中英两国人士所欢迎的"一个大胆而明朗的声明"，值得香港工商界人士密切的注视[③]。《南华早报》报道并引用了中国国民党革命委员会李济深将军、中国民主同盟沈钧儒和章伯钧、中国民主促进会马叙伦致援华总会的联名信函，支持援华会的建设性提议，"坚信这可能标志着英国对华开明新政策的开始"。他们感谢援华会在抗日战争期间给予中国的

---

① FO_ 371_ 69638, Statement of China Campaign Committee Policy, Jun. 1948, The National Archives, UK; Clegg papers, Marx Memorial Library.

② FO_ 371_ 69638, Extract from the "The China Digest", Jun. 29, 1948, The National Archives, UK.

③ 《英国援华总会的声明》，《经济导报周刊》1948 年第 74 期；Britain - China: Positive Policy Urged by London Committee Nanking Criticised London, June 4. (1948, June 05). *South China Morning Post* (1946). Retrieved from https://www. proquest. com/historical - newspapers/britain - china/docview/1766425384/se - 2。

援助以及对中国绝大多数人民主诉求的理解，赞同援华会对时局作出的正确判断。信中指出，第二次世界大战结束后，中国人民不愿意再容忍国民党专制政权，他们要明确表达自己的权利，美国政府卷入中国内战支持中国人民反对的一方是对中国主权的侵犯，对世界和平的威胁。几位党派领导人还在信中恳请援华会在这至关重要的时刻要求英国政府"必须采取不同于美国的政策，以减少对世界和平的威胁，恢复英国在东方的名声，坚持对中英两国人民都有益的独立自主政策"①。

二　英国外交部对声明的反应及处理

援华会的声明内容有悖于英国政府支持南京国民政府的既定政策，发表后立即引起英国外交部的激烈反应。

1948年6月15日英国驻南京使馆新闻处对外发布的新闻资料中提到援华总会的决议，声称涉及的成员包括援华总会会长、殖民地事务大臣李斯特维尔伯爵、主席林迈可、下院议员里弗斯（J. Reeves）,《字林西报》的报道还将前工党执行委员会主席拉斯基（Harold Laski）包括在内。发布材料中特别提到援华总会通过的这份敦促英国政府与中国北方建立经济和文化联系的决议，立即招致南京国民政府的强烈不满②。作为回应，使馆新闻处于是对外称不确定有此决议，但认为英国政府不会偏离支持国民政府的既定政策，接着立即致电外交部，询问援华总会是否有官方支持、是否应该态度更明确地否认援华总会决议的存在。英外交部在复电中强调援华总会毫无官方支持，重申英国政府只承认以蒋介石为首的国民党政府。电报还称李斯特维尔伯爵正在辞去会长的职位，要求新闻处"务必将此信息传达给中国政府和相关部门及人员"③。

1948年6月30日，议会工党远东委员会讨论中国问题之前，援华总会一直敦促英国政府应该和解放区保持友好关系和贸易往来，认为"同

---

① Britain – China: Cultural Relations to Be Cemented a HongKong Letter (1948, Jun. 13). *South China Morning Post* (1946 –). Retrieved from https://www. proquest. com/historical – newspapers/britain – china/docview/1766442718/se – 2.

② FO_ 371_ 69638, Nanking telegram of No. 499, Jun. 15, 1948, The National Archives, UK.

③ FO_ 371_ 69638, Foreign Office telegram to Nanking No. 512, Jun. 25, 1948, The National Archives, UK.

北方中国政府建立经济和文化关系有益于双方"，然而工党再次拒绝接受这一观点，指出"……英国的利益几乎全部在国民政府控制的区域，很难看出当下采取这样的政策能给英国带来实际益处。即使是在共产党占领区，英国的领事官员也有权利保留职位，而且他们接下来会尽其所能保护英国利益，英国商人也会尽可能地抓住贸易机会，尽管他们同时跟共产党和非共产党控制区做交易会极其困难。因此采取对共产党政府友好政策唯一的原因是出于政治考量，但是这会激怒国民政府，而且也会严重影响英国跟美国的关系"[①]。

总之，在冷战氛围日渐浓厚的形势下，佩戴"左翼"标签的援华总会有心无力，关于中国形势的解读和建议不仅无法引起英国政府的共鸣，而且愈加引起政府的不满，其倡导的活动也越发难以开展。

第四节　林迈可担任主席的援华总会

战后取代弗莱担任援华总会主席的林迈可是让"世界听到延安的声音"的英国贵族。他毕业于牛津大学，在多个学科都有涉猎。大学毕业后主要从事教育和科研工作，1937 年受聘为燕京大学经济学导师，1938 年初与白求恩大夫同船从温哥华前往中国。教学之余，林迈可一直利用自己的专业知识和英国人的身份，帮助北平附近的中共游击队购买无线电配件再组装成收音机，也会采购急需药品等[②]。1941 年 12 月 7 日太平洋战争爆发当日，林迈可先是奔赴平西抗日根据地，后于 1942 年春抵达晋察冀军区司令部所在地平山县吊儿村。林迈可在这里穿上军服，担任通信技术部顾问，为各个军分区改装整修无线电台，并培养近 300 名无线电人才。1944 年 5 月，林迈可抵达延安，见到了中共领导人朱德、毛泽东和周恩来。作为"第十八集团军总司令部无线电通讯顾问"的林迈可，利用落后的设备，经过数月的测算和调试，架设和安装了中共首个国际

---

①　FO371/69537, on Nanking telegram of No. 499, Jun. 15, 1948, The National Archives, UK.

②　李效黎：《延安情　燕京大学教授林迈可及其夫人李效黎的抗日传奇》，上海远东出版社 2015 年版，第 47—48 页，第 103 页；林迈可著，杨重光、郝平译：《抗战中的中共　一个英国人不平凡经历的记述》，解放军文艺出版社 2013 年版，第 213 页。

传播通讯设备，延安的国际电台由此诞生，信号可以发射到美国旧金山
和印度等地。1944 年 8 月 15 日，延安的英文广播开始面向世界发声，打
破了国民党自 1939 年以来对延安地区的孤立和封锁，旧金山的美国情报
人员监听到信号后将重要内容编辑成册上报高层官员。林迈可不仅负责
技术、播音，还在新华社刚组建的英文部参与英文新闻稿的编辑工作①。
除此之外，林迈可在此期间还撰写了大量有关解放区的报告通过英驻华
使馆上报英国外交部。薛穆曾称林迈可的报告"提供了关于延安政府某
些方面过去我们所不知道的详情，例如税收的方法以及'三三制'的运
行"，认为其中关于战后经济重建的评论"很有见地"②。

　　抗战胜利后，林迈可接受了聂荣臻和肖克的邀请，准备先回英国探
亲再返回中国，从经济上和技术上参与中国的复兴工作。林迈可同时也
申明，一旦中国发生内战，将携全家返回英国。重庆谈判期间，中共为
了谋求和平做出重大让步，然而谈判和《双十协定》的签订并没有阻止
蒋介石在多地局部向中共军队发起进攻。林迈可认为此时或许可以通过
已是上院议员的父亲敦促英国工党政府发挥影响力阻止中国一触即发的
内战，而且应该让中国之外的其他国家了解华北的敌后根据地。林迈可
的想法得到了周恩来的认可③。于是林迈可携家人从西北解放区回到英
国，并于 1946 年援华总会年会前后接替弗莱担任了援华总会主席。

　　林迈可担任主席的援华总会已不再是运动型组织，而且当年 9 月林
迈可就前往哈佛大学讲学，次年年中才回到英国。作为援华会主席，林
迈可充分利用其父林赛勋爵的关系和在议会的影响力。在他的推动下，
林赛勋爵在上院多次发表有关中国的重要演讲。随着中国内战逐渐加剧，
援华总会不仅获得了工党左翼议员弗农的支持，还争取到部分与中国有
贸易往来的保守党成员④。中国东南亚史和华侨史专家、人类学家田汝
康，在英国伦敦政治经济学院留学期间，曾于 1946—1948 年间加入援华

---

① 覃仕勇：《隐忍与抗争　抗战中的北平文化界》，北京时代华文书局 2015 年版，第
102—107 页。

② FO_ 371_ 46164，Seymour to Sterndale-Bennett，Jan. 9，1945，The National Archives，UK.

③ 李效黎：《延安情　燕京大学教授林迈可及其夫人李效黎的抗日传奇》，上海远东出版
社 2015 年版，第 285 页。

④ Buchanan，*East Wind*：*China and the British Left* 1925 – 1976，p. 111.

会，他在给克莱格的信中提到林赛勋爵分别于 1946 年 7 月 6 日和 1947 年 1 月 23 日在上院提议对中国问题进行讨论。在 1947 年的辩论中，林赛勋爵提议英国政府派出代表团前往延安，直接与中共接触，获得解放区的第一手资料。国民党驻英使馆的全体人员都"板着脸"出席了辩论，田汝康是唯一支持林赛勋爵的中国人。蒋介石事后对此极为震惊，为使馆人员未能阻止此事在西方媒体的宣传大为光火①。

林迈可在报纸杂志上多次发表文章介绍中国形势和中国共产党。援华会之前对中国的介绍内容和宣传多数情况下只能见诸《工人日报》等左翼报刊，林迈可的文章则登上了《新政治家》《曼彻斯特卫报》及《泰晤士报》等主流媒体及政治上较为保守的周刊《旁观者》，受众较以往大大增加。值得一提的是，林迈可不仅在英国宣传中国共产党，在美国的《基督教与危机》等杂志也参与了有关中国的辩论。

1946 年秋，《旁观者》以"中国的危机"为题连续刊登了数篇对中国形势的解读，展开了对中国问题的讨论。纽约联合神学院院长范杜森（Henry van Dusen）认为中国各阶层人民对国民政府的信心不断下降，因此无法有效地"对付共产主义叛乱"，再加上经济恶化、内乱和政治无能和腐败三大因素导致了中国陷入自 1911 年以来的最深重危机。在范杜森看来，"统治全中国是中国共产党人致力的终极目标"，而"共产党手中的中国将是最有可能的，几乎可以说是肯定的，是第三次世界大战的前奏"②。即将离英去美的林迈可紧接着在下一期《旁观者》驳斥了范杜森的观点，认为后者严重曲解了中国形势。林迈可对比了国共两党，国民党委任的地方政府官员之腐败有甚于日本人占领时的政府，而共产党领导的解放区政府则进行了广泛的政治、经济和社会改革，美军观察组成员对此是亲眼所见。尽管既得利益的代表 CC 系和复兴社集团不会和中共之间达成真正的和解，但共产党和国民党左翼及民盟成员等希望改革的党派合作毫无问题。美国对国民党的单方援助和支持是避免世界大战和

① Arthur Clegg papers, Tien Ju-Kang to Clegg, July 26, 1980, AC/14, Marx Memorial Library.

② D. USEN, H. P., V. A. N. (1946, Aug. 23). China's Crisis, *The Spectator*, Vol. 177, 186. Retrieved from https: //www.proquest.com/magazines/chinas – crisis/docview/1295620507/se – 2.

与苏联达成协议的最大障碍①。

　　范杜森和林迈可等人的辩论阵地在后者 9 月抵美担任哈佛大学经济学讲师后也从英国媒体转移到美国杂志，尤其是《基督教与危机》，这是 1941 年至 1993 年间最受新教权力阶层和世俗自由派知识分子推崇的自由派新教舆论杂志之一。范杜森称中共与其反对派达成的"和平"只是"武装休战"，他们只是在等待有利时机发起攻击②。林迈可随即发表《中国是否可能达成协议?》一文，对中国的现状、中共的政策和国共关系的演变进行了详细梳理和分析，再次强调中共与独立的自由党派或左翼国民党之间的合作没有根本性障碍。尽管共产党人是一贯的马克思主义者，但认为社会主义只有在中国发展到现代化工业社会之后才能实现。在他们目前的经济计划中，共产党人实际上比国民党的官方政策更多地倾向于自主经营企业。而且中国共产党人有强烈的反威权主义倾向，他们一直在打游击战，其胜利的根本就是民意。中国共产党的政治组织方式一直是自下而上建立群众组织，建立民选村委会和县政府，以民兵取代旧警察和宪兵。这种通过群众组织和地方民众控制的方法行之有效。中共的确进行了改革，建立起诚实有效的政府，农民的政治意识迅速增强。如果成立联合政府，中国共产党人可以在实际农村重建的方法和人员方面做出重要贡献，其他政党则可以为城市和高层政府提供更多的技术人员和行政人员。在实践中，共产党已经与民主同盟和国民党左翼成员实现了合作。但中共与国民党右翼存在根本的原则冲突，蒋介石与反对变革的金融既得利益集团密切相关，他在《中国命运》中谴责自由主义和共产主义都与中国文化格格不入。③

　　国民党中占主导地位的反动集团也是国共谈判中的最大障碍。在整个谈判过程中，共产党一直愿意在允许民选地方政府发挥作用和各省有足够的权力各自进行社会和经济试验的前提下接受中央政府中的少数派职位，而且只要有合理的安全保证，愿意以相对不利的条件将军队与国

---

①　Lindsay, M. (1946, Aug. 30). "China's Crisis", *The Spectator*, Vol. 177, p. 216. Retrieved from https：//www. proquest. com/magazines/chinas – crisis/docview/1295630852/se – 2.

②　D. USEN, H. P. , V. A. N. *Christianity and Crisis*, Sept. 16th, 1946.

③　Lindsay, M. "Is a Settlement in China Possible?" *Christianity and Crisis*, March 31, 1947.

民党军队合并。自 1938 年以来，国民党一直不愿意接受这种妥协。抗战胜利后，曾经的伪军编入国民党军队，甚至在华北对共产党进行反攻。尽管如此，为了避免内战，共产党人在重庆谈判中做出了实质性让步，共产党人从长江以南地区撤离。但在双方达成协议后的几天内，国民党就向共产党控制的华北地区发动了重大攻势。在马歇尔将军的调解下，国民党第一次做出让步，却拒绝执行尽快解散军阀和伪军的协议，也没有安排选举省政府，秘密警察也一如既往。1946 年 3 月马歇尔将军返回华盛顿后，国民党中央执行委员会对协议关键内容的修改使其成为一纸空文。林迈可在文中还指出，所谓的地方共产党部队经常违反停战协议，主要是针对伪军的反击，但共产党人在许多方面做出让步以达成协议，相当一部分共产党军队被遣散。另一方面，尽管伪军是停战协议的主要障碍，国民党于 1945 年 10 月和 1946 年 2 月两次承诺将其解散，共产党人并没有强行要求国民党执行承诺。

林迈可认为中国共产党的路线在夏天有所变化的原因是美国对国民党 3 月公然践踏协议听之任之。共产党人没有从蒋介石那里得到任何的对等诚意。共产党人并没有放弃解决问题的所有希望，但显然不愿意在没有对等诚意的情况下做出让步。事实上，如果没有美国的压力，国民党根本不愿意做出让步。但美国的压力从来不足以迫使反动派解决问题。在可能完全阻止中国内战的关键时期，美国的决策者曾受到赫尔利、魏德迈的误导，盲目地支持蒋介石。后来马歇尔将军在调解方面的努力则受制于法律和外交框架的限制，中止其前任做出的安排将违反美国与友好政府的协议，他也无法考虑中国政治中的实际问题，何况真正的美国政策是对国民党的支持。鉴于中国的形势并不明朗，林迈可提出最好的做法是由联合国或莫斯科协议签署国进行新的调解。① 林迈可的文章有力地驳斥了范杜森及后来加入辩论的前基督教青年会秘书、美联社记者布雷斯（A. J. Brace）等人对中国形势和中共的错误解读。

林迈可其他比较重要的文章之一，有 1949 年 1 月 25 日关于英国对华

---

① Lindsay, M. "Is a Settlement in China Possible?" *Christianity and Crisis*, March 31, 1947.

政策致《泰晤士报》编者函①，明确表明了对中国共产党的支持。他在信中引用了 1946 年 1 月《泰晤士报》通讯员对中国共产党的理解，认为从中国共产党遵循的基本原则和党的组织上看其性质都毫无疑问是共产党②。在林迈可看来，民众反对的是少数人不顾人民的苦难或者是大众的希望通过恐怖主义和欺骗将共产主义政策强加于民众，但中国的共产主义是建立在民众支持的基础上，人们不需要反对共产主义。中国共产党党内的多数人所采取的路线是党的权力必须基于群众的支持。林迈可提及 1945 年共产党七大的报告中指出中国共产党的出发点是"全心全意为人民服务……专制主义在任何情况下都是错误的……"以及"新民主"经济政策提出的在不大幅度降低一般生活水平的情况下过渡到社会主义的可能性。林迈可认为 1946 年到 1947 年的一个时期"更为极端的教条主义者在中国共产党内似乎有上升的趋势"，但是最新的发展似乎表明，"共产党通过建设诚实的政府和实施政策时尊重群众意见又恢复了权力基于民众支持的政策"③。

林迈可在信中批评了英国的对华政策。他认为英国对中国国民党控制区没有对立候选人的选举和秘密警察恐怖主义的反应与对东欧发生类似事件时的反应十分不同。尽管中国共产党领导人再三声明欢迎与除了俄国之外的其他国家建立友好关系，还没有国家试图穿透反共的一方强加给中国的"铁幕"。如果英国政府继续当下的政策，中国新政府的领导人就会有充分的理由相信他们在非共产党国家面对的只有势不两立的敌意，尽管他们代表着中国大多数人的意见，与旧的中国政府相比提供了更大的自由。这将不可避免地导致"中国对俄国的依赖"④。

所以，林迈可指出能够在中国保持英国威望的唯一办法和帮助新中国政府实现真正独立的唯一途径，就是"阐明英国人民不喜欢以恐怖主义为基础的政府，不管是共产党还是非共产党政府，但是他们将欢迎同任何享有多数人支持的政府建立友好的关系，同样不管是共产党政府还

---

① "Communism in China: To the Editor of the Times", *Times*, Jan. 25, 1949.

② "Communist in China: Policy as Expounded by Yenan, an Eastern Form of Marxism", *Times*, Jan. 17, 1946.

③ "Communism in China: To the Editor of the Times", *Times*, Jan. 25, 1949.

④ "Communism in China: To the Editor of the Times", *Times*, Jan. 25, 1949.

是非共产党政府",以此"证明英国政策并不符合共产党和工人党情报局的分析"。因此英国决策者应当尝试相信中国共产党提出希望同苏联之外的其他国家建立友好合作、保持民主自由时的诚意。英国的文化交流和商业往来应该立即延伸到共产党控制区域,从中国的实际情况出发探索合作的可能性。

林迈可最后指出,如果以此为基础的合作证实可行,英国在中国的威望就会大大提升,也会有助于确保中国的独立,甚至有可能对世界局势产生重要的影响。即使是因为共产党的"欺诈"而试验失败,也要强于英国现行的对华政策。如果英国诚挚地努力建设和新政府的友好关系,但是因为共产党的"偏见"而遭到断然拒绝,共产党罔顾中国人民的利益一味倒向苏联的政策获得群众支持的可能性更低①。

林迈可的致编者信在《泰晤士报》发表后,引起了极大关注。议会下院特地举行了由援华总会牵头组织多人出席的会议,讨论对华政策。参加会议的议员包括:佩顿(John Paton)、威尔弗雷德·弗农少校、旁森比上校(Colonel Ponsonby)、弗莱彻少校(Major Fletcher)、法里登勋爵(Lord Faringdon)和马利勋爵(Lord Marley)。另有数名议员表达了对会议宗旨的一般性支持,但是没有出席会议。会上讨论了援华会拟发布的一份有关中国声明的草稿并提出了几点修正意见,林迈可将意见融入了修改稿。因为与会者普遍感到除了政府发言人在议会偶尔发表的态度不甚明朗的声明,他们并不了解英国政府政策,无法确定最佳的行动方案,因此提议林迈可联系外交部常务次官斯特朗(William Strang)爵士,要求他接见援华会代表团以便给出当前英国对华政策的官方阐释。②

林迈可于3月下旬致函斯特朗爵士,询问他是否能够接受代表团讨论英国政府对中国的政策,同时附上了自己发表于《泰晤士报》关于中共和英国对华政策的致编者信和有关中国的声明。林迈可告诉斯特朗爵士,有迹象表明有关中国声明的内容在英国和中国的英国人群体中有广泛的支持者,而且近期收到来自北京的美国朋友的信件,也进一步佐证了声明中所提议的政策极有成功的可能。代表团将由他自己担任主席,

---

① "Communism in China: To the Editor of the Times", *Times*, Jan. 25, 1949.

② FO371/75747, Michael Lindsay to Sir William, Mar. 22, 1949, The National Archives, UK.

另外也包括出席援华总会组织的下院会议的其他议员：佩顿、威尔弗雷德·弗农少校、旁森比上校、弗莱彻少校、法里登勋爵和马利勋爵。代表团的目的是要求更清楚地阐释政府发言人最近在议会提及的英国对华政策。①

援华总会有关中国声明的内容如下：

如果现在的和平谈判②成功，共产党的影响在新的中国中央政府内部就会举足轻重。即使无法达成新协议，共产党领导的政府也会在中国长江以北的大部分地区成为实际上的政府，而且其控制区域很可能也会随着进一步的军事胜利继续延展。一年或者更早之前这方面的发展趋势已经完全可以预见了。

由于中国共产党控制区域被来自于反共一方强加的铁幕而造成的封闭，我们关于中国共产党政策的信息极其有限。但是有证据表明，共产党领导人想要尊重民众意见，把他们的权力建立在群众支持的基础之上，而不是以恐怖主义为基础，保持能够以中国人民的利益为行动出发点的独立的中国政府。如果事实如此，就可以同新的中国政府保持友好关系。中国共产党官方消息来源在不同的场合都表明欢迎和除俄国之外的其他国家友好合作，但是英国方面并没有尝试调查类似合作的可能性。

中英两国人民之间没有理由争斗。事实上，经济和文化合作对双方都大有裨益。随着内战的结束，农业重建很可能快速发展（据说满洲里已经开始出现大量的贸易顺差）。中国能够提供农业产品，用以交换工业产品及工业化所需要的设备，这正好和英国经济互补。再者，英国的新型经济和社会实验③很可能在大部分中国人看来充满趣味和吸引力，而中国新体系的某些方面也会在英国引起兴趣。

和部分共产党控制区域的贸易往来已经开始，而且很可能在没

①　FO371/75747，on Michael Lindsay's letter to Sir William，Mar. 30，1949，The National Archives，UK.

②　指1949年4月进行的国共北平谈判。

③　第二次世界大战后上台的英国工党政府大力发展国有经济，并建立起比较系统的社会保障和福利制度。

有任何官方支持的情况下进一步发展。但是，商业贸易关系尽管是一个很重要的方面，也只是英国和新中国之间关系的一个方面。仅仅拥有贸易关系的未来很可能充满不确定性，除非是为尝试达成一般的协议奠定基础。

英国和中国新政府之间友好关系明显的障碍，就是双方都倾向于用模式化思维考虑问题。一方面英国被不加批判地确认为"资本帝国主义"；另一方面，共产主义又被不加批判地认定是少数人迫使中国人民从属于苏联的利益，通过恐怖主义方式来维持统治。双方都不是无可指摘的。在英国广为流传的许多关于共产党控制下的中国的宣传都是主观臆断，完全有悖于事实，在中国共产党的新闻报道里，许多关于西方的宣传也如出一辙。但是在其著作的许多段落里，毛泽东认为判断要注重客观性，实事求是，英国大部分人的观念也是遵循这些原则。

如果双方都能够践行宣称的原则，就可以做到相互理解。这样的理解将会产生深远的影响，不仅影响中国的形势，而且也会影响到世界形势。当下世界的紧张局势很大程度上是由共产党和非共产党国家之间的互相恐惧造成的。双方的极端主义者共同造成相互之间猜忌日益增加的恶性循环。如果英国和中国的新政府能够在相互尊重的基础上达成协议，就会打破恶性循环。而且双方达成协议的可能性很大，因为中国人是最具理性的共产党，英国人是最理性的非共产党。

因此，我们建议英国应该认真地致力于探索同中国新政府达成协议的可能性。一方面，我们应该努力确保英国政府和公众得到客观和不带偏见的关于新中国的报道。另一方面我们应该在中国充分地客观宣传英国和英国政策。

这方面的尝试要求通过非传统的途径。把中国新政府作为在事实和理性面前愿意接受不同意见的群体而不是世界力量均衡的给定因素，这本身就是非常规的。我们必须意识到，英国在华政策已经给中国左翼人士足够的理由怀疑英国的诚意，我们不能够期望英国表达善意的声明被自动按照字面意思接受。中国共产党几乎没有外交的经验，诚实和坦率很可能比传统的外交礼仪更能给他们留下深刻的印象。最后，快速行动非常重要。如果继续无视中国共产党为和外国建立友好关系伸出的橄榄枝，导致共产党官方认定所有西方国家都是不可协调的敌对势力，那么至少在相当长的一段时间内，达成协议几无可能，不论英国表达诚意的证据多么令人信服。尽管如此，尝试还是值得一搏，不仅仅出于成功可能带来的巨大收益，而且因为另外的选择等于默认当下世界上共产党和非共产党之间日益恶化的敌意和猜忌的趋势。①

英国外交部的会议记录记载了政府对此事的态度，援华总会被认为是"深受共产党影响的左翼组织，多年来一直支持中国共产党与国民党对抗"②，其主席林迈可在太平洋战争爆发后与中共在延安共事几年，林迈可虽然不是党员，却极其同情共产党，在共产党内评价甚高。外交部认为援华总会过去成功地利用了对其政治倾向不很了解的各界知名人士。在外交部的建议下李斯特维尔伯爵及诺埃尔·贝克已于1948年分别辞去援华总会会长和副会长的职位。英国外交部认为这次的政策声明"显然是援华总会又在故伎重演"，在议会中游说，并成功地得到了议会上、下院多位成员的支持，从林迈可拟组织的议会代表团成员的构成可见一斑，包括议会工党的远东问题专家帕顿、远东和中国知识渊博的保守党大实业家弗莱彻、工党上院成员法里登勋爵和马利勋爵、工党党员威尔弗雷德·弗农少校以及保守党党员旁森比上校。

外交部称"有关中国的声明"明显暴露出作者的偏共倾向。林迈可先生认为中国共产党是真正的共产党人，但他们是"友善的"共产党人，不会实施"暴虐统治"。林迈可提到的英国政府对中共主动与英国建立友好关系的举措置之不理纯属无稽之谈，中国共产党从来没有试图接近英国，英国的政策是与中国开展贸易往来，只要中共允许，英国就保持现状。最后讨论的结果是没有必要"缓解"声明作者们发自内心的忧虑，

---

① FO371/75747, Statement on China by China Campaign Committee, The National Archives, UK.

② FO371/75747, Coates' Minutes on China Campaign Committee, Mar. 29, 1949, The National Archives, UK.

因为把政府的意图告知"林迈可之流坚定的共产党支持者是不明智的"，外交部应该做的是促使林迈可"新近获得的各方善意的支持"和他保持距离。因此对援华总会提出的组织代表团前往外交部质询的要求，外交部的处理办法是采取措施口头"秘密"解释的方式，使佩顿和弗莱切等议员知晓英国政府对中国共产党和援华总会的态度；竭力使林迈可的工党及保守党支持者们停止支持"声明"，他们"最不想做的事情便是让林迈可先生组织满脑子都是中国的代表团来外交部"质询。

会议最后决定由斯特朗爵士在复函中婉拒援华总会要求派代表团去外交部的要求。信中斯特朗爵士称无法接见代表团的原因，是只有外交大臣才有权给出英国对华政策的"权威解释"，议员可以在议会中或者通过个人安排获取信息，而且没有什么理由不遵循现有的程序。斯特朗爵士称林迈可没有指明谁将发布声明，但外交部对非政府组织发布的声明不负任何责任。

由此可见，援华总会的政治倾向日益引起英国政府的警觉和抵制。一方面，议会和政府代表团遭到抵制。另一方面，援华总会不断地发出自己的声音。1949年秋，林迈可夫妇受太平洋关系学会和《新政治家》派遣访华。在此之前的5月5日和6月25日，援华总会两次召集下院会议就此事展开讨论。林迈可10月在华期间曾与多位中方人员交流，一致认为英国推迟承认新中国只会加强教条主义者和反英人士的力量。12月14日林迈可致函外交大臣贝文①，对英国没有承认新中国表示关注。林迈可在信中再次请求贝文接见援华总会的代表团探讨此事。拟同去的人包括：下院议员乔治·韦格（George Wigg）、伍德罗·怀亚特（Woodrow Wyatt）、乔治·伍兹（George Woods）、威尔弗雷德·罗伯茨（Wilfred Roberts）、弗农·巴特利特（Vernon Bartlett）、拉斯基教授（Harold Laski）、罗纳德·里斯（Rev. Ronald Rees）、希尔达·克拉克夫人及伍德曼。贝文以要去科伦坡、临行前时间紧张为由，再次拒绝了林迈可和援华总会的要求。至此，援华总会与英国政府部门交涉时处处碰壁，实质上无法对其政策产生任何影响。

---

① FO371/75778, Michael Lindsay to Bevin, Dec. 14, 1949, The National Archives, UK.

第五节 援华总会与中共的矛盾

援华会与中共的疏远从新华社伦敦分社的成立过程可见一斑。1947年初，由于中国内地和香港形势的发展，在陈天声等的帮助下，新华社伦敦分社开始筹备。1947年夏，陈依范、玛丽·琼斯组织了成立分社的会议，地址先是设在舰队街，后于1948年黄作梅抵达伦敦后搬到格雷森酒店路。国民党通讯的盛行使得分社最初的工作十分艰难。克莱格表示新华社伦敦分社的建立并没有得到此时对政治颇为敏感的援华总会的帮助。

援华总会和中共之间的矛盾体现在香港问题及英国在东南亚的殖民政策。在香港问题上，援华总会在声明里完全放弃了一直坚持的香港应该回到中国的诉求，认可了英国政府置英帝国主义的利益于中英人民利益之上的做法。使事情更复杂的是马来亚战争。

一 马来亚紧急状态

中共被无端地认为应该为马来亚动乱负责。太平洋战争爆发后，日军大举进攻马来亚和泰国并重创英军。在马来亚共产党的组织带领下，组成了以华人为主要力量，包括马来人、印度人、锡兰血统的各族人民的马来亚人民抗日军，建立了民族统一阵线，领导了马来半岛上的唯一抗日运动，在日本占领马来亚的三年零八个月的时间里毙伤日军5500余人[1]，得到英国政府的官方认可，马共总书记陈平曾被授予大英帝国勋章，另一领导人陈田应邀参加了英国的盟军胜利游行。

日本投降后，马共游击队员的革命情绪高涨，已经做好了与英国殖民军队继续战斗的准备。[2] 而马共书记莱特则起草了《八大主张》，决定"拥护中苏美英民主国联盟……实行民主制度，建立全马各民族、各抗日

---

[1] 于洪君：《马来亚共产党及其武装斗争的兴起与沉寂》，《当代世界与社会主义》2015年第2期，第42—51页。

[2] 陈平、伊恩沃德、诺玛米拉佛洛尔著，方山等译：《我方的历史》，Media Masters Pte Ltd，2004年，第104页。

党派所普选的民意机关",事实上放弃了 1944 年底提出的战后进行武装斗争和争取民族自决的方针,计划解散游击队员,转而寻求同英国殖民者全面合作的所谓政治发展之路。鉴于战时的合作,英国暂时承认了马共的半合法地位。马来亚人民抗日军在英军 9 月 5 日到达之前已经解放了马来亚,组成了政府机构,建立了不同级别的人民委员会①。马共鼓励成立工会、妇联和青联及其他社团,建立起广泛的民族统一阵线,得到人民的普遍拥护。马共乐观地认为可以通过人民委员会和当局合作,实现辅助政治治理的目标。然而战后英国政府在马来亚的首要目标是恢复对当地的殖民统治,英国军政府采取的第一项措施就是宣布日据时期的货币无效,此举使多数民众的生活当即陷入困境。随后的食物供应减少、价格暴涨、犯罪率上升、治安混乱和贪污腐败猖獗等,使得人民对殖民当局的不满日益加深。同增长数倍的物价相比,薪金仅仅增加了 33.5%,民众怨声载道,10 月战后第一次码头罢工在新加坡爆发。马来亚的民众则走上街头进行反饥饿游行,妇女开展群众示威要求政府提供粮米,锡矿工人也频频示威、集会要求增加薪金,整个半岛陷入动乱。从 10 月 21 日起,英军开始镇压和驱散大型示威。在禾丰和怡保,英军奉命向群众开枪,射杀多人②。军政府还针对马共开展了一系列镇压措施,逮捕了部分马共党员,关闭了多家左翼刊物。12 月马来亚人民抗日军被解散。

1948 年 2 月英国政府成立马来亚联合邦,不顾马来亚人民的民主诉求,颁布了《马来亚联邦宪法》。同年夏,英国政府强化了通过武装力量压制民主运动的措施,于 6 月颁布了《紧急条例》。工会和马来亚共产党双双被宣布为非法组织,部分领导人被捕,另有部分人员逃到丛林中组织起来抗拒抓捕,和前来"围剿"的英国军队开始了新的游击战。工党政府不仅诉诸大规模的逮捕和虐待,还利用连坐法进行集体惩罚,甚至对村庄执行烧光政策。根据 1950 年 3 月的官方报告,战争中被驱逐出境

---

① 杜德(R. P. Dutt)著,苏仲彦等译:《英国和英帝国危机》,世界知识出版社 1954 年版,第 91 页。

② 陈平、伊恩沃德、诺玛米拉佛洛尔著,方山等译:《我方的历史》,Media Masters Pte Ltd,2004 年,第 125—126 页。

和拘留的人数各达一万人①。战争伴随着惯用的分而治之的政治宣传，英国声称捣乱者都是中国人，指控华人受中共唆使在马来亚生事。事实上，英国政府十分清楚，马来亚的动乱源自于民族主义运动，尽管马共渗透并控制了工会，但"并没有确凿证据证明马来亚共产党必须直接对眼前无法无天的情况负责"，② 对中共角色的臆断也毫无根据。据马共书记陈平回忆，1948 年末，他通过秘密邮政管道将马共一位身患重病的资深干部派到香港接受初步治疗后在中共的安排下前往北京，这是马共首位与中共联系的党员。新中国成立后，马共又调动其他 7 位同样情况的党员前往北京治病，康复后进入党校学习共产主义理论与实践、军事及政治知识③。

　　援华总会秘书希尔达也把东南亚地区的反殖民地斗争看成是暴力的恐怖抵抗运动，"甚至把在印度尼西亚同当地居民并肩战斗的中国革命家叫作'匪徒'"，完全忽视英国在殖民地使用的暴力。④ 事实上希尔达在香港的联系人之一、费边社的同情者、坚定的反共分子玛格丽特·沃森·斯洛斯（Margaret Watson Sloss）在 1948 年 10 月 24—26 日写的一封长信谈道："我必须指出，中国共产党和民主同盟等组织与马来亚共产党没有联系，这是事实。他们总的来说不赞成这种策略。"⑤ 援华总会秘书伍德曼保留了此信的抄件，可见援华总会明确中共与马来亚的游击战没有关系，但据克莱格回忆，在"紫石英号事件"发生之前援华总会一直避免提及马来亚的局势。对英国东南亚政策解读的分歧加深了援华总会内部英共党员和其他成员之间的矛盾，也使得主席林迈可 1949 年的访华之旅无功而返。

---

　　① 杜德（R. P. Dutt）著，苏仲彦等译：《英国和英帝国危机》，世界知识出版社 1954 年版，第 95 页。

　　② 英国殖民部大臣克里奇·琼斯向内阁呈报的报告书，转引自陈平、伊恩沃德、诺玛米拉佛洛尔著，方山等译：《我方的历史》，Media Masters Pte Ltd，2004 年，第 219 页。

　　③ 陈平、伊恩沃德、诺玛米拉佛洛尔著，方山等译：《我方的历史》，Media Masters Pte Ltd，2004 年，第 227 页。

　　④ 石垣绫子：《一代女杰史沫特莱传》，陈志江等译，光明日报出版社 1992 年版，第 277—284 页。

　　⑤ Clegg, *Aid China 1937 – 1945: a Memoir of a Forgotten Campaign*, p. 174.

二　林迈可访华无功而返

解放战争接近尾声时，林迈可决意访华。经林赛勋爵和外交部协调，建议林迈可以非官方使者的身份出访。林迈可夫妇于 1949 年秋接受太平洋关系学会和《新政治家》派遣回到北京。在此之前的 5 月 5 日和 6 月 25 日，援华总会两次组织召集下院会议讨论主席林迈可访华事宜。林迈可起草的声明中包含大量的马来亚相关内容，暗示中国是马来亚混乱的原因。考虑到中国人民对声明内容必然产生的反感，委员会对声明做了删减后在会议上讨论，斯特拉夫基勋爵（Lord Strabolgi）又在此基础上修订，旨在弱化对中共的无端指责，但终稿依然充满了威胁的意味，即除非中国接受某些条件，否则英国不会承认新中国。

林迈可的对华声明先是向中国共产党致意，并祝贺其在与国民党反动派的斗争中取得的胜利。"英国援华委员会相信国民党一边倒的惨败昭示了中国百姓的人心向背，同时认为中国各民主党派建立联合政府实现了孙中山先生当初定下的原则。援华委员会认为直到此刻，始自 1911 年的中国革命才接近完成其历史使命。在毛泽东的新民主主义革命的政策下，中国人民的生活水平也将逐步提高"。声明接着表达了英国一般民众对新中国的态度：英国援华会向中国的民主力量保证，除小股反动的政治势力和传教团体外，英国人民欢迎中国的崛起，并期望在平等、互相尊重与互相理解的坚实基础上引领中英关系进入新时代"。

声明还一笔带过援华总会为中英友谊而奔走的历史，接着话锋一转："鉴于委员会历史上为华提供的帮助，委员会希望双方能够本着友好的同志情谊，就以下问题进行讨论。在这些问题上，如果双方没能互相让步妥协的话，中英的相互理解将受影响。这是两国人民和世界和平事业都不愿看到的结果"。

声明首先提及的问题"涉及我们两国的意识形态差异"，认为中国政界大都信奉或认同毛泽东所阐述的共产主义。而绝大多数英国人民，包括工会和合作社的工人阶级，虽然支持社会主义，但并不信奉共产主义。接着声明给出了一系列的数据：英国人民有 5000 万人。其中工党党员和附属党员有 550 万人，而共产党党员只有 45000 人。在 1945 年的议会选举中，工党获得了 1200 万张选票和 393 个议院席位，而英国共产党只获得了两个席位。伦敦和格拉斯哥是英国最大的两座城市。这两座城市的市议会中均不见共产党议员。声明表示"（1）我们明白弥合我们两国人民的意识形态差异的重要性；（2）我们希望在政治立场互异时，我们双方能互相理解。英国人民真诚地相信通过议会和地方政府改革等传统手段，英国正在实现社会主义。但我们同时也认可其他国家以革命手段实现其国内政治、经济和社会变革的权力"。声明还表达了援华委员会对中英建交的期待，并注意到"两国间已经开始了贸易往来，希望贸易能为两国人民带来福利"。

声明接下来的内容应该是林迈可夫妇北京之行无果而返的原因。声明站在英国政府和媒体的立场上，认为有关香港和马来亚的有些问题需要"通过政治层面，以友好的态度解决"。声明为英国政府的马来亚殖民政策辩解："工党执政下的英国政府对各殖民地的政策是希望他们能实现自治"。在马来亚实现自治不仅需要和平还意味着马来亚需要将当地生活的华人、马来人、印度人、锡兰人和欧亚混血人团结在一起，让他们成为一个集体，让他们首先忠于马来亚，让他们成为负责任的公民。"工党政府的用意是好的"，声明还援引了印度、巴基斯坦的独立，锡兰（即今斯里兰卡）的解放和其选择留在英联邦的决定、缅甸宣布完全独立等作为佐证。声明称赞了英国政府在马来亚的政策：

> 日军三年半的占领毁掉了这个国家，英国现在已经采取了很多有益于各社群的措施（虽然很多措施还没完全到位）。仅举几点就能让人看到这个国家经济和社会的进步：大米、锡和橡胶产量的增长；医疗服务的增长使死亡率降至16.8‰的历史最低纪录；和战前相比，马来亚在校学生人数增长了一倍；新加坡开始实施免费义务教育；英国方面捐赠一百万英镑在马来亚建立了一所大学；英国方面拨款38.7万英镑用于马来亚的渔业研究站。

声明认为尽管社会、经济都有所发展和进步，但"马来亚很不太平，这也让这个国家的社会主义人士十分焦虑。这种焦虑体现在议会里工党议员对相关问题的不断问询和下议院的辩论；不经审判即对人实施监禁；驱逐相关人员出境；将携带武器定为死罪；和棚屋区的军事行动等现象当中"，采取这些和平时期不应该采取的手段和非正常措施是因为"马来亚发生了叛乱，出现了很多暴力事件。共产党人在此试图推翻当地政府，制造混乱，破坏马来亚的经济生活……少数马来亚华人参与了暴动……暴动并非马来亚华人的意愿"，声明暗示中共在马来亚暴动起了一定作用。因此援华总会希望"中国的新民主政府动用其影响力帮助马来亚恢复和平并推动当地的改革以造福马来亚华人……当恢复和平后，马来亚需要加速其建立自治政府和独立的进程"。

声明不仅站在英国政府的立场上针对马来亚问题对中共进行了无中生有的指责，对香港问题也横加干涉。林迈可声称希望香港未来的地位问题"能通过友好的政治协商解决"，援华总会反对英国向香港增派士兵，"反对当中关于禁止在香港之外有附属机构的政治组织的活动和加强殖民地军备的条款"，但是声明再次替英国政府的殖民手段辩解："本委员会明白这些条款的推出是出于马来亚的战争局势和对英国国内安全被威胁的担心"，声明还声称"为了保住香港，英国不惜与中国一战。1941年12月美国干涉中国的失败是英国绝不能容忍失去香港的证明"。声明还进一步为工党政府摇旗呐喊，认为"香港一直以来很好地保持了英国为其他国家人民提供政治庇护的政策，而且殖民地经济和金融的稳定也一直在造福中国人民"。

声明最后又重申了英国政府在马来亚做了"很多服务当地民众的事情"：通过设立马来亚渔业合作社使渔民摆脱了战前受剥削的处境，渔民增长至6万人，舢板数量增长至5000艘；医院和医疗服务的扩展也已经使马来亚的婴儿死亡率降到了历史最低纪录。在英国和香港政府50万英镑拨款的支持下，马来亚在日据时期遭到毁坏的大学正大规模重建；马来亚政府中华人官员和白人官员的工资已达同等水平。最后声明表示"希望保持现在已经取得的成就，并希望在殖民地的未来还不确定的这段充满不确定的时期里加速我们已经开始的工作。"①

援华总会的声明完全是站在工党的立场上指责中共，反映了英共影响减到最低后援华总会的政治倾向，克莱格对其内容极其不满，认为援

---

① Clegg papers, AC/2/21, Marx Memorial Library.

华总会背弃初心，不再以援助中国对抗英国殖民主义者为己任，而是站在殖民者的角度对中国横加干涉①。布坎南用"震怒"形容克莱格等英共党员对林迈可对华声明的不满，至此克莱格等已经开始考虑不让林迈可继续担任援华总会的主席，最终的解决方案是用新成立的英中友好协会取代了援华总会。

　　林迈可的北京之行毫不意外地无果而终。在北京时，林迈可毫不避讳地批评苏联，同时对有关英国外交政策的评论十分敏感。② 回英后，林迈可分别于 10 月 25 日、12 月 2 日在下院会议上汇报、在大学学院的公众集会上发言。彼时，援华总会已成为克莱格眼中的"幽灵"，名存实亡。掌握政策者放弃了初衷，即保卫中国不受帝国主义的威胁。新中国成立后，英国政府于 1950 年 1 月无条件承认中华人民共和国，此时的援华总会已经"自绝于中国"③。

三　英中友协取代援华总会

　　1948 年末，陈依范号召援华总会全力支持中共及解放区，林迈可、伍德曼、希尔达则认为有必要保持其独立性。④ 伍德曼承认中共比国民党诚实得多，但私下里担心他们"近乎疯狂的观点"会疏远中国的知识分子。⑤ 此时援华总会的存在已经失去了历史意义，于是在英国共产党员的组织下英中友好协会宣告成立。

　　1949 年初，克莱格称"英国的中国人民的朋友已清楚地认识到有必要在英国成立一个新的组织来继续支持中国，来应对必将来自四面八方的攻击"。⑥ 援华总会已经不可能承担这样的重任。1949 年 4 月，米尔斯（John Platts Mills）⑦、布里奇曼（Bridgeman）、杰克·林赛（Jack Lind-

---

① Clegg, *Aid China* 1937 – 1945: *a Memoir of a Forgotten Campaign*, p. 176.

② Buchanan, *East Wind*: *China and the British Left* 1925 – 1976, p. 111.

③ Clegg, *Aid China* 1937 – 1945: *a Memoir of a Forgotten Campaign*, p. 177.

④ Buchanan, *East Wind*: *China and the British Left* 1925 – 1976, pp. 109 – 110.

⑤ KV2/1607，英国情报部门对伍德曼的电话监听，1949 年 3 月 22 日，The National Archives, UK。

⑥ Clegg, *Aid China* 1937 – 1945: *a Memoir of a Forgotten Campaign*, p. 176.

⑦ 米尔斯（1906.10.4—2001.10.26），英国律师和左翼政治家。从 1945 年到 1948 年为工党议员，期间因为亲苏而被开除出党。

say)、杰克·沃迪斯（Jack Woddis）、秦乃瑞（John Chinnery）、伯奇（Reg Birch）①、西尔弗索恩（A. Silverthorne）、尼尔·斯图尔特（Neil Stewart）及克莱格召集了一次会议，筹备成立相关机构，组成了以尼尔·斯图尔特为秘书的工作委员会，并于 7 月 30 日在亨特街戈登大厦 30 号召开了由克莱格担任主席的英中会议。

会议通过了克莱格起草的宗旨声明，决定于当年晚些时候召开稍大规模的会议。最终 12 月 3 日为期两天的中国问题会议召开，在援华总会的帮助下来到英国的史沫特莱虽然疾病缠身也出席会议并发言。会议的重要成果之一是成立了英中友好协会（Britain-China Friendship Society），取代了已经成为"幽灵"的援华总会。英中友好协会发起人有博伊德·奥尔勋爵（Lord Boyd Orr）、林赛勋爵（Lord Lindsay of Birker）、下院议员哈罗德·戴维斯（Harold Davies）、亚瑟·韦利（Arthur Waley）、普利特（D. N. Pritt）、怀特（L. C. White）以及哈里·亚当斯（Harry Adams）。②

英中友协成立后援华会仍然短暂地持续了一段时间。1950 年上半年，克莱格和布里奇曼仍然参加援华总会召开的小规模会议，希望能够保留援华总会，但已是无望之挣扎。伍德曼后来放弃了援华总会名誉秘书的职位，专注印尼事务。希尔达也在塞尔温—克拉克爵士任塞舌尔总督期间陪同前往，回来后成为费边社殖民局③的秘书。在此期间，已无实际影响力的援华会也没有完全放弃对英中关系走向的关注。英国政府于 1950 年 1 月 6 日宣布与中华人民共和国建立外交关系。一方面根据新中国"一边倒"的外交战略，另一方面出于对当时进行中的中苏缔约谈判的考

---

① 雷金纳德·伯奇（1914.6.7—1994.6.2），英共党员，职业生涯的后期深受毛泽东思想影响。

② Clegg, *Aid China 1937 – 1945: a Memoir of a Forgotten Campaign*, p. 176.

③ 费边殖民局是费边社的一个专门部门，成立于 1940 年，旨在促进研究、信息收集和发展与殖民政策相关的建设性观点。成立的缘起一是非洲、加勒比、毛里求斯、塞浦路斯和巴勒斯坦经历的骚乱、种族紧张和动荡；二是一系列委员会揭露了英国海外领土广泛存在的贫困、疾病、政治忽视和行政困难。殖民局出版了关于福利和发展的白皮书，指出需要投入大量资金用于殖民地的进步。该组织聚集了对殖民事务有兴趣的名流和人员。殖民局与议会中的工党密切合作，成立了专门小组，目的是提出知情问题并提供信息，并邀请议员参加各种研究小组和小组委员会。尽管在实体上独立且缺乏党的资金支持，但由于其与工党的联系而饱受争议。

虑，周恩来于 9 日复电英国外交大臣贝文，提出进行建交谈判。3 月 2
日，中国外交部副部长章汉夫和英方代表胡阶森就两国建立外交关系问
题在北京举行首次谈判，中方提出英国政府与国民党反动派残余关系问
题为英方首先应该澄清的问题，包括英国代表在联合国关于中国代表权
的问题上的投弃权票问题和处理国民党在香港资产问题等①。中英建交谈
判持续到 6 月中旬，由于美国的施压和随后爆发的朝鲜战争，没有达成
任何结果，但中英的联系渠道并未断绝。

　　援华会给予中英建交谈判极大关注。1950 年 5 月 17 日，伍德曼致函
议员杨格（Younger），要求派出质询代表团同议会就中英关系展开讨论。
伍德曼在信中列举了援华会和中国政府成员保持的良好关系：援华会多
年来一直收集英国媒体关于中国的任何报道，尤其是工会运动的讯息，
定期寄给中国北京、香港、上海的朋友，包括社会学家费孝通、外交部
新闻司司长龚澎等。援华总会和工合运动的路易·艾黎、宋庆龄创建的
保卫中国同盟都有着密切的联系。伍德曼提到了保持和维护中英关系的
重要性，要求就此和议员探讨，以打破中英外交的僵局，同时也涉及中
国驻联合国代表权问题。

　　6 月 5 日，杨格接待了由林迈可、伍德曼、希尔达和斯普伦克尔
（Van de Sprenke）组成的质询团。在讨论过程中，质询团肯定了英国政
府承认中华人民共和国的举措，但也暗示"承认"并非"认可"，毕竟两
国没有建立外交关系。质询团谈及的问题有两点：一是中国留学生回国
签证过境香港被拒签问题；二是在联合国安理会及其他机构，英国代表
没有支持撤销台湾代表团，代之以中央人民政府代表团，质询团认为这
是阻碍两国建交的主要原因。代表团希望能够让中国人民知晓英国的中
国朋友会同过去的十三年一样一如既往地支持中国、热切地与中国合作；
同时也希望此行能够缓和北京有时出现的"不负责任的反英言论"。讨论
结束后，伍德曼起草了新闻稿，表明了援华总会的立场，但没有获得发
布信息的许可，因为那样可能会使英国政府处于"尴尬和艰难"境地。
原因之一是声明中内容与英国政府立场不同；其二，声明意味着英国要

------

　　① 张颖、潘敬国：《高端决策　周恩来与新中国外交》，黑龙江人民出版社 2017 年版，第
28—31 页。

立即改变英国关于中国在联合国代表权的既定政策,即不反对国民党政府继续占据中国在安理会的合法席位。① 事实上,英国政府对后者的态度已经有所改变,决定调整对中国代表权的投票政策,由在提案可能获得多数支持时投赞成票否则投弃权票改成"在任何符合条件的联合国组织中投票赞成代表权的变更",而且英国已经打算在6月3日联合国经社理事会和6月19日的联合国儿童基金会等会议上投票赞成新中国的合法地位。② 然而来自美国的压力和朝鲜战争的爆发使得英国放弃了此举。援华会关于此事的质询也同样无果而终。

1950年5月底英中友协通过决议并随即致函贝文,要求英国政府"立即结束与国民党反动派的联系;翻开新一页,以真挚友好的方式与新中国建交;支持新中国在联合国安理会的合法席位"。③ 7月,英中友协而非英国援华委员会就中国在安理会合法席位的问题继续联系外交部,要求外交部接见质询代表团。英中友协的要求不出意外地被拒绝。至此,英中友协取代了援华会在中英关系中扮演的角色。

1950年9月新中国成立一周年即将到来之际,英国共产党邀请中国政府派代表到伦敦参加英共和英国进步人士庆祝中华人民共和国成立一周年的公众活动。周总理亲自选定了以中华全国总工会副主席刘宁一为团长、包括周培源、李德全、涂长望、王铁崖等人在内的代表团。援华会主席、英中友协副会长林迈可担任代表团翻译。援华会借此机会准备于10月28日召开主题为"新中国重要性"的会议,邀请刘宁一代表团参加,会议最后因刘宁一临时前往布拉格而取消。这是援华会组织的最后一次公众活动④,从此历时十三年之久的英国援华会彻底退出历史舞台。

---

① FO371/83305, Foreign Office meeting with deputation from the China Campaign Committee who wished to discuss United Kingdom relations with China, The National Archives, UK.

② FO371/83291, Chinese Representation in the United Nations, Jun. 12, 1950, The National Archives, UK.

③ FO371/83291, Britain – China Friendship Association Resolution, May 31, 1950, The National Archives, UK.

④ KV2/1607, 英国情报部门对伍德曼的电话监听, 1950 年 9 月 5 日, The National Archives, UK。

小　结

抗战的结束标志着援华总会进入第四个发展阶段。战争刚结束时，英国的进步观点对在远东建立以新解放的中国为中心的新秩序充满了乐观和期待①。然而，英国内部将中国人民的抗战视为"世界民主和自由事业"的共识逐渐开始瓦解。对于援华总会来说，亚洲战争的根本性质是反对帝国主义。盟军在1945年的胜利并非意味着战争的结束：民族解放运动将随着中国对所有帝国主义的战争而向前推进，直到殖民主义在东方彻底消失。反之，英国政府关注的是恢复亚洲对英国的经济价值。香港的回归成为一个关键问题。援华总会坚持要求香港回归中国，然而，工党政府颇具影响力的部门则认为香港应留在英国人手中，成为自上而下的"社会主义殖民民主的灯塔"。

援华总会在此期间继续开展工作，为英国民众提供中国不断变化的局势信息。援华总会对国民党独裁统治的反对，再次引发了进步意见的共鸣，或多或少地认为中国共产党有权代表新中国。虽然不再是一个运动组织，但援华总会继续游说议员在议会中就中国的发展进行讨论，一度成为代表工党政府与中国共产党之间沟通的桥梁，并因此导致援华会在香港回归问题上的妥协以及马来亚问题上对中共的无端指责。至此，援华总会偏离了成立以来一直坚持的反帝国主义的主张。随着1949年后冷战的深化，中英之间需要建立一个新型民间组织，促进双方的友好交流。在克莱格等的努力下1949年12月英中友好协会成立，援华总会退出历史舞台。

---

① "The China Campaign Committee（1937 – 1949）and the wartime spirit of internationalism"，由 Jenny Clegg 提供。

第 七 章

对援华会兴衰的历史思考

援华会 1937 年成立之后势头迅猛，早期曾蓬勃发展，随后经历了长时间的逐渐没落。英国的进步运动在政治上触礁并分裂时，援华会的内部成员和附属机构在困境中求同存异，继续组织英国民众为中国抵抗日本侵略提供援助。而且援华会的活动远超人道主义援助，从其成立之初，援华会就扮演着政治角色。这既是由中国抗日战争的性质所决定，也离不开国际大环境和中国国内形势的发展演变。将其活动置于国际共产主义运动的框架之下，有助于加深对援华会早期兴盛一时的理解。参与援华会的中英骨干成员也在一定程度上决定了援华会的走向。援华会逐渐没落的缘由也同样受制于国际国内环境的演变。国际范围冷战的开始、围绕意识形态展开的斗争、中国国内解放战争的爆发和中英关系的发展等导致援华会走向衰落直至最后淡出历史舞台。作为一个民间组织，援华会从事民间外交有着天然的优势和无法避免的局限性。

第一节　英国援华总会早期
蓬勃发展的原因

一　20 世纪 30 年代的和平运动与中国抗日战争的正义性和世界意义

始于 1931 年的日本侵华战争、1929 年世界性经济危机引发的国际矛盾加剧、1933 年德国法西斯政权的建立，共同掀起了 20 世纪 30 年代世界和平运动史上的高潮。从 30 年代初开始以反对法西斯、反战为核心的和平运动也推动了世界援华运动的发展。

1930—1933 年的和平运动围绕裁军和反日援华展开，在此期间各国纷纷召开反战大会。"九一八"事变后，许多国家的和平运动提出了"打倒日本帝国主义"的口号。部分国家的共产党组织成立反战委员会；国际援华委员会在知名作家罗兰和巴比塞的发起下成立。1932 年淞沪抗战期间，英国和平主义者罗伊登试图组织前往上海的和平军招募到众多志愿者。到 1933 年底，世界范围内的和平运动已经形成。自此到"七七"事变爆发，各国共产党和左翼组织积极参加和领导了和平运动，使其规模不断扩大。西班牙、法国的人民阵线运动，英国的谢泼德和平运动及 1936 年布鲁塞尔召开的世界和平大会都为世界和平运动做出了重大贡献。其中最为瞩目的是支援西班牙共和国的运动，来自五大洲的作家、知识分子、医生、工人、进步青年汇聚西班牙，将一个国家的内战演变成世界人民的反法西斯战争。部分西班牙国际纵队的成员后来又转战中国的抗日战场。在此背景下，援华会能够吸引来自英国各阶层、各团体的名流和民众参与也就不难理解。

与和平运动相呼应的是左翼组织和团体的援华行动。援华会成立的组织基础是反帝大同盟英国分会、英国中国人民之友社、民权保障会、左翼书社和国际和平运动等左翼团体，同时也得到了艺术家国际协会的支持。这说明援华会的成立乃水到渠成，随后的迅速发展也并非是从星星之火开始燎原。

中国抗日战争的正义性和世界意义也是援华会兴盛的原因之一。

中国是最先开始同法西斯战斗的国家，中国全民族的抗日战争是世界反法西斯战争的重要组成部分。中国开辟了持续时间最长的世界反法西斯东方战场，中华民族不仅仅是为自身的和平在抵抗侵略，而且是以巨大的牺牲和代价为维护世界和平而战。太平洋战争之前，中国以一己之力抵抗日本法西斯，获得全世界爱好和平的人民和团体道义上、人力和物力上的声援和救助正是"得道多助，失道寡助"的体现。日军的残暴、中国人民坚决御侮、殊死卫国的决心和行动是国际援华运动轰轰烈烈开展的根本原因。诚然，抗日战争主要是靠中国人民与日本侵略者进行的不屈不挠的斗争，抗战的胜利取决于中国人民在抗日民族统一战线旗帜下的浴血奋战和巨大牺牲，但是若没有世界人民和各国政府不同程度的援助，胜利会来得更加艰难。

二 国际共运视域下的援华会

英国援华总会发起的援华运动也是国际共产主义运动的组成部分。援华会在中国全面抗战爆发后迅速成立，短时间内进入鼎盛时期离不开共产国际的领导和援华呼吁。

"九一八"事变后，共产国际执委会号召各国支部和全世界无产阶级来援助中国人民抗日救国。1932年共产国际又呼吁全世界工人拒绝向日本运输任何军械或军需品，以反对日本掠夺中国的战争。1933年共产国际执委会第13次全会的决议，更郑重地号召共产国际一切支部和全世界的工人和劳动者"保护中国革命，使之不受帝国主义的武装干涉"。

与此同时，希特勒上台后各国法西斯势力的迅速发展和膨胀摧残和削弱了部分国家的共产党和民主力量。共产国际意识到与各国资产阶级及其民主党派合作对抗法西斯势力的必要性，从1934年下半年起开始倡导建立反法西斯联合战线的政策。1935年共产国际第七次世界代表大会批准了中国共产党所提出的抗日民族统一战线新政策，要求各国共产党积极援助中国，共产党党员务必积极拥护中国反对日本的斗争。七大形成了世界范围内援助中国人民的"最彻底、最可靠、最伟大"的力量。1936年共产国际总书记季米特洛夫提出了全世界无产阶级及各国共产党援助中国抗日的任务和方针：既要同情和道义上的援助，也要在政治上采取积极的方法来影响英、法、美等各国政府和社会舆论，使其拒绝一切直接或间接对于日本军阀侵略行为的帮助，要求"各国共产党开展最积极、最顽强、最广泛的维护和平的运动""坚决保卫中国人民"。卢沟桥事变之后，季米特洛夫在其为"八一"反战纪念日而作的文章中，给各国共产党发出援助中国抗战的指令。共产国际执行委员会书记处10月3日通过的援华决议指出国际援华运动要声势浩大，采取多种形式，绝不能局限于共产党自身的力量进行。1938年7月，共产国际执行委员会主席团发表声明，再次强调中国抗战的重要性和援华的必要性。

在建立反战反法西斯广泛的国际统一战线的政策指导下，共产国际逐渐放弃因政治倾向遭到各国政府避而远之的反帝大同盟，要求在英、美等国建立中国人民之友社，同时支持薛西尔子爵、诺埃尔·贝克、科特成立的国际和平运动。这一切为全面抗战爆发后英国援华会的成立奠定了基础，也推动了援华会早期的活动。作为国际和平运动附属组织的援华会，在《慕尼黑协定》签订之前的活动，很多都得益于前者的支持。

英国援华会与英共之间有着密切的联系。英共响应共产国际号召积极援华，在援华会的成立、早期活动、鼎盛时期起到了重要作用。1937年底和1938年初援华会发起的码头工人禁运日货运动，就是由英共领导英共党员参与组织和推动的。1938年2月的"拯救中国拯救和平"大会也有英共伦敦党委的参与。欧战爆发后，英共一边援华抗日一边反对本国政府的对德战争，被贬称为"非爱国主义者"。1940年9月不列颠空战之际，波利特仍继续号召英国民众支持中国的抗战，称"欧洲战场的恐怖和中国遭受的苦难相比不值一提"①。

英共和援华会的关系在克莱格的回忆录中也有提及。克莱格只承认1938年援华会巅峰时期其办公室人员全是共产党员②，否认英共对援华会的领导，③ 但二者之间不可避免地有一定的联系。英共的创始人之一、驻共产国际执委会的英共代表团成员汤姆·贝尔（Tom Bell）曾两次约谈克莱格。另一驻莫斯科代表、英共资深党员吉米·希尔兹（Jimmy Shields）也会与其讨论援华会事宜。克莱格一度"受宠若惊"，以他的资历如果不是因为援华会的工作，应该不会享此殊荣④。

克莱格组织援华会的活动需要"特殊"帮助时，会前往位于伦敦国王街的英共总部寻求支持。1938年春，英共中央执委会要求本·布拉德利（Ben Bradley）和克莱格前去汇报援华会的工作。1949年，前英共党员夏洛特·霍尔丹（Charlotte Haldane）⑤ 称援华会议召开之前，英共党小组会提前秘密开会。1938年霍尔丹被援华会派往中国，代表援华会、世界妇女反战委员会及巴黎中国之友会，担任伦敦《每日导报》特约撰稿人，和宋庆龄讨论如何深入援助中国及设立国际和平医院事宜，从中国回来即向英共"中国处"汇报工作⑥。提及援华会英共成员秘密会议的

---

① Buchanan, *East Wind: China and the British Left* 1925 – 1976, pp. 84 – 85.

② Clegg, *Aid China* 1937 – 1945: *a Memoir of a Forgotten Campaign*, p. 53.

③ Clegg, *Aid China* 1937 – 1945: *a Memoir of a Forgotten Campaign*, p. 54.

④ Buchanan, *East Wind: China and the British Left* 1925 – 1976, p. 69.

⑤ 即何登夫人。

⑥ Charlotte Haldane, *Truth Will Out* (London: Right Book Club, 1949).

还有保存在英国国家档案馆里情报部门对乔治·哈代的监听记录中提到的要在午餐时开的"小组会议"①。克莱格在回忆录里提到国际和平运动巴黎大会的筹备工作时也说"当然事先（共产党代表）要开小组会议"②。

布坎南认为本·布拉德利是英共和援华会之间的纽带。英共党中央会议记录里布拉德利及克莱格 1938 年 4 月向英共汇报援华会工作情况的记录显示，克莱格主要汇报了援华会的活动和中国形势，布拉德利的汇报主要是在工人中开展和推进援华会的工作③。布拉德利还指派有丰富工会工作经验曾于 20 世纪 20 年代在中国待过数年的共产党员乔治·哈代在工会中开展援华会的工作。英共十五大中央委员会的报告中强调了工会工作的重要性：如果和平运动要形成强大的力量，"必须坚定地扎根于工会和劳工运动中"，如果没有具体的政策，"只是专注一般问题和宣传"就会导致援华运动脱离和平运动，无法吸引那些"运动必须依赖的力量"。英共在工会中的活动在援华会成立之初的确卓有成效，尤其是在码头工人的禁运日货的运动中，尽管一直没有得到工党和工会的官方支持。大部分的时间，援华会的活动面对的是来自工党的敌意，一直到全英助华联合会的成立，这种情况才有所改观，援华会终于借助联合援华基金间接得到了工党的支持。

英共党员对援华会的发展功不可没。阿瑟·克莱格就是援华会中的英共党员骨干分子。克莱格在援华会成立之前就加入了中国人民之友社，援华会成立后又"不分昼夜满脑子中国"④。作为全国活动组织者，克莱格是援华会的灵魂人物之一，在援华会末期的活动背离初衷时，仍始终坚定不移地站在中国人民一边，促成了英中友好协会的成立。作为坚定的共产党员，克莱格 20 世纪 60 年代却因英共倒向苏联的对华政策愤然脱党，但他"终生都认为自己是共产党员"，也是中国人民的忠诚友人。援华总会中的英共党员本·布拉德利、乔治·哈代、玛丽·琼斯在援华运

---

① 英国情报部门对乔治·哈代的电话监听，KV2/1028，The National Archive。

② Clegg, *Aid China 1937 – 1945: a Memoir of a Forgotten Campaign*, p. 53.

③ Buchanan, *East Wind: China and the British Left 1925 – 1976*, p. 69；LHASC, CPGB CC minutes, April 23 – 6, 1938.

④ Clegg, *Aid China 1937 – 1945: a Memoir of a Forgotten Campaign*, p. 19.

动的组织和推动上也有卓越的贡献。

三　国民政府和中国共产党建立的抗日民族统一战线的积极推动

英国援华总会在抗战期间坚定不移地支持中国的抗日统一战线。援华会的成立和活动也得到了国民政府的支持，二者之间有过良性合作，尤其是在援华总会的早期活动期间。国民政府中宣部国际宣传处驻伦敦办事处，在汇报英国 1938—1940 年的宣传工作时，曾提到英国有十四个民众团体与国宣处保持密切联系，其中最有势力的是援华委员会，"为该办事处一手发起一手创立……援华委员会之活动如集会演讲、刊发印刷品、向政府或议会呼吁、出版定期及不定期刊物，推进对华救济救护工作等，皆该办事处推动之力也。"[①] 国民党国际宣传处伦敦办事处代表夏晋麟与援华会秘书伍德曼的伴侣金斯利·马丁是米尔汉尔中学同学，私交甚厚。伍德曼负责工党的宣传事宜。[②] 在伍德曼的帮助下，国宣处的许多工作得以顺利展开。

中共领导的西北解放区也积极通过各种渠道突破封锁与援华会保持联系。毛泽东多次致函援华会。朱德曾写信要求援华会给予解放区医疗援助。伦敦"拯救中国拯救和平"大会召开时，中共在延安也召集群众大会配合和平大会的进程。陈依范访问延安时，意图留下，被周恩来劝回，目的是利用他在援华会、艺术家国际协会的成员身份以及与莫斯科的联系为中共的对外联系保留一个窗口。

四　旅英国人和华侨的努力

援华会的成立和活动也离不开旅英国人和华侨的救国热忱和付出的努力。随着日本对中国侵略的步步深入，旅英国人和华侨也加入世界反战反法西斯的洪流，积极参与和平运动，同时开始发起救国御侮的行动。在英华人、留学生等都积极参与了援华会举办的集会和示威活动。

1935 年，以英国工党左翼人士为主的名流和中方的王礼锡、侯雨民、

---

① 《中宣部国际宣传处驻外办事处工作现状及两年来工作成绩报告书》，南京第二历史档案馆，全宗号七一八，案卷号 917。

② 夏晋麟：《我五度参加外交工作的回顾》，传记文学出版社 1978 年版，第 58—59 页。

张似旅、林咸让、熊式一五人成立了英国最早的援华组织中国人民之友社，英方成员包括马利勋爵、麦根齐教授、杨格夫妇及后来成为援华会全国组织者的阿瑟·克莱格等。

旅英华人和华侨内部也先后成立了反日同盟会、反帝大同盟、抗日救国会等。1936 年，旅英各抗日救亡团体实现统一，成立了执委会，负责人有黄少谷、胡秋原、侯雨民、李遇安、王礼锡等。[①] 8、9 月间，陶行知、钱俊瑞、陆璀前往布鲁塞尔参加国际和平运动召开的世界和平大会和日内瓦召开的青年大会，在中共海外宣传报纸《救国时报》巴黎负责人吴玉章的安排下，在华侨中广泛进行抗日统一战线的宣传工作。8 月 24 日，陶行知、胡秋原、王海镜发出《告海外同胞书》，呼吁"全欧侨胞、不分党派、不问信仰，在抗日救国共同目标之下，团结一致御侮"[②]。在此基础上，9 月 20 日，全欧华侨抗日救国联合会（简称"全欧抗联"）在巴黎召开成立大会，英、法、德和瑞士等国的华侨社团代表、巴黎侨胞及各国外宾共 450 余人出席成立大会。王礼锡、胡秋原、熊式一、林咸让都是全欧抗联的宣传部成员。英国中国人民之友社代表杨格夫妇，世界学生会代表詹姆斯也在会上发言，声援中国人民的抗日战争。在"七七"事变之前英国的有识之士与旅英的国人和华侨已经开始了合作。

全面抗战爆发后，中国人民之友社随即开始发起讲演和捐款活动，王礼锡以杨格的名义起草了代表中国人民之友社致英国报纸杂志的公开信，痛斥日军暴行，呼吁英国民众援华抗日。很快伍德曼便联系王礼锡，商量成立援华组织事宜，筹备会上，王礼锡发表演讲，陈述日军侵华暴行，并开始着手准备。

援华会成立后，多次举行大规模集会，每次集会都有国人参与。旅英国人、留学生和华侨几乎支撑起了援华会举办的民众集会上的讲演与宣传工作，架起了中、英民众之间的桥梁，对中国统一战线、战况、形势的报告争取了英国民众对抗战的同情和支援。特别是王礼锡、顾菊珍、杨虎城

---

① 蔡仁龙、郭梁主编：《福建党史资料华侨抗日救国史料选辑》，中共福建省委党史工作委员会中国华侨历史学会 1987 年版，第 644 页。

② 蔡仁龙、郭梁主编：《福建党史资料华侨抗日救国史料选辑》，中共福建省委党史工作委员会中国华侨历史学会 1987 年版，第 645 页。

将军等曾参加的援华会和左翼书社举办的全英巡回演讲，为抗战宣传、争取援助和各地援华分会的成立都起到了极大的促进作用。萧乾1939年赴伦敦大学东方学院（即亚非学院）任教兼任《大公报》记者，抵英后不久，伍德曼就与之联系，同援华会建立了密切联系，成为主要演讲者之一。

援华会的活动以前所未有的方式将英国民众和中国人民凝聚在一起。援华会的发展离不开英国友华人员的付出，也离不开在英华人的努力。

第二节　援华会逐渐没落的缘由

一　意识形态的斗争贯穿援华会的始终

援华会的成立、发展、演变过程中，英共及其党员一直扮演着至关重要的角色。英共和其他援华会成员之间因意识形态引发的矛盾也贯穿了援华会的始终。

援华会成立之初，克莱格在中国留学生中活动寻求帮助时，就时常有学生担心国民党的秘密警察，直到9月13日国共合作正式建立后情况才有所缓解。

援华会副主席弗莱对共产主义深恶痛绝，对共产党员也一直抱有偏见，认为援华会是"吸引共产党人的磁石"[1]。加入全英助华联合会后，弗莱认为援华会对联合援华基金态度敌对。弗莱几次要脱离援华会，其中一次是1942年年会前和戈兰兹、李斯特维尔伯爵撰写的联名辞职信，抗议援华会的"政治性"和对英国政府政策的批判。抗战胜利后1947年蒋介石在昆明大学对民主联盟成员的暗杀又说服弗莱继续留在援华会，因为被害者中有她的朋友，弗莱因此才意识到有一个组织反对蒋介石内战的必要性。

对援华会政治倾向的质疑随时可见。援华会寻找新办公室时，弗莱致信大学中国委员会（Universities China Committee，UCC）主席马尔科姆爵士（Sir Neill Malcom）[2]，提到援华会的执行委员会成员工作非常努力，报酬低下，经常因为开会而错过晚餐，办公室狭小不堪，人数不多的委员会都无法挤进去。大学中国委员会的外交部代表拒绝了弗莱的请求，

---

① Clegg, *Aid China 1937 - 1945: a Memoir of a Forgotten Campaign*, p. 51.

② FO - 371/24701, Fry to Sir Neill Malcom, Apr. 18, 1940, The National Archives, UK.

因为援华会的活动被认为是"只有在英国民众中持续挑唆，才能阻止英国外交部出卖中国利益"，援华会批评英国对日的绥靖政策是"恶意中伤"。弗莱承认援华会有一定的政治性，成员多是左翼，目的不仅仅是救济，还旨在教育英国民众，尤其是自由人士、工党和工业合作社协会的成员，使之知晓远东战事的真相，援华会还致力通过议会质询、集会、报刊舆论等各种方式阻止议会作出任何有益于日本侵略的决议。但是，尽管某些成员更关注和"苏联的友谊"，援华会也尽量使其活动限于援助中国，与中国驻英大使馆保持密切的联系，尽可能保证所获取信息的准确性，如果没有援华会，英国民众对中国的了解要肤浅得多。无论如何，尽管中国学会部分成员支持援华会的援华事业，弗莱也据理力争，援华会还是没有得到中国学会的办公室。

1941年初"皖南事变"之后，援华会内部再度面临危机。彼时由巴尔内斯担任主席旨在援助中国工合运动的英中发展协会成立，协会的成立主要得益于援华会的支助以及与外交部的协调磋商，伍德曼担任了英中发展协会的秘书。但克莱格称该协会与援华会分开是明智的，为了协会工作顺利开展，应该与援华会保持距离。克莱格的评论从侧面反映了援华会的所受的"亲共"指摘。援华运动得以持续的原因是基于对中英两国人民反对侵略的共同利益的共识，以及对远东的和平及对全世界建立和平至关重要性的认识。

全英助华联合会成立之后，援华会欣然加入。二者分工明确，前者负责救济和募捐，后者负责政治事务。但二者之间缺乏有效沟通，矛盾时有发生。在分配资金时，全英助华联合会仅仅"建议"薛穆大使和宋美龄负责的分配委员会将部分救济资金用于国际和平医院，建议被完全忽略时，全英助华联合会并不在意，其主要目的是帮助教会大学和国民党统治区的医院。宋庆龄1944年致援华会的信件中指出，唯一可能帮助和平医院的办法是标注捐助用途并且坚持一定送达。克莱格在伦敦理事会上的再三要求引起克里普斯夫人的强烈不满。盖奇致信英国驻华大使薛穆，谈到援助款项在重庆的分配问题时，称伍德曼和戈兰兹作为援华会在全英助华联合会的代表，经常显得"不可理喻"。①

---

① FO_ 371_ 46152, Gage to Seymour, Feb. 8, 1945, The National Archives, UK.

英共党员玛丽·琼斯为全英助华联合会联系的演讲者在某些知名人士和传教士看来过于激进，玛丽因此被辞退。克莱格认为全英助华联合会中了中国反动派的圈套，没有坚持战时的统一战线，完全听命于国民党统治集团。玛丽的离开给援华活动带来了负面影响，在中国的地位日益重要的时刻，助华联会内部完全同情中共的成员从有到无。

援华会的"政治性"对争取中国驻英大使郭泰祺和顾维钧对其活动的配合也产生了负面影响。援华会成立早期，曾派代表前往使馆拜见时任大使郭泰祺，称意欲派遣援华医生前往中国，大使的答复是"我们不缺医生"。在援华会1943年年会"清党"时，50位理事中有近半的共产党或准共产党成员被清除。人员变动之后，援华会大批早期的左翼人士被迫离开，新增加了多位传教士，英共理事只留下二人。变动后，双十节和元旦，时任大使顾维钧"依然对这些仗义朋友毫不理会"。[①]

此外，虽然英共对共产国际呼吁援华的积极响应对援华会的早期活动起到决定性的作用，但英共对苏联对外政策的亦步亦趋也对援华会产生了消极影响。《苏德互不侵犯条约》签订后，英共内部经过激烈的辩论，决定采取共产国际的错误路线，将世界反法西斯战争视为工人阶级不应该参与的帝国主义战争，禁止英共党员参战，援华会内部共产党员与非共产党员之间由此引发的紧张关系一度使援华会陷入危机。援华会的活动开展因此面临极大的困扰。值得庆幸的是，虽然对战争的定性不同，不同政治倾向的成员最终还是就援华运动达成一致。

二　抗战结束后援华会面临的新挑战

抗战期间由于意识形态引发的斗争给援华会的活动造成了困难，战后的斗争则导致了援华会的消亡。冷战初期，对援华会"政治性"的排斥最终使得弗莱不再担任援华会主席，由华返英的林迈可继任主席，希尔达任秘书。林迈可虽然多次敦促英国政府与中共建立友好关系，但并不能扭转援华会"一路向右"的事实。林迈可、希尔达的立场与工党一致，虽与中共保持联系，但对香港和马来亚问题的看法已经与工党的殖民主义思维如出一辙。援华会也拒绝了中共通过陈依范伸出的橄榄枝，

---

① 萧乾：《克利浦斯夫人》，《华声半月刊》1946年第1卷第1期。

决定保持所谓的"独立性"。最终，援华会违背了援助中国实现独立与和平的初衷。外部冷战的大环境和援华会内部主要人物的政治立场的转右，直接导致援华会被英中友协所取代。

中国内部形势的发展和国际形势的变化也是导致援华会衰亡的原因。抗战取得最终胜利之前，美国已经试图帮助蒋介石重建对中国的统治。1946 年 7 月中国内战全面爆发后，美国对联合国施加压力，不顾善后救济总署部分官员的抗议，将给中国的救济物资几乎全部转到国民党统治区。在此期间，援华会只是坚持，英国人民应该了解中共的立场、反对蒋介石的独裁统治和挑起内战的行径，但没有明确表明支持中共。即便如此，援华会的内部还是因此产生了不和，弗莱表示不再继任主席。1947 年 3 月，胡宗南大军占领延安之后，在部分英国人看来中共即将失败，导致援华会的运动吸引力进一步减弱。

在英国国内，援华会一直受到来自工党政府外交大臣贝文的压力。工党在国内国际一直秉持坚定的反共立场。英共受到竭力压制，英首相艾德礼发表了有关肃清公务人员中"共党分子"的演说，多名英共党员被驱逐出工党，并杜绝英共成员等"不尽忠国家之危险"人物占据要职。在此背景下，一向以"左翼"政治倾向示人的援华总会难免受到敌视。"紫石英"事件后，英共书记波立特在演讲中谈及帮助中国时被打成重伤，由此可见一斑。

冷战的开始也使得援华会的成员难以为继。丘吉尔 1946 年 3 月的"铁幕演说"和一年后美国杜鲁门主义的出台标志着英美冷战思维的形成。随之而来的紧张气氛不断增长，许多人对贴有"极左"标签的援华会开始退避三舍。援华会增加若干副会长的努力以失败而告终，现有的领导层成员也纷纷辞职。援华会也被国民政府中央宣传部国际宣传处驻伦敦办事处处长叶公超所觊觎，力图说服前者作亲蒋声明，因遭到骨干成员克莱格和布里奇曼的坚决反对而没有得逞，但是以克莱格等为代表的英共成员却无法左右来自援华会内部林迈可和希尔达等人的偏右立场。几乎沦为空架子的援华会最终在来自国际、国内和内部的挑战中败下阵来。

第三节 援华会的历史贡献与局限性

作为以英国人为主的民间援华组织，援华会从成立之初就以中国的独立及和平为目标，从救济、宣传、政治等不同层面为中国抗战不遗余力。援华会为中国抗战胜利所做的贡献不可忽视。

援华会宣传工作的优越性无可替代。援华会的主要任务之一是宣传中国的抗战。作为地道的英国民间组织，援华会在宣传方面能够在英国民众和中国之间架起沟通的桥梁，同时避开中国政府宣传的嫌疑。萧乾曾说"当时中国人未成为伟大联盟国，不能出面宣传。盟国的海外宣传，可以说大都靠那堆穷朋友"[1]。这帮"穷朋友"就是援华会的成员。

国民政府国宣处伦敦办事处代表夏晋麟也曾指出，"援华会既然是道地英国人的组织，它可以以英国人的身份，对英国大众说话；而我自己及援华会中其他中国同人，则并不露面，只在旁努力推动实际工作"。[2] 1939 年"七七"事变两周年，国宣处编辑了《中国新闻》，刊登了毛泽东、宋庆龄、蒋介石、薛西尔、何明华的文章，以"伦敦援华运动会名义发刊"。[3] 国宣处更是声称，伦敦办事处由"英人田伯烈、克利格[4]、伍德曼女士，国人夏晋麟等主持之"[5]。

援华会宣传工作的受众范围广泛。以对南京大屠杀的宣传为例。副会长、工会领导人本·提里特接到驻英大使郭泰祺转来的国宣处的宣传资料后立即编辑成册，并且广为散发，把小册子寄给全国贸易工会俱乐部成员、报社以及已知其他关注中国战况的人士。援华会主席戈兰兹创建的左翼书社的地方组织和网络也发挥了巨大作用，为援华会的宣传工作立下汗马功劳。

---

[1] 萧乾：《克利浦斯夫人》，《华声半月刊》1946 年第 1 卷第 1 期。

[2] 夏晋麟：《我五度参加外交工作的回顾》，传记文学出版社 1978 年版，第 58 页。

[3] 《中宣部国际宣传处驻外办事处工作现状及两年来工作成绩报告书》，南京第二历史档案馆，全宗号七一八，案卷号917。

[4] 即阿瑟·克莱格。

[5] 《中宣部国际宣传处驻外办事处工作现状及两年来工作成绩报告书》，南京第二历史档案馆，全宗号七一八，案卷号917。

针对国民党对解放区的封锁，援华会广泛地摄取信息，宣传中共领导下的游击战争和解放区，不仅帮助了战时中国宣传工作，也在英国舆论中为新中国和中国共产党在1949年的最终胜利做好了准备。来自陈依范、林迈可的关于西北解放区的报道、李约瑟的访华之旅、乔治·何克的《我看到一个新中国》，都在援华会的宣传之列。爱泼斯坦和邱茉莉1944年前往美国经停伦敦期间，援华会安排了多次公众演说，向英国的左翼宣传中共政策及其领导下的游击区的抗战。援华会的宣传也改变了英国民众对中国人作为洗衣工和服务员的刻板印象，把中国的飞行员、技术人员和解放女性的形象呈现在英国民众面前。

援华会的宣传取得了既定效果。历史学家布坎南认为，援华会是"创新且高效的团结运动形式"，该运动在提高民众对中国困境的认识方面取得了相当大的成功。援华会努力适应不断变化的国内、国际环境，调整自身、适当折中，及时地把中国的战况知会英国民众，不失时机地为中国的抗战争取援助。

援华会搭建起援华运动国际合作的平台。援华会立足英国，与国际和平组织合作。援华会三次合作召开、参与和召集国际会议，分别是1938年2月伦敦的"拯救中国拯救和平"国际反侵略大会、7月巴黎的反轰炸不设防城市大会和1939年3月伦敦的"世界事务中的中国"大会，在世界范围内建立了联系，与荷兰、比利时、法国、美国、印度尼西亚、澳大利亚和南非等地的援华团体携手，成为当时收集和分发有关援助中国运动的世界信息中心。

援华会得到了英国印度民族主义者尼赫鲁和梅农的支持，二者参与发起和出席伦敦和巴黎的国际和平会议，给予了中国抗战道义上的援助。援华会安排了参加过西班牙内战的难民医生到中国服务，并为其募集款项。这一切都体现出了援华会的国际主义精神。

援华会为国民政府提供了重要的国民外交渠道。援华会组成成员中的各界名流为援华运动提供了国民政府官方无法企及的民间外交渠道，个人关系发挥了重大作用。

抗战初期的英国保守党政府对远东战火并不切实关心，仍旧企图依赖英日联盟保全在华利益，对中国抗战寄予同情心的是英国的反对党工党，尤其是工党中的左翼成员。影响英国大众的最佳办法之一是利用工党的宣传机构。当时负责工党宣传工作的正是援华会秘书伍德曼女士。国宣处的夏晋麟充分利用了自己与伍德曼及马丁的私人友谊开展宣传工作。伍德曼还把工党的议员亚历山大、巴恩斯、克里普斯爵士等引荐给驻英大使郭泰祺等。这些工党议员都主张竭力援华。亚历山大是援华会的副会长；克里普斯爵士 1939 年曾因支持援华会倡导建立反法西斯统一战线被开除出工党；巴恩斯是英中发展公司的推动者。伍德曼还多次利用在议会的关系，安排议会活动讨论援华事宜。孙科访英时的议会演讲和田伯烈在议会上放映日军暴行的影片都得益于援华会的社会网络。这些都是国民政府可望而不可求的。

牛津大学贝列尔学院院长林赛勋爵由于林迈可的原因也多次帮助援华会，促成议会的对华问题讨论。尤其是抗战结束后在冷战氛围的笼罩下，援华总会的影响力日渐减少、无法说服议员在下院进行有关中国问题的辩论时，在林赛勋爵的周旋下，对华政策辩论得以在上院进行，以此方式把中国面临的问题和中国共产党对未来的希望传达给了英国。

作为非官方组织，援华会和英国政府保持了较为有效的沟通，外交部等政府部门多次接待援华会成员组成的质询团，就英国的对华政策进行对话。在遇到重大事件时尤其如此，如"有田—克莱琪协定"签订、滇缅公路关闭时。尽管后期的政府质询都没有获准，援华会的议会活动和政府活动等仍是官方外交的有益补充，援华会与英国议会的联系，起到了大使和官方渠道无法企及的作用。

援华会造就了中英民众之间的全方位民间外交。援华会汇集了不同的个人与团体，其领导层和成员都具有广泛的社会基础。有长期对中国文化、政治感兴趣的学术界的中国问题专家，有支持中国独立的中国人民之友社成员，也有来自和平运动的支持者；有工党、共产党、自由党和保守党的成员；有出版商、社会活动家和改革者。所有人汇集在一起把中英两国人民之间的民间外交推上了辉煌。

援华运动捍卫了中国文化，褒扬中国新、旧文明的精华。援华会举办的中国艺术展览、戏剧演出、电影播映，不仅为援华运动筹集了资金，也是对中国文化的传播。美国著名男低音歌唱家、演员、社会活动家保罗·罗贝森多次在援华会举办的民众集会上为中国献唱，抗议日军在中国的暴行。1940 年刘良模教会罗贝森《义勇军进行曲》。罗贝森记住了汉语歌词，1941年初在纽约的大型音乐会上首演，他不仅用英语四处演唱，而且还用英、汉双语灌制了唱片，命名为《起来!》，由宋庆龄作序。罗贝森将唱片的一部分版税寄给聂耳家属和田汉，田汉去世后还继续邮寄。

援华会和陈依范所在的艺术家国际协会联合举办的中国艺术展，在伦敦、牛津、剑桥、格拉斯哥、爱丁堡等城市巡展，得到了英国多位艺术家的大力支援。陈依范与之达成协议，互相交换作品。英国艺术家波儿班德、赫斯丁斯勋爵、约翰纳西等自愿捐献优秀的绘画。这是中英艺术家交流活动的先驱。

萧乾在参加援华会讲演活动的过程中，也与接待他的不同阶层的英国人士进行了深度交流。收藏家诺丁汉博物馆馆长从萧乾那里了解到中国从19世纪开始实现现代化的斗争历程。在阿伯丁，招待萧乾的是帮助曾国藩的戈登的后裔；在坎特伯雷的演讲配合了当地举行的中国青铜和瓷器展览。

在援华会活动初期，有梁龚立、林咸让、夏晋麟、曹未风、刘锴、张似旅、熊式一、顾菊珍、朱宝贤、李泰华、王景春、王礼锡、李儒勉、吕叔湘、潘家洵、向达、崔骥、朱坚白、傅筑夫、童秀明、吴佩珉、姚念媛、顾安蒲、陆晶清等数十人直接或间接参与援华会所组织的活动，经常参加集会演讲。中英两国人民从未如此团结在一起为了一个共同的目标而奋斗。上述人员中，包括国共两党和自由民主人士，援华总会以自己的方式维护了国共统一战线和世界人民反法西斯统一战线。

国际和平医院的建立和运作也是民间外交的典范。援华会的克莱格于1938年初向伍德曼提出创立国际和平医院，对解放区进行医疗援助，其想法与中共不谋而合。早在1938年春，周恩来与宋庆龄协商后，宋庆龄便派贝特兰前往英国，目的之一是与援华会联系建立国际和平医院事宜。国际和平医院在援华会的2450英镑启动资金的支持下创建之后，援华会一直把对其援助作为主要的工作任务之一。保卫中国同盟成立后，在争取外援中发挥了突出的作用。援华会和保盟携手在香港和英国各地举办"一碗饭"餐会、义卖会、展览会等各种活动筹款。全英助华联合总会成立后，又一同从联合援华基金为保盟争取物质和医疗物资援助。时至今日，白求恩国际和平医院等仍在正常运作，是为中英两国人民民间外交的佐证。

　　援华会发起轰轰烈烈的援华运动，宣传和援助了中国人民的抗战和解放事业，但作为一个民间团体，援华会也有着与生俱来的局限性：无法对英国政府政策产生决定性影响。援华会的援华运动时常"是违背着国策进行的"[①]，跟随苏联拒绝对德战争就是一例，因此在工作过程中困难重重。更重要的是，作为民间组织，援华会可以发起声势浩大的民众运动，举行集会和游行，口头和书面批评英国政府的对华政策，但是并没有对英国的对日绥靖政策产生决定性影响。从 1939 年 7 月"有田—克莱琪协定"的签订到 9 月将 4 名中国囚犯交给日本，从克莱琪东京演讲到 1940 年 6 月英、日两国就天津事件达成协议，再到 7 月英国政府应日本要求关闭滇缅公路 3 个月，每一次对日屈服和牺牲中国的利益都遭到援华会的强烈回应。除了游行、集会，天津事件中的四人移交日方时，援华会甚至起诉了英外交大臣哈利法克斯。滇缅公路关闭后，援华会发起了最后一场声势浩大的运动，收集了 150 万人的签名，抗议丘吉尔政府对日的重大绥靖决定。滇缅公路最后于三个月关闭期满后重新开放，很大程度上是出于《德意日三国同盟条约》签订后时势的变化和英国希望借机争取与美国结盟的考虑，而不是出于援华会发起的抗议运动的考虑。

　　在香港问题上援华会也暴露出无力的一面。援华会支持将香港归还中国。顾维钧参加援华会举办的"七七"事变四周年餐会时，曾经被拉斯基有关香港应该还给中国的讲话震惊。丘吉尔 1943 年在开罗会议上表示"不通过战争就休想从英国手中夺去任何东西"，可见丝毫没有受到援华会的影响。当然最重要的不是作为民间组织的援华会在政府的强硬政策前的无能为力，而是战后工党政府执政期间，英国军队重新登陆香港恢复殖民统治时，援华会在林迈可和希尔达的主导下在香港回归问题上采取了妥协政策，认可了英国政府置帝国主义的利益于中英人民利益之上的做法。

　　在马来亚问题上，援华会的掌舵者林迈可和希尔达也成为英国政府的"代言人"，无端地指责中共与英殖民主义者一手造成的马来亚动乱有关。大浪淘沙，偏离初衷的援华会最终只能无奈地消逝在历史的洪流中。

---

① 萧乾：《克利浦斯夫人》，《华声半月刊》1946 年第 1 卷第 1 期。

结 语

在援华会成立之前，中国对英国民众来说是一个遥远的国度。20 世纪 20 年代，为了反对列强对中国革命的干涉，苏联工会组织发起"不干涉中国"运动，声援中国革命。1926 年底在共产国际的呼吁下，英共也开始发起"不干涉中国委员会"的全国运动，到 1927 年 4 月，"几乎是英共一己之力"[1] 促成建立了八十多个保卫中国革命地方委员会。这是英国的左翼政党第一次对中国产生兴趣，索普认为英共是迫于共产国际的压力才"对复杂而遥远"的中国形势表现出"着迷"，而且英共的所作所为直接影响了自身的发展[2]。英共总书记波立特曾抱怨英共党员对"所有中国将军的名字了如指掌"，却不知道如何为英国工人的失业保险给出切实有效的建议[3]。

十年之后英国援华会问世时，是在世界人民反法西斯斗争的背景下，以英共为中坚力量成立的援助中国人民抵抗日本侵略、维护民族独立与和平的民间组织。援华会团结了一切可以团结的力量，尽心竭力援助中国的抗战，其援助"精神远胜于物质，政治远多于金钱"[4]。

援华会在抗战期间赋予了中英两国人民之间的人文交流新的内涵。英国民众在遭受轰炸之际仍然为中国人民的抗战伸出援手，为中国的抗战奔走。援华会将中国的事业变成了英国的事业，从战争之初就认识到中国抗战的国际地位，并致力增进欧洲民众对中国局势重要性的认识。援华会不仅仅是单纯的援华运动，也是事关国际共同安全的广泛民众和平运动的一部分。

援华会也是英国左翼反殖民主义传统的体现。克莱格认为"援华会

---

① L. J. MacFarlane, *The British Communist Party*: *Its Origin and Development until* 1929 (London: MacGibbon and Kee, 1966), p. 179; Buchanan, *East Wind*: *China and the British Left* 1925 – 1976, p. 33.

② Andrew Thorpe, *The British Communist Party and Moscow*, 1920 – 43 (Manchester: Manchester University Press, 2000), pp. 105 – 106.

③ Matthew Worley, *Class Against Class*: *The Communist Party in Britain between the Wars* (London: I. B. Tauris, 2002), p. 199.

④ 萧乾：《萧乾文集 3 特写杂文卷》，浙江文艺出版社 1998 年版，第 87 页。

的成立是为了表达中英两国人民在抵抗战争和侵略时的共同利益"，而且
援华会表明"中英两国人民的友谊只能建立在平等的基础上"①，因此援
华会致力终止中英之间的不平等条约和促使香港回归中国。尽管在新中
国成立之际援华会背离了初衷，站在了英国殖民主义者的立场上，但不
能否认的是，援华会践行了成立时的两大使命：帮助实现中国的和平与
独立。

援华会给中英两国当下的人文交流留下了宝贵的财富。战后克里普
斯夫人经过权衡，逐渐将全英助华联合总会的资金用途从救济转向教育，
以"促进两国对彼此的了解，诠释中国新建立的统一和政治发展、中国
对日军的长期抵抗，表明太平洋在世界历史的未来中的重要性，并指出
中国在政治、金融和商业领域的主导作用"②。到 1947 年，联合总会开始
将重点从短期救济转向长期教育工作，出资通过上海的特别委员会将中
国学生和人员带到英国。到 1949 年，基金转变为教育信托，至今仍为中
英信托基金（The Sino-British Fellowship Trust，又译中英研究基金）。

援华会成立时的成员许多来自英国的中国人民之友社，这些"中国
的朋友"在援华会中全力以赴为中国的命运和中国人民的福祉而奋斗。
1949 年，又是援华会中中国的"铁杆"支持者组织成立了李约瑟为会长、
林迈可为副会长的英中友好协会。正是后者为英国民众提供了新中国成
立初期关于中国的唯一可靠信息渠道，批评英、美对蒋介石台湾当局的
支持，在朝鲜战争期间维护中国。当英中友协在 20 世纪 60 年代采取
"中国第二、苏联第一"的立场时，李约瑟又发起成立了中英了解协会
（The Society for Anglo-Chinese Understanding ，SACU），并担任首任会长。
中英了解协会会长佐伊·瑞德的父亲孙光俊曾是长眠于山丹的工合组织
秘书、培黎学校校长乔治·何克的学生。乔治·何克的母校圣乔治学校
和山丹培黎学校从 2008 年建立了联系，前者的师生访问了山丹培黎学校，
采访了何克的学生和养子，并制作成 DVD，作为学生的教学材料。2011
年，何克的两位养子受邀访英，与何克的亲属一起在圣乔治学校纪念何

---

① Clegg, *Aid China 1937 – 1945：a Memoir of a Forgotten Campaign*, p. 177.

② "The China Campaign Committee（1937 – 1949）and the wartime spirit of internationalism"，
援华总会全国总干事阿瑟·克莱格之女、英中了解协会副会长 Jenny Clegg 提供。

克为中国所做的一切。2015 年是何克 100 周年诞辰，圣乔治学校派人出席了山丹培黎学校的纪念活动。中英了解协会也于当年 5 月创立了何克教育基金，旨在促进中英之间的教育交流和了解。中英了解协会的副会长珍妮·克莱格是援华会干事阿瑟·克莱格的女儿。珍妮年轻时就在其父亲的影响下加入了中英了解协会，因为克莱格告诉她："一定要与中国为伍，一定要和中国人民站在一起。"①

从 1927 年成立的反帝大同盟英国分会开始，到 1935 年的英国中国人民之友社、1937 年的援华会、1949 年的英中友好协会，直到成立于 1965 年现仍致力于促进中英人文交流的中英了解协会，可以看到一脉相承的中英人民之间的民间交流传统。援华会会长李斯特维尔伯爵 1942 年代表援华会致函中国时称"英国有负于中国者至大，中国一面已牵制大量日军，使其深陷泥淖，同时中国人民复表现空前牺牲及忍耐精神，吾人对此战时国际合作之教训，应永志不忘"②。同样，援华会对中国在反法西斯战争中的地位的肯定、战时给予中国的救济、宣传、政治上的援助，也不应成为克莱格笔下"被遗忘的运动"，对这段历史的回顾是当下发展中英关系时应该挖掘、继承和发扬光大的宝贵财富。尤其是在当下百年未有之大变局、中英关系的发展面临种种挑战的背景下，英国以援华会为代表的"左翼"友华传统更值得我们去研究，以史为镜，为发展中英人民之间的友好关系开拓新思路。

---

① 《英国援华会：抗战时中国在西半球最忠实的朋友》，中国江西网，http：//www. jx-cn. cn/system/2015/09/02/014226892. shtml。

② 《中英友谊珍贵——英援华会主席【李斯多威尔勋爵】请英人尽一切努力协助中国，并主英苏中美战后继续合作》，《新华日报》1942 年 8 月 30 日第 2 版。

参考文献

一 中文参考文献

（一）档案资料

安徽大学：《〈苏联真理报〉有关中国革命的文献资料选编》，四川省社会
　科学院出版社1985年版。

本书编委会编：《抗战档案》中，中央文献出版社2005年版。

重庆市南岸区政协文史资料委员会编：《重庆南岸文史资料》第6辑，重
　庆市南岸区政协文史资料委员会1990年版。

戴隆斌、鲁慎主编：《国际共产主义运动历史文献》第55卷，《共产国际
　执行委员会第十三次全会文献》，中央编译出版社2015年版。

第二历史档案馆编：《中华民国史档案资料汇编》，江苏人民出版社1979
　年版。

《红色档案　延安时期文献档案汇编》编委会编：《红色档案　延安时期
　文献档案汇编 解放》第1卷（创刊号至第20期），陕西人民出版社
　2013年版。

《红色档案　延安时期文献档案汇编》编委会编：《红色档案　延安时期
　文献档案汇编 解放》第2卷（第21期至第40期），陕西人民出版社
　2013年版。

《红色档案　延安时期文献档案汇编》编委会编：《红色档案　延安时期
　文献档案汇编 解放》第3卷（第41期至第59期），陕西人民出版社
　2013年版。

《红色档案　延安时期文献档案汇编》编委会编：《红色档案　延安时期
　文献档案汇编 解放》第4卷（第60期至第80期），陕西人民出版社

2013 年版。

《红色档案　延安时期文献档案汇编》编委会编：《红色档案　延安时期
　　文献档案汇编 解放》第 5 卷（第 81 期至第 100 期），陕西人民出版社
　　2013 年版。

《红色档案　延安时期文献档案汇编》编委会编：《红色档案　延安时期
　　文献档案汇编 解放》第 6 卷（第 101 期至第 120 期），陕西人民出版社
　　2013 年版。

江西冶金学院马列主义教研室中共党史组编：《中共党史资料辑录：新民
　　主主义革命时期》，江西冶金学院马列主义教研室中共党史组，
　　1980 年。

李巨廉、王斯德编：《第二次世界大战起源历史文件资料集 1937.7—
　　1939.8》，华东师范大学出版社 1985 年版。

李忠杰、李明华主编：《中国共产党第七次全国代表大会档案文献选编》，
　　中共党史出版社 2015 年版。

吕瑞林、戴隆斌编：《共产国际执行委员会第六次扩大全会文献》2，中
　　央编译出版社 2013 年版。

上海宋庆龄故居纪念馆编：《上海宋庆龄故居纪念馆馆藏：宋庆龄来往书
　　信选集》，上海人民出版社 1995 年版。

上海宋庆龄故居纪念馆编：《宋庆龄书信选编》，上海辞书出版社 2012
　　年版。

宋庆龄基金会、中国福利会编：《宋庆龄书信集》上，人民出版社 1999
　　年版。

宋庆龄基金会编：《宋庆龄书信集：续编》，人民出版社 2004 年版。

宋庆龄：《宋庆龄选集》上卷，人民出版社 1992 年版。

宋庆龄：《宋庆龄选集》下卷，人民出版社 1992 年版。

宋庆龄、爱泼斯坦：《宋庆龄与爱泼斯坦往来书信选》，中国福利会出版
　　社 2011 年版。

万仁元、方庆秋主编，中国第二历史档案馆整编：《中华民国史史料长
　　编》第 36 册，南京大学出版社 1993 年版。

邢艳琦编：《国际共产主义运动历史文献》52，中央编译出版社 2015
　　年版。

杨瀚主编，中国人民政治协商会议全国委员会文史和学习委员会编：《西安事变历史资料汇编 1 电文　上》，中央文献出版社 2017 年版。

中国社会科学院近代史研究所翻译室编译：《共产国际有关中国革命的文献资料　第二辑》，中国社会科学出版社 1982 年版。

中共中央党史研究室第一研究部编：《共产国际、联共（布）与中国革命文献资料选辑（1927—1931）》，中央文献出版社 2002 年版。

中共中央党史研究室第一研究部译：《共产国际、联共（布）与中国革命文献资料选辑 1938—1943》第 21 卷，中国党史出版社 2012 年版。

中共中央党史研究室第一研究部译：《联共（布）、共产国际与抗日战争时期的中国共产党 1937—1943.5》第 18 卷，中国党史出版社 2012 年版。

中共中央书记处：《六大以来——党内秘密文件》上，人民出版社 1981 年版。

中国第二历史档案馆编：《中华民国史档案资料汇编》第 5 辑第 3 编《外交》，江苏古籍出版社 2000 年版。

中国福利会编：《保卫中国同盟年报 1938—1939、1939—1940、1943》，中国中福会出版社 2015 年版。

中国福利会编：《宋庆龄致陈翰笙书信：1971—1981》，东方出版中心 2013 年版。

中国福利会编：《往事回眸　中国福利会史志资料荟萃》上，中国福利会出版社 2012 年版。

中国革命博物馆：《中国共产党党史陈列（民主革命时期）资料摘编》，河北人民出版社 1980 年版。

中国宋庆龄基金会研究中心译：《挚友情深　宋庆龄与爱泼斯坦、邱茉莉来往书信 1941—1981》，中央文献出版社 2012 年版。

中央档案馆编：《中共中央文件选集》，中共中央党校出版社 1991 年版。

中央统战部、中央档案馆编：《中共中央抗日民族统一战线文件选编》中，档案出版社 1985 年版。

（二）主要报纸、期刊

《新华日报》1938—1947 年。

《救国时报》1935—1938 年。

《大公报》1938—1948 年。

《申报》1937—1949 年。

（三）专著

G. 斯坦因：《红色中国的挑战》，上海科学技术文献出版社 2015 年版。

爱泼斯坦：《见证中国　爱泼斯坦回忆录》，新星出版社 2015 年版。

安德鲁·布朗：《科学圣徒 J. D. 贝尔纳传》上，潜伟、李欣欣译，赵奕、
　　施逢杰、潜彬思校，上海辞书出版社 2014 年版。

奥尔布赖特（D. E. Albright）编：《西欧共产主义和政治体系　以西方的
　　观点专门研究西欧的政治社会》，方廷钰、沈一民译，商务印书馆 1982
　　年版。

包清岑编：《抗战文选》第 1 辑，拔提书店 1938 年版。

波立特：《波立特选集》1，施人逸译，世界知识出版社 1955 年版。

伯内特·博洛滕：《西班牙内战 上 革命与反革命》，戴大洪译，新星出版
　　社 2017 年版。

伯内特·博洛滕：《西班牙内战 下 革命与反革命》，戴大洪译，新星出版
　　社 2017 年版。

曹书乐：《批判与重构　英国媒体与传播研究的马克思主义传统》，清华
　　大学出版社 2013 年版。

陈岱孙著，刘昀编：《碎金文丛　往事偶记》，商务印书馆 2016 年版。

陈喜贵编：《科学社会主义研究》3，人民出版社 2015 年版。

陈志凌、黄修荣主编，中共党史人物研究会编：《中共党史人物传》第 86
　　卷，中央文献出版社 2007 年版。

《东北日报》社编：《最近一年间的国际动态 1946.7—1947.6》，生活·
　　读书·新知三联书店 2014 年版。

杜淑贞主编，《中国福利会志》编纂委员会编：《中国福利会志》，上海社
　　会科学院出版社 2002 年版。

杜艳华等：《中国共产党对外党际交流史鉴》，上海人民出版社 2011
　　年版。

高乔平：《世界各国政党研究》，上海世界书局 2012 年版。

贵阳市政府新闻办公室编：《国际援华医疗队在贵阳》，五洲传播出版社
　　2015 年版。

郭俊英编：《寻找 发现 还原 胡适速写》，文物出版社 2013 年版。

郭泰祺：《战时外交 最近外交政策与措施》，中央训练团 1941 年版。

赫尔穆特·格鲁伯：《斯大林时代共产国际内幕》，中国展望出版社 1989 年版。

华璋：《悬壶济乱世 医疗改革者如何于战乱与疫情中建立起中国现代医疗卫生体系 1928—1945》，复旦大学出版社 2015 年版。

黄超：《历史不能忘记系列 抗战中的延安》，中国民主法制出版社 2015 年版。

黄景芳、白玉武、李致平：《中国革命和建设之最（新民主主义革命时期)》，吉林大学出版社 1987 年版。

姜廷玉编：《解读抗日战争》，解放军出版社 2016 年版。

军事科学院军事历史研究部：《第二次世界大战史 1939—1945 》第 1 卷，《大战的起源、酝酿与爆发》，军事科学出版社 1995 年版。

军事科学院军事历史研究部：《第二次世界大战史》第 2 卷，《大战的全面展开》，解放军出版社 2015 年版。

军事科学院军事历史研究部：《中国抗日战争史》上卷，解放军出版社 1991 年版。

军事科学院军事历史研究部：《中国抗日战争史》中卷，解放军出版社 2015 年版。

军事科学院军事历史研究部：《中国抗日战争史》下卷，解放军出版社 2015 年版。

拉斐尔·塞缪尔：《英国共产主义的失落》，社会科学文献出版社 2010 年版。

李蓉：《抗日民族统一战线史》，《抗日战争与中华民族复兴》丛书，团结出版社 2015 年版。

李蓉、叶成林：《抗日战争十四年全纪录》上，人民日报出版社 2015 年版。

李世安：《太平洋战争时期的中英关系》，中国社会科学出版社 1994 年版。

李世安：《反法西斯战争时期的中国与世界研究》第 7 卷《战时英国对华政策》，武汉大学出版社 2010 年版。

李世安：《反法西斯战争时期的中国与世界》第 7 卷《战时英国对华政策》，人民出版社 2015 年版。

刘金田编：《中国的抗日战争》，上海人民出版社 2016 年版。

刘统：《解放战争系列丛书 决战 华东解放战争 1945—1949》，上海人民出版社 2017 年版。

罗伯特·帕克斯顿（Robert O. Paxton）：《西洋现代史》，世界图书北京出版公司 2013 年版。

罗元铮、杨益茂、宋桂芝编：《中华民国实录》第 3 卷《抗战烽火 下 1942—1945.8》，吉林人民出版社 1998 年版。

罗元铮编：《中华民国实录》第 3 卷《抗战烽火》1，吉林人民出版社 2005 年版。

马祥林：《蓝眼睛 黑眼睛：国际友人援华抗日纪实》，解放军文艺出版社 2005 年版。

聂运麟：《当代资本主义国家共产党 低潮中的奋进、变革与转型》，社会科学文献出版社 2007 年版。

聂运麟：《变革与转型时期的社会主义研究》，社会科学文献出版社 2008 年版。

聂运麟编：《探索与变革 资本主义国家共产党的历史、理论与现状》，社会科学文献出版社 2014 年版。

宁泉骋：《蓝犬 英国特工秘密档案》，广州出版社 2000 年版。

彭亚新编：《中共中央南方局的文化工作》，中共党史出版社 2009 年版。

齐世荣编：《世界通史资料选辑 现代部分》第 1 分册，商务印书馆 1998 年版。

秦乃瑞：《鲁迅的生命和创作》，中国国际广播出版社 2014 年版。

琼·尤恩：《白求恩随行护士自述》，北京出版社 2015 年版。

任贵祥：《历史不能忘记系列 华侨支援祖国抗战纪实》，中国民主法制出版社 2015 年版。

萨本仁、潘兴明：《20 世纪的中英关系》，上海人民出版社 1996 年版。

萨本仁、萨支辉：《丘吉尔与英国对外政策 1933—1945》，世界知识出版社 2003 年版。

山东大学科学社会主义系编：《国际共产主义运动史教学参考资料》中，

商务印书馆 1979 年版。

上海宋庆龄研究会编：《宋庆龄及其时代国际学术研讨会论文集》，中国福利会出版社 2011 年版。

邵华泽编：《中国国情总览》，山西教育出版社 1993 年版。

沈剑虹：《半生忧患　沈剑虹回忆录》，联经出版事业公司 1989 年版。

沈强、王新华主编：《抗战时期苏联援华史论》，社会科学文献出版社 2013 年版。

沈庆林：《中国抗战时期的国际援助》，上海人民出版社 2000 年版。

施立松：《一个人的抗战》，浙江文艺出版社 2016 年版。

施人逸译：《波立特选集》2，世界知识出版社 1956 年版。

石源华：《中华民国外交史辞典》，上海古籍出版社 1996 年版。

陶文钊、杨奎松、王建朗：《抗日战争时期中国对外关系》，中共党史出版社 1995 年版。

王爱枝编：《当惊世界殊 毛泽东与国际人士的交往》，山西人民出版社 2014 年版。

王建朗、栾景河编：《近代中国、东亚与世界》上，社会科学文献出版社 2008 年版。

王建朗、栾景河编：《近代中国、东亚与世界》下，社会科学文献出版社 2008 年版。

王礼锡：《在国际援华战线上》，生活书店 1939 年版。

王礼锡：《王礼锡诗文集》，上海文艺出版社 1993 年版。

王云五、王学哲编：《岫庐八十自述　节录本》，上海人民出版社 2007 年版。

吴相湘：《民国史事》，东方出版社 2014 年版。

夏晋麟：《我五度参加外交工作的回顾》，传记文学出版社 1978 年版。

夏林根、于喜元编：《中美关系辞典》，大连出版社 1992 年版。

向愚编：《抗战文选》第 1 辑，战时出版社 1937 年版。

向愚编：《抗战文选》第 3 辑，战时出版社 1937 年版。

向愚编：《抗战文选》第 7 辑，战时出版社 1937 年版。

萧乾：《欧战旅英七年 一个中国记者的二次大战自述》，安徽人民出版社 2013 年版。

萧乾:《不曾停歇的旅程》,北方文艺出版社 2017 年版。

萧乾:《一个中国记者看第二次世界大战》,上海人民出版社 2015 年版。

邢和明:《新中国的诞生》,河北人民出版社 2014 年版。

徐剑雄、杨元华:《上海抗日战争史丛书 上海抗战与国际援助》,上海
    人民出版社 2015 年版。

徐蓝编:《20 世纪国际格局的演变与大国关系互动研究(二)》,社会科
    学文献出版社 2015 年版。

翟强:《冷战年代的危机和冲突》,九州出版社 2014 年版。

张洪兴:《中华民族抗战精神》,白山出版社 2014 年版。

张万杰:《季米特洛夫 国际反法西斯斗争先锋共产国际总书记》,中国
    工人出版社 2014 年版。

张协和、董华:《杨虎城将军与西安事变补遗》,档案出版社 1992 年版。

张注洪:《国际友人与抗日战争》,北京燕山出版社 2007 年版。

中共中央对外联络部编:《各国共产党概况》,中共中央对外联络部 1980
    年版。

中国工运研究所国际工运研究室、《国际工人运动知识手册》编委会编:
    《国际工人运动知识手册》,工人出版社 1987 年版。

中国人民抗日战争纪念馆:《港澳同胞与祖国抗日战争》,《抗日战争与中
    华民族复兴》丛书,团结出版社 2015 年版。

中国新四军和华中抗日根据地研究会编:《国际友人笔下的新四军》,解
    放军出版社 2016 年版。

中华民国史事纪要编辑委员会编:《中华民国史事纪要(初稿)中华民国
    三十四年(1945)(1—4 月)》,出版社不详,1986 年版。

庄岚、范文俊:《抗日战争胜利的伟大意义》,中华工商联合出版社 2014
    年版。

(四) 论文

程映虹:《30 年代英国左翼读书俱乐部运动述评》,《史学理论研究》
    1998 年第 1 期。

韩永利、方长明:《论抗战初期英美民众援华制日运动》,《民国档案》
    2009 年第 1 期。

霍尔格·内林、朱雅莉:《和平运动与国际主义》,《历史教学问题》2017

年第 6 期。

李跃进：《国联与联合国文献中的国际援华抗战》，《档案天地》2015 年
　　第 11 期。

刘楠楠：《1939 年国民党中央宣传部国际宣传处工作报告》，《民国档案》
　　2016 年第 4 期。

龙锋：《国民党中央宣传部驻欧特种宣传委员会报告书》，《民国档案》
　　2013 年第 3 期。

任荣、张开森、文俊雄：《本·提里特关于编印出版南京大屠杀史料致中
　　国驻英国大使郭泰祺函两件》，《民国档案》2006 年第 4 期。

史林凡：《1936—1938 年英国政府的舆论管控》，《历史教学（下半月
　　刊）》2016 年第 2 期。

史林凡：《1933—1938 年英国公众舆论、和平运动与外交决策》，《历史
　　教学（下半月刊）》2017 年第 3 期。

田涛：《欧美和平运动与近代中国》，《天津师范大学学报》（社会科学
　　版）2001 年第 4 期。

土田哲夫：《国际和平运动与中国抗战——"国际和平联合"（RUP/IPC）
　　简析》，《"近代中国、东亚与世界"国际学术讨论会论文集（上册）》，
　　2006 年。

汪铮：《和平运动：历史与现实》，《欧洲》1996 年第 1 期。

王东平：《抗战时期中国国民外交协会缘起及活动探析》，《浙江理工大学
　　学报》（社会科学版）2015 年第 34 期。

文俊雄：《李复为在英美放映南京大屠杀纪录片致董显光等报告两件》，
　　《民国档案》2002 年第 4 期。

文俊雄：《国民党战时对外宣传与南京大屠杀真相传播研究》，《民国档
　　案》2008 年第 1 期。

文俊雄：《田伯烈与南京大屠杀真相传播》，《中国档案》2013 年第 9 期。

吴景平：《抗战时期天津租界中国存银问题——以中英交涉为中心》，《历
　　史研究》2012 年第 3 期。

熊伟民：《30 年代英国的和平运动》，《湖北大学学报》（哲学社会科学
　　版）2001 年第 5 期。

徐更发：《英国的和平运动》，《西欧研究》1984 年第 5 期。

徐蓝：《第一次世界大战与欧美和平运动的发展》,《世界历史》2014 年第 1 期。

徐源：《统一战线是英国共产党早期发展的主要因素吗?》,《中共南京市委党校学报》2009 年第 2 期。

尹晓冬：《被遗忘的运动李约瑟与英国援华会及其成员的交往与活动》,《中国科技史杂志》2001 年第 32 卷第 3 期。

印少云：《抗日战争时期的国民外交》,《东岳论丛》2008 年第 5 期。

张威：《从新发现的史料看抗战时期田伯烈的身份转变与心态》,《国际新闻界》2009 年第 11 期。

张新军：《论抗战初期英国民众援华的几个问题》,《宁夏大学学报》(人文社会科学版) 1995 年第 4 期。

张一平：《三十年代世界和平运动初探》,《世界历史》1990 年第 2 期。

赵国新：《英国左派读书俱乐部的兴衰》,《读书》2007 年第 10 期。

朱蓉蓉：《宋庆龄在抗战时期的国民外交活动述评》,《贵阳市委党校学报》2002 年第 1 期。

朱蓉蓉：《试析中共在抗战时期的民间外交》,《江苏社会科学》2002 年第 6 期。

朱蓉蓉：《抗日战争时期的民间外交研究》,博士学位论文,苏州大学历史系,2010 年。

二 英文参考文献

1. Archives and personal papers

Marx Memorial Library (*MML*), *London*

Arthur Clegg papers

Labour History Archive and Study Centre (*LHASC*), *Manchester*

Labour Party papers

Communist Party of Great Britain papers

China Campaign Committee papers

Independent Labour Party papers

Britain China Friendship Association papers

The Working Class Movement Library

Independent Labour Party

China Campaign Committee

The National Archives, *UK*

FO papers

British United Aid to China Fund

China Campaign Committee

KV – 2 – 1607 Dorothy Woodman

KV – 2 – 128 George Hardy

The League Against Imperialism

Union of Democratic Control

2. Newspaper and magazines

Newspapers

Church Times

Daily Express

Daily Mirror

Daily Star

Manchester Guardian

Morning Star/ Daily Worker

Star Sunday

Sunday Express

The Wartime Fascist Press: *Action*, *Blackshirt*, *Fascist Week*

Yorkshire Post

Magazines

International Press Correspondence, The international press service of the Com-
  munist International (https: //www. marxists. org/history/international/
  comintern/inprecor/index. htm)

Left News, published by the Left Book Club

3. Pamphlets

China Bulletin

China News

4. Books

Barnes, Amy Jane. 2014. *Museum Representations of Maoist China*: *From Cultural Revolution to Commie Kitsch*, Routledge.

Baxell, Richard. 2004. *British Volunteers in the Spanish Civil War*: *The British Battalion in the International Brigades*, 1936 – 1939. London: Routledge.

Beckett, Francis. 1998. *Enemy Within*: *The Rise and Fall of the British Communist Party*. London: Merlin Press.

Benton, Gregor and Frank Pieke (eds.). 1998. *The Chinese in Europe*. London: Macmillan.

Benton, Gregor. 2007. *Chinese Migrants and Internationalism*. New York: Routledge.

Benton, Gregor and Gomez, T. Edmund. 2008. *The Chinese in Britain*, 1800 – Present: *Economy*, *Transnationalism*, *Identity*. Basingstoke: Palgrave Macmillan.

Bickers, Robert A. 1999. *Britain in China*: *Community*, *Culture and Colonialism*, 1900 – 49. Manchester University Press.

Brady, Anne-Marie, Douglas Brown. 2012. *Foreigners and Foreign Institutions in Republican China*. Routledge.

Branson, Noreen. 1985. *History of the Communist Party in Britain* 1927 – 1941. London: Lawrence & Wishart.

Branson, Noreen and Klugmann, James. 1997. *History of the Communist Party in Britain* 1941 – 1951. London: Lawrence & Wishart.

Brawley, Sean. 1995. *The White Peril*: *Foreign Relations and Asian Immigration to Australasia and North America* 1919 – 78.

Bruley, Sue. 1986. *Leninism*, *Stalinism and the Women's Movement in Britain* 1920 – 1939. Garland Publishing.

Buchanan, Tom. 2012. *East Wind*: *China and the British Left* 1925 – 1976. New York: Oxford University Press.

Bullock, Ian. 2011. *Romancing the Revolution*: *The Myth of Soviet Democracy and the British Left*. Edmonton: Athabasca University Press.

Burton, Alan. 2005. *The British Consumer Co-operative Movement and Film*, 1890*s* – 1960*s*. Manchester & NY: Manchester University Press.

Callaghan, John, and Ben Harker. 2010. *British Communism: A Documentary History*. Manchester: Manchester University Press.

Cecil, Viscount. (Lord Robert Cecil). 1941. *A Great Experiment: An Autobiography*. New York: Oxford University Press.

Chen, Yuan-tsung. 2008. *Return to the Middle Kingdom: One Family, Three Revolutionaries, and the Birth of Modern China*. Union Square Press.

Clegg, Arthur. 1989. *Aid China 1937 – 1949: a Memoir of a Forgotten Campaign*. Beijing: New World Press.

Clifford, Nicholas. R. 1967. *Retreat from China, British Policy in the Far East 1937 – 1941*. Washington: University of Washington Press.

Corthorn, Paul. 2006. *In the Shadow of the Dictators: The British Left in the 1930s*. London: I. B. Tauris.

Eaden, James, and David Renton. 2002. *The Communist Party of Great Britain since 1920*. New York: Palgrave.

Flinn, A. eds. 2005. *Agents of the Revolution: New Biographical Approaches to the History of the International Communism in the Age of Lenin and Stalin*. Oxford.

Fishman, Nina. 1995. *The British Communist Party and the Trade Unions 1933 – 1945*. London: Scolar Press.

Fowler, J. 2007. *Japanese and Chinese Immigrant Activists: Organizing in American and International Communist Movements, 1919 – 1933*. Rutgers University Press.

Friedman, Irving S. 1940. *British Relations with China: 1931 – 1939*. New York: International Secretariat, Institute of Pacific Relations Publications Office.

Ginsberg, Mary. 2013. *The Art of Influence: Asian Propaganda*. The British Museum Press.

Gollancz, Victor. 1941. *The Betrayal of the Left*, V. Gollancz.

Hodgkin, Thomas. 1970. *The League Against Imperialism: A Memoir*. Worcestershire: Greenwood Press.

Jones, Bill. 1979. *The Russia Complex: The British Labour Party and the Soviet*

Union. Manchester：Manchester University Press.

Jupp，James. 1982. *The Radical Left in Britain*：1931 – 1941. Frank Cass.

Kramnick，I.，and B. Sheerman. 1993. *Harold Laski*：*a Life on the Left*. Viking Adult.

Laity，Paul，ed. 2001. *The Left Book Club Anthology*. London：Gollancz.

Laqueur，Walter，and George L. Mosse. 1966. *The Left Wing Intellectuals Between the Wars*，1919 – 1939. Harper & Row.

Laurence，Patricia Ondek. 2003. *Lily Briscoe's Chinese Eyes*：*Bloomsbury*，*Modernism*，*and China*. University of South Carolina Press.

Lee，Brandford A. 1973. *Britain and Sino-Japanese War*，1937 – 1939：*A Study in the Dilemmas of British Decline*. Oxford University Press.

Lee，J. Stephen. 1996. *Aspects of British Political History* 1914 – 1995. New York：Routledge.

Lewis，John. 1970. *The Left Book Club*：*An Historical Record*. London：Gollancz.

Mates，Lewis H. 2007. *The Spanish Civil War and the British left*：*Political Activism and the Popular Front*. London：Tauris Academic Studies.

McCarthy，Helen. 2011. *The British People and the League of Nations*：*Democracy*，*Citizenship and Internationalism*，*c*. 1918 – 1945. New York：Manchester University Press.

Mitter，Rana，2013. *Forgotten Ally*：*China's World War II*，*1937 – 1945*. Houghton Mifflin Harcourt.

Morgan，Kevin. 1990. *Against Fascism and War. Ruptures and Continuities in British Communist Politics* 1935 – 1941. Manchester：Manchester University Press.

Morgan，Kevin.，Cohen，Gidon.，Flinn，Andrew. 2007. *Communists and British Society*，1920 – 1991. Rivers Oram.

Pelling，Henry. 1975. *The British Communist Party*：*A Historical Profile*. Edinburgh：A. and C. Black.

Porter，Brian. 1967. *Britain and the Rise of Communist China*. London：Oxford University Press.

Redfern, Neil. 2005. *Class or Nation: Communists, Imperialism and Two World Wars*. New York: I. B. Tauris.

Shai. A. 1984. *Britain and China*, 1941 – 1947, London, Macmillan.

Thompson, Willie. 1992. *The Good Old Cause: British Communism* 1920 – 1991. London: Pluto Press.

Thompson, Willie. 1997. *The Left in History: Revolution and Reform in Twentieth-Century Politics*. London: Pluto Press.

Thorpe, Andrew, and Tim Rees. 1998. *International Communism and the Communist International* 1919 – 43. Manchester: Manchester University Press.

Thorpe, Andrew. 2000. *The British Communist Party and Moscow* 1920 – 1943. Manchester: Manchester University Press.

Thorpe, Andrew. 2009. *Parties at War: Political Organization in Second World War Britain*. New York: Oxford University Press.

Thorpe, Andrew. 2015. *A History of the British Labour Party*. London: Macmillan Education UK.

Watkins, K. W. 1976. *Britain Divided: The Effect of the Spanish Civil War on British Political Opinion*. Worcestershire: Greenwood Press.

Wei, Shuge. 2017. *News under Fire: China's Propaganda against Japan in the English – Language Press*, 1928 – 41. Hong Kong University Press.

Whittingham – Jones, Barbara. 1944. *China Fights in Britain*. London: W. H. Allen and Co.

Wood, Neal. 1959. *Communism and British Intellectuals*. New York: Columbia University Press.

Worley, Matthew. 2002. *Class Against Class: The Communist Party in Britain between the Wars*. London: I. B. Tauris.

Wright, Patrick. 2010. *Passport to Peking: A Very British Mission to Mao's China*. OUP Oxford, First Edition.

5. Biographies

Alley, Rewi. 1997. *Rewi Alley: An Autobigraphy*. New World Press.

Dudley, Edwards, R. 1987. *Victor Gollancz: A Biography*. London: Gollancz.

Jones, Enid Huws. 1966. *Margery Fry, the Essential Amateur*. Oxford University Press.

Morgan, Kevin. 1994. *Harry Pollitt*. Manchester: Manchester University Press.

Ng, Irene. 2010. *The Singapore Lion: A Biography of S. Rajaratnam*. Institute of Southeast Asian Studies.

Yeh, Diana. 2014. T*he Happy Hsiungs: Performing China and the Struggle for Modernity*. Hong Kong University Press.

6. Papers

Badger, C. R. 1939. "The Left Book Club and the Intellectuals. " *The Australian Quarterly*, Vol. 11, No. 1, pp. 79 – 87.

Barnes, Amy Jane. 2010. "From Revolution to Commie Kitsch: (Re) -presenting China in Contemporary British Museums through the Visual Culture of the Cultural Revolution. " Doctoral thesis, School of Museum Studies.

Birn, Donald S. 1974. "The League of Nations Union and Collective Security", *Journal of Contemporary History*, Vol. 9, No. 3: pp. 131 – 159.

Brewis, Georgina. 2015. "Students in Action: Students and Antifascist Relief Efforts, 1933 – 1939. " *A Social History of Student Volunteering*. Palgrave MacMillan.

Buchanan, Tom. 1998. "Britain and the Spanish Civil War. " *The International History Review* 20 (4): 1025 – 1027.

Buchanan, Tom. 2012. " ' Shanghai-Madrid Axis' ? Comparing British Responses to the Conflicts in Spain and China 1936 – 39. " *Contemporary European History*, Volume 21, Issue 4: 533 – 552.

Buchanan, Tom. 2013. "China and the British left in the twentieth century: transnational perspectives. " *Labor History*, 54: 5: 540 – 553.

Buchanan, Tom. 2016. " ' The Dark Millions in the Colonies Are Unavenged' : Anti – Fascism and Anti-Imperialism in the 1930s", *Contemporary European History*, Volume 25, Issue 4: 645 – 665.

Da Zheng. 2018. "Shih – I Hsiung on the air: a Chinese pioneer at the BBC during World War II. " *Historical Journal of Film, Radio and Television*, 38: 1: 163 – 178. DOI: 10. 1080/01439685. 2016. 1258843.

Johnstone, Monty. 1997. "The CPGB, the Comintern and the War, 1939 –

1941: Filling in the Blank." *Science & Society*, Vol. 61, No. 1.

Li, Shian. 1992. "Britain's China Policy and the Communists, 1942 to 1946: The Role of Ambassador Sir Horace Seymour ." *Modern Asian Studies*, Vol. 26, No. 1: 49 – 63.

Logan, Anne. 2014. "Political Life in the Shadows: the Post Suffrage Political Career of S. Margery Fry (1874 – 1958) ." *Women's History Review* 23: 3: 365 – 380.

McCarthy, Helen. 2007. "Parties, Voluntary Associations, and Democratic Politics in Interwar Britain." *The Historical Journal*, Vol. 50, No. 4: 891 – 912.

McCulloch, Gary. 1985. " 'Teachers and Missionaries' : The Left Book Club as an Educational Agency." *History of Education*, Vol. 14, Iss. 2.

Morgan, Kevin. 1996. "The Archives of the British Communist Party: A Historical Overview." *Twentieth Century British History*, Vol. 7, No. 3.

Neavill, G. 1971. "Victor Gollancz and the Left Book Club." *Library Quarterly*, 41 (3): 197 – 215.

Petersson, Fredrik. 2013. "We Are Neither Visionaries, Nor Utopian Dreamers: Willi Münzenberg, the League against Imperialism and the Comintern, 1925 – 1933" . Ph. D. diss. Abo Akademi University Turku.

Piazza, Hans. 2009. "The Anti-Imperialist League and the Chinese Revolution", in Leutner et al. (eds.), *The Chinese Revolution in the 1920s: Between Triumph and Disaster*. London: Routledge: 166 – 176.

Pruitt, Ida. 1945. "Six Years of Indusco." *Far Eastern Survey*, Vol. 14, No. 4: 48 – 52.

Redfern, Neil. 2004. "British Communists, the British Empire and the Second World War International Labor and Working-Class History." *Agriculture and Working-Class*, No. 65: 117 – 135.

Redfern, Neil. 2017. "The Comintern and Imperialism: A Balance Sheet." *Journal of Labor and Society*, 20: 43 – 60.

Rickaby, Tony. 1978. "Artists' International." *History Workshop*, No. 6: 154 – 168.

Samuels, Stuart. 1966. "The Left Book Club. " *Journal of Contemporary History*, *Vol.* 1, No. 2: 65 – 86.

Thorpe, Andrew. 1974. "The League of Nations Union and Collective Security. " *Journal of Contemporary History*, Vol. 9, No. 3.

Thorpe, Andrew. 1998. "Comintern Control of the Communist Party of Great Britain, 1920 – 43. " *The English Historical Review*, Vol. 113, No. 452: 637 – 662.

Thorpe, Andrew. 2000. "The Membership of the Communist Party of Great Britain, 1920 – 1945. " *The Historical Journal*, Vol. 43, No. 3, pp. 777 – 800.

Thorpe, Andrew. 2005. "Communist MP: Willie Gallacher and British Communism. " In *Agents for the Revolution: New Bigraphical Approaches to the History of International Communism in the Age of Lenin and Stalin*, edited by Kevin Morgan et al. Oxford: Peter Lang.

Thorpe, Andrew. 2014. "Locking out the Communists: The Labour party and the Communist party, 1939 – 46. " *Twentieth Century British History*, Volume 25, Issue 2: 221 – 250.

附　录

英国援华会大事记

1937 年

7 月 7 日　日本进攻位于北平南的卢沟桥，全面抗日战争爆发。

7 月 14 日　英共《工人日报》发表社论称必须支持中国人民反抗日本侵略。

7 月 15 日　国际妇女争取和平与自由联盟英国分会的执行委员会公开反对日本对华侵略。

同日　中共中央向国民党发出《共产党为公布国共合作宣言》。

7 月 16 日　中国政府外交部向"九国公约"签字国、德国、苏联递交备忘录，要求召开九国公约国会议。

7 月 21 日　蒋介石接见英国驻华大使许阁森，要求英国政府制止日本侵略。

7 月 23 日　《中共中央为日本帝国主义进攻华北第二次宣言》发表，呼吁"立刻实现抗日的积极外交，拥护国际和平阵线。"

7 月 24 日　米查姆和平理事会（Mitcham Peace Council）呼吁国联理事会召开会议维护中国的独立及和平。

7 月 27—31 日　国际妇女争取和平与自由联盟在捷克斯洛伐克的卢哈科维奇召开第九届联盟大会，中日战争是大会的重点议题之一。

7 月 29 日　美国共产党首先声援中国，通过机关报《工人日报》发表社论《中国的胜利大有助于世界和平》。

本月运载汽油驶向日本的英国船只"西凡勒克号"停泊香港，英国海员拒绝为之工作。

8月3日　中国人民之友社采访正在访英的国民政府财政部长孔祥熙。

8月5日　《曼彻斯特卫报》刊登李斯特维尔伯爵的题为"对世界和平之威胁"来信。

8月15日　中共中央发表《抗日救国十大纲领》，指出"在不丧失领土主权的范围内，与一切反对日本侵略主义的国家，订立反侵略的同盟及抗日的军事互助协定"。

8月21日　英共机关报《工人日报》登载英共执委会宣言，号召英国工人阶级援助中国保卫远东和平。

同日　中国政府同苏联政府签订《中苏互不侵犯条约》。

8月30日　中国政府照会国联秘书长声明"七七"事变是日本对中国公然的侵略。

9月17日　宋庆龄致信英国工党及其访华代表团，批评英政府绥靖政策。

9月8日　国民政府军事委员会设立第五部，主管国际宣传工作，后改称国际宣传处。

9月12日　参加国际联盟第十八届大会的中国代表团向国联秘书长正式递交申诉书。

9月13—14日　国际联盟理事会召开，国际和平运动在日内瓦举行了第六届理事会。

9月13日　国际联盟同志会世界总会于日内瓦召开临时理事会讨论远东时局问题。

9月14日　罗斯福总统发表声明，重申本年5月1日公布的新修订的"中立法"的规定。

9月15日　中国参加国际联盟代表团首席代表顾维钧在国联第十八届大会上发言，呼吁国际社会援助中国抗日。

9月21日　苏联代表李维诺夫在国际联盟第十八届大会上发言，批评西方国家对日本的软弱态度，要求国联着力支持中国。

9月23日　蒋介石发表《对中国共产党宣言的谈话》，事实上承认了共产党在全国的合法地位。

同日　英国援华会成立，会长为戈兰兹，主席由李斯特维尔担任。

同日　英国共产党书记波立特致函英国劳工运动全国执委会，主张由工会通告各码头工人拒绝装卸来自或运往日本的货物。

9月25日　八路军取得平型关大捷。

9月26日　伦敦各教堂举行演讲会，呼吁抵制日货。

同日　英国外交部前次长亚克兰发表谈话，主张英国、美国和荷兰联合抵制日货。

9月28日　国际联盟第十八届大会通过决议，谴责日本侵华行径，但不采取任何具体行动。

同日　英国南威尔士区矿工联合会在卡迪夫开会，谴责日本侵华。

同日　杨虎城应援华会王礼锡邀请抵英，参加抗日宣传活动。

9月29日　英国劳工运动全国执委会决议，要求政府禁售军火给日本。

同日　杨虎城将军接受伦敦各大报社记者的采访，就抗日战争问题回答记者们的提问。

9月30日　英国援华会举行首次公众集会，十七军将领杨虎城出席集会并演讲。

同日　英国工团执委会发起抵制日货运动。

10月1日　美国反战反法西斯联合会和中国人民之友社在纽约举行公众集会，号召抵制日货。

同日　英国自由党领袖辛克莱在伦敦白场教堂集会上演说，号召抵制日货。

同日　英国共产党政治局发表宣言，号召工人阶级行动起来，拒运日货。

10月2日　英国工党苏格兰区执委会发表宣言，号召各支部和工会抵制日货。

同日　杨虎城将军在援华会主席、左翼读书俱乐部创始人戈兰兹先生陪同下，抵达英格兰北部达拉姆演讲。

10月3日　共产国际执行委员会书记处发出指示，要求国际无产阶级团结起来援助西班牙和中国人民的反法西斯斗争。

同日　杨虎城将军参加桑德兰的左翼读书俱乐部的宣传大会并演讲，其后又赶赴纽卡斯尔（Newcastle）参加集会。

10月4日　英国工党举行年会，通过抵制日货决议，吁请政府禁卖军用物资给日本。

10月5日　美国罗斯福总统在芝加哥发表"隔离演说"。

同日　伦敦举行民众集会，吁请政府对日实行制裁政策。

同日　杨虎城将军带领林咸让赴伯恩茅斯拜会工党领袖，并谈援助中国事宜。

10月6日　国际联盟第十八届大会通过顾问委员会提出的日本侵华报告书，表示了对中国的道义支持。

同日　美国国务院发表声明，谴责日本侵华破坏了九国公约和非战公约。

同日　美国前国务卿史汀生致函《纽约时报》，指出日本悍然侵华的原因之一是断定英国和美国的不作为。

10月7日　杨虎城将军应邀在伦敦政治经济学院讲演。

同日　援华会在伦敦举行坎特伯雷大主教主持的民众大会。

同日　英国援华会首批援助物资发往中国。

10月8日　美国教育家联合会发表宣言，主张抵制日货。

同日　杨虎城将军在伦敦大学演讲。七时参加友谊厅援助中国民众集会。

10月9日　援华会航空寄华一批药品。

同日　英国格拉斯哥港码头工人拒绝为日船装卸货物。

同日　英国全国铁路工人协会西方区委员会作出决议，要求全国执委会采取行动，对日实行经济制裁。

同日　伦敦各界代表集会讨论募款援华办法。

10月10日　美国工业协会举行年会，决议抵制日货。

同日　伦敦市参议会主席、工党领袖马利逊向美国广播演说，要求英美联合对日实行经济制裁。

同日　比利时社会党全国代表大会通过禁止汽油、钢铁输出日本的决议。

同日　援华会首次在特拉法加广场举行民众集会，到者有六千人之多。

曼彻斯特的反战委员会联合各个和平团体在史蒂文森广场举行集会。

10 月 17 日　曼彻斯特地区救济中国委员会成立，与援华会和伦敦市长基金会合作，后更名为曼彻斯特地区救济和援助中国运动委员会。

10 月 19 日　国际工会联合会召集英、美、法等国工人团体代表磋商如何扩大抵制日货运动。

10 月 20 日　英国反对党领袖艾德礼要求下院继续就中国问题展开辩论，要求给予中国道义上的支持。

10 月 22—24 日　783 名代表出席国际和平运动英国分会举行的援华全国会议。

10 月 24 日　援华会前往伦敦东区人民大厦参加"伦敦东区援华"集会，讲演者有杨虎城将军及法国合作运动社蒲拉徐先生。

10 月 25 日　毛泽东接受英国《每日先驱报》记者贝特兰采访，讲述抗日民族统一战线形成的过程。

10 月 26 日　王礼锡在伯恩茅斯的援华活动会上演讲，随后成立地方援华会。

11 月 3 日　法国中国人民之友社在巴黎发起召集有各团体代表参加的援华制日大会。

11 月 3—24 日　《九国公约》签字国会议在比利时首都布鲁塞尔举行，无功而散。

11 月 12 日　上海沦陷，淞沪会战结束。

11 月 4—18 日　艺术家国际协会及援华会合作举办中国现代绘画和木刻艺术展。

11 月 6 日　援华会在伦敦皇后厅举行讲演和民众集会，保罗·罗贝森出席。

11 月 7 日　共产国际为十月革命 20 周年发表宣言，号召国际无产阶级援助西班牙人民与中国人民取得胜利。

11 月 17 日　国际和平运动英国分会做出决议开展抵制日货的游行活动。

11 月 22 日　南京国际救济委员会成立，进行了艰苦的难民救济工作。

11 月 24 日　国际和平运动法国分会作出决议开展抵制日货的游行活动。

11月26日　援华会在友谊大厦集会，制作并首次放映影片《中国为自由而战》，推广销售《中国》画刊，英共正式号召党员及各支部参与销售。

本月援华会首批援华医疗用品抵达中国。

12月2日　南安普顿工人拒绝为加拿大载日货"里士满公爵夫人号"卸货。

12月4日　"里士满公爵夫人号"货轮载原货返回加拿大。

12月6日　毛泽东、彭德怀就八路军应坚决执行统一战线方针和加强统战教育问题发出指示。

12月8日　格拉斯哥码头工人拒卸日货。

12月9—15日　中国劳工协会代表朱学范与欧洲各国码头工人和运输工人协会领导人会面。

12月11日　援华会组织凤凰剧院中国艺术家的综艺演出筹集款项。

12月12日　援华会在南安普顿最大的电影院举行民众集会，抗议日本对中国的野蛮侵略。

12月13日　日军侵占南京，开始惨绝人寰的大屠杀。

12月14日　国际妇女争取和平与自由联盟通过决议，号召个人抵制日货。

12月15日　国际和平运动执行委员会在伦敦举行会议，决定自1938年1月1日开始在世界范围内发起抵制日货运动。

12月17日　援华会在伦敦组织首次抵制日货游行。

12月20—21日　国共双方在武汉举行会谈。21日国共两党关系委员会成立。

12月22日　朱学范在伦敦参加国际运输工人协会英国分会召开的会议，讨论运动局势及中国要求合作和支援的要求。

12月25日　中共中央发表《对时局宣言》，指出应加强国际宣传，争取国际援助。

1938 年

1月5日　杜威、罗素、爱因斯坦、罗曼·罗兰等联合署名发表宣言，吁请各国人民援华制日。

1月6—28日　援华会主席戈兰兹的夫人主要负责组织为期六周的"中国艺术在伦敦"展于皇家建筑师协会举行。

1月7日　国际和平运动委员会附属的艺术和平运动在康韦厅举行集会。

同日　英国工会代表大会总理事会、工党执行委员会与议会工党委员会在伦敦召开会议，通过决议案谴责日本侵华行径及轰炸平民的罪行。

同日　利物浦码头工人拒绝卸"里斯本丸"上的日本货物。

1月8日　白求恩大夫率领三人美加医疗队从温哥华出发，准备前往中国援助极度缺乏医疗人员的八路军。白求恩大夫3月底抵达延安。

1月10日　英国全国劳工理事会决议反对运输工人直接拒卸日货的行动。

1月21日　英国米德尔斯堡码头工人拒绝为日本轮船"榛茗丸号"装载运往日本的钢铁。

1月23日　国际和平运动（国际反侵略运动）中国分会在武汉成立。

1月26—2月2日　国联行政院在日内瓦召开第一百届常会，讨论中日问题。

1月30日　在英共伦敦区委及东西哈姆党支部和行业理事会地方分支的协助下，援华会在伦敦举行民众集会，声援码头工人。

同日　援华会在米德尔斯堡召集民众集会，得到了国联同志会、和平大会、工党、自由党和合作社的支持。

同日　蒋介石致函美国总统罗斯福，要求在经济上和物质上给予中国有效援助。

1月31日　皇家阿尔伯特码头工人拒绝为日轮"榛茗丸号"搬运钢铁。

1月底　援华会已与荷兰、比利时、南非的援华团体取得联系。

2月2日　"榛茗丸号"船主宣布4日离港，空船驶往安特卫普。

2月5日　援华会在伦敦及郊区组织海报游行。

2月9日　援华会组织抵制日货游行。工党党魁艾德礼夫人、下院议员诺埃尔·贝克夫人、格莱斯顿子爵夫人参加。

2月11日　延安举行反侵略大会，响应即将在伦敦召开的救中国救和平世界大会，进行反侵略宣传。

2月12—13日　国际和平运动在伦敦英国工业大厦召开"救中国救和平"世界大会。

2月15日　国际工会联合会和国际社会主义工人会在比利时举行常委联席会议，作出加紧抵制日货运动，加强宣传工作的决定。

2月21—27日　援华会、国联同志会英国分会、民权保障会、和平运动会和青年、宗教团体联合发起"中国周"活动，在伦敦举行4场集会、8次海报游行，其他地区合计60场集会，200次游行。

2月22日　卡迪夫民众集会，援华会成员本·提里特和林咸让演讲。

2月23日　援华会组织伦敦北部地区的圣潘克拉斯市政厅集会，南部的柏蒙西市政厅集会。

2月27日　援华会组织东部的东哈姆市政厅集会以及西部的奇斯维克帝国剧院集会。

本月　国际反侵略运动总会在日内瓦召开国际农民代表会议，讨论农民在反侵略斗争中的任务。

本月中旬　英国援华会在伯明翰举办了"中国周"，于市中心举行抵制日货游行，分发传单和中国抗战的宣传册。

本月下旬至3月6日　援华会组织顾菊珍在兰开夏郡巡回演讲。

3月7日　宋庆龄发表《向全世界妇女申诉》，呼吁援华制日。

3月17日　伦敦市长泰福特爵士组织市长救济基金会，发起援华募捐。

4月17日　《新华日报》接到援华会总干事克莱格寄自伦敦的援助中国委员会告中国人民书。

5月1日　巴黎6万多工人示威，号召法国工人抵制日货，援助中国。

5月2日　英国国联同志会理事会伦敦开会。赞中国人民抵抗日本侵略的勇敢与忍耐精神，称华军为维护世界文明和平与秩序而战。

5月2—8日　英国援华委员会曼彻斯特区分会主持"中国周"。

5月4日　援华会安排中国立法院院长孙科应邀在英国议会演说，介绍中国抗战情况，呼吁援华。

5月14日　国际反侵略运动总会执行委员会在日内瓦开会，决议加紧援华制日。

5月21日　美国波士顿举行群众大会，议决抵制日货。

5月27日　国际反侵略运动总会代表毛那在武汉发表广播演说，支持中国抗战。

5月29日　日军轰炸广州。援华会致电广州市市长，对受害者表示同情和慰问。

5月31日　蒋介石致电斯大林和伏罗希洛夫，催促苏援的实施。

本月　德国禁止军火援华，召回在华全体德国顾问。德国顾问及其随行25人于7月5日离华回国。

本月　世界学联代表团一行四人，受世界青年和平大会派遣来华调查中国抗战实况。

本月　美国前国务卿史汀生发起成立"不参加日本侵略行动委员会"，呼吁不要以军用物资供给日本。

6月2日　朱学范参加在日内瓦举行的第24届国际劳工大会。

6月7日　援华总会召集紧急会议，针对日军5月27日至6月初期间对广州非武装平民的轰炸讨论对策。

6月11日　共产国际执行委员会主席团作出决定，要求国际无产阶级、共产国际各支部，以及一切拥护民主与和平的人，加紧国际援华运动，开展抵制日货运动。

6月13日　美国宗教团体向国务卿赫尔请愿，要求政府扩大出口禁令范围，禁止军用物资输日。

6月13—19日　英国援华委员会等组织发起全英反日援华周活动。由伦敦总会通告各地分会，同时电法国、美国援华团体发起同样运动。

6月13日　援华会组织反日游行大示威。

6月14日　英国援华会组织自由党、工党、政治家、社会名人代表团前往日本使馆抗议日军轰炸中国各地不设防城市。举行第二次反日游行大示威。

同日　宋庆龄在香港邀请中外人士发起组织的"保卫中国同盟"在香港成立。

6月15日　援华总会、国际和平运动、国联同志会联合在皇后厅召集民众集会。

6月16日　援华总会组织民众赴议会，要求制定反日援华政策。

6月17—18日　援华运动开展至全英各城市。

6月19日　援华总会在特拉法加广场进行大示威讲演。

6月22日　戈登·塞尔弗里奇接见援华会质询团。

6月24日　在援华会成员乔治·哈代的努力之下，英国十二大主要工会谴责了日军的轰炸。

6月27日　援华会于曼彻斯特史蒂文森广场举行抗议轰炸西班牙和中国集会。

本月底　援华会收到来自朱德和叶挺的信函，请求医药援助。

7月12日　毛泽东在延安接受世界学生代表团采访。

7月16—17日　援华会在英商中华协会召开特别会议，讨论政策、组织、教会、对华财政援助。

7月17日　美国2000余城镇举行"一碗饭运动"，计划筹募捐款100万美元。

7月23—24日　国际反侵略运动总会在巴黎召开反对轰炸不设防城市世界大会，决议建立国际和平医院。

7月25日　参加巴黎大会的各国援华组织成员决定将英国援华总会作为世界上收集和分发援华运动信息的中心。

7月28日　朱学范在援华会作报告。

本月　援华会总干事克莱格致电武汉文化界抗敌协会，转达伦敦各文化团体对抗战支持。

8月5日　路易·艾黎和埃德加·斯诺等发起的中国工业合作协会在武汉成立。

8月15日　英国援华委员会组织抵制日货游行。援华会成员玛丽·琼斯遭到日本副武官袭击。

本月　艾黎率难民千余人自汉口出发赴西北，23日到达陕西宝鸡。在宝鸡成立了第一个工合办事处。

9月2日　根据援华总会的提议，伯明翰商业理事会举行聚会，朱学范演讲。

9月9日　何登夫人受《每日新闻》、援华会和世界民主和平妇女委员会派遣来华，报道中国战事并协商建立国际和平医院事宜。

9月10日　中国抗日统一战线加强，宪法认可共产党合法地位。

9月12日　希特勒要求苏台德地区加入德国，13日张伯伦与希特勒会谈。英国和平运动警觉。

9月17日　在援华会的帮助下，印度援华医疗队受印度国民大会党的委派来华。医疗队29日到达武汉，11月1日抵重庆，1939年2月赴延安。

9月20日　何登夫人偕同港卫生局长司徒永觉夫人抵达广州，宋庆龄到码头欢迎。

同日　左翼书社在曼彻斯特自由贸易大厅组织民众集会，戈兰兹呼吁欧洲的民主国家包括苏联在内联合起来阻止希特勒在欧洲的扩张。

9月23日　中国外交部长王宠惠发表声明，请国联援引盟约第十六条，实行对日制裁。

9月25日　左翼书社、援华会、国际和平运动的地方机构号召英国民众反对出卖苏台德地区，在白厅前集会。

9月28日　张伯伦在议会讲话，摧毁了和平团体为阻止希特勒扩张的一切努力。左翼书社、国际和平运动相继放弃。

9月27日　国联会议最终同意对日本实行经济制裁，但没有敦促统一行动而是让各国政府自行决定。

9月30日　凌晨2：30，慕尼黑阴谋。

9月30—10月1日　左翼书社放弃之后，援华会连夜召开会议，抗议张伯伦的背叛。

10月3日　援华会内部正式决定启动建立国际和平医院，克莱格负责在全球范围内宣传和发行计划。

10月10日　援华总会发起"一碗饭"活动，启动国际和平医院。

10月21日　日本攻陷广州。

10月24日　汉口陷落。抗日战争进入相持阶段。

11月8日　英国国王乔治六世议会演讲，表明张伯伦政府有可能允许日本政府在远东大范围控制中国。

11月9日　援华总会向各国发起募捐，拟在晋南设立国际和平医院。

本月　援华会发表告全英儿童书，呼吁儿童将圣诞节储蓄捐赠援华会，救济中国受灾儿童。

本月　滇缅公路正式通车。

本月　伦敦举行援华义演义展活动，得捐款220英镑。

12月9日　援华总会开设圣诞节临时卖场，货款将作为国际和平医院之基金。

12月17日　曼彻斯特市中心举行大规模反日运动，呼吁民众一致抵制日货。

到本年4月　援华总会收到8000英镑捐款。援华会规模扩大，迁往新办公地址。玛丽·琼斯、乔治·哈代加入援华总会。

本年春夏之交　国民政府为避免留存于天津租界的巨额白银被日本窃夺，展开以英国为主的对外交涉。

本年秋　受保盟邀请贝特兰前往五台山，服务于国际和平医院。

本年底　中共中央宣传部下设国际宣传科，负责对外宣传工作。1940年夏改设国际宣传委员会。

本年底　中国红十字会不再给予八路军和新四军医护人员和物资援助。

本年底　曼彻斯特援华会已募集3533英镑，其中3210英镑寄往中国。

1939 年

本年初　援华会开会通过章程，执行委员会改称理事会。

1月　中国工业合作协会国际促进委员会于香港成立，名誉主席为宋庆龄。

本月　英国各传教会远东委员会向中国捐赠17.5万英镑。

本月　国际学生联合会英国分会向中国捐赠5500英镑。

本月　英国援华委员会举办援华义捐舞会，得900英镑。

2月18—19日　国际反侵略运动总会在伦敦开会，会议通过援华决议。

2月23日 英国援华总会发起不用日本丝织品运动。

本月 日本占领海南岛,进一步孤立香港,威胁印度支那。

本月 英国诗人华尔纳女士在国家电台广播王礼锡抗战诗歌十余首,所得酬金以及王礼锡所应得版税,全部捐交英国援华总会转交中国。

3月10—11日 援华总会在友谊大厦召开为期两天的以"世界事务中的中国"为题的会议。

3月底 弗朗哥占领马德里后,部分人转向援华总会,全力支持中国抗战。

本月 田伯烈受邀参加国民外交协会座谈会。

4月1日 《保卫中国同盟新闻通讯》英文半月刊在香港出版,爱泼斯坦和贝特兰先后担任编辑。

3月底至4月初 援华总会收到来自五台山国际和平医院院长白求恩大夫的第一封信和长篇报告。到1939年底,在援华总会的协助下共建成4家国际和平医院(五台山、山西北部、西南部、安徽南部)。

4月9日 伪天津联合准备银行经理兼天津海关监督汉奸程西庚在英租界的大光明戏院被爱国人士暗杀。

4月15日 英、法、苏在莫斯科开始商讨和平协定,给民众带来新希望。

本月 左翼书社在女皇大厅举办民众集会,系左翼书社最后一次大规模民众活动。

5月29日 援华总会购买和重装的西班牙国际纵队曾用的救护车正式开始其远东之行。

5月31日 援华总会在绍斯波特组织集会,何登夫人发言。

6月6日 英租界拒绝日方移交"天津事件"中涉及的四名中国嫌犯的要求。

6月14日 日本封锁天津英租界,发布通告谴责英租界当局,由此引出英日谈判。

7月1—8日 为纪念日本侵华两周年,援华总会发起"中国周",所有筹集款项都寄给国际和平医院。

7月5日 援华总会在友谊大厦组织民众集会,李顿爵士、戈兰兹、巴恩斯出席并讲话。

同日   政府宣布已准备好修订《商品标注法》，要求在商品上标注产品生产国。

7月7日   抗战二周年之际，援助西班牙的医务工作者在英国和挪威援华委员会的帮助下，先后来华援助中国抗战。

7月7日晚   援华总会举行"一碗饭"活动，普利斯特列称"中国是为人类未来提供希望的国家"。

7月9日   援华总会派医生基治、任逊、柏克三人来华参加红十字会医疗队工作。

同日   援华会发起"中国星期日"活动。

7月12日   响应援华总会的呼吁，联合纺织工厂工人协会禁止一切日本商品。

尼尔森地区纺织工人协会通过决议要求任何工人不能购买有助于日本侵略中国的商品。

7月15日   英驻日大使克莱琪在东京与日本外相有田八郎会谈有关天津问题。

7月22日   英日达成有田—克莱琪协定，24日发表声明。

7月25日   援华总会在托特纳姆考特路组织示威游行抗议英国政府对华政策。

7月27日   援华总会举行集会和游行。弗莱、陈依范和英共党员布雷德利发言。

7月29日   中共中央书记处发出反对英国东方慕尼黑阴谋的指示，指责英国在英日谈判中对日本让步。

本月   弗莱代表援华总会致函《曼彻斯特卫报》，呼吁民众为援华救护车和国际和平医院捐款。

本月   援华总会出版《中国新闻》，刊登宋庆龄、毛泽东、蒋介石、薛西尔等人的文章。

本月   毛泽东代表朱德、八路军、前线和后方医院的护士向援华总会致谢。

本月   曼彻斯特援华会举行了"面包奶酪"午餐会，开设一家抵制日货商店。

本月 设菲尔德市为国际红十字会和英国基金提供了重达 5 吨的货车,发往中国。

7 月底到 8 月初 受"中国周"影响,援华会在各地组织众多活动,抗议克莱琪协定。

8 月初 援华总会派出 4 名曾在西班牙服务过的医生。本年包括挪威委员会派遣的在内共有 20 名医生派往中国。

8 月 4 日 援华会举行午餐会,庆祝美国取消与日本的贸易协定。

8 月 10 日 援华总会副主席弗莱、副会长本特威齐援引《人身保护法》抗议将天津事件中的四名嫌犯移交日方。

8 月 15—18 日 世界学生联合会第三届大会致电英国外相哈里法克斯,要求英方拒绝将"天津事件"中的中国爱国人士移交日方。

8 月 17 日 英国对华最高法院助理法官驳回弗莱、本特威齐的要求。援华总会起诉外相哈利法克斯。

8 月 31 日 "天津事件"4 名中方人员移交日方。

9 月 1 日 德国入侵波兰。

9 月 3 日 英、法对德宣战,欧洲战争爆发。

9 月 18 日 曼彻斯特区救济中国和援华会宣布关闭办公室、部分基金在有收入的情况下持续开放,但不再组织进一步的活动。

9 月 25 日 毛泽东致函何明华,感谢工合国际促进委员会对抗日根据地工合事业的支持。

本月德国医生汉斯·米勒到延安,后赴太行山八路军总部工作。

10 月 10 日 中华民国成立 28 周年之际,援华总会发起"一碗饭"运动。

本月 巴柯、伊沙苗等 11 名英国、法国医生来华参加红十字会工作。

11 月 12 日 白求恩大夫因手术感染不幸逝世。

本月 援华总会在伦敦华人妇女的协助下组织义卖会为国际和平医院筹款。

本年底 匿名捐赠援华总会的每月 100 英镑停止。

1940 年

1月9日　国民政府行政院会议决定天津存银"应维持不动用之原则"。

本月　保卫中国同盟帮助西北工合办事处建立织毯合作社。

本月　保卫中国同盟在香港组织义演，为国际和平医院筹款。

本月　克莱格组织"一碗饭"午餐会。

3月9日　《新华日报》报道：美国医药援华委员会捐助55万美元的医药用品。

3月16日　援华总会召开首次年会。

3月28日　克莱琪东京讲话，声称英日在太平洋地区为同一目标而奋斗。

3月30日　汪伪政权在南京正式宣告成立。

4月9日　希特勒入侵挪威和丹麦。

4月30日　援华会会长李斯特维尔伯爵、主席弗莱、戈兰兹联名致信外交大臣哈利法克斯，要求就英国的远东政策进行质询。

本月　弗莱抱怨援华总会被亲苏而非亲中的成员摆布，寻求新办公地址。

5月5日　应英国援华总会呼吁，英国大学生巴杰、刘惠林、伊文思、曾金思、赖特及苏里文抵港援华抗战，后赴黔服务。

5月10日　希特勒开始进攻法国和低地国家。

同日　丘吉尔接任英国首相，终结英国政府对欧洲绥靖政策，继续对日绥靖。

同日　巴特勒接见援华总会质询代表团，包括会长李斯特维尔、副主席弗莱、副会长布里奇曼。

5月22—23日　德国开始对英国的首轮攻击。

5月27—6月4日　33.8万英法联军在敦刻尔克突破德军的三面重围，撤回英国。

6月11日　国民政府外长王宠惠和英国驻华大使卡尔就天津存银问题在重庆换文。

6月19日 日英签订《天津协定》，英国同意封存天津租界的中国存银，由英日共同掌管，允许日本在天津租界派驻警察，承认伪币。

6月20日 法国接受日本要求关闭滇越铁路。

同日 日本解除对英租界的封锁。

6月21日 中国政府外交部抗议法国关闭滇越铁路的货物运输。

6月22日 法国无条件投降。

7月7日 "卢沟桥事变"三周年纪念日，援华总会在空袭中举办"中国日"，出版第2期《中国新闻》。

7月9日 援华总会举行"一碗饭"活动。

7月11日 克莱琪和日本协商关闭滇缅公路。援华总会安排的为救济难民和国际和平医院筹款的艺术展被告知取消。

7月18日 应日本要求，丘吉尔在下院宣布滇缅公路封锁3个月。

7月19日 援华总会对所有的会员和支持者发出紧急呼吁，要求大家行动起来抗议英国的对日绥靖政策。

8月16日 薛西尔爵士、援华总会诺埃尔·贝克等人访晤外交大臣哈利法克斯外相，抗议英国远东政策。

8月18日 中英签订信用贷款285.9万英镑的协定，用以平衡中国的货币外汇。

8月20日 援华总会弗莱、伍德曼在外交部与副外交大臣巴特勒商谈远东政策。

8月22日 援华总会通过全国性决议发起民众请愿要求重新开放滇缅公路。

本月中旬 援华总会收集出版了各家媒体从7月20日—8月12日之间收到的决议和抗议封锁滇缅公路的信件节选。

本月中旬 援华总会组织"一碗饭"午餐会，梅农和郭秉文参加并讲话。

本月 英国援华救护队员致电英国政府要求允许汽油经缅甸输华。

本月 援华总会发起民众请愿，威尔斯、麦考利、普利斯特列、霍尔丹等名流最先签名。

本月 援华总会出版传单"开放滇缅公路"和宣传册"拒绝太平洋地区慕尼黑"。

本月下旬　埃文斯受援华总会邀请发表讲话，指责英国政府关闭滇缅公路的行为。

9月12日　英共书记在《工人日报》发表文章要求支持援华总会的工作。

9月13日　援华总会致函丘吉尔，要求立即无条件开放滇缅公路。

9月21日　援华总会的抗议滇缅公路关闭请愿签名已达125万人。

9月26日　美国总统罗斯福下令自10月16日起对日禁运一切废铁。

9月27日　德、意、日三国订立军事同盟。

10月10日　援华总会举行午餐会庆祝中华民国成立29周年。

10月18日　英国重新开放滇缅公路。援华总会收集的请愿签名已达150万人。

11月3日　《新华日报》发表题为《慰问尼赫鲁先生》的社论，赞扬他为援华所做的贡献。

11月6日　毛泽东致电周恩来，指出"应与英美作外交联络，以期制止投降，打击亲日亲德派活动"。

本月　李约瑟从美国回英后加入援华总会。

本月　滇缅公路事件给曼彻斯特援华会注入生机。

12月14—21日　英国援华总会举办圣诞节中国货展。

本月　援华总会通过决议，对英国政府贷款予华表示欣慰，并要政府继续援华。

本月　英国最大军火工厂发现军火中印刻"待日本陆军审查"字样，拒绝移交，并向厂方提出抗议。

本年初　国际和平理事会正式结束。

1941 年

1月6日　发生"皖南事变"。

1月12日　英共召开的人民会议，激怒了戈兰兹，称之为"左翼的背叛"。

1月22日　保卫中国同盟同援助昆明医院委员会合作，为昆明医院和国际和平医院举办义演。

1月28日　英国合作运动协会与英国援华总会决定在伦敦成立"中英合作发展公司"。

本月中旬　伦敦市议会曾请中国侨民数人,在防空室内讲述中国问题。

2月4日　首次中英合作公司董事会召开。郭秉文、林咸让、巴恩斯、伍德曼等人出席。

2月26日　援华总会两周例会决定致电蒋介石,广征英国名流签字,要求中国团结抗战。

3月　援华总会年度会议,会长、正副主席因政策分歧提出辞职。援华会重组。

3月5日　援华总会与伦敦市议会拟定联合计划,拟利用伦敦空袭时间在市区各公共防空室内举行中国问题演讲会。

3月12日　中英合作发展公司改名为中英发展公司。

3月25日　郭泰祺在大使馆举行正式宴会,李顿爵士、援华总会会长李斯特维尔伯爵出席。

3月29日　援华总会在伦敦利文斯敦会堂召开年会,郭泰祺发表演说。

本月　奥地利医生罗生特到达新四军,任新四军卫生部顾问。

本月　援华总会开办第一期中国研究班,300余人报名,由副主席弗莱主持。

本月　英国援华救济会赠百色义童教养院药品一批。

4月1日　中国政府同美、英政府财政部分别签订"平准基金协定",以期稳定中国货币。

4月1—7月31日　美国联合救济中国难民委员会发起募捐500万美元的运动,捐助医疗、救济、学校和工合事业。

4月28日　宋美龄受邀BBC对英广播,讲述中国救济事业。

4月30日　宋美龄对英播讲后英国人再认捐款额500万英镑。

本月底　英公谊会伤兵救援车队离英来华。

本月　英国援华总会举办中国论文比赛,收到英国各学校学生论文逾百余篇。

5月14日　英外交大臣艾登在议会下院发表中英关系声明,称英国决定继续援华。

同日 艾登在 BBC 发表声明,英国决心援华并将通告日本政府。

5 月 30 日 宋子文以"同盟不应变为国内政治党派的工具"为由,声明退出保卫中国同盟。

本月 保卫中国同盟在香港成立"一碗饭运动"委员会,宋庆龄为名誉主席。

本月 英国援华救济金捐款已逾 10 万元。

6 月 15 日 宋庆龄在《保卫中国同盟新闻通讯》发表《孙夫人的评论》,回应宋子文退盟,同期发表《救济工作与政治》,答复宋子文对保卫中国同盟的责难。

6 月 22 日 德国撕毁《苏德互不侵犯条约》,对苏联发动进攻。

本月 英国援华总会召集会议,筹庆抗战四周年,决定"七七"纪念办法。

7 月 1—8 月 31 日 保卫中国同盟在香港举行"一碗饭运动",所得款项捐助中国工业合作协会。

7 月 2 日 英学者穆莱教授致函蒋介石,向中国人民奋斗精神致敬。

7 月 7 日 日本侵华四周年,援华总会邀请顾维钧在"一碗饭"活动上讲话。

7 月 9 日 援华会副会长诺埃尔·贝克请外交大臣艾登阐明中英政府关系,艾登表示将继续援华。

7 月 22 日 英国援华委员会举行午餐会,郭秉文出席。

本月上旬 顾维钧抵达伦敦,接替郭泰祺成为中国驻英大使。

本月 英国援华会华南分会在香港为抗战募款。

8 月 14 日 罗斯福和丘吉尔发表联合宣言,即《大西洋宪章》。

8 月 15 日 日内瓦学生服务社英国分社救济中国学生 500 英镑,并电慰教育界。

9 月 20 日 英援华总会在伦敦举行义卖会,售中国货充作捐款。

10 月 17 日 《新华日报》报道:英国援华委员会捐助 1000 英镑。

10 月 22 日 中英信用借款委员会在伦敦成立。

10 月 26 日 东方各民族反法西斯大会在延安召开,18 个国家和民族的代表与会。

10 月 30 日　英国基督教徒运动代表皮尔茜女士自英抵渝,假国际电台对美广播。

11 月 2 日　《新华日报》报道:伦敦合作社董事长捐助 500 英镑救济中国难民。

11 月 11 日　保卫中国同盟和中国工业合作协会在香港举办的“嘉年华会”开幕,为期三周,为工合事业筹款。

11 月 16 日　中、美、英、荷、澳五国协商共同保卫滇缅公路。

11 月 24 日　中、美、英、荷、澳五国外长在华盛顿开会,首次公开联合战线。

12 月 2 日　援华总会组织周末学校,以“中国和太平洋”为主题,弗莱负责。

12 月 7 日　日本偷袭珍珠港。

12 月 8 日　美国对日宣战,太平洋战争爆发。

12 月 9 日　中国对日、德、意宣战。

同日　蒋介石照会罗斯福、丘吉尔、斯大林,建议召开联合军事会议。

12 月 14 日　重庆国际文化团体举行扩大反侵略大会,英、美、苏等国大使出席。

12 月 23 日　中、美、英联合军事会议在重庆举行。

12 月 25 日　日军占领香港。

12 月 26 日　中国和英国签订《中英共同防御滇缅路协定》,随后中国远征军赴缅甸作战。

本月　英国救济基金会捐助 2 万英镑救济中国难民。

12 月之后　萧乾认为“中国开始出现在英人的视线中”。

1942 年

1 月 1 日　中、苏、英、美、荷等 26 个反轴心国家在华盛顿签署共同宣言,赞同《大西洋宪章》的原则。

1 月 6 日　国民党中央宣传部和英、美、荷等各国驻中国使馆派代表组织的“反侵略国联合宣传委员会”在重庆成立。

2月4日　英国路透社报道英国下议院决议拨款6万英镑援助中国红十字会。

3月4日　史迪威抵重庆，任中国战区参谋长，并组建中缅印战区美国陆军总部。

3月21日　中美在华盛顿签订《关于五亿美元借款的协定》。

3月31日　太平洋作战会议在华盛顿成立，由中、美、英、澳、荷、加等国组成。

4月24日　中英政府就海员问题正式达成协议。

4月25日　英国援华总会举行年会，敦促英国政府以军火援华。

4月27日　《新华日报》发表短评《谈英援华委员会声明》。

本月　英国红十字会以6000英镑捐助中国红十字会医疗队。

5月4日　中国驻英国大使顾维钧在大使馆举行宴会，欢送英国援华医疗队。

5月5日　英政府首次拨款4.15万英镑无条件协助中国红十字会。

5月16日　英驻华大使薛穆将英国援华救济会筹集的1万英镑捐款交给宋美龄。

同日　《新华日报》报道：英国政府以5万英镑维持在华的公谊会救护队。

5月20日　太平洋作战会议讨论中国战局，确定先欧后亚原则。

5月27日　顾维钧在牛津大学中国学会发表演说。

本月底　援华总会开始准备大规模"七七"纪念大会。

本月　援华委员会、英商中华协会、英国红十字会、中国基督教各大学联合委员会、全英援华捐款委员会开始讨论成立联合援华捐款委员会，发起从"七七"周年纪念日起至双十节为止的募捐运动。

本月　英国救济中国难民募捐委员会，捐给中国红十字会2500英镑。

7月7日　克里普斯夫人向全国发表广播演说，呼吁人民解囊响应"联合援华募款运动"，全英助华联合总会成立，募捐目标为25万英镑。

7月9日　丘吉尔夫妇寄交克里普斯夫人50英镑支票，为发动援华募捐后第一应捐者。

7月16日　克里普斯夫人接受中央社记者采访。

7月17日　英国援华捐款已达1.8万英镑。

7月22日　《泰晤士报》载有名流多人签名发起募款援华。

7月27日　英王英后捐款1000英镑援华。

7月29日　全英助华联合总会在孟森大厦举行筹款大会,总额合计已达3.3万英镑。

本月　援华总会出版最后一期《中国新闻》,刊载陈依范的"中国农民游击战"。

8月14日　全英助华联合总会已募8万英镑,首批5万英镑汇寄蒋夫人。

8月19日　《曼彻斯特卫报》著文呼吁援华。

8月22日　援华总会发表政策声明转变政策,认为迫切工作为争取中英联盟之加强。

8月28日　援华总会会长李斯特维尔伯爵致函中国,并呼吁英国人尽一切努力援助中国,主张英苏中美战争后继续合作。

本月　保卫中国同盟在重庆恢复因太平洋战争爆发、香港沦陷而停顿的工作。

9月5日　英国全国劳工会议,发动劳工援华捐款运动,募得2500英镑。

9月9日　全英助华联合总会募款已达10万英镑。

9月21日　路易·艾黎因"亲共"被国民政府解除工合总技术顾问职务。

9月23日　路透社称英国工界努力援华,劳工协会纷纷响应募款运动。

9月26日　全英助华联合总会于伦敦摄政公园举行网球义赛。

10月2日　英国多市定于本月发起中国周,举行国旗义卖日。

10月3日　全英助华联合总会于伦敦举行援华集会,克里普斯呼吁援助游击队及学生。

10月10日　全英助华联合总会首批捐款由薛穆大使面交蒋夫人。

10月15日　英籍医师来华服务一行22人抵长沙。

10月17日　英国运输总工会执行委员会,捐款千英镑援华。

10月20日　伦敦举办援华音乐会,克里普斯夫人主持。

本月　援华总会发行小册子《盟友与平等成员:治外法权的故事

1843—1943》。

11 月 10 日　全英助华联合总会首批援华捐款 12 万英镑，用途分配已拟定。

11 月 21 日　英国海军大臣捐款援助中苏。

12 月 10 日　全英助华联合总会募款已达 25 万英镑。

12 月 17 日　克里普斯发表演说重申援华的必要性。

本年　援华总会发行小册子《中国与远东：数字与事实》。

1943 年

1 月 11 日　中、英在重庆签订关于取消英国在华治外法权及其有关特权的条约。

同日　中、美在华盛顿签订取消美国在华治外法权及处理有关问题的条约。

1 月 13 日　全英助华联合总会委员会决议举行中国国旗日和发起电影院募款运动。

2 月 17 日　宋美龄应美国总统罗斯福邀请抵美访问。

本月　英国著名生物化学家李约瑟和牛津大学教授多兹来华考察中国科技界状况，随后在重庆建立“中英科学合作馆”。

3 月 1 日　何明华应国民外交协会及中英文化协会邀请在中央党部礼堂演讲。

3 月 3 日　英国上院辩论援华。

3 月 8 日　全英助华联合总会募款超出 30 万英镑，外交部交给薛穆大使第二批款项。

3 月 10 日　克里普斯夫人等在伦敦市长官邸举行会议讨论“中国国旗日”筹备事宜。

3 月 14 日　中央设计学会定于 3 月 31 日—5 月 25 日在华莱士收藏所举办援华艺术展览。

3 月 23 日　伦敦市长组织“中国国旗日”募款运动，共售出中国国旗 4400 万枚以上。

3 月 31 日　英外交次长在下院称英国正开辟路线取道伊朗援华。

本月　援华总会准备出版中国戏剧及科学书籍多种。

本月　伦敦阿尔伯特厅举行音乐会援华。

本月　英国皇家空军丁逊少将等4人来华任航空委员会顾问。

4月9日　全英助华联合总会募集捐款达40万英镑。

本月　援华总会宣布主席戈兰兹与副主席弗莱对调职位,李斯特维尔伯爵仍任会长。

4月13日　全英助华联合总会援华展览与义卖在伦敦西瑞宾馆开幕。

4月17日　全英助华联合总会募款10万英镑予以分配。

5月15日　英国援华募款达45万英镑,再以10万英镑汇渝。

5月19日　中国展览会在伯克莱陈列室开幕,收入将全部捐给全英助华联合总会援华基金。

6月1日　英国红十字会宣布拨款25万英镑在华从事救济工作。

6月8日　《新华日报》报道:英国红十字会向中国红十字会捐赠25万英镑。全英助华联合总会同时向中国红十字会捐赠2.5万英镑。

6月14日　全英助华联合总会收集运送服装、医药赴华。

6月30日　艾登在下院称英国政府已同意拨三万英镑交与中国医药救护队。

8月7日　英援华总会举行年会,伍德曼提出年终报告书。

8月17日　全英助华联合总会募款达75万英镑,含英国劳工总会的4.5万英镑。

本月　宋子文访英时曾就医药援华与英红十字会主席商洽。

本月　全英助华联合总会三批汇款12.5万英镑汇到,薛穆与宋美龄商榷分配方案。保卫中国同盟获得2500英镑用于国际和平医院。

本月　《文笔》杂志以"少年人之中国"为题举办短评小说竞赛,得奖小说结集复印,版税收入交全英助华联合总会援华基金。

9月25日　《新华日报》报道加拿大援华委员会以30万加元汇寄英国援华委员会转中国救济河南灾民。

9月28日　援华基金已超过80万英镑。前议会访华团团员艾尔文爵士和劳森两人,也被推举为基金会副会长。

10月30日　中、英、美、苏在莫斯科为作战共同行动和战后和平问题签署《四国宣言》。

11月22—26日　美、英、中在开罗举行会议，商讨对日作战计划和战后如何处理日本等问题。

11月26日　北爱尔兰成立援华募款会，由北爱尔兰总理的夫人任会长。

12月1日　《开罗宣言》发表。

本月　英国第四批援华捐款分配用途。

本年　援华总会"清党"，去掉大批早期的左翼人士，增加多位传教士，英共理事只留2人。

1944 年

1月11日　全英助华联合总会又汇到重庆11.4万英镑。

1月14日　英国矿工同盟为全英助华联合总会捐助2.62万英镑，为团体所捐款额最多。

本月　英国布城举行中国周，募得捐款1300英镑。

本月　克里普斯夫人致函孔祥熙要求宣传材料以加强援华募款运动。

2月20日　中国基督教各大学联合委员会秘书长斯勒特，收到匿名捐款4000英镑。

本月　英国第五批援华捐款完成分配，总额15万英镑，国际和平医院得到1万英镑。

3月2日　伦敦市长主持为中国呼吁大会，顾维钧、克里普斯出席并演讲。

3月13日　全英助华联合总会举行第二次中国国旗日，正式宣布募款已达百万英镑。

3月15日　全英助华联合总会将募款目标改为200万英镑。顾维钧向克里普斯夫人致谢。

3月25日　曼彻斯特区中国救济委员会改组为全英助华联合总会曼彻斯特分会，定4月28、29两日为中国国旗日。

4月7日　英国红十字会以国币188万元赠中国红十字会昆明办事处。

截至本月　英国全国劳工会议的援华捐款已达7.1万英镑。

5 月 2 日　中英在伦敦签订财政援助协定，英国向中国提供 5000 万英镑的贷款。

5 月 10 日　全英助华联合总会在伦敦组织义演王尔德名剧《理想的丈夫》，全部收入充作援华基金。

5 月 16 日　全英助华联合总会顾问委员会讨论第六批 14 万英镑捐款分配方案。

6 月 9 日　中外记者西北参观团抵达延安。

7 月 2 日　全英助华联合总会顾问委员会讨论第七批 14.3 万英镑捐款分配方案。

7 月 22 日　以包瑞德上校为组长的美军观察组于本日和 8 月 7 日分两批抵达延安。

8 月 20 日　全英助华联合总会收到荷属西印度汇捐款 1000 英镑。

10 月 9 日　谢伟思在给史迪威的报告中称"共产党将在未来的中国占有一定的重要地位"。

10 月 18 日　在蒋介石的坚持下，罗斯福同意召回史迪威，其职务由魏德迈接任。

本月　全英助华联合总会顾问委员会讨论第八批款项国币 3184 万元的分配方案。国际和平医院获得 150 万元。

12 月 15 日　顾维钧访问北爱尔兰贝尔法斯特，在政府欢迎会上演说并接受捐款 5000 英镑。

12 月 30 日　全英助华联合总会顾问委员会在渝讨论第九批捐款国币 9000 万元的分配方案。

1945 年

1 月 11 日　新约二周年纪念日，英国工业界欢宴顾维钧。

2 月 2 日　《新华日报》称全英助华联合总会将以大批药品援华。

本月　伦敦中英开发协会决定派代表来华访问，英国合作界极愿尽力协助我国合作事业。

2 月 4—11 日　罗斯福、丘吉尔、斯大林在雅尔塔举行会议。

2 月 16 日　全英助华联合总会第十批捐款国币 1.2 亿元分配额决定，

晋察冀解放区国际和平医院获 800 万元。

本月　英国合作界代表团启程来华。

本月　至本月，英国联合援华募款委员会募集的捐款已达 1437457 英镑。

本月　全英助华联合总会以 9500 颗鱼肝油丸和外科用具，以及书籍等赠中国。

3 月 20 日　路易·艾黎、英国合作专家议员福特先生等飞汉中考察该地工合事业。

本月　爱丁堡举行中国周，举办中国展为中国捐款，目标是 1 万英镑。

本月　林咸让由英归国，带回英国工党和自由党人的签名信件向国人致敬。

4 月 25—26 日　联合国制宪会议在美国旧金山召开。会议通过《联合国宪章》。

5 月 8 日　德国无条件投降，欧战结束。

6 月 20 日　克里普斯夫人发表广播吁请人民慷慨捐献援华募款。

6 月 21 日　李约瑟参加苏联科学院纪念会时发表演说赞扬中国的科学成就。

6 月 26 日　伦敦公开举行第三届中国国旗日。

6 月 28 日　中英商会在伦敦成立。

本月　工党全国执委会捐款 1000 英镑，自全英助华联合总会成立至本月，捐款 39 次，共计 94507 英镑。

本月起　援华会不定期出版《援华会新闻通讯》，一直持续到 1948 年。

7 月 17—8 月 3 日　苏、美、英首脑波茨坦开会。

7 月 22 日　山丹培黎学校负责人、英国友人乔治·何克因破伤风症在山丹逝世。

7 月 26 日　《中美英三国促令日本投降之波茨坦公告》发表。

8 月 6 日和 9 日　美国先后在日本广岛和长崎各投下一枚原子弹。

8 月 8 日　苏联对日宣战。

8 月 9 日　毛泽东发表《对日寇的最后一战》的声明。

同日　苏联远东军对中国东北的日本关东军发起全面进攻。中苏军队开始联合作战。

同日　中苏签订《中苏友好同盟条约》。

本月　全英助华联合总会组织"救济先锋队"紧急救济我国难民。

9月2日　日本天皇和政府代表在投降书上签字。中国抗日战争、第二次世界大战胜利结束。

9月5日　援华总会发表关于国共政府和谈报道。

10月10日　援华总会举行最后一次"一碗饭"晚餐活动,庆祝抗战胜利。

本月　有86家公司的雇员1.5万人,同意每人每星期捐助全英助华联合总会至少一便士。

12月中旬　援华总会举行集会欢迎自港返英的司徒永觉夫妇和林迈可夫妇。

12月20日　援华总会举行午餐会,林迈可参加。

截至本年底　英国总工会向全英助华联合总会捐款12.3万英镑。

1946 年

2月　援华总会准备年会,期间多人提出辞职。弗莱声明不再担任主席。林迈可新任主席,弗莱、埃尔文任副主席。希尔达和伍德曼共同担任名誉秘书。

5月16日　原公谊救护队成员哈里斯离英前往上海,担任全英助华联合总会上海代表。

6月6日　蒋介石向中原解放区进攻,全面内战爆发。

本月　援华总会开始发行援华会简讯,持续至1948年。

9月　林迈可离英前往哈佛。援华总会试图增加成员,没有成功。

本年　在林赛勋爵的帮助下,英议会辩论批评美国的中国政策。

本年　援华会设法使东江纵队的处境在议会下院提及。

本年　援华总会不再是一个发起运动的组织,鲜有公众聚会,且规模极小。始自1937年的双周会议改成月会,仍然敦促全英助华联合总会援助国际和平医院。

1947 年

2月4日　邓文钊致函希尔达，称陈依范、黄作梅将建立新华社伦敦分社。

本月　弗莱、林赛勋爵、埃尔文等联名致信《泰晤士报》，抗议国民党逮捕自由民主人士。

3月18日　延安失守。

4月　援华总会召开年会。

本年夏　陈依范与玛丽·琼斯组织会议在舰队街设立新华社伦敦分社，黄作梅抵英后于1948年搬到格雷森酒店路。

1948 年

2月　民盟总部、民革，在香港重组。李斯特维尔伯爵访问香港，拟与民盟、民革、中共分别接触，系英国工党政府首次与中共和"新"中国的各党派正式接触。中共龚澎委托希尔达收集英国媒体的简报。

1948年初　援华总会设法在下院提出派出官方代表团到解放区商讨贸易往来。

4月22日　解放军收复延安。

本年中　援华总会讨论新政策，谴责蒋介石，敦促英国政府承认解放区的共产党政府。

本年12月　援华总会通过声明指出新中国欢迎与除苏联之外的其他国家建立关系，在互相尊重的基础上合作。

本年初　马来亚工会和马共都被宣布为非法组织。英国指控华人受中共唆使在马来亚生事。

本年　英国援华会声明要求英国政府跟"华北政府"建立经济与文化联系。

1949 年

本年初　陈依范号召援华总会全力支持中共及解放区，遭林迈可、伍德曼、希尔达拒绝。

4月　克莱格召集会议，讨论成立新援华团体并成立工作小组。

本月　"紫石英号事件"，英国民意反华。

5月5日和6月25日　援华总会召集两次下院会议讨论林迈可访华事宜。

7月25日　克莱格在戈登大厦主持英中会议。

本年秋　林迈可访华。

10月25日　林迈可在下院会议上汇报北京之行。12月2日再次在公众集会上发言。

11月16日　史沫特莱在援华总会的帮助下离美。

12月3日　英中会议召开，宣告英中友好协会成立。史沫特莱在会上发言。

本月第一周　英共召开有关中国的会议。

1950 年

本年上半年　克莱格和布里奇曼仍然参加援华总会规模很小的会议。

伍德曼放弃了名誉秘书的职位，专注印尼。

希尔达从塞舌尔回英，成为费边社殖民局的秘书。

9月5日　援华会组织最后一次公众活动。

后　记

本书系在我博士论文的基础上修改而成，从提笔写作到完成书稿历时 4 年。

萧乾所著的《欧战旅英七年》使我得知湮没在历史长河中的援华会的存在。86 年前于伦敦诞生的英国援华会在第二次世界大战烽火中，为中国的和平与独立殚精竭虑。对援华会的研究让我了解了来自各个阶层的英国民众对中国抗日战争的无私奉献，了解了中英人民携手作战反抗法西斯的历史。一次次从尘封的档案中把一个个也许只以首字母存在的个体还原成活生生的中英民众，继而满怀敬意地挖掘他们为中国所做的一切，使我远离学术研究固有的"痛苦与挣扎"。在此过程中，扑面而来的是"当世界年轻时"的国际主义精神。

援华会也使我对自己国家的抗战史有了进一步的认识。我也找到了未来的研究方向，我将一步一步地去继续探索与英国援华会相关的组织与个人，致敬援助过中国的所有国际友人、团体。

感谢导师王展鹏教授数年来的指导与激励。王展鹏教授治学严谨，待人温和，不仅支持我跨学科选题的决定，而且同我一起面对挑战，从选题、开题到成文，均悉心引导。对我因个人原因造成的拖延交稿，导师解决的办法是在出差途中的争分夺秒和节假日的加班加点，部分章节甚至为我字斟句酌地批改，在此对导师表示深深的歉意、敬意和谢意。

感谢参加我开题会和预答辩的陈晓律教授、赵怀普教授、林德山教授、吴必康研究员、丁一凡研究员、崔洪建研究员和冯仲平研究员等。开题会上各位教授和研究员给了我中肯的建议和引导，坚定了我的信心、解决了我的疑惑。预答辩时，他们又认真阅读了二十万字的文稿，一语中的地指出论文存在的问题并给出详细的修改意见，不仅提出了纲领性建议，细枝末节的问题也一一指出。非常感谢各位博学睿智的长者的赐教，可谓醍醐灌顶。

感谢在查询档案资料时为我提供帮助的各位档案馆馆员和图书馆馆员。伦敦马克思纪念图书馆江普（Meirian Jump）女士在图书馆闭馆修葺期间，为远道赶去的我特别开放半天，并请一位志愿者全程协助我查阅资料。曼彻斯特工人阶级运动图书馆的工作人员不仅找到了我想要查阅的档案资料，还根据我的研究方向进一步为我建议和提供了更多相关资料。曼彻斯特工党历史档案和研究中心的管理员特雷德韦尔（Darren Treadwell）也多次为我提供帮助、解答我档案阅读过程中遇到的问题。同样为我解惑的还有北安普顿大学的桑德斯（Richard Sanders）教授。帮助我查阅资料的还有留学英伦的钟天慧、李瑶、连思哲和孙瑞青等同学，一并感谢。

感谢援华会总干事阿瑟·克莱格的女儿、中英了解协会副会长珍妮·克莱格女士。她不厌其烦地解答我提出的关于阿瑟·克莱格和援华会的相关问题，将自己撰写的有关援华会的文章供我参考，并为我提供了援华会相关资料存放地点的信息。

感谢在资料查阅过程中于伦敦偶遇的抗战期间美国援华医生后人孟乐克（Robert Mamlok）博士。他和我分享了对援华会的理解并对我下一步的研究提出了建议。

感谢我的家人。特别感谢年迈的父母无私的奉献。父亲曾经戴着老花镜为我查阅了1938—1946年间《新华日报》刊登的所有有关援华会的报道，一笔一画地完成三本笔记；母亲为我承担了大量的日常杂活。感谢弟弟、弟妹、侄子数年如一日精神和物质上的双重支持。感谢女儿和爱人对我的宽容和理解。

感谢我的朋友、同事经常主动伸出的援手，鼓励我、督促我、提醒我一次次有惊无险地完成教学和学习任务。感谢系领导为我集中排课，以便有相对完整的时间完成论文写作。感谢我供职的单位为我赴英查询资料提供资助。

感谢中国社会科学出版社的责任编辑张林老师为书稿提供的润色。

感谢在此过程中发现的一个美好的世界。从提笔写作到修改完成的4

年时光沉淀下了心怀感恩、笃定的自己，不惧将来，不困于心。

范秀云

2023 年 1 月 6 日